CORTES

RICHARD LEE MARKS

CORTÉS

Javier Vergara Editor s.a.
Buenos Aires / Madrid
México / Santiago de Chile
Bogotá / Caracas / Montevideo

Título original
CORTES

Edición original
Alfred A. Knopf, Inc.

Traducción
Carlos Gardini

Diseño de tapa
Susana Dilena

© 1993 by Richard Lee Marks
© 1994 by Javier Vergara Editor S.A.
        Paseo Colón 221 - 6° / Buenos Aires / Argentina.

ISBN 950-15-1405-6

Impreso en la Argentina/Printed in Argentine.
Depositado de acuerdo a la Ley 11.723

Esta edición terminó de imprimirse en
VERLAP S.A. - Producciones Gráficas
Vieytes 1534 - Buenos Aires - Argentina
en el mes de agosto de 1994

A Annette

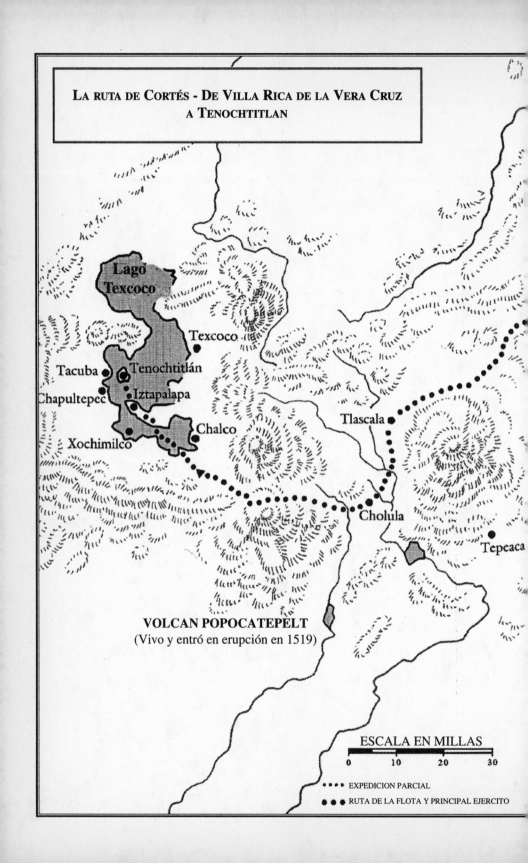

LA RUTA DE CORTÉS - DE VILLA RICA DE LA VERA CRUZ
A TENOCHTITLAN

Lago
Texcoco

Texcoco

Tacuba   Tenochtitlán

Chapultepec   Iztapalapa

Xochimilco   Chalco

Tlascala

Cholula

Tepeaca

VOLCAN POPOCATEPELT
(Vivo y entró en erupción en 1519)

ESCALA EN MILLAS

0   10   20   30

• • • • EXPEDICION PARCIAL

● ● ● RUTA DE LA FLOTA Y PRINCIPAL EJERCITO

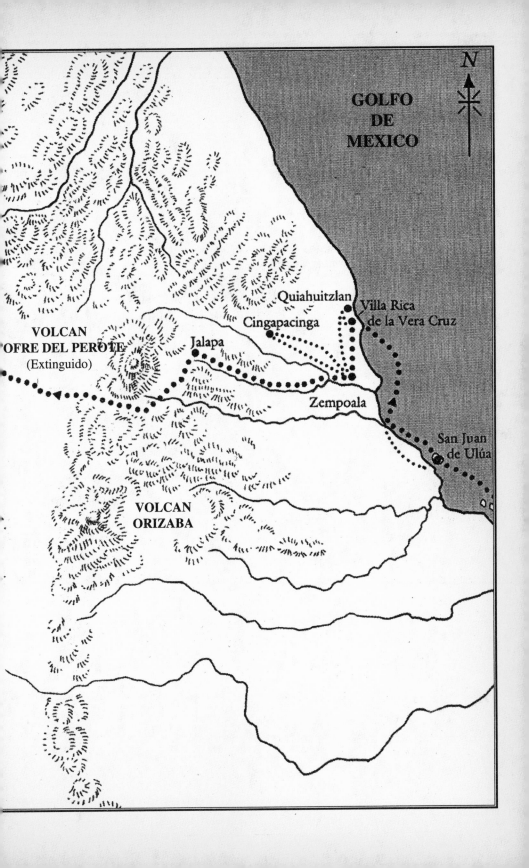

...y poco ha de acorrerme la fortuna, que ciega es y a los audaces ampara...

RICARDO PALMA,
Tradiciones peruanas

INDICE

I. **El preludio de la Conquista** **17**
   El terruño 19
   Otro mundo 25
   La gran coincidencia 30

II. **El alba de la Conquista: de la astucia a la Noche Triste** **35**
   Locuras de juventud 37
   Nueva España del Mar Océano 43
   El hombre indicado 56
   Un puente idiomático 61
   Comienza la conquista 68
   Otro puente idiomático 76
   El presente de Moctezuma 84
   La declaración de guerra 92
   Los diez mandamientos reducidos a tres 96
   Todo por un nuevo mundo 103
   Mal de altura 110
   Bienvenido a Tlaxcala 118
   Cholula 130
   Una visión del Amadís de Gaula 142
   El gran Moctezuma 150
   La estrategia de Moctezuma y Cortés 159
   La conquista por la astucia 171
   El hombre menos indicado 183
   El ocaso de los dioses 192

III. **La distorsión de la leyenda negra** **209**
   Visiones negativas 211

IV. **El dolor del triunfo** **217**
    Los favores de la fortuna 219
    Segundo intento 228
    El cerco 233
    Devastación 258

V. **La distorsión del nacionalismo** **293**
    El renacimiento mexicano 295

VI. **Los desvaríos de la victoria** **299**
    La fusión de dos mundos 301
    La cuestión de la sumisión al rey 314
    Expiación 323
    Regreso de los muertos 340

VII. **El caleidoscopio del México moderno** **347**
    Dos mundos 349

VIII. **Las recompensas de la vida** **355**
    La vuelta al hogar 357
    La apuesta al Mar del Sur 365
    Reflexiones de un conquistador 370

Bibliografía 377
Ilustraciones 381

Agradecimientos

Deseo reconocer la excepcional ayuda de Raúl Núñez, de la ciudad de Nueva York; del doctor Donald F. Danker, profesor emérito de historia de Washburn University; de Robert B. Marks, por su asesoramiento sobre cuestiones marítimas, y de Steven L. Marks, por su esencial intervención en emergencias informáticas.

R.L.M.

Nota del autor

Por razones fortuitas, he vivido gran parte de mi vida entre los indios de América. Creo que tengo un corazón hispánico por naturaleza. Pero no creo que ello cause un conflicto. Por el contrario, espero que me permita narrar esta historia de antiguas glorias desde una nueva perspectiva, franca pero compasiva. Mis fuentes suelen ser los relatos de primera mano de los protagonistas y los relatos de segunda mano de los cronistas que entrevistaron a los protagonistas, compulsados con los relatos de clérigos eruditos que escribieron en años posteriores. Los relatos de primera mano varían en muchos detalles, y siempre he escogido los que me parecían más veraces. Estoy familiarizado con la mayoría de los sitios donde transcurrieron los acontecimientos. Mis especulaciones se basan en supuestos razonables, aunque mis apreciaciones sobre el espíritu y la psique de indios y españoles son totalmente personales.

I

El preludio de la Conquista

El terruño

Quienes tengan una imagen estereotipada de Hernán Cortés se sorprenderán al enterarse de que fue un bebé tan enclenque y enfermizo que su nodriza a menudo encendía velas en el altar de la pequeña iglesia de Medellín, donde rezaba pidiendo que el niño sobreviviera. Doña Catalina Pizarro Altamirano de Cortés no amamantó a su hijo Hernán, aunque tenía leche en abundancia. Las damas de linaje en 1485, año en que nació Cortés, creían que la lactancia ensanchaba en exceso el busto. En consecuencia, el esposo de doña Catalina, Martín Cortés de Monroy, encontró a una criada que acababa de perder un hijo y la contrató para que amamantara al bebé. Martín Cortés poseía algunas hectáreas pedregosas a poca distancia de la frontera entre España y Portugal; sufría apuros económicos y tenía buenas razones para protestar contra este gasto prescindible, pero desembolsó el dinero por respeto al orgullo y la vanidad de su esposa (y quizá porque le gustaba su silueta tal como estaba). El enfermizo bebé se aferró a la vida con leche pagada.

En los años que siguieron a 1485, Medellín era como un ambiente de feria para un niño. En un cerro se erguía el pequeño castillo donde los pobladores habían resistido contra los moros y desde donde al fin habían salido para participar en la reconquista de su tierra. Los moros habían sido expulsados de casi toda España, no mediante una campaña nacional unificada, sino mediante insurgencias en las ciudades y villas de toda la península. Al disiparse la amenaza de los moros, los niños de Medellín pudieron jugar dentro de los muros del castillo, aunque el mismo continuó siendo morada del conde de Medellín y su familia. Subiendo y bajando por las escalinatas de piedra, corriendo por murallas y patios, Hernán Cortés y sus amigos de la infancia jugaban a moros y cristianos (algo parecido a jugar a indios y vaqueros).

Al pie del castillo se hallaban las casas y chozas de la ciudad, apiñadas porque los pastores y granjeros españoles preferían no vivir de la tierra, pues era demasiado arriesgado. La amenaza de los moros era demasiado reciente para que las familias españolas se animaran a vivir en esas soledades. El castillo era la ciudadela adonde podían huir en tiempos de peligro, y querían estar en sus cercanías.

El castillo de Medellín. En esa fortaleza los habitantes de la ciudad resistieron contra los moros, y desde allí partieron para intervenir en la reconquista de su patria.

En medio de la ciudad se erguía la iglesia, que no era una rauda construcción gótica sino un edificio humilde que parecía una casa. Pero la gente creía profundamente que la iglesia era la fuente de su fuerza espiritual, y los niños que asistían a misa –los niños que cantaban devotamente con su voz de soprano– no lo ponían en duda. La fuerza del espíritu hispano reposaba en la iglesia. Los niños de Medellín, Hernán Cortés entre ellos, lo creían con toda el alma. Con esta fuerza de espíritu, los españoles habían logrado expulsar a los moros, quienes tenían mejores armas, mejores caballos, mejor organización y mayor cultura y refinamiento que los nativos.

En los alrededores de Medellín se extendían campos llanos donde un niño podía dar patadas a una pelota de cuero (no de goma, pues el caucho aún no había llegado del Nuevo Mundo). Los niños españoles de fines del siglo quince, sin embargo, no jugaban al balompié ni al *jai alai*. Jugaban a la guerra, porque la incesante y encarnizada guerra había sido el modo de vida español durante setecientos años. (De paso, la Medellín española no debe confundirse con la ciudad homónima de Colombia, la cual posee más de un millón de habitantes y es tristemente célebre por ser sede del cartel de la droga, ni con la aldea homónima de la isla filipina de Cebú. La Medellín de Extremadura, donde nació Cortés, es la que dio nombre a las demás.)

Un resabio de las glorias de la España romana. En este teatro de Mérida, que está a poca distancia de Medellín, los soldados romanos de la Décima Legión, tras asentarse en Extremadura, disfrutaban de representaciones donde se ensalzaba el Imperio.

La Medellín española se encuentra en el antiguo sector romano del país. A principios de la era cristiana, cuando las legiones conquistaron España, los soldados romanos se instalaron en Extremadura y construyeron la bonita ciudad de Mérida, donde hoy vemos algunas de las más atractivas construcciones romanas que existen fuera de Roma. Medellín está a un día de marcha de Mérida, y miles de soldados romanos hollaron ese camino. La sangre ibérica –la extremeña en particular, la española en general– se había enriquecido en el pasado remoto con el rigor romano y con el desenfreno de las tribus bárbaras de Europa central que destruyeron el poderío romano, y más recientemente por los invasores moros. Estos ingredientes actuaban como afrodisíacos que hacían hervir la sangre española en desaforados estallidos.

A fines del siglo quince reinaba una atmósfera pujante en el continente europeo, pero España era distinta del resto de Europa. Allende los Pirineos, el Renacimiento animaba las ciencias y las artes e inspiraba la invención y el aprendizaje. La Edad Media había sido una época en que la humanidad había recobrado el aliento después de las vertiginosas glorias de las antiguas Grecia y Roma. Para España, empero, la Edad Media no había sido un respiro. A principios del siglo ocho los musulmanes llegaron desde Africa del Norte atravesando el Estrecho de Gibraltar y arrasaron la Península Ibérica y desde entonces España había sido un mundo aparte. Los moros intentaron invadir Francia por los Pirineos, pero los francos los rechazaron y los obligaron a retroceder a España, donde sentaron sus reales durante más de setecientos años. En esos años, los españoles presentaron una feroz y obcecada resistencia, en una guerra civil que se caracterizó por el fervor religioso de ambos bandos.

En el siglo nueve, cuando el poder musulmán se hallaba en su cúspide en España, un milagro sucedió en Galicia, el remoto extremo noroeste de la península. La tumba del apóstol Santiago se reveló sobrenaturalmente entre las rocas de las afueras del pequeño puerto de Padrón. Según el Evangelio, poco después de la muerte de Cristo, Herodes Agripa había matado a Santiago en Palestina, y presuntamente estaba sepultado allí. Pero en el siglo siete se difundió entre los gallegos el rumor de que el cuerpo del apóstol había sido trasladado desde Palestina a España, donde quizá Santiago hubiera predicado en sus vagabundeos. Tras el descubrimiento de la tumba, los restos y reliquias del apóstol se trasladaron a la ciudad de Santiago de Compostela, que se convirtió en imán para los peregrinos en tiempos medievales, mientras Santiago se convertía en paladín e inspiración de la reconquista española.

España no era entonces un país unificado; ni siquiera hoy es un país integrado, sino una confederación de regiones, muchas de las cuales aspiran a la autonomía, y el sentido de identidad nacional siempre ha sido débil. En la Edad Media la península era llamada "las Españas" y estaba compuesta por diversos reinos –Aragón, León, Asturias, Cataluña, Valencia, Zaragoza, Castilla, Toledo y otras– pero los españoles estaban unidos en su rencor contra los moros. Era una lucha caótica, sangrienta y al parecer interminable, donde a veces los soldados españoles luchaban del lado de los moros en calidad de aliados o mercenarios, y los españoles a menudo se desgarraban en guerras intestinas. Pero aun así la lucha siguió un determinado orden, y poco a poco los moros se replegaron hacia el sur mientras los españoles ocupaban valle tras valle y reino tras reino.

El carácter español se templó en la fragua de estos siete siglos de lucha, donde se forjó una inconfundible personalidad que poseía dos rasgos sobresalientes. Un rasgo era que todo español, al margen de su situación o posición social, sentía la feroz compulsión de afirmar su independencia, pero no al estilo inglés, de afirmar sus derechos individuales mientras conservaba respetuosa distancia: cada español sentía en los huesos que no debía ser esclavo de nadie. Esto parece una incongruencia, pues los españoles se enorgullecen de su linaje. Pero los españoles, a diferencia de los ingleses, aceptaban el acatamiento sólo con dolorosa renuencia. Eran individualistas empedernidos, y rechazaban ferozmente todo sometimiento a compatriotas o extranjeros. El otro rasgo era que los españoles –aunque se identificaran con sus reinos, como aragoneses, castellanos, extremeños o demás, sin pretensiones de nacionalidad– se definían como cristianos, a diferencia de los moros. Sus victorias sobre los moros eran prueba fehaciente de la bendición de Cristo. El trato con Dios era pagar esa bendición con la moneda de la fe.

En tiempos de la infancia de Cortés, los moros defendían su último baluarte en el sur, la parte de España que siempre habían preferido, la región subtropical mediterránea que llamaban al-Andalus (Andalucía en español), la cual gobernaban desde su mágica capital de Granada. España se estaba unificando después de la boda de Fernando de Aragón con Isabel de Castilla, los Reyes Católicos, como los llamó el Papa. Pero la unificación de España fue un proceso arduo y complejo para Fernando e Isabel. Trataban de integrar una tierra dividida en antiguos reinos cuyos habitantes juraban lealtad a sus monarcas. Además, dentro del territorio cristiano quedaban numerosos enclaves de musulmanes y judíos, muchos de los cuales se habían convertido al cristianismo. La existencia de estos reinos y sociedades constituía un obstáculo para la unificación. España era el país más heterogéneo de toda Europa, tanto en la lengua y en la raza como en la religión.

Fernando era cínico e inteligente, Isabel esperanzada y devota. Actuando en forma autónoma pero armónica, ambos avanzaron hacia el logro de sus metas. Con el objeto de realzar el fervor religioso como fundamento de la unidad nacional, Fernando e Isabel persuadieron al

Papa de que les otorgara el poder de hacer designaciones eclesiásticas, un poder que pronto utilizaron para crear la Inquisición. A la cabeza de la Inquisición nombraron al clérigo Tomás de Torquemada, que provenía de una familia de judíos conversos. Con el celo de un converso, Torquemada avivó las llamas del fanatismo, condenando a judíos y musulmanes por igual.

Bajo el estandarte de los Reyes Católicos, y cumplida la alianza entre Castilla y Aragón, las fuerzas españolas alcanzaron un grado de cohesión sin precedentes, y la capacidad de combate de los efectivos españoles mejoró gracias a un táctico de genio, Gonzalo de Córdoba, a quien Fernando e Isabel confiaron el mando militar.

Los moros, que resistían en Granada, habían perdido su ímpetu y su arrogancia. Ya habían pagado tributo a los cristianos de las inmediaciones en un intento de mantener la paz. Pero Fernando e Isabel provocaron una nueva guerra, para liberar el suelo español, de una vez por todas, de la presencia y la influencia del infiel.

Cuando Granada cayó en 1492, España se sumió en la exaltación y celebró con frenesí, en un éxtasis de afirmación religiosa. Se ordenaron conversiones colectivas para los moros. Los judíos que no se convirtieron como lo ordenaba Torquemada fueron desterrados. Un benévolo arzobispo español argumentaba que la conversión debía lograrse sólo mediante la persuasión y el ejemplo, pero la mayoría de los españoles no tenían paciencia para esperar. En las ceremonias, fanfarrias y festivales que cundían por toda España, hombres curtidos y mujeres apasionadas agradecían fervorosamente a Dios que les hubiera concedido el triunfo.

En 1492 Hernán Cortés tenia siete años.

Otro mundo

Cuando nació Hernán Cortés y su nombre se inscribió en el libro bautismal de la iglesia de Medellín, existía todo un lado del mundo que era totalmente desconocido para cristianos, musulmanes y judíos, así como para los antiguos romanos, griegos, persas, chinos, africanos y todos los pueblos que habían contribuido al desarrollo de lo que ellos consideraban civilización. Ninguno de estos pueblos había descubierto ese otro mundo, y el error de un famoso cartógrafo, matemático y astrónomo de la antigüedad había inducido a la gente más culta del lado conocido de la Tierra a creer que esa parte desconocida no existía ni podía existir.

El cartógrafo, matemático y astrónomo que cometió ese error era Tolomeo, quien trabajó a mediados del segundo siglo de la era cristiana. Nadie sabe si su apellido era Tolomeo o si era oriundo de una de las varias ciudades llamadas Tolomeo (hay una en el norte de Grecia, otra en la costa de Libia, dos o tres en el Asia Menor). El primer Tolomeo importante de la historia fue el general de Alejandro Magno que en el 323 antes de Cristo, tras la muerte de Alejandro, ocupó el trono de Egipto y fundó una duradera dinastía. Pero el reinado de los Tolomeos había concluido hacia el 30 antes de Cristo. Es posible, pues, que este cartógrafo y geógrafo llamado Tolomeo, que trabajó más de un siglo después del ocaso de la dinastía, haya sido un descendiente de ese linaje real. Tolomeo vivió y trabajó en Alejandría; hablaba y escribía en griego, y sus libros se tradujeron al latín y al árabe. Muchos libros de Tolomeo se conservaron en la gran biblioteca de Alejandría.

Varios pensadores de la antigüedad, la mayoría griegos, dedujeron, al ver la forma de la luna en el firmamento, que los planetas y estrellas eran esferas y también la Tierra. Esos antiguos astrónomos hicieron proyecciones de una Tierra esférica y dividieron la circunferencia del planeta en trescientos sesenta grados de longitud, con planos de latitud. Eratóstenes, que vivió más de tres siglos antes de Tolomeo, estimó correctamente la circunferencia de la Tierra. Pero cuando Tolomeo volvió a calcular la circunferencia de la Tierra, cometió un error y obtuvo una estimación que era 30 por ciento más pequeña de lo que en realidad es. Tolomeo suponía que el Asia se extendía a mayor distancia hacia el Este y dedujo que en esa pequeña esfera que arrojaban sus cálculos sólo un océano separaba la Europa occidental de la China. En consecuencia, en su mapa del mundo no dejó margen para la existencia de América.

No obstante, la importante obra de Tolomeo gozó de gran autoridad. Creía que el Sol giraba en torno de la Tierra, pero en muchos otros aspectos sus conceptos eran atinados, y planteó el argumento más convincente en favor de la redondez de la Tierra. Las ideas de Tolomeo se aceptaron hasta 1543, cuando Copérnico publicó su teoría heliocéntrica. Por eso, en 1485, las gentes más cultas de Europa creían que no había nada hacia el Oeste, entre Europa y el Oriente.

Los seres humanos que entonces habitaban las Américas habían estado totalmente desconectados del resto del mundo por un período tan largo que ni siquiera ahora podemos calcularlo. Cada vez que se analiza la presencia humana en las Américas, la fecha aproximada se aleja más en el tiempo. Nos referimos a la fecha en que los cazadores y recolectores del Asia emigraron por el puente terrestre que unía entonces a Siberia con Alaska y descendieron por América hasta la Tierra del Fuego, donde se han hallado sus puntas de flecha entre las costillas de gigantescos perezosos prehistóricos. Los pueblos que cruzaron el puente que franqueaba el actual Estrecho de Bering no eran racialmente amerindios. Eran seres humanos primitivos de origen indiferenciado. Cuando el mar se elevó para cubrir ese puente terrestre o el puente se hundió en el mar, pasaron tantos años que los habitantes nativos de las aisladas Américas tuvieron tiempo para constituir una raza singular, similar a las subrazas orientales pero diferenciada, una raza que por error se denomina india. Este período de aislamiento se puede estimar en cincuenta mil años o más, suponiendo que sea tiempo suficiente para que evolucione una raza.

Lo cierto es que, durante cincuenta mil años o más, los seres humanos de las Américas se desarrollaron siguiendo un curso totalmente ajeno al desarrollo de la humanidad en otras partes del mundo. Se trata de un hecho extraordinario.

En ocasiones algunos navíos del Oriente, de las islas del Pacífico Sur, de Europa o Africa eran arrastrados hacia las costas americanas. Sabemos que durante la Edad Media los vikingos navegaron desde Escandinavia, vía Islandia, y desembarcaron en Groenlandia y la costa noreste de América del Norte. Pero estos contactos fortuitos fueron esporádicos y carecen de significación. Las pruebas preponderantes nos indican que los primitivos pueblos de las Américas evolucionaron en un aislamiento casi total hasta formar la raza de los amerindios, y que lograron civilizaciones complejas my distintas de otras civilizaciones de la tierra.

En el año que en Europa se llamaba 1485, en el alto valle de México, una civilización nativa de América había alcanzado su cenit. Según los europeos, no podía existir esta civilización ni el lugar que ocupaba en la Tierra, y sin embargo allí estaba, en un continente allende el "mar océano". Esta civilización india florecía con una exaltación que no era disímil de la española. Una y otra vez la población indígena del alto valle de México se había revigorizado con inyecciones de energía de las tribus invasoras y los aztecas, la tribu entonces reinante, estaba henchida de orgullo.

Para bien o para mal, el orgullo es un factor común entre las civilizaciones. Antes del surgimiento de los líderes, cuando la sociedad está compuesta por grupos familiares autónomos (como los sencillos yaganes de Tierra del Fuego), la vida comunitaria de los seres humanos no es progresista y se logra poco en materia de civilización. Pero los líderes surgen naturalmente, pues esto forma parte del proceso de la vida, como cuando un ganso de la bandada toma la iniciativa de formar la V en otoño, durante la emigración hacia el Sur (o, en el hemisferio sur, hacia el Norte). Al fin los jefes tribales deciden afianzar sus linaje familiar, y así se acuña el concepto de nobleza. Luego, como las fuerzas de la naturaleza desconciertan a los humanos, se personifican muchos elementos (la lluvia, el viento, el rayo, el trueno, el sol, la luna, las tinieblas) y se los considera dioses. Una vez que se han concebido los dioses tribales, existe una fuerte tendencia a que ciertos seres humanos, sobre todo los de sangre presuntamente noble, se declaren divinos. Esta tendencia predominaba entre los indios mexicanos, como entre la mayoría de los pueblos del mundo.

La compleja civilización que los indios americanos desarrollaron en México era muy productiva, y mantenía a millones de personas en un lugar sin obligarlas a errar como nómadas en busca del sustento, y había suficiente superávit de producción como para mantener a la nobleza, el clero y una clase artesanal de constructores y artistas. Esa exuberante y colorida civilización fue un original logro de los nativos, y sólo era bárbara si la juzgamos según nociones europeas de refinamiento y contención, nociones que pueden resultar dudosas a la luz de muchas facetas de la historia europea. La civilización india era desbordante, vital y dinámica, y realizaba rápidos progresos intelectuales con ganancias materiales.

Se pueden utilizar muchas pautas para medir una civilización. Una de ellas es la construcción de ciudades, y los indios mexicanos sobresalían en ello. En el desarrollo de la escritura, los indios llevaban cierto retraso. En la utilización de metales, estaban progresando. En la confección de joyas finas, eran maestros.

Pero es preciso hacer una advertencia. La civilización india no se debe considerar como una forma más joven de nuestra civilización, una forma más simple. Ello revelaría un injustificado paternalismo de nuestra parte. La civilización cuyo centro se hallaba en el valle de México existía desde hacía milenios. No se debe comparar con nuestra civilización como si el paso del tiempo debiera producir resultados similares. La civilización azteca no se debe comparar, aspecto por aspecto, con la civilización europea, ni con la persa, china o africana, como si pusiéramos a varios niños contra una pared y trazáramos marcas para comprobar quién es más alto. Debemos tratar de encarar esta civilización india, este logro de los seres humanos en el otro lado de la Tierra, como un logro singular, y respetarlo como tal. La civilización española de fines del siglo quince y la civilización azteca de la misma época se deben ver como dos modos diferentes en que pueden desarrollarse los seres humanos.

Debemos enfatizar, por lo demás, que todas las civilizaciones son obra de gente de talento, enérgica, reflexiva y refinada. Y todas las civilizaciones derivan de la aplicación del ingenio humano. Las civilizaciones nacen del genio, el tesón, el fervor y la astucia, pero difieren entre sí por su contexto y contenido emocional y en la evaluación de la conducta humana. La gente varía muchísimo en su respuesta ante la conducta propia y ajena. Cada civilización, sin embargo, aplica a la conducta humana su propio sentido de la moralidad. Y cada civilización –cada pueblo– posee su propio sueño de plenitud espiritual, con esperanzas y expectativas de aprobación y recompensa.

En estos aspectos cruciales, las civilizaciones de España y América –cada cual en total ignorancia de la existencia de la otra– tenían diferencias radicales y fundamentales. Los aztecas habían conquistado México antes de la llegada de Colón al Nuevo Mundo, así que tanto aztecas como españoles se pueden considerar como pueblos agresivos y conquistadores; ambos poseían un carácter implacable, aunque ambos tenían aspectos redentores. Ambos pueblos tenían una profunda capacidad para la piedad (aunque esto resulte difícil de creer, sobre todo de los aztecas). Por extraño designio de los hados, estos enconados enemigos estaban destinados, como amantes, a aparearse y propagarse en una singular fusión.

La gran coincidencia

La gran coincidencia fue que en 1492, cuando España celebraba su triunfo definitivo sobre los moros y se regodeaba en exaltaciones beatas, agradecidos festines y alardes de destreza guerrera, en ese momento tan propicio, Colón descubriera el Nuevo Mundo.

Para los españoles este descubrimiento parecía la recompensa de Dios por su fe. Tras haber reconquistado su patria, ahora disponían de un mundo entero para conquistar. Esto deleitó al pueblo español, que vio su destino en este reto.

Los españoles, sin embargo, tardaron en apreciar la magnitud del hallazgo de Colón. En medio del júbilo en que vivía España, las mayores oportunidades de gloria parecían hallarse en Italia y en Africa. Durante los veinticinco años que siguieron al desembarco de Colón en las Bahamas, sólo un puñado de oro y plata llegó a España desde el Oeste. Durante este cuarto de siglo los españoles fundaron asentamientos en las mayores islas del Caribe; descubrieron Florida y el istmo de Panamá y bordearon las costas de América Central y Sudamérica. Pero –por una de esas rarezas inexplicables de la historia– durante esos veinticinco años los españoles no navegaron hacia el Oeste desde las islas del Caribe.

En estos años Hernán Cortés vivía su infancia. Cuando Cortés tuvo catorce años, su padre reunió dinero suficiente para enviarlo a la Universidad de Salamanca. No fue empresa fácil para Martín Cortés, quien no había tenido una brillante carrera como soldado; había servido al mando de un pariente y no había luchado contra los moros sino que se había liado en una lucha de facciones entre españoles, en la que su facción había perdido. Como pequeño terrateniente, según Bartolomé de las Casas, un monje que lo conocía bien, la gente se encogía de hombros cuando Martín Cortés decía que era un hidalgo. Pero Martín tenía una hermana que vivía en Salamanca, y Hernán pudo alojarse con su tía.

Martín esperaba que su hijo estudiara leyes. Su experiencia le inducía a creer que en España los pleitos eran más rentables que las conquistas. Al menos, no había dudas sobre la rentabilidad de los pleitos. Así que Hernán estudió derecho en la universidad, que no era diferente de las prósperas y populosas universidades de París y otros lugares de Europa, llenas de poetas y ladronzuelos.

El derecho que Hernán estudió en Salamanca estaba principalmente encarnado en la gran compilación española denominada las Siete Partidas, que databa del siglo trece y era una consolidación de procedimientos y hábitos jurídicos, algunos de los cuales se remontaban al Código Justiniano de los romanos, otras a los visigodos e incluso a los moros. El propósito de las Siete Partidas no era servir a la causa de la justicia social, sino definir los derechos de los individuos de cada clase social, estipular las prerrogativas que acompañaban a cada posición, requerir diversas designaciones en distintas circunstancias y establecer los procedimientos precisos que debían observar los miembros de cada clase a fin de establecer su pertinencia legal; en otras palabras, sistematizar la engorrosa estructura legal semifeudal, definir todos sus vericuetos, y lograr que esta precaria estructura obrara al servicio del rey que ocupaba la cima de la pirámide social. Los españoles habían estado tan ocupados peleando con los moros y entre sí que las Siete Partidas jamás se habían revisado, ni siquiera con la unificación de los reinos, y aún constituía la más sólida manifestación del código legal español.

A Hernán le resultó fascinante. Los laberintos de la ley lo intrigaban, pues veía toda suerte de elusiones, trampas y pasadizos que le evocaban los juegos que había jugado en el castillo de Medellín. Asimiló este conocimiento legal, memorizando e incluyendo en su vocabulario muchas frases legales en español y en latín.

Con el tiempo se hizo fuerte, robusto y excepcionalmente ágil, descollando en todos los ejercicios guerreros a que los jóvenes españoles consagraban gran parte de su tiempo (eran displicentes en el estudio, tesoneros en la lucha). Sobresalía en la esgrima y en el manejo de lanza y escudo, en equitación, en el uso de armas de fuego, e incluso en la planificación de estrategias para la artillería, que empezaba a aplicarse más. También tenía buena mano para los dados.

Pero al cabo de dos años se fue de la universidad sin graduarse de abogado. "Volvióse a Medellín harto o arrepentido de estudiar o quizá falto de dineros", escribe Gómara, su biógrafo y secretario. Sus padres lo tomaron a mal después de haber gastado tanto en su educación y, ante la altiva e irrespetuosa réplica de Hernán, no se opusieron a que se marchara por su cuenta. (Como se trata de los recuerdos del propio Cortés tal como los expresa su secretario, un diplomático experimentado, este escándalo familiar se describe con tintas comprensiblemente tenues.)

Corría el año de 1501 o 1502, y la opción de un joven en esos tiempos era enfilar hacia Italia para sumarse a los efectivos españoles que asediaban Nápoles a las órdenes de Gonzalo de Córdoba, o enfilar hacia las Indias, desde donde llegaba cada vez más oro. Hernán optó por las Indias. Sus padres, ansiosos de facilitar su partida, le buscaron sitio en la comitiva de Nicolás de Ovando, un noble que se dirigía a las Indias para asumir el puesto de gobernador.

Pero Hernán tuvo un accidente que le impidió zarpar con Ovando. Una noche, al salir por la ventana de la alcoba de una joven casada de Medellín, escapó por el parapeto de un jardín y este se derrumbó. Cayó con gran estruendo de espada y escudo (si hemos de dar crédito a Cortés, iba con armadura completa). En ese momento salió el joven esposo, dispuesto a una lucha a muerte, pero Cortés se había luxado la espalda y no podía pelear. Lo llevaron a casa y pasó varios meses convaleciendo, así que perdió el barco de Ovando. (A Cortés le encantaba contar esta anécdota. Más adelante, cuando realizaba su campaña en México y le dolía la espalda después de dormir la siesta, atribuía este malestar a su caída del parapeto; sus soldados se hartaban de oír esa anécdota.)

Mientras estaba en cama, y también mientras asistía a la universidad, leyó sin duda las novelas de caballerías que entonces gozaban de gran popularidad en España, al igual que en toda Europa. Esas narraciones –que circulaban en manuscritos, y luego en ediciones impresas en rústica– eran de origen celta y francés; resultaban soeces en su versión celta, y elegantes aunque atrevidas en francés, pero en español eran castas y casi beatas. Estas historias siempre hablaban sobre gallardos caballeros que se enfrentaban con dragones, infieles y malhechores de toda laya, y los caballeros eran infaliblemente fieles en su servicio a sus bellas damas. Los caballeros visitaban maravillosos castillos de ensueño y atacaban fortalezas inexpugnables. La más famosa de estas novelas de caballerías era *El Amadís de Gaula*, una suerte de protonovela moderna que había comenzado en el siglo trece en portugués y cuya primera edición en España databa de 1492; luego se pirateó el texto y aparecieron muchas ediciones corruptas. Estas novelas eran la máxima expresión del espíritu caballeresco medieval, y se aceptaban sin cinismo hasta que incurrieron en tales exageraciones que don Miguel de Cervantes, en 1605, las parodió en su *Don Quijote* y puso fin a la verborragia romántica. Pero durante el tránsito del siglo quince al dieciséis –un siglo antes del *Quijote*–, cuando Cortés y otros jóvenes españoles devoraban estos libros, las historias resultaban inspiradoras, aunque nadie las creyese al pie de la letra. Cortés vivió durante el auge de la novela de caballerías, que coincidió con el auge de España.

Cuando Hernán estuvo en condiciones de viajar, aparentó irse a Italia, pero erró por España durante casi un año, comiendo de gorra y viviendo al día como muchos estudiantes pobres y trashumantes que habían abandonado sus escuelas. Nunca viajó a Italia y al fin regresó cojeando a casa. Sus padres, cansados de hacerle reproches, le dieron dinero para pagarse el viaje a las Indias.

Hernán se fue de Medellín, caminó hasta Mérida y luego siguió rumbo al Sur hasta llegar al puerto de Huelva. En Moguer, cerca de Huelva, a orillas del río Tinto, encontró a un mercader que llevaba cinco naves cargadas de víveres para venderlos en las Indias, y Hernán se compró un espacio en cubierta.

Tenía diecinueve años y no gozaba de buena posición ni tenía expectativas claras en cuanto al Nuevo Mundo. Fue una partida anónima y humilde.

II

El alba de la Conquista:
de la astucia a la Noche Triste

Locuras de juventud

Un hombre destinado a la gloria a menudo exhibe su valía en la juventud, pero no ocurrió así con Hernán Cortés. Viajó al Nuevo Mundo en 1504, y durante trece o catorce años se mantuvo allí como muchos otros jóvenes españoles que habían abandonado su hogar y flotaban a la deriva hasta recalar en los puertos del sudoeste de España –Huelva, Sanlúcar de Barrameda, Cádiz–, desde los cuales viajaban al Nuevo Mundo, donde remoloneaban, buscaban los favores de los poderosos y soñaban con pingües recompensas.

Sin duda la expulsión de los judíos en 1492 y la expulsión de los musulmanes andaluces en los años que siguieron a la caída de Granada (y el mal trato que se infligía a los judíos y árabes conversos) contribuyeron a la lentitud e ineficacia de la colonización española del Nuevo Mundo. Los judíos y moros habían dirigido el comercio y las finanzas de España. En su ausencia, reinaba la desorganización. El viaje inicial de Cortés es un ejemplo de ello.

El mercader a quien Cortés había comprado su pasaje al Nuevo Mundo se llamaba Alonso Quintero, y Cortés razonablemente supuso que Quintero estaba al mando. En realidad, cada uno de esos cinco pequeños cargueros poseía su propietario y a la vez el cargamento era propiedad de diversos grupos de comerciantes de Huelva y Palos de Moguer. Esto era típico de las empresas comerciales españolas. Siempre eran financiadas por varias partes que rivalizaban entre sí y no existía un convenio sobre el control. Aunque los Reyes Católicos habían financiado gran parte de la primera expedición al Nuevo Mundo, los monarcas luego prefirieron que todos los fondos para la exploración y el comercio tuvieran origen privado. La inversión real se limitaba a dar la autorización para el viaje. Los auditores reales, que antes supervisaban el gasto de los dineros del gobierno, pasaron a asegurarse de que el porcentaje de ganancias correspondiente a la corona –el quinto real– fuera bien calculado y entregado (y el auditor extraía su propio estipendio de los libros, tal como hoy hacen muchos funcionarios en América latina).

Una vez que las naves se aprovisionaron en las Canarias, Quintero levó anclas y zarpó furtivamente una noche con la intención de ser el primero en llegar a las Indias, donde pretendía vender sus mercancías antes de que llegaran los barcos de sus competidores. Sin embargo Quintero, con Cortés a bordo, tuvo que regresar a las Canarias porque lo sorprendió una tormenta tan feroz que destrozó el palo mayor. Quedó humillado ante sus colegas de los otros cuatro buques y tuvo que soportar sus burlas. Pero cuando reanudaron el viaje hacia el Oeste, Quintero trató una vez más de aventajar a los demás. Su piloto se perdió; las cinco naves se quedaron sin agua potable y casi sin comida. No fue precisamente un viaje monótono.

Tras desembarcar en Santo Domingo, en la isla de la Española (la isla que hoy comparten la República Dominicana y Haití), Cortés visitó al gobernador Ovando, quien conocía superficialmente a sus padres. Ovando le hizo firmar el registro como residente recién llegado, le otorgó algunas tierras a poca distancia de la costa, un solar donde vivían algunos indios, y como Cortés alardeó de sus estudios de derecho, lo designó notario del ayuntamiento de Azúa. Ovando lo recomendó ante un hidalgo, don Diego Velázquez de Cuéllar, que tenía fama de rico y emprendedor y quizá pudiera dar ocupación al joven.

Cortés se presentó ante Velázquez, que era un hombre gordo, ampuloso y entusiasta, y acompañó al hidalgo y un pequeño contingente de españoles para sofocar una rebelión india en el interior de la isla. La rebelión no era muy violenta. Los indios simplemente se negaban a trabajar para los españoles en las minas y a llevarles comida desde los campos. La desobediencia fue instigada por la viuda de un cacique a quien habían matado los españoles, y pronto los indígenas volvieron a acatar órdenes.

Durante cinco o seis años Cortés vivió y trabajó paciente y anónimamente en la ciudad de Azúa, dedicándose a la agricultura, la minería, el comercio y también a jugar, beber y fornicar todo lo posible. Había pocas mujeres blancas en la Española, pero Cortés no desdeñaba a las indias. Sus detractores alegan que en esa época se contagió la sífilis de las nativas, aunque hasta 1912 se presumía que los españoles habían llevado la sífilis a América. Pero luego se descubrieron las ruinas de la ciudad perdida de Machu Picchu, una localidad india de los Andes peruanos donde nunca llegaron los españoles. Las disecadas momias de mujeres indígenas sepultadas en huecos, bajo enormes pedrejones, presentaban inequívocos rastros de sífilis, lo cual demuestra incuestionablemente que la enfermedad existía en la América precolombina. En cuanto a Cortés, es difícil creer que hubiera tenido sífilis. En el siglo dieciséis la sífilis era una de tantas enfermedades infecciosas, y resultaba difícil de diagnosticar con certeza. Pero durante toda su vida Cortés fue un verdadero semental; engendró seis hijos legítimos y al menos cuatro ilegítimos con varias mujeres, así que parece ilógico pensar que sufriera algún impedimento.

La despreocupada existencia de Cortés en la Española finalizó cuando Velázquez obtuvo autorización para conquistar Cuba. Velázquez envió a Cuba una fuerza al mando de su lugarteniente de confianza, Pánfilo de Narváez, y Cortés se sintió obligado a acompañarlo. La conquista de Cuba resultó ser una mera ocupación de la isla. Los tímidos indios cubanos se ocultaron en el bosque, como la mayoría de los nativos de la Española, y los españoles tuvieron que persuadirlos de regresar y trabajar para ellos. Cuando la situación de Cuba se regularizó, Velázquez cedió a Cortés un vasto solar con muchos indios; la finca de Cortés incluía varias minas ricas. Era una propiedad mucho mejor de la que había tenido en la Española.

El interés de ambos hombres en las mujeres cimentó la amistad de Velázquez y Cortés. También fue la causa de sus conflictos. Velázquez tomaba muy a pecho su puesto de gobernador y estaba decidido a establecer en Cuba una sociedad elegante y discreta que reflejara la sociedad de España. Ello provocó un entredicho con Cortés.

Había llegado a la Española una familia llamada Suárez, que estaba formada por la madre viuda, cuatro hijas casaderas y un hijo adulto. La madre, ansiosa de casar a sus hijas, y sabiendo que muchos españoles se mudaban a Cuba, fue a la isla con su familia y se presentó ante el gobernador Velázquez. El gobernador les cobró simpatía y regaló al hijo varón, Juan, una parcela y algunos indios que debían compartir con un colono experimentado que haría las veces de guía, Hernán Cortés.

La familia Suárez no era noble (había llegado al Nuevo Mundo en la comitiva de la esposa de un funcionario de la corona) pero se consideraba bien nacida, y Velázquez esperaba que contribuyera a la creación de la sociedad que él deseaba. Las agraciadas, vivaces y tozudas hermanas Suárez –cuatro mujeres blancas y casaderas– pronto tuvieron gran demanda. Mareadas por tanta atención masculina, hacían mohínes y eran muy selectivas.

La hermana mayor se llamaba Catalina, pero la llamaban "la Marcaida", pues Marcaida era el apellido de soltera de la madre. La llamaban *la* Marcaida porque se parecía físicamente a la madre, pero también porque ambas hablaban más de la cuenta. Catalina anunció públicamente que Cortés era su elegido.

Velázquez, aunque estaba casado o por casarse con la sobrina del obispo de Burgos, prefería a la hermana menor, que era la menos discreta y cuya reputación pronto cayó en desgracia (por su relación con el gobernador Velázquez o con algún otro). Todos los hombres de Cuba hablaban de las hermanas Suárez porque no existía otro chisme tan sabroso.

Cortés, por su parte, gustaba de dos hermanas, Catalina y otra, y tenía relaciones con ambas. Esto exasperaba a Velázquez. Los amoríos de Cortés con dos hermanas no congeniaban con su plan de crear una sociedad decorosa. (La franqueza de los españoles en cuestiones amatorias y económicas forma parte de su encanto. No encubren ni ocultan, como los ingleses y los americanos del Norte. Y cuando la versión de Cortés, o la versión favorable dada por su biógrafo y secretario, Francisco López de Gómara, se compara con la de Bernal Díaz del Castillo, que fue soldado de Cortés en México y oyó decir muchas cosas, y luego se coteja con la versión de fray Bartolomé de las Casas, que nunca dijo una palabra en favor de Cortés, el resultado quizá no esté lejos de la verdad.)

Velázquez imploró a Cortés que desposara a Catalina. Insistió y amenazó, pero Cortés se negó terminantemente. Catalina se querelló contra Cortés porque, según ella, él había roto su promesa de matrimonio. El gobernador Velázquez tomó partida por Catalina, y no menos de cinco hombres, entre ellos el hermano de Catalina, se sumaron al pleito contra Cortés, dando testimonio de la veracidad de la acusación.

Velázquez se enfadó tanto con Cortés que lo hizo arrestar y poner en el cepo cuando sus recriminaciones públicas no surtieron efecto. Cortés escapó, ya abriendo el cerrojo del cepo o prometiendo un soborno al guardia, y buscó refugio en una iglesia. Estos trances eran peligrosos, porque el gobernador de un sitio tan alejado de España podía imponer su propia noción de la justicia, y Cortés temía que Velázquez lo enviara en cadenas a la Española para juzgarlo o bien que lo juzgara en Cuba y lo enviara a la horca. Pero las noches cubanas suelen ser tan agobiantes y húmedas que Cortés no soportó quedarse en la iglesia. Velázquez, previendo esta posibilidad, había ordenado a un hombre armado que se ocultara en unos arbustos frente a la iglesia. Cuando Cortés salió a respirar una bocanada de aire fresco, fue capturado. Su captor se llamaba Juan Escudero, y viviría para lamentarlo.

Cortés volvió a escapar de la prisión (esta vez casi seguramente mediante un soborno), y a esas alturas, como en todas las disputas españolas, aun las amatorias, las ramificaciones legales y económicas crecían a ojos vistas. Mientras estaba en prisión, Cortés había redactado una acusación donde incriminaba a Velázquez mediante detalles que él había conocido durante sus años al servicio del gobernador. Se había difundido la existencia de esta acusación, y se estaba formando un grupo de españoles que respaldaban al popular Cortés. Muchos colonos estaban resentidos con Velázquez porque el gobernador no les había entregado tierras ni indios.

Mientras huía, Cortés consiguió armas y en medio de la noche fue en busca de Velázquez, quien permanecía en una finca campestre, asistido por unos pocos criados, mientras los soldados de su escolta se alojaban en una aldea cercana. Velázquez se asombró, y tal vez se asustó, al ver a Cortés, pero aun así lo invitó a cenar; los viejos compinches volvían a reunirse y, por increíble que parezca, según todas las versiones existentes, Velázquez y Cortés durmieron juntos en la misma cama esa noche.

Luego, después de resistirse al matrimonio durante casi un año, afrontando una querella judicial y las presiones de Velázquez, Cortés accedió a casarse con Catalina. Cortés le construyó una casa, al parecer la primera casa de Baracoa, y vivió con ella, según comentaría, con tanta satisfacción como si Catalina fuera hija de una duquesa. Con esta mentira, Cortés expresaba en los inicios de su carrera que dormir con la hija de una duquesa era su verdadera ambición.

Cortés tuvo una juventud disipada que se prolongó hasta más allá de los treinta años. En la Española, y luego en Cuba, se granjeaba la simpatía de todos, pero lo consideraban sin envidia un sujeto vigoroso, esquivo, canallesco y pendenciero, un hombre jovial y un buen conversador.

Hay otra incongruencia en el carácter de Cortés, una faceta que puede resultar inesperada en el temperamento de un conquistador. Mientras la mayoría de los españoles de las Indias obligaban a los indios que tenían a su servicio a deslomarse en las minas en un febril e infructuoso esfuerzo por extraer el poco oro que había, Cortés optó por la paciencia. Trataba de no agotar sus propias minas, sino de seguir los filones hasta la mayor distancia posible, para hacerlos durar. Alegaba que una explotación sensata de la tierra era esencial para una colonización duradera. Explotaba la tierra con cuidado, incluso científicamente según los conocimientos de la época, y utilizaba a sus indios con eficiencia para desbrozar los campos y plantar y cosechar cereales. Importó vacunos, ovinos y equinos y fue uno de los primeros colonos de Cuba que tuvo rebaños. Reconociendo este aspecto constructivo de Cortés, Velázquez lo designó alcalde de Santiago. Aunque pródigo con el dinero, Cortés ahorró tanto que pudo invertir dos mil castellanos en una empresa comercial, con un socio llamado Andrés de Duero.

El joven Cortés revelaba una extraña combinación de rasgos y talentos que decían poco acerca del futuro, hasta que las nubes de las circunstancias se despejaron y él divisó su oportunidad.

Nueva España del Mar Océano

En 1517, veinticinco años después de que Colón descubriera el Nuevo Mundo, los españoles de las islas caribeñas entendieron al fin que una tierra de importancia –tal vez una gran isla, pensaban– se encontraba al Oeste. Lo comprendieron gracias a lo siguiente.

Diego Velázquez quería más indios para trabajar en sus minas y campos de Cuba, pues todos los indios cubanos que él no tenía a su servicio estaban a cargo de otros españoles. Así se gestó un trato y se trazó un plan para enviar una expedición de tres buques a algunas islas cercanas, para conseguir indios, ya mediante la captura o el trueque, y llevarlos a Cuba. El plan fue aprobado por Diego Colón, hijo del descubridor, quien aún se aferraba a su dudosa autoridad como heredero de los dominios de su padre. Cuando le entregaran los indios, Velázquez pagaría tanto por cabeza. Técnicamente estos indios no serían esclavos, porque la Corona prohibía severamente la esclavitud. En cambio, se los consideraría parte de una encomienda o repartimiento, dos palabras que entonces eran sinónimas; como otros indios isleños, serían encomendados a un ciudadano español, léase Velázquez, quien sería responsable de su instrucción religiosa y protección mientras los ponía a trabajar. Mediante esta artimaña se burlaban las disposiciones de la Corona.

Como de costumbre en las empresas comerciales españolas, varios socios, en este caso tres, financiaron la expedición (es dudoso que Velázquez hubiera aportado nada, pues él sería el comprador final).

Uno de los socios, Francisco Hernández de Córdoba, fue nombrado capitán. Reclutaron más de cien combatientes españoles, entre los cuales –por suerte para la causa de la historia– se contaba Bernal Díaz del Castillo, quien cincuenta años después escribiría sus recuerdos con asombroso detalle.

Un huracán sorprendió a la flota a poca distancia de Cuba, y los tres navíos se abatieron en el oleaje hasta que, a veintiún días del puerto, los españoles se encontraron en la punta de la península del Yucatán, que se extiende hacia el Norte desde el sur del México continental. Oteando esas costas bajas, los españoles vieron las blancas murallas de una gran ciudad que parecía estar pocos kilómetros tierra adentro. Al llegar a Cuba y la Española, no habían avistado edificios con murallas de piedra ni argamasa, sólo chozas de mimbre y bálago. Los españoles se aproximaron a la costa por el cauce menos profundo.

Pronto se les acercó una pequeña flota de largas canoas construidas con troncos de enormes árboles, en cada una de ellas había cuarenta indios que remaban enérgicamente. Los españoles hicieron gestos de bienvenida y ofrecieron bienes en trueque. Los indios arrimaron las canoas a las naves y muchos de ellos subieron a bordo, aceptando la invitación.

Estos indios vestían camisas de algodón bordado y culeros, a diferencia de los indios de las islas, donde los hombres iban desnudos y las mujeres sólo usaban taparrabos que las cubrían desde la cintura hasta la mitad del muslo. Empuñaban arcos y flechas, lanzas y mazas, pero no se mostraban belicosos. El que parecía el jefe repetía algo que sonaba como *Cones Catoche*, que en maya significaba "Venid a nuestras casas". Los españoles –con un arraigado reflejo de exploradores– bautizaron el lugar Cabo Catoche, nombre que se conserva en la actualidad. Mediante gestos, el cacique dio a entender que por la mañana regresaría con más canoas para llevar a los españoles a la costa.

A la mañana siguiente el cacique regresó con doce canoas que sólo estaban ocupadas por los remeros, e indicó a los españoles que las abordaran. Tras algunos titubeos, los españoles decidieron aceptar la invitación. Dejando las naves ancladas, con los marineros a bordo, bajaron un bote. Todos los combatientes, fuertemente armados, fueron a la costa en las canoas y el bote. En la costa dejaron un par de hombres para custodiar el bote, y el cacique condujo a la fuerza española a través de la ciudad por un sendero que serpenteaba entre cerros exuberantes.

44

A una señal del cacique, unos guerreros que estaban al acecho atacaron a los españoles desde todos los flancos. Esos indios no eran como los tímidos y apacibles isleños. Aullando, soplando silbatos y caracolas, corrían al ataque; descargaban una lluvia de flechas, arrojaban piedras con sus hondas y en el combate cuerpo a cuerpo usaban diestramente como escudos sus garrotes y lanzas con punta de cobre. Como armadura vestían una chaqueta de algodón ligero del cuello a la rodilla, y el algodón les brindaba buena protección sin estorbar sus movimientos. Los españoles respondieron con quince ballestas y diez armas de fuego. Estas armas eran arcabuces, fusiles de ánima lisa y cañón largo donde la pólvora se encendía mediante la mecha de una serpentina, una pieza de metal curvo que bajaba a la cazoleta en el momento del disparo; la explosión resultante lanzaba una bola de plomo a ciento cincuenta metros. En el combate cuerpo a cuerpo los españoles usaban sus picas de hierro y sus espadas para despedazar las hojas de pedernal y obsidiana de los indios y para mellar sus lanzas de cobre, y al cabo de una encarnizada lucha los indios se replegaron.

Sangrando y socorriendo a sus heridos, los españoles avanzaron penosamente cuesta arriba para buscar refugio en un apiñamiento de bajos edificios de piedra que eran templos. Pero en el interior de los templos se toparon con ídolos de arcilla de horrendo rostro, entre ellos figuras femeninas y algunas imágenes masculinas en el acto de la sodomía. Los aterrados y desconcertados españoles estaban por abandonar los templos cuando descubrieron que había cofres repletos de pequeños objetos de oro, ofrendas a los ídolos. Recogiendo el oro, los españoles, con dos indios que habían capturado, regresaron cojeando a la playa. Los estampidos habían atraído a otros botes desde los barcos anclados, y los maltrechos expedicionarios se reagruparon y huyeron.

Haciéndose a la vela, siguieron la línea costera hacia el Oeste y luego hacia el Sur. Tenían miedo de desembarcar y fondeaban todas las noches; temían navegar de noche porque no podían ver las rocas ni los bajíos. Cuando morían los heridos, arrojaban los cadáveres por la borda. Navegaron durante quince días, hasta que se acabó el agua potable. En ese período los dos indios capturados fueron bautizados por un sacerdote, y llamados Julián y Melchor.

Los españoles necesitaban desesperadamente agua potable. Cuando avistaron otra ciudad grande, supusieron que habría un manantial para suministrar agua a los pobladores, así que trataron de acercarse. Esto era dificultoso porque el mar tenía poca profundidad, ya que la península del Yucatán es una elevación del suelo oceánico y el declive es muy gradual. Anclando las naves a más de cinco kilómetros de la costa, pusieron todos sus toneles en los botes y, al desembarcar, vieron algunas indias que llevaban cántaros llenos y marcharon deprisa hacia un cenote (un agujero redondo en la piedra caliza del Yucatán donde se junta el agua; toda la isla está llena de estos agujeros, que son como los agujeros del queso suizo; el suelo de piedra caliza es tan poroso que las abundantes lluvias pasan a través).

No habían atinado a llenar los toneles cuando una delegación de cincuenta indios, vestidos con mantos de algodón y tocas emplumadas, se les acercó despacio. Los españoles explicaron por señas que sólo querían recoger agua y marcharse, y los indios, que parecían ser caciques, preguntaron con gestos y palabras ininteligibles si venían del Este. Los españoles no comprendían el sentido de la pregunta. Cuando los indios los invitaron a acompañarlos hasta la ciudad, los españoles, tras una breve deliberación, aceptaron a regañadientes.

Los caciques los llevaron a la ciudad, que estaba muy bien trazada y tenía edificios de piedra semejantes a la ciudad anterior. Era la ciudad de Campeche, y los jefes los condujeron hacia los templos de la plaza central. En los templos que recorrieron los españoles, no sólo había ídolos de rostro monstruoso y forma humana sino ídolos que eran serpientes con colmillos. Lo que más alarmó a los españoles fue que los altares de estos templos estaban embadurnados de sangre seca; había salpicaduras de sangre en todas las paredes; el aire apestaba a sangre.

En la plaza se congregaban guerreros indios: arqueros, honderos, lanceros y sujetos más fornidos que empuñaban espadones que consistían en montantes de madera con afiladas hojas de obsidiana. Los caciques ordenaron a sus esclavos (indios sucios y macilentos, vestidos con harapos) que trajeran haces de cañas secas que depositaron ante los españoles. Aparecieron sacerdotes indios que llevaban el cabello tan largo que a veces tocaba el suelo, y que estaba pegajoso con la sangre seca de los sacrificios. Los caciques y sacerdotes, con complicados gestos, explicaron a los españoles que debían marcharse antes que las cañas se hubieran transformado en cenizas, pues de lo contrario los matarían a todos para ofrendarlos a los dioses. Encendieron las cañas, y los guerreros de la plaza apuraron el redoble de los tambores, hicieron sonar sus silbatos y gritaron a pleno pulmón.

Los españoles retrocedieron rápidamente hacia los botes, seguidos por los indios. Vacilaban en embarcarse por temor a que los atacaran mientras abordaban, así que se desplazaron cautelosamente por la costa, mientras los marineros de los botes los seguían, hasta que pudieron abordar y escapar al amparo de una gran roca. Habían logrado llenar algunos toneles de agua en el cenote.

Continuaron navegando, y pronto volvieron a quedarse sin agua. (Con típica franqueza española, Bernal Díaz explica que no habían podido conseguir buenos toneles y que los cascos baratos que habían comprado en Cuba tenían filtraciones.) Desembarcaron cerca de otra ciudad, buscaron el cenote y lo descubrieron, pero esta vez indios armados y agresivos se les acercaron, el rostro pintado de blanco, negro y rojo óxido (los colores de las tinturas naturales de la zona). Estos indios también preguntaron mediante gestos si los españoles venían del Este.

Este templete, que ahora se encuentra en el jardín del Museo de Antropología de Ciudad de México, se hallaba originalmente en la provincia de Campeche. La brillante pintura exterior de estos templos realzaba los extraños e intrincados relieves; todas las estatuillas y símbolos, como la trompa curva y los ojos que hay encima de la entrada, tenían un sentido y estaban destinados a infundir temor. En el pequeño y fétido interior, bajo un voladizo, estaban los ídolos, y todo el lugar apestaba a sangre. La pintura se preparaba con tinturas inorgánicas que se hallaban en las montañas: un azul chillón y rojizo, un amarillo fuerte, un rojo brillante y un negro azabache, los cuales contrastaban con la reluciente blancura de la piedra caliza.

Esta insistente pregunta acerca de la procedencia de los españoles sugería la posibilidad de que los indios creyeran que sus dioses venían del Este. Los indios de las islas hablaban de una antigua profecía según la cual un barbado dios de tez blanca llamado Quetzalcóatl, que antaño había vivido entre los indios y se había ido navegando hacia el Este, un día regresaría para reanudar su reinado. Los españoles conocían este mito y querían creer que esto era lo que los indios tenían en mente. Pero parece más razonable que estos indios de la costa del México continental supieran por boca de los isleños que habían llegado invasores del Este que los oprimían. Esta explicación parece más viable porque, si los indios del continente hubieran esperado el regreso de un dios, se hubieran comportado con reverencia, temor y respeto. En cambio, si pensaban que los opresores de las islas venían a subyugarlos, era de esperar que fueran hostiles.

Mientras de noche los españoles llenaban sus toneles, los indios los rodearon y al alba los atacaron ferozmente, matando a más de cincuenta españoles y capturando a dos con vida. Hernández de Córdoba recibió diez flechazos, Bernal Díaz tres. Muchas lanzas hirieron a los españoles en la garganta. Nuevas tropas indias acudían desde la ciudad, con comida y bebida para celebrar el triunfo después de esa batalla de exterminio.

Abandonando los toneles, los angustiados españoles regresaron a la playa con sus heridos, luchando sin cuartel, y trataron de abordar los botes para escapar. Pero los sobrecargados botes vacilaban. Algunos españoles tenían que nadar asiéndose de la borda, mientras los indios los perseguían arrojando piedras, flechas y jabalinas, y los que empuñaban las mazas con filo de obsidiana se internaban en el agua y aplastaban el cráneo de los fugitivos que se aferraban a la popa. Esto sucedió en la ciudad de Champotón.

Ahora no quedaban suficientes españoles para tripular las tres naves, así que desguazaron un barco y prendieron fuego al casco. En las dos naves restantes los españoles se alejaron de esas costas. No tenían agua potable. Delirando, con los labios y la lengua cuarteados, sin saber bien el rumbo, maldiciendo a sus pilotos, enfilaron hacia la Florida, donde los indios los atacaron nuevamente cuando desembarcaron en busca de agua.

Más de la mitad de los expedicionarios habían muerto cuando los dos barcos regresaron a Cuba. Hernández de Córdoba falleció poco después del regreso. La expedición, que representaba la primera experiencia de los españoles en la tierra firme de México, fue un desastre. Pero cuando Diego Velázquez vio el oro que Hernández había llevado a Cuba con sus pocos supervivientes, sintió gran interés. Parte del oro estaba mezclado con cobre, parte era de baja ley, en general era liviano, pero era oro. Había siluetas de peces y patos, discos, pendientes y diademas. Velázquez no había gastado un céntimo en la expedición, y los únicos indios que podía comprar eran esos dos sujetos de ojos rasgados llamados Julián y Melchor. Muchos mayas tienen ojos rasgados; además, los mayas son la gente con la cabeza mas redonda del mundo, aparte de ser bajos, fornidos y fuertes. Julián y Melchor habían aprendido un poco de español, y Velázquez los interrogó personalmente. El oro que tenía en la mano –una muestra prometedora, aunque de escaso valor en sí– instó a Velázquez a planear otra expedición para ver si podía conseguir más oro, lo cual parecía probable.

Esto era a fines del año 1517, y la situación había cambiado en España desde la partida de Hernández de Córdoba. España sufría cambios acelerados.

La reina Isabel había fallecido en 1504, y Fernando había gobernado hasta su muerte en 1516. Juana, la hija mayor que había sobrevivido a ambos, estaba loca. Juana había sido inestable toda su vida y, después de concertar un matrimonio dinástico con Felipe el Hermoso de Habsburgo, su esposo –un austríaco que no se molestaba en ocultarle sus flagrantes infidelidades– terminó de trastornarla. Pero Felipe había muerto, y la corona española, a la muerte de Fernando, fue compartida por Juana, que era incompetente, y su hijo, que vivía con su tía en Flandes, hoy parte de Bélgica, donde España tenía derechos dinásticos. El niño era el rey Carlos Primero de España, y a la muerte de su abuelo paterno se convirtió en el emperador Carlos Quinto del Sacro Imperio Romano, que era el papel que sus parientes le habían reservado. Mientras Carlos estaba ausente de España, el cardenal que había sido confesor de Isabel gobernaba como regente, pero murió mientras el rey niño iba a su encuentro.

En Cuba, Velázquez no podía saber cuál era la situación en España –las comunicaciones entre Europa y las Indias eran inciertas y lentas– y tenía que actuar con prudencia para obtener autorización para explorar las tierras recién descubiertas, una autorización que tuviera mayor peso que la aprobación de Diego Colón, con la cual ya contaba. En España un Consejo de Indias supervisaba las empresas de ultramar, y el Consejo había enviado a la Española a tres monjes de la orden de San Jerónimo para investigar las atrocidades que los españoles, según denunciaba desde América fray Bartolomé de las Casas, cometían con los indios. Velázquez acudió a los monjes jerónimos y obtuvo permiso para iniciar una empresa comercial que podía redundar en un asentamiento.

Era dudoso que los monjes tuvieran poder para otorgar dicha autorización, así que Velázquez, un político consumado, buscó otra manera de asegurar la legitimidad de su decisión. Como su esposa era sobrina de Juan de Fonseca, obispo de Burgos, quien presidía el Consejo de Indias y era consejero del rey niño, Velázquez escribió una carta al obispo y se la entregó a un mensajero que viajaría a España. En esa carta Velázquez informaba que con grandes gastos había descubierto nuevas tierras y solicitaba a su tío que pidiera al rey permiso para colonizarlas en nombre de la Corona.

Así Velázquez quedaba a salvo de cualquier intromisión. Incluso imitaba la política de la Corona, pues, siendo el único que contaba con licencia oficial para la exploración, esperaba que la próxima expedición fuera financiada por otros interesados.

Se reunieron cuatro barcos, los dos que habían regresado con Hernández de Córdoba y otros dos, y doscientos cuarenta hombres respondieron a la convocatoria de Velázquez. Entre esos doscientos cuarenta –como demostración del temple hispánico– había muchos de los que habían acompañado a Hernández, entre ellos Bernal Díaz. Velázquez les propuso que se armaran cada uno por su cuenta si podían, cada hombre podría llevar sus propias mercancías para trocarlas por oro. Velázquez les suministró gran cantidad de abalorios de cristal, extendió préstamos y obtuvo provisiones a crédito.

Velázquez decidió no ir personalmente, sino que designó capitán general a su sobrino, Juan de Grijalva, un espíritu fogoso que, al igual que Velázquez, era natural de Cuéllar (una villa que se hallaba al norte de Segovia, en España). Dio el mando de las otras naves a tres curtidos aventureros que desempeñarían papeles protagonistas en las campañas del Nuevo Mundo: Pedro de Alvarado, Francisco de Montejo y Alonso de Avila.

En mayo de 1518 las naves zarparon de Cuba y, guiadas por pilotos que habían acompañado a Hernández, navegaron hasta el Cabo Catoche, donde la corriente las arrastró hasta la isla de Cozumel, al este de Yucatán. Los nativos de Cozumel, al igual que los tímidos indios de otras islas, huyeron de sus aldeas para ocultarse en los bosques. Los españoles regresaron a sus naves y rodearon el cabo contra la corriente, bajando por la costa occidental de Yucatán hasta Champotón.

En la costa de Champotón, como esperaban, había hileras de guerreros indios en formación de batalla, blandiendo sus armas, batiendo sus tambores y haciendo sonar sus caracolas. Pero esta vez los españoles llevaban varios cañones pequeños que instalaron en sus botes, y estaban bien provistos con ballestas y arcabuces. Cuando los españoles se acercaron a la playa, los indios les lanzaron andanadas de flechas, varas y jabalinas, pero los españoles dispararon los cañones. Los indios quedaron momentáneamente sorprendidos pero no aterrados, y los españoles desembarcaron después de la descarga. En la cruenta batalla que siguió, los españoles prevalecieron, aunque siete soldados perecieron. A Grijalva le clavaron tres flechas y le partieron dos dientes. Cuando los indios se replegaron hacia un pantano, los españoles ocuparon la ciudad desierta.

Los españoles retuvieron Champotón durante tres días. Estaban preparados para otro ataque, pero los indios no reanudaron la lucha y Grijalva decidió que la derrota de Hernández estaba vengada. Regresaron a sus barcos y continuaron navegando a lo largo de la costa.

En ocasiones avistaban templos en la costa y, pensando que en las inmediaciones habría aldeas, desembarcaban para investigar. Pero era una región despoblada, y los templos eran para uso de cazadores o mercaderes que al pasar hacían sacrificios u ofrecían plegarias. (Los griegos habían construido muchos templos similares a orillas del Mediterráneo.) Una vez, en la costa, los españoles perdieron a una hembra de galgo que escapó excitada por el olor a venado y conejo.

Cuando los españoles llegaron a la ancha desembocadura del río Tabasco, volvieron a ver guerreros indios en formación de batalla en la playa. Resuelto a doblegar toda resistencia, Grijalva ordenó que los barcos anclaran frente a los bancos de arena y los españoles se acercaron a la costa en botes, con cañones en la proa, ballesteros y arcabuceros en los bordes. Eludieron a las tropas indias de la playa y continuaron río arriba, donde desembarcaron en un promontorio cerca de una ciudad grande.

Los indios se aproximaron en sus canoas y Grijalva ordenó a Julián y Melchor que anunciaran en maya que los españoles venían en son de paz y traían presentes, y que deseaban trocar sus cosas por oro, o al menos por alimentos frescos, que no había razones para temer.

Sorprendidos de que les hablaran en su idioma –e intrigados por las cuentas de cristal verde que mostraba Grijalva, que se parecían al jade que los indios tanto valoraban–, un emplumado cacique y un pelilargo sacerdote se aproximaron en canoa y respondieron que sabían que los forasteros habían triunfado en Champotón, pero que en Tabasco ellos contaban con más de veinte mil guerreros.

Por intermedio de Julián y Melchor, Grijalva trató de hablarles de su rey y su Dios. Tal vez los indios pagaran con la misma moneda, hablando de sus caudillos y sus dioses (así lo afirma Bernal Díaz). Pero, teniendo en cuenta el limitado español de Julián y Melchor, y la dificultad de traducir conceptos españoles a formas comprensibles para los mayas y viceversa, cabe suponer que lo único concreto que se comprendió en esta situación era que la opción consistía en comerciar o pelear.

El cacique y el sacerdote se retiraron para deliberar con otros caciques y sacerdotes, mientras los españoles instalaban un campamento fortificado en el promontorio. Al cabo de un par de horas se les acercó una canoa repleta de indios, quienes anunciaron que estaban dispuestos a comerciar y que juntarían oro, pues Julián y Melchor les habían informado que el oro era lo que más valoraban los forasteros.

Al día siguiente miles de indios se acercaron al promontorio, tanto en canoa como por senderos que atravesaban un pantano, llevando pavo asado y pescado, y tortas de maíz sin levadura que los españoles llamaron tortillas (que se hinchan si se cuecen frescas sobre una piedra recalentada), y una fruta tropical llamada mamey (pequeña y parda como un aguacate, y apetecible). Los aliviados y deleitados españoles respondieron repartiendo cuentas de cristal, prendas de vestir y pequeños instrumentos de hierro.

Los indios tendieron esteras en el suelo y exhibieron objetos de oro. Los caciques y sacerdotes se sentaron con las piernas cruzadas a un lado de la hilera de esteras, y los capitanes españoles lo hicieron enfrente. Con Julián y Melchor como intérpretes, y también por medio de gestos, los indios explicaron que el oro era un obsequio, y que los españoles debían marcharse.

Creo que, en general, se ha interpretado mal esta costumbre india de entregar un presente, habitualmente de oro, mientras se exhortaba a los españoles a marcharse para no volver. Los caudillos indios no demostraban con ello debilidad ni temor. Los indios, dentro del marco de su propia vida, eran gente reflexiva y parsimoniosa. Lo que hacían era lo habitual en esas circunstancias. Cuando ninguno de ambos bandos deseaba luchar, la costumbre india era obsequiar un presente agradable con la expectativa de que la otra parte, al aceptar el regalo, accediera al deseo del que lo ofrecía. Pero los españoles no comprendieron lo que sucedía, pues ni siquiera se les ocurrió pensar en esa concepción de los indios. Vieron el oro –que les aguzó el apetito, porque obviamente había más en el lugar de donde este había venido– y ni siquiera pensaron en marcharse para no volver. Para los indios era una rudeza inconcebible.

Cuando los españoles pidieron más oro, los caciques sacudieron la cabeza, señalaron el noroeste y dijeron "México, México", que no significaba nada para los españoles ni para Julián y Melchor.

Al atardecer sopló un viento norte que puso en peligro las naves ancladas. Si se producía una borrasca, lo cual era frecuente, podría arrastrar los barcos contra el banco de arena. Los españoles guardaron el oro, repartieron más cuentas de cristal, regresaron a los barcos e izaron las velas para alejarse de la costa.

Después de rodear la base de la península, comprendieron que el Yucatán no era una isla, y Grijalva bautizó Nueva España a la región. Luego, a sugerencia de Cortés (quien, como Julio César y George Armstrong Custer, era buen escritor) fue rebautizada Nueva España del Mar Océano.

Al pasar por una playa, los españoles vieron en la costa indios que agitaban banderas blancas y desembarcaron para ver qué sucedía. Los saludó un elegante cacique que hablaba náhuatl, la lengua de los nativos de las serranías. Julián y Melchor, que sólo hablaban maya, no le entendieron. Pero el cacique, que era el gobernador azteca de esa provincia, les dio a entender por señas que ordenaría a los indios de las aldeas del interior que les llevaran oro. Los españoles acamparon durante varios días y, mientras los porteadores indios descendían de las colinas, trocaron bienes por oro.

De regreso en sus barcos, satisfechos tras otra fructífera y pacífica transacción, los españoles navegaron hacia el oeste de la costa mexicana, desembarcando en una isla de la bahía de Veracruz donde en un templete hallaron los cuerpos de dos niños indios a quienes acababan de sacrificar ante un ídolo con rostro de monstruo. Los torsos ensangrentados yacían en el suelo con el pecho abierto; les habían cortado los brazos y las piernas, y el hedor de la sangre humana era insoportable. Cuatro sacerdotes de capa negra y cogulla los miraban impertérritos, y se apresuraron a traer incensarios llenos de copal encendido. Así era la costumbre india: cada vez que se encontraban con los españoles, los sahumaban con esos incensarios llenos de resina, un gesto de cortesía o una especie de purificación, o porque, en este caso, esos sacerdotes que estaban acostumbrados al olor de la sangre humana no estaban acostumbrados al olor de los españoles. Los españoles nunca se habían opuesto a esta fumigación, pero ahora sentían repulsión y echaron a los sacerdotes. Lo más chocante para ellos era que los sacerdotes se sorprendieran y ni siquiera comprendiesen la indignación de los forasteros.

A estas alturas los gorgojos habían infestado el pan de mandioca que llevaban los españoles, y debían decidir cómo concluir el viaje. Una posibilidad era fundar una colonia, redactar los documentos adecuados, elegir un lugar, construir un fuerte y escoger hombres que permanecieran en el asentamiento mientras los demás regresaban a Cuba para enviar más colonos. Otra, era finalizar ese viaje comercial y regresar a Cuba con la considerable cantidad de oro que habían acumulado.

Los capitanes no se ponían de acuerdo. El extremeño Francisco de Montejo prefería fundar una colonia; a la postre Montejo conquistaría la mayor parte del Yucatán, y el apellido de su familia aún está cincelado sobre muchas puertas de la ciudad de Yucatán que él bautizó Mérida. Pedro de Alvarado, que estaba prendado de una muchacha de Cuba (tal vez una de las hermanas Suárez), declaró que la echaba de menos y ansiaba regresar. No está documentada la opinión de Alonso de Avila, sólo que él agravó la situación. Grijalva vacilaba. Pensaba que los víveres no alcanzaban para aprovisionar una colonia, ni había hombres suficientes. Trece habían perecido en combate o muerto por las heridas, y cuatro estaban tullidos. Además, era evidente que esa comarca era vastísima, con una población incalculable, y convenía reflexionar antes de fundar una colonia.

En definitiva, confiaron la mayor parte del oro a Alvarado, quien regresó a Cuba en la nave más pequeña, para presentar su informe a Velázquez y entregarle el botín. En las tres naves restantes los españoles continuaron explorando la costa hasta la desembocadura del río Pánuco (donde hoy se encuentra Tampico).

Cuando Alvarado llegó a Cuba, Velázquez avistó la nave y le salió al encuentro en un bote. Y cuando Velázquez vio el oro –y escuchó a Alvarado, que tenía fama de buen narrador– celebró una fiesta que duró ocho días. Pero estaba enfadado con Grijalva. Al no fundar una colonia, de acuerdo con la licencia de Velázquez, Grijalva no había afianzado el derecho prioritario de Velázquez para explotar esa nueva tierra repleta de oro. Legalmente –y los españoles siempre se extraviaban en las ramificaciones legales de su laberíntico derecho medieval– sólo se había realizado una misión comercial, la cual, aunque rentable, no garantizaba derechos futuros para Velázquez.

Cuando Grijalva regresó a Cuba con su flota de tres barcos, donde traía aun más oro, Velázquez estaba tan ofuscado que se negó a verlo.

El hombre indicado

En cuanto Velázquez recobró la sobriedad después de la fiesta que celebraba el retorno de Alvarado, se puso a buscar un capitán general para otra expedición que fuera a la nueva tierra y confirmara sus derechos legales, antes de que se propagara la nueva de este valioso descubrimiento. Velázquez no sabía por quién decidirse. Temía a los nobles y los bien nacidos, porque podrían usurpar el proyecto. Su lugarteniente favorito, Pánfilo de Narváez, estaba en España. Varios parientes de Velázquez estaban dispuestos, pero él no quería repetir la desilusión que había sufrido con su sobrino Grijalva. Además, Velázquez esperaba que el jefe de la nueva expedición, alentado por el oro que había llevado Alvarado, contribuyera ampliamente a financiar la empresa. A fin de cuentas, Velázquez no sólo contaba con la licencia de Diego Colón y los monjes jerónimos, sino que sabía que su tío presentaría su petición para que el rey la confirmara. Pero cuando Velázquez mencionó la cifra de tres mil ducados como una inversión adecuada, varios notables de Cuba se echaron atrás. Carecían del dinero o de ánimos para asumir el riesgo, y esta renuencia se acentuó cuando Grijalva regresó con las otras naves. Tanto Montejo como Avila comentaron en calles y cafés que habían pagado el equipo y las provisiones de la expedición de Grijalva y que ahora no recibían una justa parte del oro que se hallaba en las arcas del gobernador. Además Grijalva se quejaba de sus dientes partidos y sus heridas de flecha a medio curar, y desalentaba a los demás. Velázquez estaba en apuros.

Nadie le había sugerido a Hernán Cortés para la capitanía. Poco tiempo atrás Velázquez había intentado mandarlo a la horca. Pero, según presumen todos los cronistas, Cortés concertó una reunión secreta en su casa con Andrés de Duero, el comerciante con quien tenía dos mil castellanos en depósito y que oficiaba de secretario del gobernador, y con Amador de Lares, que era el contador del rey, y responsable de calcular y certificar el quinto real. Cortés llegó a un acuerdo con estos dos bien situados caballeros: ellos lo recomendarían para la capitanía y los tres se dividirían su parte del botín.

Duero y Lares sorprendieron al gobernador cuando mencionaron el nombre de Cortés, pero fueron elocuentes. Cortés, declaró Duero, tenía dinero para invertir. Cortés no era tan bien nacido como para cuestionar la autoridad de Velázquez. Cortés tal vez tuviera condiciones para el liderazgo. Velázquez parecía atraído por la idea de designar a un amigo como Cortés, en vez de a un amigo como Grijalva. Pero el argumento más curioso del secretario del gobernador y del contador del rey fue que, dado que Velázquez había representado a Cortés en su forzado matrimonio con Catalina Suárez, el gobernador estaba en cierto sentido obligado, como si fuera el padrastro de Cortés. Se sabía, desde luego, que Velázquez tenía relaciones con una de las hermanas Suárez, pero eso habría hecho de Velázquez y Cortés cuñados *de facto*, no padrastro e hijastro. En todo caso –siendo tan engorrosas las leyes testamentarias españolas– Duero y Lares convencieron al gobernador de nombrar a Hernán Cortés capitán general de la nueva expedición.

Como secretario, Duero preparó un contrato que Velázquez y Cortés firmaron el 23 de octubre de 1518, confirmando oficialmente la designación de Cortés y garantizándole sus derechos como capitán general. Oportunamente este contrato fue aprobado por los padres jerónimos de Santo Domingo.

La gente de Cuba, especialmente los hombres adinerados, quedaron atónitos ante la elección de Velázquez. Algunos envidiaban a Cortés, muchos sospechaban algún trato bajo cuerda. Pero Cortés, después de su designación, cambió notablemente su conducta. Fue una transformación total de su carácter, y retrospectivamente, se trata menos de la adopción intencional de una personalidad idealizada que del surgimiento de su verdadera identidad. Ahora Cortés se conducía con seriedad y rezumaba responsabilidad; *gravitas* era la palabra latina que Cortés había aprendido en la universidad, y que ahora se aplicaba a sí mismo; su resolución era evidente y convincente. Cambió el atuendo, abandonando su estilo informal y juvenil, y ordenó a los sastres que le confeccionaran una capa de terciopelo con borlas de oro, como correspondía a un futuro notable. En público iba armado y con escolta. Le rodeaba una aureola de poder que lo volvía imponente, cuando hasta poco tiempo atrás era despreocupado y jovial.

Cortés tenía treinta y tres años, demasiados para que la edad causara este cambio. La transformación de su carácter se produjo cuando la oportunidad inflamó su latente ambición.

En cuanto se confirmó la designación, Cortés empezó a invertir sin reservas en la expedición. Utilizó todo el dinero que tenía y puso su encomienda en prenda para solicitar préstamos con los cuales compró barcos, armas y provisiones. Pagaba en efectivo cuando era necesario y compraba a crédito cuando podía, dispuesto a reintegrar el capital y pagar los intereses con los despojos de la expedición. Cuando acudió a Velázquez en busca de fondos, el gobernador alegó que no disponía de dinero por el momento, pero ofreció mil castellanos de los haberes de Pánfilo de Narváez, de quien era apoderado.

Cortés reclutó a trescientos hombres para la expedición. Los que podían debían equiparse por su cuenta, pero Cortés ayudó generosamente a los que no poseían los medios. Era difícil conseguir caballos, y tan costoso que Bernal Díaz, escribiendo cincuenta años después, recordaba cada caballo con su dueño, así como la calidad y las características de cada montura. Cuando un camarada de Cortés llamado Alonso Hernández Puertocarrero, oriundo de Medellín y primo del conde de Medellín, quiso una yegua gris que no podía costearse, y Cortés había agotado todos sus fondos, este cortó las borlas de oro de su capa y con ellas compró la yegua para su amigo. Estos gestos le granjearon la lealtad de su gente.

Cortés hizo confeccionar una bandera que llevaba bordadas en hilo de oro la cruz y la leyenda: "Hermanos y compañeros, sigamos la señal de la Santa Cruz con fe verdadera, que con ella venceremos". Este mensaje había demostrado su veracidad en la contienda contra los moros. Cortés hizo llevar el estandarte de un poblado a otro de Cuba, y expuso su causa con tanta vehemencia que los españoles –la progenie de siglos de lucha– lo seguían en tropel. De acuerdo con Velázquez, Cortés proclamaba que la expedición contaba con la aprobación del rey, aunque la misma aún no había llegado de España, como bien sabían Velázquez y Cortés.

Al cabo de unos meses, sin embargo, Velázquez temió haber cometido un error al designar a su capitán general. Cortés gastaba tanto dinero y preparaba una fuerza tan poderosa que el gobernador se inquietó cuando sus envidiosos parientes le insinuaron que Cortés tramaba adueñarse del proyecto. Pero los recios hombres de Cuba simpatizaban con el capitán; les gustaba el nuevo Cortés, aunque no hubieran servido antes a su mando y este aún no se hubiera templado en la batalla. Aun los españoles que habían tenido contacto con los temibles indios de tierra firme se presentaron como voluntarios –Pedro de Alvarado con sus cuatro hermanos, Montejo, Avila– y a ellos se sumaron muchos otros capitanes y caballeros. También los soldados de filas firmaron de nuevo, entre ellos Bernal Díaz.

Cortés reunía su flota en la bahía de Santiago de Cuba, en la costa sur de la isla, cuando Andrés de Duero le envió la advertencia de que Velázquez estaba por revocar su designación y le aconsejó que zarpara sin demora. La flota aún no estaba preparada pero, según Las Casas, Cortés asoló el matadero local e incautó la carne de cerdo, que luego se podría salar a bordo de los buques. Sin embargo, según Bernal Díaz, Cortés compró los cerdos y pagó por ellos con una gruesa cadena de oro con su medalla, la cadena que Cortés había adoptado al cambiar de atuendo, el último objeto de valor que podía invertir. (Bernal Díaz resulta más creíble; en esas circunstancias Cortés no habría deseado malquistarse con la gente que abandonaba y a la cual debería regresar.) Asimismo, según Las Casas, Velázquez, que vivía en Santiago, cabalgó hacia la costa, pero Cortés ya estaba a bordo de un bote y con ademán irónico pero afable se despidió del gobernador y continuó viaje hacia las naves. Según Bernal Díaz, Velázquez y Cortés se reunieron en la costa; el gobernador reparó en el hosco semblante de los hombres que escoltaban a Cortés y decidió que lo más prudente era aceptar lo inevitable; ambos se abrazaron y se despidieron. (Una vez más, el relato de Bernal Díaz resulta más verosímil.)

Desde la vieja ciudad de Santiago, Cortés navegó hacia el Oeste a lo largo de la costa meridional de Cuba, haciendo escala en todos los puertos para reclutar más hombres y adquirir más provisiones cuando podía comprarlas a crédito, y para recibir a caballeros e infantes que habían cruzado la isla desde las localidades de la costa septentrional. Los caballos de la expedición permanecían en la costa y eran arreados de puerto en puerto.

En un achaque de arrepentimiento, Velázquez envió cartas a los puertos donde se detendría la flota, cartas desesperadas dirigidas a los funcionarios portuarios y a muchos amigos y parientes que iban con Cortés, ordenando que la flota no partiera, alegando que la designación de Cortés estaba revocada, que era preciso arrestar a Cortés. Pero a esas alturas todos los acompañantes de Cortés estaban exaltados; les complacía tenerlo como jefe; sabían que Cortés se había comprometido totalmente con la empresa y desdeñaban los titubeos de Velázquez, que lo había designado y luego había querido retractarse, pero no había tenido agallas para enfrentarse a Cortés cuando ambos se despidieron en Santiago y ahora quería que otros lo hicieran por él. Si a Cortés se lo hubiera relevado del cargo sin razones, habría estallado una rebelión. Los funcionarios portuarios, así como los amigos y parientes de Velázquez, optaron por ignorar las exhortaciones del gobernador.

Es difícil comprender la conducta de Diego Velázquez. Parece haber sido un hombre a quien tentaba la aventura, pero que carecía del coraje para ello.

A mediados de febrero de 1519, Cortés zarpó hacia Nueva España.

Un puente idiomático

No era una flota ordenada, ni se respetaron todos los derroteros. Cortés había despachado hacia la costa norte de Cuba dos naves que debían recoger más hombres y provisiones y luego reunirse con el resto de la flota en Cabo San Antonio, en el extremo oeste de Cuba, desde donde todos enfilarían hacia la isla de Cozumel. Pero una de las naves que fue hacia el Norte –a las órdenes de Pedro de Alvarado, con un piloto llamado Camacho, que había estado con Grijalva– regresó antes de tiempo, no aguardó al resto de la flota y enfiló por su cuenta hacia Cozumel.

Cuando esta nave llegó a Cozumel (Bernal Díaz iba a bordo), Alvarado condujo a sus españoles a la costa sólo para descubrir que los tímidos indios, al igual que cuando desembarcó Grijalva, habían abandonado sus villorrios para refugiarse en los cerros bajos del interior de la isla. En un templo los españoles echaron mano de algunas ofrendas de oro, y además capturaron una cuarentena de aves de corral que correteaban entre las chozas.

Al día siguiente Cortés llegó con el resto de la flota, y al punto inculcó a los españoles el código de conducta que regiría en la expedición. Hizo engrillar al piloto Camacho por desobedecer sus órdenes. Sin embargo, no reprendió públicamente a Alvarado. Cortés y Alvarado eran extremeños y tenían la misma edad, treinta y tres años. Alvarado tenía más experiencia en combate, aunque ambos eran expertos en todas las artes marciales. Desde el momento en que le designaron capitán general, Cortés era muy consciente de sus prerrogativas de mando, pero Alvarado tenía cuatro hermanos aguerridos, tres de ellos supuestamente legítimos y el cuarto bastardo (no existe ninguna documentación bautismal sobre ninguno de ellos, así que todos podían ser ilegítimos). Los Alvarado venían de la diminuta aldea extremeña de Lobán, aunque alardeaban de ser oriundos de la ciudad de Badajoz. Alvarado tenía una larga melena de cabello rojizo y modales prepotentes; se vestía con todo el lujo que era posible en un hombre que sólo podía llevar una cantidad limitada de ropa. Lo cierto era que Alvarado se parecía a Cortés en muchos aspectos, pero no había sufrido el cambio de carácter que Cortés se había impuesto después de su designación. Es muy probable que ambos se profesaran simpatía. Lo cierto es que Cortés apreciaba a Alvarado y no quería humillarlo.

Pero Cortés ordenó que los hombres de Alvarado se vaciaran los bolsillos y los morrales y devolvieran el oro que habían cogido en el templo, pues se lo devolvería a los indios. Y Cortés sermoneó a todos sus hombres, insistiendo en el mensaje que repetiría una y otra vez: la conquista pacífica y permanente de la nueva tierra sólo sería posible si inducían a los indios a aceptar el mandato español. No podían esperar que los indios se subordinaran si les robaban o los mataban sin razón. Cortés sostenía con firmeza –y sus hombres comprenderían y colaborarían– que los indios debían tener la oportunidad de acoger a Cristo y al rey. Era demasiado tarde para devolver las aves, así que Cortés propuso pagarlas con cuentas de cristal.

Los españoles exploraron la campiña en busca de indios, encontraron a tres ancianos, dos hombres y una mujer, y se los llevaron a Cortés. Por intermedio de Melchor (Julián había muerto en Cuba) Cortés les dijo que fueran a los cerros a ver a sus caudillos y que trajeran a su gente, que los españoles no les causarían daño sino que habían venido con buenas intenciones. Les dio abalorios y campanillas, y una camisa española a cada uno.

Todos los indios salieron de sus refugios, y Cortés les dio más regalos. También ordenó severamente a sus hombres que no molestaran a las muchachas indias, una admonición que provocó desconcierto, viniendo del hombre que no se había conformado con una sola hermana Suárez. Pero el nuevo Cortés no aceptaba réplicas. Pronto las aldeas desbordaban de despreocupados indios isleños que, comerciando gustosamente con los españoles, les llevaron abundantes provisiones: pescado fresco, fruta y la deliciosa miel de la isla. Tomada de las muchas colmenas que poseían los indios, la miel de Cozumel era un poco ácida para el gusto español, pero Cortés ordenó envolver en paja varios panales y los almacenó a bordo de su nave insignia para enviarlos como muestra al rey. Cortés ordenó descargar los caballos para que pudieran pastar y ejercitarse. Y en la playa congregó a sus tropas para verificar con qué contaba para conquistar un nuevo mundo.

Había en total quinientos ocho combatientes. La mayoría eran espadachines, piqueros y lanceros. Había dieciséis caballeros con montura; en rigor, había diecisiete caballos, pues la yegua que pertenecía a Juan Seldeño había parido durante el viaje. Había treinta y dos ballesteros y trece arcabuceros entrenados, con sus armas. También había varios artilleros experimentados y diez cañones pequeños, incluyendo cuatro falconetes (pequeñas piezas de bronce). Cortés había llevado un par de herreros para el herraje de los caballos y la reparación de ballestas, arcabuces y cañones. Los ballesteros tenían una buena provisión de cuerdas, tuercas y herramientas para fabricar flechas; las ballestas disparaban flechas en una trayectoria baja, con gran fuerza y precisión, y su eficacia era comparable con la de los arcabuces, aunque causaran menos espanto. Se disponía de gran cantidad de pólvora y municiones, y la pólvora estaba seca. Algunos caballeros habían llevado a indios cubanos en calidad de criados, incluidas algunas mujeres, y había algunos negros.

La flota anclada comprendía once naves, la mayor de las cuales era la nave insignia, que desplazaba cien toneladas; había tres naves de setenta u ochenta toneladas, y las demás eran naves de cubierta chica o buques abiertos con techo de lona. Las naves más grandes tenían chalupas que se podían usar para desembarcos y se impulsaban a remo o a vela. Era una flota heterogénea. Varias naves pertenecían a Cortés, y varias a Velázquez (Cortés siempre sostuvo que Velázquez sólo aportó un tercio del coste de la flota); Juan Seldeño poseía la nave donde navegaba, y la propiedad de los demás buques era compartida por comerciantes de Cuba. Cortés había puesto las naves en prenda para comprar provisiones. (Estas complicaciones eran típicamente españolas; un moro o un judío jamás habría permitido semejantes arreglos.) Las naves estaban abarrotadas de provisiones: puerco salado, maíz, yuca, pan de mandioca, pimientos, y contaban con cien pilotos y marineros. Los pilotos eran de gran importancia; el piloto mayor, Antón de Alaminos, había estado en el cuarto y último viaje de Colón y había acompañado a Hernández de Córdoba y Grijalva. Estos pilotos consignaban sus cuadernos de bitácora en pergaminos que se pasaban entre ellos.

Después de la convocatoria, Cortés hizo enarbolar el estandarte con la cruz en el palo mayor de la nave insignia y ordenó a sus hombres que se ejercitaran, galopando con los caballos en la arena, usando los arcabuces y cañones, limpiando las armas y disparando las ballestas contra blancos. Los indios quedaron muy impresionados por los caballos.

En los siguientes días los indios se acercaban con frecuencia a los españoles y les tocaban la barba y la tez clara de los brazos cuando tenían las blusas arremangadas (los españoles tenían el rostro bronceado y curtido). Por intermedio de Melchor se supo que los indios no hacían especulaciones sobre el regreso de Quetzalcóatl, sino que hablaban de un recuerdo reciente. Habían visto otros hombres blancos antes de la llegada de Grijalva, hombres blancos y barbados que, según decían, ahora eran cautivos de los indios de tierra firme. Señalaban hacia el Yucatán, que se encontraba a quince kilómetros, allende el canal.

Cuando Cortés recibió el informe, se interesó y preguntó a los caciques de Cozumel qué sabían de los hombres blancos de Yucatán. Un viejo jefe respondió que creía saber dónde se encontraban los cautivos, y aconsejó a Cortés que enviara mensajeros con abalorios para informar al cacique indio de tierra firme que deseaba que liberasen a los hombres blancos. Cortés preparó una carta dirigida a los hombres blancos que pudiera haber. Luego trató de encontrar indios isleños que oficiaran de emisarios y llevaran la carta y una carga de cuentas verdes al continente.

Los isleños temían que los indios de tierra firme los mataran y comieran, pero al fin Cortés logró sobornar a un grupo para que llevara a cabo la misión. Los envió al continente en una de las naves más pequeñas, y los isleños desembarcaron. En dos naves Cortés envió una escolta de cincuenta hombres armados hasta los dientes, con órdenes de que aguardaran seis días por si aparecían hombres blancos.

Mientras Cortés esperaba en Cozumel, un templo local le llamó la atención. Se trataba de una pirámide baja de bloques de piedra caliza, con un pabellón abierto con techo de bálago en la cima. En el pabellón había ídolos monstruosos, entre ellos uno de arcilla con un interior hueco donde un sacerdote podía ocultarse; en medio de las nubes de incienso, el sacerdote podía profetizar o responder a las preguntas de los suplicantes (en forma similar al oráculo de Delfos, en la antigua Grecia). Todo el pabellón estaba salpicado de sangre, aunque estos indios relativamente incruentos, según Melchor, sacrificaban perdices o sus pequeños perros capones con más frecuencia que seres humanos.

Cortés decidió que era momento de comenzar su prédica. Reunió a todos los indios que vivían en la aldea donde se encontraba el templo y, por intermedio de Melchor, trató de explicarles los rudimentos del cristianismo. Pero Melchor no entendía bien y no podía traducir las ideas de Cortés al maya. El fallo de la comunicación no se debía a las limitaciones de Melchor, quien era, según Gómara, un pescador que ni siquiera hablaba bien su propia lengua ni comprendía mucho español. En maya no existían palabras para comunicar los conceptos del cristianismo. En cuestiones teológicas, ningún puente podía franquear el abismo que separaba la mentalidad española de la india.

Notando el desconcierto y las vacilaciones de Melchor, Cortés decidió proceder mediante una demostración gráfica. Condujo a algunos de sus hombres a la cima de la pirámide y destrozaron los ídolos indios. Luego barrieron el interior del pabellón, blanquearon todo con cal, incluido el suelo y el sangriento altar, y erigieron una cruz. En el altar, que se había usado para sacrificios, los españoles pusieron una estatuilla de la Virgen y el Niño, probablemente de madera, y la rodearon con cuencos llenos de flores frescas.

Los indios de la isla nunca habían visto nada semejante. ¿Un dios que no era temible? Miraron pasivamente a los españoles y aceptaron tácitamente esos actos. Según Bernal Díaz, hasta prometieron adorar a la Cruz y a María, aunque la traducción del maya al español, en cuestiones teológicas, debía ser tan dudosa como la traducción del sermón de Cortés.

Los españoles completaron este ejercicio de conversión con algunas instrucciones prácticas y útiles. Mostraron a los indios cómo fabricar velas con la abundante cera de las abejas. Los indios nunca habían podido preparar una luz tan duradera. Cortés pidió a Melchor que explicara a los indios que siempre debían arder velas ante la estatua de María.

Al cabo de una semana, las naves que llevaban a los emisarios indios regresaron a Cozumel. La misión había fracasado. Los isleños que habían desembarcado afirmaron que habían entregado la carta de Cortés y los abalorios a un habitante de una aldea del interior, pero nadie se había acercado a la costa, ni blancos ni indios.

Defraudados, y comprendiendo que obtendrían poco oro en Cozumel, Cortés y sus hombres regresaron a bordo y bogaron hacia Cabo Catoche, pero una nave hacía tanta agua que las bombas no daban abasto, y la flota tuvo que regresar a Cozumel para carenarla.

Mientras reparaban la nave averiada, Cortés divisó una canoa que cruzaba el canal desde tierra firme. La canoa fue atrapada por la corriente, y Cortés envió a algunos hombres playa abajo para salirle al encuentro. En la proa iba un indio, desnudo salvo por un taparrabos raído, con el cabello trenzado y recogido como el de una mujer. Lo acompañaban seis remeros, todos armados con arcos y flechas, y llevaron la canoa a la playa.

Cuando los españoles se acercaron a los indios espada en mano, los remeros se intimidaron, pero el indio que iba a proa les habló en su lengua y al parecer les dijo que aguardaran.

Luego preguntó a los soldados, en español, si eran cristianos.

Los españoles lo abrazaron y lo llevaron ante Cortés.

El hombre era el sacerdote Jerónimo de Aguilar, natural de Ecija, que se encuentra en España entre Sevilla y Córdoba. En 1511, mientras viajaba en una carabela de Panamá a la Española, habían encallado en un bajío frente a Jamaica; él y otros quince españoles, entre ellos dos mujeres, escaparon en un esquife y una tormenta los arrastró al Yucatán, donde estaban medio muertos de hambre y sed cuando los capturaron los indios. El cacique había sacrificado a ocho españoles, y los indios comieron sus cuerpos en una ceremonia desenfrenada y bárbara. Aguilar y los demás, encerrados en jaulas, eran engordados para otro festín cuando escaparon a la jungla. Pero fueron capturados nuevamente, esta vez por un jefe que los esclavizó. En los años siguientes, un español tras otro pereció por exceso de trabajo, las dos mujeres por exceso de trabajo y vejámenes, y ahora –al cabo de ocho años de espanto– sólo quedaban con vida Aguilar y otro español.

(Escribiendo más de setenta años después, Antonio de Herrera, historiógrafo oficial de las Indias en España, reveló nuevos pormenores que según decía estaban excluidos de los informes que Aguilar había confiado a sus contemporáneos. Según estos informes, los indios que mantenían cautivo a Aguilar habían comprendido que era casto, lo cual no era norma entre los sacerdotes españoles de la época. Se burlaron de él y en vano intentaron tentarlo con mujeres. Las historias sobre sacerdotes que resistían la tentación, empero, eran bastante convencionales y pueden ponerse en duda. Lo más probable es que Aguilar fuera objeto de abusos sexuales de los indios, entre quienes era común la sodomía, y al fin los indios, despectivamente, le hicieran servir a sus mujeres como un eunuco, aunque no lo era. Las mujeres indias le demostraron poca misericordia; de hecho, estaba medio tullido de tanto acarrear pesos abrumadores, y falleció joven, pocos años después del rescate.)

Los isleños enviados por Cortés habían hallado a Aguilar, quien era conocido como el "esclavo blanco", y le habían dado la carta de

Cortés y los abalorios. Con los abalorios Aguilar había comprado su libertad al joven cacique que ahora era su dueño. Con la carta había ido en busca del otro español, Gonzalo Guerrero, que vivía en otra aldea.

Guerrero ya no era esclavo. Merced a alardes de coraje y fuerza (era un marinero de Palos) se había establecido entre los indios y era jefe del séquito del cacique de su aldea; había conducido a su gente a muchas victorias sobre los indios de otras aldeas. Le habían dado en matrimonio a una hija del cacique y tenía hijos con ella. Lucía tatuajes en el rostro y el cuerpo, una clavija de oro en la nariz y una piedra de jade en el labio, se había perforado las orejas. Leyó la carta de Cortés y escuchó a Aguilar, pero se negó a acompañarlo, pues no quería regresar.

Cuando Aguilar llegó a la costa, después de ver a Guerrero, las naos de Cortés se habían ido. Todos convinieron en que era providencial que Cortés hubiera tenido que regresar a Cozumel para reparar la nave averiada, pues de lo contrario Aguilar no habría podido encontrarlo.

En sus ocho años de permanencia en Yucatán, Aguilar había aprendido a hablar el maya chontal, así que Cortés tenía un contacto necesario: Aguilar podría servirle de intérprete.

Comienza la conquista

El 4 de marzo de 1519 la pintoresca y desigual flota zarpó de Cozumel con rumbo al México continental. El tiempo estaba borrascoso y una tormenta dispersó las naves. Cuando amainó el vendaval, faltaba una de las naves, y Cortés emprendió su búsqueda a lo largo de la costa. Cuando hallaron el navío perdido anclado en una caleta, Cortés envió una de las naves pequeñas con una balsa para explorar la gran bahía de la base de la península. Una vez en la costa, los hombres descubrieron a la hembra de galgo que había dejado la expedición de Grijalva. La perra corría por la playa y saltó al bote de los españoles. Como el animal estaba lustroso y gordo, los españoles dedujeron que en esas costas abundaba la caza.

Cortés no quería pasar por alto a ningún indio que no estuviera sometido a los españoles. Se proponía desembarcar en Champotón, escenario de la derrota de Hernández de Córdoba y de la resistencia de Grijalva. Pero en Champotón soplaban vientos desfavorables, y el piloto Alaminos le aconsejó no desembarcar. Siguieron pues hasta la desembocadura del río Tabasco, donde Grijalva había recibido el oro y había negociado pacífica y provechosamente.

En Tabasco comenzaron los problemas.

Cuando Cortés echó anclas frente al banco de arena de la desembocadura y los botes remontaron río arriba, los españoles se sorprendieron al ver una flota de canoas repleta de combatientes. Los pantanos de mangle de las riberas rebosaban de guerreros armados y pintados para el combate. Eran tantos, que muchos españoles que no habían acompañado a Hernández de Córdoba ni a Grijalva y por primera vez veían indios de tierra firme quedaron atónitos y espantados. Pero Cortés metódicamente hizo desembarcar a sus hombres en el promontorio que estaba al pie de la ciudad, que se hallaba en la margen izquierda del río, e hizo descargar los cañones mientras sus arcabuceros y ballesteros se aprestaban para la lucha.

Cortés pidió a Aguilar que gritara a los indios, que estaban apiñados en sus canoas en el río, que los españoles venían en son de paz, a buscar agua porque habían estado en el mar; desde ese punto los indios no podían avistar las naves ancladas frente a la costa. Cortés anunció que le gustaría trocar las mercancías que llevaban por alimentos frescos, y quizá recibir más oro.

Los indios respondieron con amenazas y gestos despectivos y añadieron que, después de la partida de Grijalva, habían sido el hazmerreír de sus vecinos por no haber atacado y expulsado a los intrusos (nueva prueba de que los españoles no eran vistos como dioses). Todas las ciudades de la región estaban aliadas en una especie de confederación, y sus vecinos se habían mofado tanto de ellos que los de Tabasco juraron que nunca más tendrían trato con forasteros blancos y matarían a todos los que se acercaran.

Cortés pidió a Aguilar que repitiera su mensaje, y los indios repitieron el suyo, porque en estos diálogos la repetición era necesaria para que cada parte comprendiera bien a la otra. Luego, como se ponía el sol, los indios dijeron que regresarían a su ciudad; los caciques decidirían si debían comerciar o no, y responderían por la mañana. Los indios se retiraron amenazando con matar a todos los españoles si se movían del promontorio.

Durante el armisticio nocturno, ambos bandos –dos pueblos que en el curso de milenios habían seguido cauces totalmente distintos de la evolución humana– recurrieron a tretas y engaños.

En la ciudad, los indios reunieron precipitadamente todas las cosas de valor y las mujeres y niños se marcharon con esos bienes al bosque. En torno a la ciudad desierta los guerreros fortalecieron las barricadas de troncos y con otros troncos construyeron vallas para impedir que los españoles desembarcaran desde el río.

Cortés, por su parte, preparó un movimiento de pinzas. Los hombres que habían acompañado a Grijalva recordaban un oscuro sendero que se internaba en el pantano que separaba el promontorio de la tierra firme, y el sendero conducía a la parte trasera de la ciudad.

Al amparo de la oscuridad Cortés envió un centenar de hombres para que aguardaran detrás de la ciudad y al oír disparos atacaran desde allí mientras él y sus hombres atacaban en botes desde el río.

Por la mañana, cuando la hostilidad de ambos bandos era evidente, Cortés y los hombres que le quedaban oyeron misa –el sacerdote era Bartolomé de Olmedo, un elemento esencial en la expedición española–, abordaron los botes y remontaron el río con rumbo a la ciudad.

Aún quedaba por respetar cierta norma de conducta, pues los españoles la consideraban un requisito legal serio y era sincera. Era política de la Corona española advertir a los indios de antemano. Fernando e Isabel habían iniciado esta práctica del "requerimiento", y Carlos la había reafirmado. Era preciso comunicar a los indios una proclama oficial antes de iniciar la lucha. Lo que sucedió en la práctica –cuando los asustados españoles recorrían el río, en gran inferioridad numérica frente a los fieros guerreros indios de la ribera, que ansiaban matarlos y comerlos– fue lo siguiente.

Cortés llevaba a su lado, en la proa del primer bote, al notario real, Diego de Godoy, quien oficiaba de testigo. Los españoles eran tan legalistas que el testimonio de un sacerdote u otro soldado no habría sido aceptable; el testigo tenía que ser notario. Con Dios por testigo, Cortés pidió a Aguilar que pronunciara en maya el necesario requerimiento. Se pedía a los indios que aceptaran la primacía de Cristo y del rey y que reconocieran la legitimidad de la soberanía de España en América, pues el Papa le había donado esas tierras; se urgía a todos los indios a aceptar este vasallaje y la plática cristiana, con lo cual se asegurarían la paz y muchos otros beneficios, y se les advertía sobre los horrores que afrontarían al resistirse, en cuyo caso toda la culpa recaería sobre ellos.

Aguilar proclamó este mensaje a viva voz, pero era imposible que lo oyeran. Los indios aullaban, hacían sonar silbatos y caracolas y batían tambores, describiendo con elocuentes ademanes lo que se proponían hacer con los españoles. Sin embargo, una vez legitimada la batalla, los españoles procedieron a librarla sin cuartel. (Al parecer los indios no sufrían un constreñimiento similar.)

El comienzo de la batalla fue un desquicio. La lluvia de flechas, varas endurecidas al fuego, lanzas y piedras casi impidió el desembarco español. Los indios tenían un grito de batalla que significaba "¡Matad al capitán!" Este grito era conocido entre los españoles que habían luchado antes con indios del continente, cuando los indios habían atravesado a Grijalva con diez flechas, y Cortés sabía qué significaba. Pero tan enfrascado estaba en la lucha que, al perder un zapato en el lodo mientras forzaba el desembarco, corrió a la playa semidescalzo. Otro español encontró el zapato en el agua y se lo dio a Cortés, quien se lo calzó y siguió luchando mientras los españoles derribaban las barricadas.

Con dificultad los españoles, disparando y repartiendo estocadas, luchando en equipos organizados, disciplinados e integrados, con la práctica que les daba el adiestramiento, obligaron a los indios a retroceder, hasta que las tropas que estaban ocultas detrás de la ciudad lanzaron su ataque. Los otros españoles habían tenido que cruzar un pantano y llegaron tarde. Entre dos fuegos, los guerreros indios se replegaron hacia el bosque, en pos de sus mujeres y sus hijos, mientras los españoles ocupaban la ciudad.

Cuando los jadeantes españoles se reunieron en la plaza central, Cortés, en presencia del notario Godoy, fue hacia un gigantesco árbol de lana vegetal que se erguía frente al templo, asestó tres estocadas al árbol y proclamó en voz alta que había conquistado esa tierra en nombre de su majestad el rey. Mientras los españoles se sentaban y se estiraban para descansar, algunos pensaron –especialmente los allegados de Velázquez– que Cortés no había mencionado al gobernador, a quien pertenecía la licencia para conquistar esos parajes.

A la mañana siguiente Cortés y sus hombres estaban hambrientos. Cortés envió a Francisco de Lugo y Pedro de Alvarado con sendos destacamentos de cien hombres, para explorar la campiña en busca de víveres y averiguar de dónde venía el oro. Cortés le dijo a Alvarado que se llevara a Melchor como intérprete, pero Melchor no estaba. Encontraron sus ropas españolas colgadas de un arbusto en un palmar. Los indios de Tabasco luchaban desnudos, y Melchor se había desnudado, se había unido a ellos y había escapado. Cortés consideró esa fuga como una traición y una deslealtad, pues Melchor estaba bautizado.

A tres kilómetros de la ciudad Francisco de Lugo y sus tropas encontraron maizales bien trazados e irrigados con zanjas bien planeadas; el capitán inspeccionaba las parcelas, evaluando la oportunidad de alimentarse de maíz, cuando los atacaron miles de indios que venían desde otra ciudad de la confederación para ayudar a Tabasco. Se inició una lucha desesperada, y Lugo y sus hombres sólo pudieron escapar porque Alvarado oyó disparos y acudió al rescate. Las tropas españolas se replegaron ordenadamente hacia la ciudad. Los indios no los persiguieron, pues miles de guerreros más llegaban por los cerros y los atacantes fueron a reunirse con ellos. Los caciques de Tabasco habían informado tanto a Grijalva como a Cortés que podían reunir tres *xiquipiles* (un total de veinticuatro mil hombres, según Bernal Díaz; de cuarenta mil, según Gómara).

Los españoles habían capturado a tres indios, y uno de ellos, que parecía capitán, dijo a Cortés, por medio de Aguilar, que Melchor había revelado a los caciques cuán pocos españoles había y sostenía que los indios triunfarían si atacaban sin tregua. Cortés dio a este capitán y los otros dos indios algunos abalorios verdes y los liberó para que comunicaran a sus caudillos que los españoles venían en son de paz y sólo querían comerciar. Estos indios se marcharon con sus presentes para transmitir las palabras de Cortés.

Esa noche Cortés ordenó que acudieran todos los hombres que se habían quedado en las naves, salvo algunos marineros, y les hizo traer más artillería y los trece mejores caballos. Los caballos estaban tiesos después de tantos días a bordo, y cuando los soltaron no cesaban de corcovear, de correr y encabritarse, liberando su energía contenida. Por la mañana, al cabo de una noche fresca en los pastos, estaban preparados.

Cortés condujo su fuerza de quinientos hombres al linde de los maizales donde los aguardaban decenas de miles de indios, listos para la batalla. Los españoles celebraron su rito habitual, oyendo misa antes de salir de la fortaleza donde acampaban, y nuevamente Cortés pidió a Aguilar que gritara en maya el mensaje de su rey.

A Cortés le gustaban los movimientos de pinzas. Montando su caballo, que según Bernal Díaz era un brioso semental zaino, separó a la caballería del resto de su pequeño ejército. En los trece caballos, que estaban protegidos con placas de metal, iban los mejores caballeros; los jinetes preferían las lanzas, pero usaban la espada cuando era necesario. Tenían hombros y brazos musculosos, cuerpo ágil y nervudo, piernas que parecían grapas de acero y rápidos reflejos. Cortés condujo a sus caballeros en una ruta que rodeaba los maizales para atacar a los indios por la retaguardia.

Luego el grueso del ejército abandonó los bosques para salir a campo abierto. Los españoles formaban un rectángulo, con cañones en las esquinas, protegidos por espadachines y piqueros. Los arcabuceros y ballesteros estaban desperdigados a lo largo de los flancos y protegidos de igual forma. El equipo de combate español consistía en cinco hombres; un equipo de arcabuceros, por ejemplo, disparaba una andanada al unísono, luego giraba para recargar mientras lo protegían equipos de espadachines y piqueros, luego giraba de nuevo, disparaba otra andanada en otra dirección y recargaba; podían hacer esto con notable celeridad. Asimismo, los ballesteros operaban en equipos y disparaban sus flechas en andanadas. Los cañones también estaban apiñados. Eran tácticas comunes para los combatientes españoles.

(En el lado eurasiático del mundo, el entrenamiento determinó la victoria desde las primeras etapas de la guerra. La falange griega derrotó a la horda persa. Y las maniobras integradas de caballería e infantería de Filipo de Macedonia y su hijo Alejandro Magno, maniobras que los macedonios practicaban una y otra vez, les permitieron vencer fuerzas más numerosas. La táctica española de principios del siglo XVI, tal como la había diseñado Gonzalo de Córdoba, hizo que los españoles resultaran invencibles en tierra durante más de un siglo.)

Los indios, aunque valientes, luchaban como una turbamulta. Al principio, manteniendo la distancia, arrojaban dardos, piedras, jabalinas y lanzas con la ayuda de unas hondas que extendían el arco del movimiento y así aumentaban el alcance. La lluvia de flechas hería a muchos españoles. Pero los españoles, aun los que sólo vestían una armadura india de algodón, alzaban las rodelas y resistían el embate, hasta que los exaltados indios arremetían. Entonces los entrenados equipos españoles repelían a los indios, que no tenían estrategia para hacer valer su gran superioridad numérica. En ese valle llamado Cintla, los indios continuaron presionando a los españoles. Tras ser diezmados por varias andanadas, los indios supervivientes, que aún aventajaban en número a sus rivales, retrocedían un poco y lanzaban más flechas, lanzas, varas y piedras. Eran movimientos de ida y vuelta: los indios avanzaban, retrocedían, avanzaban. Hasta que la caballería española atacó a los indios por la retaguardia.

Era una comarca pantanosa, y Cortés y sus jinetes habían tenido que abrirse paso por una marisma, pero al fin llegaron a los maizales. Entonces operaron como máquinas de matar, no al unísono, sino como trece máquinas separadas. Cada jinete acometía contra un grupo de indios, volvía grupas, atacaba a otro grupo, perseguía a los fugitivos y los lanceaba uno por uno. Los indios, que se enorgullecían de su rapidez, quedaron consternados cuando sus corredores más veloces fueron alcanzados por los caballos y lanceados. Espantados y ensordecidos por las armas de fuego, sintieron pánico ante esos extraños animales. Nunca habían visto caballos, con o sin hombres encima, y pensaban que caballo y jinete formaban una sola criatura, una especie de dragón-centauro empeñado en destruirlos. Los derrotados indios huyeron hacia los tupidos bosques que rodeaban los campos. Cortés y sus jinetes se reunieron con su fatigada infantería.

En los campos yacían más de ochocientos indios muertos, entre quienes Aguilar identificó el cadáver tatuado de Guerrero, el marinero de Palos, abatido por un disparo de arcabuz. Habían muerto dos españoles, y casi todos los demás estaban heridos, al igual que los caballos. Los españoles descuartizaron a un indio muerto y le extrajeron la grasa del cuerpo; calentaron y disolvieron la grasa, y con ella cauterizaron las heridas de hombres y caballos. Si los indios hubieran podido usar los cuerpos de sus enemigos, la grasa española habría servido para masajear los músculos de muslos, pantorrillas, brazos y bíceps. Los indios, dicho sea de paso, tienen músculos blandos, como los asiáticos, y sus cuerpos contienen mucha grasa.

Los españoles habían capturado a algunos indios. Cortés les habló y repitió su estrategia; pidió a Aguilar que tradujera con voz afable, y volvió a asegurar que él y sus hombres eran pacíficos y querían negociar; dijo que sus hombres tenían hambre, y liberó a los asombrados indios (si los españoles tenían hambre, pensaban, ellos serían la comida). Cortés les dijo que regresaran donde sus caudillos. Luego los españoles regresaron a su campamento de la ciudad.

A la mañana siguiente aparecieron en la ciudad esclavos indios con gran cantidad de tortillas y aves cocidas (figuran como "gallinas" aunque son aves de la jungla, la mayoría pequeñas, pero algunas grandes como pavos reales). Los famélicos españoles estaban por coger la comida cuando Aguilar, al ver el rostro manchado de los esclavos y sus raídos taparrabos, reprendió severamente a los indios; había vivido demasiado tiempo con la cara manchada y las ropas raídas para no captar que era insultante usar esclavos como emisarios. Ordenó a los esclavos que comunicaran a sus jefes que estos debían acudir personalmente si deseaban la paz. Los españoles, sin embargo, conservaron la comida. Y Cortés, recurriendo a la diplomacia a pesar de estar cansado y ensangrentado, regaló a los esclavos algunos abalorios.

Así acudieron los caciques y sacerdotes, con sus suntuosas tocas y túnicas bordadas. Se arrodillaron ante Cortés y los españoles, tocaron el suelo y elevaron las manos al cielo. Pidieron permiso para quemar y sepultar a sus muertos porque los pumas y roedores se alimentarían de los cadáveres, y Cortés les dio autorización. Les pidió que le entregaran a Melchor, pero era demasiado tarde. Melchor ya había sido sacrificado en expiación por la derrota india y como castigo por su mal consejo.

Aun cuando Cortés estaba bajo intensa presión, le gustaba bromear (es un rasgo y un talento español). Al dialogar con estos indios con la mediación de Aguilar, comprendió que ellos no conocían los caballos ni sus armas de fuego. Pidió a los caciques y sacerdotes que regresaran al día siguiente y luego hizo pasear a la yegua que había parido por todo el bosquecillo donde había recibido a la delegación india. También hizo cargar el cañón de mayor calibre con una gran bala y gran cantidad de pólvora y ordenó que lo emplazaran en las cercanías. Cuando los caciques y sacerdotes regresaron al día siguiente y se sentaron con él a la sombra, Cortés dio una señal para que disparasen el cañón, que rugió como el trueno, y la bala pasó silbando hacia el río. Trajeron al caballo más fogoso, el cual, al sentir el olor de la yegua, se encabritó, pateó el suelo, relinchó y trató de zafarse para llegar al bosquecillo donde se encontraban los indios y Cortés. Los indios se aterraron, pensando que el caballo quería atacarlos. Pero Cortés, como buen anfitrión, se levantó y fue adonde estaban el cañón y el caballo, susurró unas palabras, y regresó para decirles a los indios que debían calmarse; el cañón y el caballo estaban muy enfadados con ellos, pero él les había explicado que ahora eran sensatos súbditos del rey, así que se habían aplacado. (Los indios de la comitiva parecieron creerse esta historia, pero los caciques pronto dieron a entender que sabían que el hierro era inanimado y que los caballos, como los perros, eran criaturas naturales.)

Mientras los indios recogían e incineraban cadáveres en los maizales, los caciques regresaron, esta vez con oro, todo el oro que tenían, según dijeron. Como los habían derrotado, este oro no implicaba ningún deseo. El oro era una ofrenda de paz para Cortés, o para el rey de quien él hablaba, o su Dios. Era una gran cantidad de oro: máscaras, esculturas de perros, lagartos y patos, diademas, incluso suelas de oro para las sandalias. Cuando Cortés preguntó dónde podría hallar más oro, señalaron al noroeste y dijeron "México" y "Culua", que era otro nombre de México. Pero esto no significaba nada para Cortés y Aguilar, como no había significado nada para Grijalva, Julián y Melchor.

Los jefes indios obsequiaron a Cortés, junto con el oro, veinte mujeres jóvenes. Cortés sintió gran gratitud por este presente, y así se los hizo saber, pero tenía razones para estar más agradecido de lo que creía, porque entre esas mujeres había una cuyo nombre nos ha llegado con varias connotaciones. En algunos círculos su nombre es una invectiva cortante que alude a una traidora a su raza; en otros círculos su nombre evoca a una verdadera conversa y buena servidora de Cristo; en otros, y sólo recientemente, su nombre presagia la fusión del futuro, y para quienes tienen inclinaciones románticas su nombre sugiere una rara especie de amante. En general hoy se la conoce como Malinche.

Otro puente idiomático

El sentido de la palabra "Malinche" es oscuro. Los indios llamaban Malinche a Cortés. Más tarde, los indios llamaron Malinche a un español que había adquirido buen conocimiento del náhuatl. Se ha sugerido que el nombre de esta esclava aludía simplemente a su natalicio en el calendario náhuatl –el día llamado Malin–, que los hablantes de náhuatl la llamaban Malinche (la mujer de Malin) y también llamaban Malinche a Cortés porque ella lo servía con suma constancia. Esta explicación resulta dudosa porque los indios no habrían sido irrespetuosos con Cortés y porque la explicación no tiene en cuenta a ese español que aprendió náhuatl. Cuando ella se convirtió al cristianismo, los españoles la llamaron doña Marina (y es preciso recalcar que ese doña, hoy tan común, era entonces señal de respeto). Bernal Díaz sugiere que Malinche es la pronunciación india de Marina y tal vez una referencia náhuatl al capitán de la mujer de Malin. Tanto los indios como los españoles chapurreaban el idioma de los otros. El nombre del dios azteca de la guerra era Huitzilopochtli, y los españoles lo redujeron a Huichilobos. Pero no es razonable pensar que el nombre o palabra "Malinche" se originó en español; su raíz debe ser náhuatl, pues los indios no habrían aplicado un apelativo español a uno de los suyos.

Para los españoles, al principio, ella era simplemente una de las veinte esclavas cedidas por los indios. La entrega de estas mujeres fue un acto informal y sin mayor trascendencia, pero señala un contraste entre los indios y los españoles que puede sugerir una diferencia fundamental en sus sentimientos.

Los indios consideraban a todos los esclavos –hombres como Aguilar y mujeres como Malinche– como un patrimonio que se debía utilizar y explotar. Los indios no denigraban en especial a las mujeres; en los altos círculos de la sociedad india, al igual que en la sociedad española, había mujeres eminentes y poderosas. En todas las tribus indias la esclavitud de hombres y mujeres era tradicional y una institución social aceptada. A veces los esclavos eran gente de una tribu conquistada, a veces nativos de la tribu que sufrían un castigo; incluso había arreglos por los cuales los borrachos y los vagos podían venderse voluntariamente y transformarse en criados. Pero la esclavitud era tan universal entre los indios que en los mercados los esclavos se vendían como el cacao o cualquier otro bien, tal como se comerciaban los esclavos negros en el sur de Estados Unidos antes de la Guerra Civil, aunque en los mercados indios no había distinciones raciales. En todo ello existía una diferencia de sensibilidad moral y emocional entre los indios y los españoles, y vale la pena tenerla en cuenta porque arroja luz sobre la conducta de ambos pueblos.

En el contingente de mujeres núbiles que los indios entregaron a los españoles había varias muchachas muy jóvenes, incluso vírgenes, que estaban asustadas y temblaban de timidez. Malinche, que había sido esclava desde la infancia, no era una de ellas, y aceptó su suerte con una resignación (al igual que algunas de sus compañeras) que fue un alivio para los españoles. Sin embargo, los caciques de Tabasco no reparaban en las emociones de las esclavas; esas hembras debían hacer lo que debían hacer, y el principal propósito de las mujeres, como aclararon los caciques a los españoles, era preparar tortillas. Los caciques se compadecían de esos forasteros blancos, que no llevaban mujeres que les preparasen tortillas.

Obviamente, la sexualidad no tenía para los indios la misma relevancia que para los españoles. Entre los indios no se enfatizaba la virginidad, que tampoco se asociaba con la santidad. Las mujeres comenzaban su vida sexual en cuanto eran núbiles, y la tenencia de hijos no era obstáculo para un futuro matrimonio. Entre los indios el matrimonio tenía importancia porque era la base de la herencia, aunque la mayoría de los indios de cierta nota tenían varias esposas. Pero la virginidad de una futura esposa no se tenía en cuenta.

La naturaleza emocional de los indios parecía diferir radicalmente de la naturaleza emocional de los españoles. Los indios celebraban frecuentes ceremonias donde destripaban y a veces desollaban a víctimas humanas vivas que luego desmembraban, cocinaban y comían. Las ciudades indias poseían avenidas por donde arrastraban a víctimas aullantes que subían a la cima de una pirámide para que el populacho reunido en las azoteas oyera los gritos y presenciara el derramamiento de sangre. Todos los indios estaban habituados a estas orgías de alaridos, donde gritaban tanto las víctimas como la multitud. El público de estas ceremonias experimentaba una intensidad dramática que no podía superarse ni igualarse dentro de la gama de la potencialidad humana. La intensidad dramática de la tragedia griega clásica no era tan hipnótica porque el público sabía que se trataba de una representación. Y las ejecuciones públicas de Europa y el Asia no eran tan brutales ni catárticas. Las crueldades de los déspotas orientales, las brutalidades de los europeos, los suplicios públicos, las azotaínas y decapitaciones, jamás igualaban la intensidad orgásmica de las ceremonias de estos indios.

¿Qué habría significado el llanto de una virgen para gente habituada a semejante intensidad emocional?

Entre los españoles, en cambio, existía un respeto por las mujeres que se asociaba fundamentalmente con la virginidad de María. Los combatientes españoles, al margen de su comportamiento, estaban imbuidos de la idea de que la virginidad implicaba pureza, pues dicha inocencia era buena a los ojos de Dios. Todos los españoles letrados habían leído las novelas de caballería, y todos los españoles habían escuchado los sermones del clero. En la práctica, desde luego, en el matrimonio y en las aventuras amorosas, los españoles no se atenían a las enseñanzas de la Iglesia ni a los ideales de la caballería, pero aun así sentían respeto por la pureza femenina.

La mentalidad española no estaba signada por el horror de la misma manera o en el mismo grado que la mentalidad india. Para los indios ese horror siempre tenía una presencia ceremonial, gozaba de aprobación social y de exaltación religiosa. Así que los españoles se inclinaban más hacia la excitación de la sexualidad. Tenían en sus almas más lugar, más espacio emocional para el interés sexual. Cuando les entregaron las esclavas, les intrigó que un obsequio tan deleitable se hiciera con tanta ligereza.

Los españoles no podían tomar el sexo a la ligera. Era apasionados, y la lid y las mujeres acaparaban su pasión. Cortés, por su parte, aceptó afablemente las veinte mujeres y con buen tino entregó una muchacha a cada uno de sus capitanes, mandando que las muchachas restantes preparasen tortillas para todo el ejército.

En cuanto a la joven a quien llamamos Malinche y que fue bautizada Marina, el juicioso y diplomático Cortés la entregó a Puertocarrero, a quien ya había dado una yegua. Como primo del conde de Medellín, Puertocarrero tenía parientes en la corte española; también era natural de Extremadura, y Cortés preveía que tal vez debiera encomendarle misiones importantes. (En cuanto a las pocas indias cubanas que acompañaban a los españoles, sólo se ha consignado una disputa de escasa importancia.)

Como no podía obtener más oro en Tabasco, Cortés organizó su partida, que se realizó el domingo de Ramos de 1519. En el centro de la ciudad carpinteros españoles irguieron una enorme y despojada cruz y un pedestal donde colocaron una estatuilla de la Virgen y el Niño. Cortés había llevado, envueltas en paja, gran cantidad de esas estatuillas pintadas. Pidió a fray Olmedo, que tenía una voz excepcional, que diera una misa solemne, con ramas de laurel incluidas, en presencia de los indios. Luego Cortés hizo desfilar sus tropas ante los fascinados indígenas. Sospechaba que esas actividades serían comunicadas a otros indios. Al fin, en los botes, escoltados por una gran flota de canoas indias, Cortés y sus hombres bogaron río abajo hasta el mar, donde por primera vez los azorados indios vieron los grandes buques.

Cortés quería ir donde estaba el oro, así que Alaminos proyectó un curso hacia el Oeste y un poco al Norte, hacia el lugar que Grijalva había llamado San Juan de Ulúa y donde hoy se encuentra el moderno puerto de Veracruz. Cortés hizo anclar sus naves en una caleta que constituía un refugio natural. A la media hora se acercaron dos grandes canoas llenas de caciques y sacerdotes indios. Estos indios titubearon hasta que identificaron la nave más grande –la nave insignia de Cortés, en cuyo palo mayor ondeaba el estandarte con la cruz– y, a invitación de los españoles, subieron a bordo.

Sin embargo, cuando los indios estuvieron en cubierta y los caciques presentaron mansamente sus respetos, Cortés comprendió que hablaban otro idioma. Aguilar no podía entenderles. Cortés estaba exasperado. Siempre era consciente de la necesidad de tener un lazo idiomático para comunicarse; las señas y la mímica eran frustrantes.

Pero una de las esclavas, la que él había entregado a Puertocarrero, conversaba con soltura con los indios recién llegados. Estos indios venían de las serranías, del lugar llamado México, y hablaban la lengua de esas tierras, el náhuatl. No hablaban el dialecto costero del maya. Pero Malinche hablaba náhuatl, y podía contar a Aguilar en maya lo que se había dicho, y Aguilar podía contárselo a Cortés en español. Esta cadena era vital: del español al maya y al náhuatl, y viceversa. De Cortés y Aguilar a Malinche y el rey mexicano.

Los jefes indios les regalaron prendas de algodón, plumerías y objetos de oro, y a cambio recibieron abalorios, prendas españolas y herramientas de hierro. Ambas partes estaban complacidas. Por lo que decían los jefes indios, Cortés dedujo que se habían enterado de la batalla de Tabasco; en realidad, tenían noticias de todos los desembarcos españoles. Entre los indios mexicanos existía la costumbre tradicional de recibir embajadores y comerciantes, y los emisarios eran tratados con respeto. Cortés era recibido con este espíritu, como un emisario de tierras distantes, y Cortés y sus españoles preferían esta recepción a las filas de guerreros que habían encontrado hasta ahora. Cortés siempre pedía ver al jefe más importante, y estos caciques le aseguraron, antes de desembarcar, que pronto vendría un alto mandatario.

En los dos días siguientes, Cortés fortificó su posición en una gran duna de arena. Desembarcó los caballos y la artillería. Con ayuda de los lugareños, sus hombres construyeron cobertizos para guarecerse del sol, y aquellos, sabiendo que las ramas de palmera eran protección insuficiente, trajeron gruesos paños para reforzar el techo. (En la bochornosa Veracruz, reina más animación después de medianoche, cuando disminuye el calor.)

Cuando llegó el gran jefe, Cortés lo recibió en la duna fortificada. El jefe se llamaba Tendile. Estos nombres indios son versiones fonéticas y revelan cierta simplificación: Bernal Díaz lo llamaba Tendile, Cortés lo llamaba Teudilli; Sahagún, quien tal vez sabía más, lo llamaba Teuhtlilli o Tentlil. Informó a Cortés que era servidor de un gran monarca de las montañas cuyo nombre era Moctezuma. (También se transcribe como Montezuma, y hay otras variantes; el gutural nombre náhuatl es algo parecido a "muctecusoma".) Y Tendile sacó de las arcas que habían traído sus porteadores muchas esculturas, joyas y útiles objetos de oro, así como diez cargas de paños finos y plumerías. Cortés obsequió a Tendile gran cantidad de abalorios, una gorra española que tenía bordado en hilo de oro un medallón de San Jorge a caballo matando al dragón (los indios se intrigarían al verlo) y otras prendas de vestir españolas. Por medio de Aguilar y Malinche, Cortés expresó a Tendile su deseo de conocer a Moctezuma y, como último regalo, le entregó una bella silla española (los indios no tenían sillas) donde Moctezuma podría sentarse cuando Cortés fuera a verlo.

Al hacer esta propuesta, Cortés urdió una ingeniosa farsa. Le dijo a Tendile que representaba a un gran monarca que vivía del otro lado del mar y que su monarca tenía noticias sobre Moctezuma y quería que Cortés se presentara ante el gran rey de México. Desde luego, en España nadie había oído hablar de Moctezuma ni de México; Cortés acababa de comprender que México era un lugar de las montañas y que había un rey mexicano llamado Moctezuma. Tendile se quedó estupefacto cuando Cortés, con exagerada urbanidad española, dijo que su rey había oído hablar de Moctezuma, pues lo asociaba con el viejo mito indio según el cual uno de los fundadores de la raza india –rey o dios– había navegado hacia el Este y tal vez regresara un día para reanudar su reinado.

Tendile sintió curiosidad por el casco que usaba un soldado español, un yelmo de hierro dorado. Tendile dijo que el yelmo español se parecía al que adornaba un ídolo de Huitzilopochtli, el dios de la guerra. (Gómara sugiere con perspicacia que quizás indios de la costa hubieran hallado el yelmo del ídolo en los restos de una nave española, y los sacerdotes indios quizá lo hubieran usado como prueba de la existencia del dios ausente, aunque para los racionalistas guerreros indios sólo probaba que se aproximaban enemigos.) Tendile estaba seguro de que Moctezuma querría ver el yelmo del soldado. Cortés ordenó al soldado que le prestara el casco para que se lo llevara a Moctezuma, sugiriendo que se lo debían devolver lleno de pepitas de oro para que los españoles verificaran si el oro indio era similar al de ellos. (Cortés era capaz de hacer esta lacónica broma en presencia de los cuatro mil guerreros que custodiaban a Tendile.)

Aunque Tendile tenía noticias de todas las actividades de los españoles y se las había transmitido a Moctezuma, ahora quiso consignarlas haciendo que los artistas de su comitiva dibujaran imágenes de los forasteros. Los indios no tenían escritura fonética, ni siquiera jeroglíficos ni escritura pictográfica, pero habían perfeccionado un método rápido y sencillo para dibujar imágenes; sus artistas podían representar lo que veían en rápidos bocetos, carentes de perspectiva y de matices, sobre rígidas páginas blanqueadas de cuero o maguey, páginas que se plegaban como un acordeón para formar libros. Había miles de estos "libros". La mayoría fueron incinerados en los años que siguieron a la conquista por prelados católicos que temían que los libros perpetuasen las viejas creencias paganas. La mayoría de los pocos "libros" que todavía existen se hicieron después de la conquista y, por algún motivo esotérico, se denominan códices; se encuentran principalmente en museos de Europa y México.

(Bernardino de Sahagún, un monje franciscano que viajó de España a México ocho años después de la conquista, era un genio de la filología. Sahagún aprendió náhuatl y, con ayuda de sacerdotes aztecas, escribió notas sobre los dibujos indios, que eran ante todo recursos mnemotécnicos. Primero escribió las notas en una transcripción española fonética del náhuatl, y luego tradujo el náhuatl al español. Sus volúmenes anotados constituyen el mejor puente de que disponemos para comprender las figuras aztecas.)

parece ser cosa muy buena, y
sabia, ya me sano, y quito la en
fermedad, ya estoy sano: y mas
otra ves le dixo el viejo. Señor.
bueda la otra ves, porque es muy
buena la medicina, y estareys
mas sano. Y el dicho quetzalcoatl,
bevjo la otra ues, de que se embri
acho, y començo allorar triste
mente: y se le movio, y ablan
do el coraçon, para yrse, y no se
le quito del pensamiento lo que
tenja, por el engaño, y burla,
que le hizo, el dicho nigromanti
co viejo. Y la medicina que be
uio, el dicho quetzalcoatl, era
vino blanco de la tierra: hecho
de magueyes, que se llaman teu
metl.

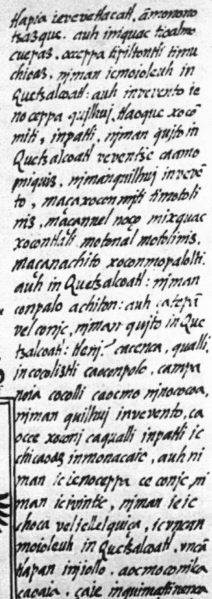

tlapia ieuetlacatl, amomo
tlazque. auh iniquac ticalmo
cuepas, oceppa tipiltontli timu
chicas, mjman icmoiolcuh in
Quetsalcoatl: auh inreuento te
no ceppa quilhuj, tlaoque xoco
miti, inpatli, mjman qujto in
Quetsalcoatl reuentse catimo
piquiz, mjmanquilhuj inueuen
to, macxocon mjti timotoli
nis, macannel noço mixquac
xocontlali motonal motolinis.
macanachito xocommopaloltj.
auh in Quetsalcoatl: mjman
conpalo achiton: auh catepa
vel conjc, mjmoa qujto in Que
tsalcoatl: tlenj, cacenca, quallj,
in cocolistli caucenpolo, campa
noia cocolli caocmo mjnocuoa,
mjman quilhuj inueuento, ca
occe xocotj caquallj inpatli ic
chicaoaz inmonacaic, auh ni
man ic icnoceppa ce conjc, mj
man icivintic, mjman ieic
choca ueltellelquiça, icupan
moioleuh in Quetsalcoatl. uncā
tlapan injiollo. aocmoconilca
cacaia. çaie inquimatinemo
inquimatinemja velqujolma

Una página del Códice Florentino, preparado por fray Bernardino de
Sahagún a partir de lo que viejos aztecas, la mayoría ex sacerdotes, le
contaron de quince a cuarenta y cinco años después de la conquista.
La columna derecha es náhuatl, en una transcripción fonética al
alfabeto español; la columna izquierda es español del siglo XVI.
Las ilustraciones son típicos dibujos indios.

Todos los españoles posaron con gusto para los artistas indios, y cada capitán se hizo pintar su retrato. Bernal Díaz, evocando en la vejez esas andanzas de la juventud, escribió que Moctezuma, basándose en el retrato de Cortés, envió a la costa a un jefe azteca que se parecía tanto al capitán español que los españoles hablaban de "nuestro Cortés" y "el otro Cortés". Sin embargo, no conviene tomar muy en serio esta anécdota porque los dibujos indios eran simplistas; Cortés y sus desgreñados españoles eran barbados y usaban yelmos o capas, y ningún indio lampiño de pelo renegrido se podía parecer a Cortés u otro español.

Cortés montó un buen espectáculo para que Tendile se lo comunicara a Moctezuma. Hizo disparar los cañones, y los artistas hicieron lo posible para representar las explosiones. Entregó todos los caballos a Pedro de Alvarado, quien les colgó cencerros de los arneses y condujo a la tintineante caballería española en un brioso galope por la húmeda arena de la playa, con espadas desenvainadas y lanzas en alto.

Tendile prometió que comunicaría a Moctezuma los deseos de Cortés, y los indios se marcharon.

El presente de Moctezuma

Mientras aguardaban el regreso de Tendile, Cortés interrogó a Malinche por medio de Aguilar y se enteró de su historia. Ella le contó, o eso entendió Cortés, que era de buena cuna, de padres procedentes de las serranías y que en la sociedad española se considerarían nobles. Era oriunda de una aldea cercana a la ciudad de Coatzacoalcos, a poca distancia de Tabasco. (Es extraño que estos grupos de pueblos, hablantes de náhuatl y maya, vivieran en tal proximidad y no se fusionaran. Pero este fenómeno aún existe. En las ferias de la ciudad de Oaxaca, por ejemplo, los naturales de diversos valles montañeses hablan diversos dialectos e idiomas indios, y tienen problemas de comunicación; comercian valiéndose de señas o de intérpretes como Malinche.) Su padre había muerto cuando ella era niña, y su madre se había casado con un hombre más joven, también considerado noble entre los aztecas. Su madre había dado al nuevo esposo un hijo varón y, para que el hijo fuera el heredero incuestionable, su madre y su padrastro la habían vendido como esclava y habían difundido la mentira de que había muerto. Ella había pasado de un mercader de esclavos a otro y había tenido varios dueños. Estaba en Tabasco, a punto de ser vendida, cuando los caciques ordenaron que ella y otras muchachas fueran entregadas a los españoles.

La historia era verídica, pues años después, cuando Cortés dirigía una expedición hacia Honduras en compañía de Bernal Díaz, el ejército pasó por Coatzacoalcos y Bernal Díaz conoció a la madre y al

84

hermanastro de Malinche; el padrastro había muerto. La anciana (que según Bernal Díaz era parecida a Malinche) y el hijo temían que Malinche, ahora que dominaban los españoles, los hiciera castigar o matar. Pero Malinche no tomó venganza. En cambio, dijo a su madre y su hermanastro que así había tenido el venturoso destino de abrazar a Cristo y ser española; estaba profundamente agradecida y eufórica de felicidad. Este relato suena verosímil.

Los lugareños continuaron aprovisionando a los españoles. Hubo cierta irritación por parte de los españoles que no eran capitanes, entre ellos Bernal Díaz, cuando los caciques indios que iban a la fortaleza invitaban a los capitanes a celebrar un festín bajo un dosel de ramas de palmera y no invitaban a los soldados de filas. Pero todo español, aun el de menor rango, llevaba su pequeña provisión de mercancías. Así, mientras caciques y capitanes se daban su atracón, los soldados españoles exhibían sus mercancías y las trocaban por pescado, aves, frutas y otras cosas de valor.

Pero la situación de los españoles era precaria. La duna de arena donde habían acampado no era adecuada para una estancia prolongada; los mosquitos eran (y son) terribles. Las naves no estaban bien guarecidas. La línea costera de la bahía de Veracruz tiene poca curvatura, y el puerto moderno está protegido con escolleras artificiales. En consecuencia, los españoles aguardaban con ansiedad el regreso de Tendile. Al cabo de diez días Tendile regresó de la serranía, a la cabeza de un séquito de más de cien porteadores. Sentándose con Cortés y algunos capitanes españoles, entre ellos el notario del rey y el contador real, Tendile hizo tender esteras y exhibió sus presentes.

Había un calendario de oro, grande como una rueda de carro, que mostraba el sol y sus rayos con muchos signos exóticos, y otra rueda de plata bruñida que representaba la luna. Había esculturas de oro que representaban patos, perros, pumas, monos. Había diez espléndidos collares de oro, y colgantes de oro con incrustaciones de piedras preciosas. Los aztecas eran exquisitos orfebres. Podían tallar esculturas huecas de venados, y tubos o varas de oro filigranado. Había un arco con flechas y cuerda, todo de oro. El yelmo dorado del soldado español, un poco más herrumbrado, fue devuelto lleno de pepitas de oro. (Los indios buscaban oro tanto en ríos y arroyos como en filones de montaña. Las frecuentes referencias a las "minas" al parecer aludían simplemente a las zonas auríferas. En la cultura india, la metalurgia había comenzado con el oro, la plata y el cobre, pero no con el hierro, pues aún no lo habían descubierto.) Había cargas de prendas de algodón teñidas y bordadas, así como capas de plumas tan brillantes que, como refirió Gómara y evocó Cortés, si las plumas fueran imperecederas, habrían sido más preciosas que el oro. En conjunto, era una muestra deslumbrante, abrumadora, un obsequio digno de un gran rey.

Y con este obsequio venía el deseo de Moctezuma. Tendile explicó que Moctezuma no recibiría a Cortés y sus hombres; no les permitiría ir a las montañas a visitarlos ni bajaría a la costa para verlos. Moctezuma les permitía permanecer en la costa; como emisarios, embajadores o comerciantes, podían quedarse el tiempo que desearan, y luego llevarse todos los regalos que les había enviado, pero debían marcharse.

No era un intento de soborno. A pesar de los caballos y las armas de fuego de los españoles, Moctezuma era más poderoso que ellos y, como monarca de millones, no se hubiera dignado sobornar a unos centenares de extranjeros. Tampoco actuaba así por temor; el imperio azteca era monolítico y se consideraba invencible; el triunfo español sobre una tribu costera no era motivo de preocupación. Y es inconcebible que el amo de tales dominios fuera cobarde, teniendo en cuenta que la sociedad azteca reverenciaba el coraje y la práctica de la guerra. Tampoco existen pruebas fehacientes de que Moctezuma creyera que la llegada de los españoles cumplía la vieja profecía de Quetzalcóatl; se implicaba lo contrario, pues Moctezuma jamás habría negociado en forma tan mundana con una deidad.

La interpretación más razonable de la respuesta de Moctezuma es que, siguiendo la costumbre india, el monarca optaba por la paz. Prefería evitar la guerra, entregando un presente y expresando su voluntad, con la esperanza de que la gente civilizada entendiera esa costumbre y, al aceptar el obsequio, respetara sus deseos. Pero los españoles no lo comprendieron. Ningún eurasiático habría comprendido este refinado gesto indio.

Cortés no cabía en sí de curiosidad por las pepitas de oro del casco. Sin duda había más oro en el lugar de donde habían venido. Preguntó dónde estaban las minas. Imploró a Tendile que fuera a ver nuevamente a Moctezuma, para decirle que el gran rey que se encontraba allende el océano no pensaría bien de Cortés si él regresaba sin haberse presentado ante el monarca de ese país. Aunque Cortés se estaba quedando sin regalos, le dio a Tendile más presentes para Moctezuma: camisas de fino lino de Holanda, un vaso florentino de cristal con tallas de escenas de cacería, más abalorios.

Tendile se marchó de nuevo. Regresó en menos tiempo que antes, con la palabra definitiva de Moctezuma acompañada de otro obsequio. Esta vez el obsequio consistía principalmente en cuatro piedras de verde jade. Pero Tendile explicó a los asombrados españoles que esas piedras, llamadas *chalchiuites*, eran para los aztecas más valiosas que el oro. En cuanto al deseo de Moctezuma, era el mismo: el monarca no bajaría de las montañas para reunirse con Cortés, y Cortés no debía ir a las montañas para ver a Moctezuma porque tendría que atravesar territorios plagados de enemigos de Moctezuma, y esos enemigos los atacarían sabiendo que iban a ver al rey.

En ese punto, si Cortés y los españoles hubieran comprendido el procedimiento indio para buscar la paz, quizá se hubieran retirado, generosamente recompensados por sus esfuerzos. Si el tesoro que les dio Moctezuma se hubiera exhibido en la corte española, sin duda Carlos habría enviado más emisarios, para ofrecer más presentes a los indios, obtener nuevos regalos y establecer una línea de comunicación. Puede resultar increíble que fuera posible una comunicación pacífica entre gente que practicaba las costumbres de los aztecas y gente que era cristiana. Pero si en algún momento existió esa posibilidad, fue entonces cuando Moctezuma regaló a los españoles sus generosos presentes y de ese modo expresó su deseo de paz.

Ese momento pasó inadvertido para los españoles, y ambos bandos echaron mano de tretas y artimañas.

Tendile regresó al interior, y los lugareños dejaron de llevar comida cuando los españoles no cumplieron con el requerimiento de abordar sus naves y marcharse. Siguiendo las órdenes de Moctezuma, aislaron y rechazaron a los españoles. No hubo más trueque ni regalos. Los indios abandonaron las chozas que habían construido en la duna de arena.

Cortés había enviado dos bergantines en busca de un puerto mejor hacia el Norte, pero las naves regresaron sin hallar un lugar satisfactorio, aunque habían navegado, a pesar del mal tiempo, casi hasta la desembocadura del río Pánuco. El pan de mandioca se estaba agotando, y lo que quedaba estaba enmohecido e infestado. Treinta y siete españoles habían perecido en combate o a causa de sus heridas. Otros estaban enfermos por el calor tropical.

Muchos hombres destacados querían regresar a Cuba. Eran amigos y parientes de Velázquez. Razonaban que la expedición había adquirido gran cantidad de oro. ¿Por qué no regresar, presentar el informe al gobernador, repartir el botín y, tras reposar y analizar, reunir una flota más numerosa para otra incursión? Era evidente que el continente era vasto y estaba densamente poblado. Era imposible saber qué sucedería si se aventuraban en las montañas. Estaban exhaustos, habían sufrido bajas (hasta el caballo de Cortés había muerto) y se estaban agotando los bastimentos.

En esta atmósfera de desaliento y hostilidad, Cortés parecía estar de acuerdo con quienes deseaban regresar a Cuba, pero argumentó que, primero, debían alejarse de San Juan de Ulúa antes que una borrasca del Norte, a la cual estaban expuestos, dañara o destruyera la flota. Alaminos le dio la razón en esto. Convinieron en intentar un nuevo desembarco en una bahía del Norte, junto a un gran risco que habían divisado desde los bergantines. En la cima de ese risco había una ciudad. Si este contacto resultaba poco auspicioso, concedió Cortés, darían por terminada la expedición y regresarían a Cuba.

Se embarcaron, navegaron hacia el Norte y desembarcaron en una playa realmente desalentadora: una bahía de poca profundidad, apenas una muesca en la línea costera, menos protegida que San Juan de Ulúa. En un extremo de la bahía había un risco, y en el risco clavaron clavijas de hierro forjado que sostenían argollas a las cuales podían sujetar las naves. A las órdenes de Cortés, los españoles descargaron todo: caballos, artillería, provisiones. A esas alturas los hombres estaban irritables y habían formado facciones. Estaban hambrientos, débiles, y casi no tenían comida.

Cortés sabía que, si regresaba a Cuba, quedaría arruinado, tanto económica como personalmente. Velázquez se adueñaría del oro; Cortés nunca obtendría su parte ni recobraría lo que había invertido. Los españoles que no eran parientes ni amigos de Velázquez también recelaban del gobernador. La encomienda de Cortés, que él había usado como garantía para varios préstamos, quedaría en manos de sus acreedores. Además, Cortés sabía que su entredicho con Velázquez en el momento de la partida, su negativa a renunciar al mando de la flota, no quedaría en el olvido. Velázquez lo denunciaría y, con la lentitud de la justicia española, en el mejor de los casos Cortés pasaría años en la cárcel, y en el peor sería colgado. Pero, ante todo, si ahora regresaba a Cuba, jamás recibiría el mando de otra expedición, y esta era su oportunidad, su única oportunidad de obrar un milagro, de derrumbar un imperio, de lograr, como el Amadís de Gaula, fama y fortuna, un lugar en la nobleza, la gloria imperecedera.

Presionado por las circunstancias, enfrentado con los velazquistas, muchos de ellos temibles enemigos, Cortés actuó deprisa y con sutileza de leguleyo. Por la noche reunió en su tienda a todos los que no eran aliados de Velázquez y querían asegurarse su parte del oro, y les hizo labrar un documento para fundar una ciudad y colonia en esa playa olvidada de Dios; la llamaron la Villa Rica de la Vera Cruz. Los documentos formales se prepararon en estricto acuerdo con los procedimientos establecidos en las Siete Partidas, nombrando un municipio con alcaldes, regidores y cabildo. Cortés renunció a su cargo de jefe de la expedición, y el cabildo lo designó "capitán general y justicia mayor" de Villa Rica de la Vera Cruz.

A través de este tecnicismo legal, Cortés se desembarazó por completo de la autoridad de Velázquez, porque una ciudad nueva, una colonia recién fundada y apropiadamente establecida en una nueva tierra, sólo respondía ante el rey. La cédula de Villa Rica era un documento ridículo de dudosa legalidad, tan descarado que ni siquiera Cortés tuvo seriamente en cuenta las ramificaciones de todas las estipulaciones. Se adjudicó un quinto de los despojos, lo mismo que para el rey. En las Siete Partidas se establece que un conquistador, si es señor "natural", tiene derecho a un séptimo, y si no es señor natural, a un décimo, antes que los despojos restantes se repartan entre el resto de sus hombres. ¿Pero por qué discutir sobre esa estipulación, cuando el reparto parecía tan improbable?

Al fundar una nueva ciudad, Cortés sabía que afrontaba un riesgo enorme. La jurisdicción de los jerónimos de la Española era vaga, así como la autoridad de Diego Colón. Pero Cortés sabía que el tío de Velázquez, el obispo Fonseca, presentaría al rey la petición del gobernador, para que Velázquez contara con la autorización del rey para dirigir la exploración y colonización del continente. Si el influyente Fonseca ya había obtenido lo que deseaba Velázquez, Cortés estaría actuando en contra de un edicto real, y pronto iría a las galeras. Cortés asumió este riesgo a sabiendas, apostando a que el rey aún no hubiera actuado.

Si el rey aún no había actuado, el juicio que hiciera de la expedición dependería de sus logros. A bordo de las naves fondeadas ya había un tesoro jamás visto en Europa. Cortés apostaba a que el rey pasaría por alto todos los tecnicismos legales si él adquiría tesoros, tierras para la Corona y muchedumbres que se convirtieran al cristianismo.

Los partidarios de Velázquez se enfurecieron cuando comprendieron lo que se había hecho subrepticiamente en la tienda de Cortés. Varios velazquistas, encabezados por Juan Velásquez de León (la rama de León escribía el apellido con s en la segunda sílaba, pero estaba emparentada con el gobernador de Cuba), rehusaron aceptar más órdenes de Cortés. Cortés hizo encadenar a los rebeldes a bordo de una nave, mientras él hablaba con los indecisos y prometía más oro, alegando sin tapujos que sólo la fundación de la nueva ciudad impediría que Velázquez embaucara a quienes habían arriesgado el pellejo y derramado su sangre. Poco después la mayoría de los españoles apoyaba a Cortés. Luego Cortés visitó a los que estaban encadenados a bordo, les habló amigablemente, les prometió una mayor porción de oro y al fin logró convencer aun a Velásquez de León. Cortés ordenó liberar a los prisioneros.

Por arte de birlibirloque Cortés, cambiando el objetivo de la expedición, pasando del comercio a la colonización, se había adueñado de ella. Y la fuerza española aún se mantenía unida, aunque todavía existían profundos rencores.

Después de ese conato de lucha entre los españoles, se produjo un inesperado disenso entre los indios.

Mientras Cortés guiaba a algunos de sus hombres tierra adentro para rodear el risco y aproximarse a la ciudad que se veía en la cima, notó que algunos indios observaban desde un cerro. Envió algunos jinetes para traerlos. Estos indios resultaban repugnantes para los españoles, pues se habían perforado las orejas y el tabique de la nariz y se habían partido el labio inferior. Muchos indios usaban tales adornos, pero estos habían ampliado las aberturas y llevaban enormes trozos de piedras de color, ámbar u oro. Las argollas nasales les bajaban la nariz casi hasta la boca, y los labios inferiores estaban tan mutilados que se les veían los dientes y las encías. A través de esos labios partidos hablaban un idioma que no era náhuatl ni maya. Pero varios también hablaban náhuatl. Así se desarrolló una conversación entre los pocos que hablaban náhuatl y Malinche, y luego entre Aguilar y Cortés.

Estos indios eran totonacas, y observaban a los españoles con menos temor que vacilación, sin saber si pedirles un favor. Algunos habían viajado costa abajo hasta San Juan de Ulúa, habiendo oído hablar de los españoles. De hecho, varios españoles los habían visto y los recordaban porque los totonacas eran altos y tenían el rostro desfigurado, pero les habían prestado poca atención porque no se habían acercado. Ahora los totonacas querían que Cortés fuera a hablar con su jefe en su ciudad, llamada Cempoal.

Cortés llevaba caballos y artillería, ballesteros y arcabuceros, por si lo atacaban o él deseaba atacar, así que estaba preparado para cualquier eventualidad. Decidió seguir a los totonacas.

Cempoal era una ciudad de veinte mil habitantes con impresionantes edificios de piedra, los mejores edificios que habían visto los españoles hasta el momento. Las paredes estaban blanqueadas con cal, los techos de bálago eran firmes. Los indios los condujeron a una plaza central a cuyo lado había una pirámide con un templo en la cima. Algunos españoles visitaron el templo y vieron los cadáveres de varios jóvenes recién sacrificados, pero así sucedía en casi todos los templos que encontraban, pues los indios hacían sacrificios propiciatorios cada vez que se aproximaban los españoles. Como si los españoles fueran huéspedes esperados, los llevaron a amplios edificios donde se alojarían. Desde las casas de las calles laterales acudían familias indias que se apiñaban para mirar a los españoles y sus caballos.

Manteniéndose alerta, Cortés emplazó su artillería en las esquinas de la plaza, mantuvo a sus jinetes montados y alineó a sus soldados en torno de la plaza. Luego exigió ver al jefe, quien pronto apareció, transportado en una especie de hamaca que hacía las veces de litera. Este cacique era tan gordo que apenas podía caminar. Cuando bajó de la hamaca, lo flanquearon criados que sostenían una gruesa vara donde él apoyaba la barriga.

A la sombra de un árbol, en el patio de un edificio de la plaza, Cortés deliberó con el cacique totonaca. Poco a poco –el cacique hablaba en totonaca, uno de los totonacas que había guiado a Cortés traducía al náhuatl, Malinche traducía del náhuatl al maya para Aguilar, y Aguilar le traducía a Cortés– Cortés se enteró de una curiosa situación.

El cacique totonaca declaró que en una guerra reciente los aztecas lo habían derrotado y ahora su gente era súbdita del gran monarca de las montañas. Los totonacas habían luchado fieramente para conservar su independencia, y ahora debían pagar tributos que agotaban sus recursos. No sólo debían enviar mercancías al monarca de las montañas, sino que debían entregarle hombres y mujeres jóvenes para el sacrificio, y los recaudadores aztecas a menudo también se llevaban a sus esposas.

¿Podría Cortés lograr que les bajaran los impuestos?

Cortés no vaciló en responder. Claro que podría.

La declaración de guerra

Cortés se entusiasmó al comprender que había disenso entre los indios. Los velazquistas, desalentados y ansiosos de regresar a Cuba, habían conspirado contra el ánimo de los expedicionarios al sostener que en esa comarca ilimitada, en ese mundo desconocido, afrontaban un estado monolítico poblado por un sinfín de rudos y oscuros guerreros que tenían un rey inalcanzable en las remotas montañas, y que por eso era conveniente retirarse, reequiparse y reorganizarse. Pero al oír las quejas de los totonacas, Cortés comprendió que ese mundo desconocido no era distinto del mundo que conocían los españoles: lejos de ser monolítico, el mundo de los indios era tan proclive a las discordias como España bajo los moros. Era la verdad de la existencia humana tal como Cortés la había conocido, y se proponía ahondar esa discordia y derrumbar las montañas donde estaba plantado Moctezuma.

Al salir de Cempoal, Cortés condujo a sus fuerzas –muy reanimadas por el primer festín que habían tenido en una semana– a la ciudad de la cima del risco, otro poblado totonaca llamado Quiahuitzlan. El cacique gordo de Cempoal, que los seguía en su litera, suministró varios cientos de porteadores para el ejército. Ahora los españoles que no iban a caballo podían marchar sin estorbos, mientras los porteadores arrastraban los cañones y el equipo.

Los españoles tenían que abrirse camino entre rocas para llegar a Quiahuitzlan. Los jinetes querían desmontar porque temían que sus caballos tropezaran y cayeran, pero Cortés no lo permitió. Quería mantener la ilusión de que cada hombre y su caballo eran una sola cosa. Sin embargo, los españoles no se toparon con ninguna oposición en Quiahuitzlan. Por el contrario, en la plaza central los recibió una delegación de caciques y sacerdotes que instó a la gente a salir de sus escondrijos. Poco después llegó el gordo cacique de Cempoal.

Una vez más, los españoles fueron recibidos como huéspedes y agasajados con comida y bebida en abundancia. La bebida era chocolate mexicano, espumoso y fuerte, muy estimulante, y servido al modo azteca, espeso y tibio. En su vejez Bernal Díaz evocaría con deleite las primeras veces que lo saboreó. Los indios también preparaban un aguardiente de savia de maguey, el pulque, que se vuelve lechoso como el Pernod o el ajenjo cuando se mezcla con agua. Pero mientras tuvieran vino, los españoles preferían prescindir del pulque.

Entonces una coincidencia ofreció a Cortés una oportunidad. Mientras los españoles descansaban después de otro festín, cinco recaudadores aztecas llegaron a Quiahuitzlan con un numeroso séquito. Eran nobles enviados por Moctezuma para cobrar el tributo a los totonacas y ambulaban de poblado en poblado. Los cinco aztecas miraron con arrogancia a los españoles, rehusando hablar con Cortés.

Una jungla achaparrada cubre las planicies de esa costa, y había todo tipo de olores penetrantes: heces y orina de humanos y animales, la continua putrefacción del légamo, el aroma dulzón y embriagador de las flores tropicales, el olor inconfundible de los cuerpos indios semidesnudos, el tufo de los sudados españoles. El sentido del olfato de los indios es agudo y ello explicaba su frecuente uso de braseros llenos de resina. En Quiahuitzlan el perfume favorito venía de los ramilletes de rosas que tanto los jefes totonacas como los recaudadores aztecas se acercaban a la nariz.

Los aztecas se retiraron a los aposentos que les habían preparado los totonacas, luego convocaron a los caciques locales y los reprendieron severamente por tener la osadía de recibir a esos extranjeros sin autorización de Moctezuma. Los nobles aztecas dijeron a los totonacas que Moctezuma había decidido capturar y esclavizar a esos hombres barbados y cruzarlos con otras razas. (Tal vez esto fuera verdad, pues en su capital de las montañas Moctezuma tenía un zoológico de animales traídos de todas partes de México y América Central; le interesaba el cruce de animales y criaba muchas criaturas extrañas.) Los aztecas afirmaron que los totonacas merecían ser castigados por su impudicia y desobediencia. Además del tributo normal, deberían entregar veinte jóvenes de ambos sexos para que los aztecas los sacrificaran.

La gente oyó partes de esa diatriba, y la ciudad de Quiahuitzlan estaba alterada y asustada. La voz pronto llegó a Malinche, Aguilar y Cortés. Los caciques totonacas estaban angustiados por tener que entregar más víctimas para el sacrificio, y no sabían qué hacer. Cortés les dijo que maniataran y encarcelaran a los nobles aztecas, y les dijeran que a partir de entonces los totonacas no pagarían más tributo a Moctezuma.

Los totonacas estaban histéricos de miedo e indecisión. Habían sufrido muchos rigores después de ser derrotados por los ejércitos aztecas. Ese destino se repetiría si tenían la audacia de tocar a los hombres de Moctezuma. Pero Cortés no cedió un ápice, y envió a dos de sus capitanes más recios a templar el espíritu de los totonacas.

A regañadientes, pero con creciente entusiasmo, los totonacas dijeron a los pasmados aztecas que no pagarían más tributo, ni los veinte jóvenes adicionales, ni nada, y que los arrestarían. Los prendieron y los sujetaron a sendos palos, los cuales tenían colleras para el pescuezo, los brazos y las piernas. Tendieron los palos en el suelo, un totonaca cogió cada extremo, llevaron a los prisioneros maniatados a una habitación oscura y los arrojaron al suelo. Uno de los aztecas se negó a dejarse maniatar –los capitanes españoles observaban pero, siguiendo órdenes estrictas de Cortés, no participaron– pero los totonacas lo azotaron hasta persuadirlo.

Los totonacas querían sacrificar a los aztecas al momento, antes que la noticia llegara a oídos de Moctezuma. Pero Cortés quería mantener cautivos a esos aztecas, y envió algunos españoles a vigilarlos.

En medio de la noche, el previsor Cortés hizo liberar a dos de esos aztecas para entrevistarlos (pidió a sus guardias que le llevaran a los dos que parecieran más avispados, pues a esas alturas él aún no había desarrollado la profunda empatía que luego tendría con los indios). Les preguntó serenamente a los nobles a qué venía ese alboroto, como si él no hubiera participado en ello. Hizo alimentar a esos hombres y les prometió que los liberaría para que pudieran regresar cuanto antes a su rey. Les aseguró que era amigo de Moctezuma, que él y Moctezuma se habían comunicado con frecuencia, y que ansiaba visitar al rey para intercambiar más presentes y comentar asuntos que serían beneficiosos para todos. Ante todo, deseaba la amistad del gran rey.

Los dos aztecas sintieron alivio y felicidad por su liberación, pero temían que los capturasen de nuevo si escapaban de noche por esa zona totonaca. Cortés ordenó a varios españoles que los escoltaran hasta la costa y los llevaran al Norte en un bote para dejarlos en una zona náhuatl donde encontrarían ayuda para internarse en las montañas.

Por la mañana, los totonacas se pusieron frenéticos al descubrir que dos aztecas habían escapado. El cacique gordo de Cempoal temblaba y tartamudeaba. Cortés fingió estar tan sorprendido como ellos, e interrogó a los guardias españoles con rostro severo. Los totonacas ansiaban sacrificar cuanto antes a los tres aztecas restantes, pero Cortés los disuadió y ordenó que llevaran a los tres a la costa y los pusieran a bordo de una nave, alegando que no podrían escapar de un buque que estaba anclado en medio del agua.

Luego Cortés y sus hombres se marcharon de Quiahuitzlan y regresaron al campamento de la playa. Cortés visitó a los aztecas en la improvisada prisión flotante y les dijo lo que había dicho a los demás, que sólo deseaba la amistad de Moctezuma y presentar sus respetos al gran rey. Les prometió que pronto los pondría en libertad. Así fue como Cortés declaró la guerra al imperio azteca.

En la confederación totonaca había treinta ciudades. Cempoal era la más grande pero todas se hallaban en la misma región, en la costa o en los cerros, y la playa donde acampaban los españoles se encontraba en el centro de todas ellas. Pronto se difundió la noticia de que los extranjeros blancos eran aliados de los totonacas y habían abolido –no sólo reducido– el tributo azteca. Todos los días los españoles recibían generosas raciones de alimentos, y los soldados recobraron el vigor después de tantas semanas de privaciones.

La comida era el argumento más elocuente para oponerse a las murmuraciones de los velazquistas. Y los hombres de Cortés –los notables de Villa Rica de la Vera Cruz– procedieron a diseñar la ciudad. Marcaron los lotes donde se construirían el fuerte, la iglesia, el arsenal, el mercado, el almacén. Cuando los caciques totonacas fueron a visitarlo, Cortés les preguntó cuántos guerreros podían reunir, y le dijeron cien mil. También le dijeron que había otras tribus que sufrían la opresión azteca y estaban dispuestas a luchar. En un sitio llamado Tlaxcala había una tribu que aún resistía contra los aztecas. Si Cortés encabezaba una rebelión, muchos cientos de guerreros lo seguirían.

Esta noticia deleitó a Cortés.

Los diez mandamientos
reducidos a tres

En las montañas, Moctezuma también trazaba sus planes, y procuraba comprender a esos forasteros con los elementos que le daba su propia naturaleza y experiencia. Los sacerdotes, basándose en sus intuiciones y augurios, recomendaban matar o expulsar a los intrusos cuanto antes. Era evidente que los forasteros no respetarían las órdenes del rey, y Moctezuma sabía que su poder se basaba en una estricta obediencia.

Los españoles predicaban continuamente el cristianismo entre los indios que encontraban, pero sólo los datos más rudimentarios sobrevivían a la traducción de un idioma a otro y de la mentalidad española a la india. Aun así, por lo poco que podían entender, para los indios era evidente que los extranjeros querían remplazar a los dioses indios por los de ellos. Ello implicaba un remplazo de los ídolos –esas estupendas imágenes de piedra y arcilla– por las estatuillas pintadas de esa mujer con el niño y por la cruz, pero la cruz era desconcertante. En algunos poblados indios, por casualidad, el diseño cruciforme se usaba como ornato, pero no tenía ninguna significación religiosa.

Moctezuma, que había sido sacerdote antes de llegar a rey, comprendía que tanto las imágenes indias como las españolas eran manifestaciones de naturaleza espiritual. El concepto que tenía Moctezuma de la espiritualidad era refinado, en algunos sentidos más que el de los cristianos. En la doctrina cristiana había una sola encarnación de lo divino en lo humano, y era Jesucristo. En la mentalidad de Moctezuma, la idea de la divinidad era más amplia. Por ejemplo, sabía que sus piedras y estatuas eran meros símbolos de fuerzas espirituales, y creía en dichas fuerzas. Pero creía que la divinidad se encarnaba en la humanidad en más de un caso. Moctezuma creía o quería creer que había cierto grado de divinidad en su persona, dados su posición, su poder, su éxito y la fama de sus antepasados.

Moctezuma tenía cincuenta y tres años (era diecinueve años mayor que Cortés) y últimamente lo acuciaban las reflexiones sobre su propia mortalidad. Sabía que era mortal, tan mortal y vulnerable como quienes lo rodeaban. Pero pensaba que una chispa del espíritu divino vibraría en él mientras viviera. De lo contrario, ¿cómo explicar los grandes triunfos de los aztecas?

Ahora sus sacerdotes estaban desgarrados por emociones contradictorias. Por una parte, deseaban el exterminio de esos extranjeros cuyos privilegios y prerrogativas envidiaban. Por la otra, temían que la profecía de Quetzalcóatl se estuviera cumpliendo, que esos extranjeros fueran descendientes del dios blanco y barbado que antaño había gobernado México, que se había ido al Este y cuyo retorno estaba anunciado en las profecías. Moctezuma sabía que esa leyenda marina cautivaba a los indios isleños, para quienes el mar era una realidad cotidiana. Pero Moctezuma era un hombre de las montañas que vivía lejos del mar –la mayoría de los montañeses nunca había visto el mar– y esta leyenda no le resultaba tan fascinante.

Aunque la leyenda fuera cierta y esos forasteros fueran los descendientes de Quetzalcóatl, la interpretación de Moctezuma era más sutil que la de los cristianos. Moctezuma pensaba que su familia –la familia real de los aztecas– debía haber incluido alguna vez a Quetzalcóatl, un hombre divinizado. Si Quetzalcóatl, como afirmaba la leyenda, se había marchado tiempo atrás, abandonando a su pueblo, y ahora regresaba encarnado en esos forasteros, los visitantes estaban emparentados con Moctezuma, y ambos compartían un grado de divinidad.

Para los cristianos, si lo hubieran comprendido, esto habría sido una blasfemia. Pero la mente de Moctezuma era más amplia. Si, como creía, él poseía una chispa de divinidad, era razonable sospechar que esa chispa también ardía en esos forasteros que, siendo tan pocos, habían triunfado sobre varios miles de guerreros indios. Las ideas tolerantes del emperador azteca lo demoraron mientras planeaba sus próximas medidas defensivas.

Cuando los dos recaudadores liberados llegaron a la capital y le informaron de todo lo que habían visto y oído, Moctezuma escogió a dos sobrinos, jóvenes agraciados que quizá pudieran seducir a Cortés, y los envió a la costa con cuatro caciques de confianza. Los acompañó un séquito de porteadores, llevando los habituales presentes de oro, algodón y plumas. Según la tradicional costumbre india, la embajada azteca pudo atravesar pacíficamente aun el territorio totonaca, donde la gente estaba en abierta rebelión.

Cortés recibió a los delegados aztecas en Cempoal, y agradeció a los jóvenes nobles los regalos que le llevaban. Los aztecas se quejaron diplomáticamente, diciéndole que Cortés, tal vez sin advertirlo, había provocado la insurrección de la gente de la zona. La insurrección obligaría a Moctezuma, cuya amistad Cortés decía desear, a tomarse la molestia de aplastar la rebelión y causar mucho sufrimiento.

Cortés oyó estas palabras y se quejó a su vez. ¿Había sido un acto de amistad ordenar a los indios de San Juan de Ulúa que ignoraran a los españoles y los dejaran sin comida en una inhóspita duna? Moctezuma no se había comportado como amigo, sino que había ordenado a los indios que dejaran aislados a los españoles. La necesidad había obligado a los españoles a regresar a sus naves y viajar al Norte, hasta ese lugar de la costa, en busca de alimentos.

Siguiendo instrucciones de Moctezuma, los sobrinos del rey comentaron que, si Cortés era descendiente de Quetzalcóatl, como sostenía una leyenda, el español era pariente del emperador de México, porque antaño Quetzalcóatl había sido rey de los mexicanos. (Los dos jóvenes dijeron estas palabras, que se tradujeron con razonable certidumbre a través de Malinche y Aguilar, pues Bernal Díaz lo repite textualmente en su crónica; de pie detrás de Cortés, oyó la versión española de Aguilar.) Pero Cortés optó por ignorar la insinuación de que él y Moctezuma podrían ser primos lejanos. Los españoles se mofaban de la leyenda de Quetzalcóatl; si la hubieran tomado en serio, se habrían ofendido como cristianos, y Cortés no vio en este mensaje la posibilidad de que Moctezuma le estuviera deslizando una sutil oferta de paz.

Cortés entregó a los aztecas abalorios verdes y azules y algunos otros objetos de su menguante provisión de mercancías, y también entregó a los tres recaudadores que tenía a bordo del barco. Los jóvenes nobles y los viejos sacerdotes se asombraron de que no hubieran sacrificado y comido a los tres recaudadores, y se lo agradecieron profusamente a Cortés. Luego regresaron a las montañas con sus porteadores y los recaudadores liberados.

Los totonacas estaban perplejos. Esperaban un ataque. Los aztecas, en cambio, habían enviado a los españoles una comitiva con regalos. Los totonacas vieron una muestra de debilidad en el gesto azteca, y esto endureció su voluntad.

En realidad, tanto Moctezuma como Cortés estaban fingiendo. La llegada de los sobrinos del emperador y la recepción de Cortés eran un tanteo por ambas partes.

Los españoles procedieron a construir un fuerte y una iglesia a toda prisa. Cortés y todos los capitanes ayudaron en la faena. Los totonacas talaron árboles y descortezaron los troncos; los herreros españoles fabricaron clavos de hierro, mientras otros españoles hacían ladrillos. Los españoles más familiarizados con las fortificaciones abrieron orificios en las paredes de madera del fuerte, para los ballesteros y arcabuceros, y plataformas para los cañones en las esquinas. Cortés necesitaba el fuerte. Cuando se internara en las serranías, tendría que dejar algunos españoles en la costa para custodiar las naves. Y los españoles querían la iglesia porque no dudaban ni por un instante que la iglesia era el origen de su bendición.

Los trabajos avanzaron deprisa; se concluyó la iglesia y se amuralló el fuerte. A medida que el fuerte cobraba forma, los españoles tuvieron mayor conciencia del sentido de sus actos. En esa tierra agreste, con millones de guerreros morenos, fundaban una colonia independiente por la cual respondían directamente al rey de España. La mayoría estaban eufóricos, pero algunos allegados de Velázquez estaban resentidos y consternados.

Mientras todos los españoles y muchos totonacas trabajaban en el fuerte, el cacique de Cempoal fue a visitar a Cortés con sus notables y le rogó ayuda en su campaña contra otro poblado, Cingapacinga, que estaba a unos cincuenta kilómetros de distancia. Dijo que en Cingapacinga había muchos guerreros aztecas que asolaban la ciudad, capturaban gente para sacrificarla, robaban el oro e incluso quemaban el maíz.

Cortés no quería interrumpir la construcción del fuerte, pero creyó necesario hacer una demostración de fuerza para asegurarse el respaldo totonaca. A la mañana siguiente hizo reunir a sus hombres, totalmente armados, con caballería y artillería. Los cempoaleses tenían dos mil guerreros preparados, y la expedición conjunta se puso en marcha, con el cacique de Cempoal a retaguardia en su litera.

Cuando se aproximaban a Cingapacinga, sin embargo, en el ocaso del segundo día de marcha, Cortés, que encabezaba la columna, se topó con los caciques de Cingapacinga, que le preguntaron por qué venía con un ejército en pie de guerra. Era cierto, declararon, que los aztecas habían estado en la ciudad, pero los aztecas habían huido a las montañas cuando tuvieron noticias de la insurrección totonaca, y no se habían llevado víctimas para el sacrificio ni botín. Estaban asustados y habían escapado precipitadamente. Los caciques de Cingapacinga explicaron a Cortés que ellos eran totonacas y hablaban la lengua totonaca, aunque algunos también hablaban náhuatl. Se sumaban con entusiasmo a la revuelta contra Moctezuma y habían jurado que sus guerreros apoyarían a los españoles. Cortés preguntó por qué Cempoal querría atacarlos, y los de Cingapacinga explicaron que existían antiguas rencillas territoriales entre ambas ciudades.

Cortés recorrió el terreno para verificarlo con sus propios ojos (montado en su nuevo caballo zaino, que había comprado a dos de sus hombres, los copropietarios del animal). Estaba en los aledaños de Cingapacinga cuando vio que los cempoaleses saqueaban alegremente las chozas de los pobladores, matando y robando aves, maniatando a las mujeres jóvenes y algunos hombres para llevarlos a Cempoal.

Cortés perdió los estribos. Desde que había salido de Cuba, había explicado una y otra vez a sus hombres su política: nunca lograrían que esa tierra jurara lealtad al rey de España si se dedicaban al pillaje. Ahora sus aliados indios saqueaban a sus propios vecinos.

Cortés ordenó a los españoles que pusieran fin a esos desmanes, y los españoles actuaron sin dilación. Obligaron a los cempoaleses a liberar a sus cautivos y devolver las aves y todo lo que hubieran robado. Cortés marchó al galope hacia la retaguardia y encontró al cacique cempoalés en su litera; llamó a todos los caudillos cempoaleses y los reprendió por haberlo inducido mediante engaños a participar en esa estúpida operación.

Cortés sufría tantas presiones que a menudo le costaba dominarse. Frenó de golpe a su zaino cuando vio que un soldado español robaba en una choza. Maldiciendo al desobediente, Cortés ordenó a otros españoles que le echaran una soga al cuello y lo colgaran. Entonces intervino Pedro de Alvarado, que cortó la soga de un sablazo, arrojando al suelo al frustrado ladrón. Alvarado declaró que allí terminaba ese altercado y se alejó. Cortés no sólo aceptó esa admonición de Alvarado, sino que tal vez le agradeció esa intercesión.

En Cingapacinga, Cortés reunió a los jefes totonacas de ambas ciudades, les obligó a darse la mano y abrazarse. Luego les dio el discurso que repetiría en cada una de sus escalas: lineamientos claros y sencillos que se podían traducir deprisa.

(1) Todos los indios –de Cempoal, Cingapacinga o donde fueren– debían interrumpir los sacrificios humanos y la ingestión de

carne humana. Debían abandonar sus prácticas cruentas y dejar de adorar esos ídolos a los que atribuían tanta sed de sangre. En cambio, debían adorar a Dios con los españoles, y con ellos ganarían muchas bendiciones.

(2) Debían renunciar a la sodomía. Una casta sacerdotal practicaba abiertamente la sodomía; esos sacerdotes habían mostrado a los españoles estatuas que celebraban esta práctica; en las calles hombres risueños se ofrecían a los demás. Los cristianos no podían tolerar esta actividad ofensiva.

(3) Debían dejar de robarse unos a otros, de arrebatarse bienes, mujeres, aves y oro. Esto les hacían los aztecas, y también se lo hacían entre sí.

Cortés sólo podría liberarlos de la opresión azteca si aceptaban estos tres puntos. Y debían cumplir con lo pactado. De lo contrario, los abandonaría a su suerte. En su ira, Cortés no toleraría artimañas.

Los cempoaleses y los españoles de a pie tardaron dos días en regresar a Cempoal. En la ciudad, Cortés hizo reunir al cacique gordo y a los notables con sus dos mil guerreros en la plaza central, ante la pirámide en cuya cúspide se encontraba el templo. Las calles que rodeaban la plaza estaban atestadas de boquiabiertos cempoaleses.

Al pie de la pirámide había cuatro jóvenes de ambos sexos en jaulas de madera, a quienes los cempoaleses habían decidido sacrificar. Anteriormente los españoles habían visto a esos desdichados, vestidos con plumas, bailoteando por las calles y pidiendo trozos de oro o piedras valiosas para ofrecerlas a los dioses en las ceremonias donde los matarían. (Esta clase de conducta quizá se indujera suministrando a las víctimas setas alucinógenas, con las cuales los indios estaban familiarizados.) Ahora, en la etapa previa al inminente sacrificio, estaban engordando a las víctimas. A una orden de Cortés, los soldados españoles destrozaron las jaulas y se apoderaron de las aturdidas víctimas.

Cortés dijo a los indios reunidos que jamás podrían ser cristianos si no destruían sus ídolos. Había que despedazarlos. Los totonacas no eran pasivos, como los indios de Cozumel y Cuba. Aullaron de rabia y temor. No querían que interrumpieran sus ceremonias ni destrozaran sus ídolos. En sus dioses, replicaron, anidaban la lluvia, el sol, el trueno y el espíritu vital.

Cortés anunció que sus hombres subirían la escalinata de la pirámide, y por esa escalinata bajarían los ídolos. Entonces verían que no sucedía nada. Cuando Cortés ordenó a su gente que subiera la escalinata, los totonacas pusieron flechas en sus arcos. Cortés ordenó a algunos de sus hombres que apoyaran la espada en la garganta del cacique gordo y los sacerdotes.

Hubo un momento de tensión, y pronto los ídolos tumbados rodaron por la escalinata. Las imágenes de piedra se hicieron trizas, las imágenes de arcilla se despedazaron levantando una polvareda.

Los sacerdotes indios dejaron de gritar. Los totonacas quedaron atónitos. El polvo se despejaba, y no pasaba nada.

Cortés ordenó a los españoles que trabajaran en el templo. Poco a poco los totonacas fueron a ayudarles. Blanquearon el interior del templo y usaron incensarios de copal para sahumar el interior. Sacaron las calaveras que estaban expuestas y las quemaron con los restos de los ídolos. Limpiaron con ramas la sangre seca de las paredes y la sangre que embadurnaba la piedra del sacrificio, luego las lavaron con agua y las cubrieron con varias capas de cal. La piedra del sacrificio se utilizó como altar, y allí erigieron una sencilla cruz de madera. La imagen de María se pegó con cemento a un pedestal blanco.

(Es difícil concebir cuán sanguinaria era la religión india. Los indios no sólo sacrificaban a menudo seres humanos, ofreciendo a sus dioses los corazones sangrantes, sino que a diario se lastimaban para ofrendar unas gotas de sangre; se abrían tajos en los brazos o los muslos, o se pasaban espinos por las partes más sensibles, como la lengua o el pene; los sacerdotes se cortaban las orejas hasta dejarlas en jirones. La sangre era la prueba máxima de su lealtad. A veces, antes de un festín, los sacerdotes rociaban la comida con sangre humana para garantizar la bendición de los dioses, conspirando contra el apetito de los españoles.)

Tras haber dado esta lección, Cortés y sus hombres volvieron a trabajar en el fuerte.

Todo por un nuevo mundo

Al regresar a Villa Rica, Cortés y sus hombres se enteraron de que había llegado una nave de Cuba. Era un buque que debía partir con la flota original pero que había necesitado reparaciones; el piloto había seguido la línea costera desde el Yucatán hasta avistar las otras naos. El buque recién llegado estaba al mando de Francisco de Saucedo y traía sesenta soldados, nueve caballos y yeguas, y una nueva provisión de bienes de intercambio. Cortés repartió un poco de oro para afianzar la lealtad –y aguzar el apetito– del nuevo contingente. Sin embargo, Saucedo también traía la noticia de que el rey había otorgado a Velázquez la autorización para comerciar y fundar colonias en la tierra recién descubierta.

Esta perturbadora noticia instó a Cortés a actuar rápidamente, y él y sus simpatizantes –sabiendo que no podían esperar justicia del gobernador de Cuba– optaron por un golpe audaz. De inmediato enviarían un barco a España y presentarían al rey todos los papeles, preparados de acuerdo con las Siete Partidas, mostrando que la empresa comercial de Velázquez había concluido, que Cortés había renunciado a su mando, que ya habían fundado una ciudad llamada Villa Rica de la Vera Cruz y que el cabildo de la nueva ciudad había nombrado a Cortés capitán general y justicia mayor. Todo esto era dudoso. Lo que no era dudoso era que enviarían al rey, junto con sus documentos y largas cartas, todo el oro que habían adquirido hasta entonces, todo el tesoro, no sólo el quinto real, incluidas las joyas, las rarezas (entre ellas

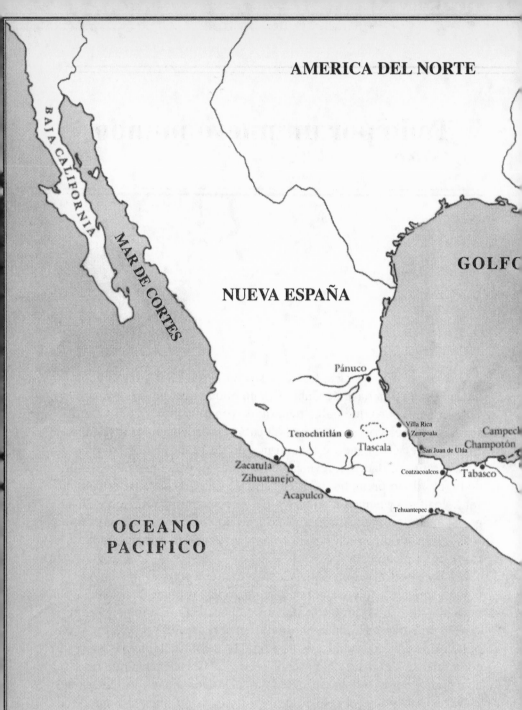

los cuatro indios que acababan de salvar del sacrificio), lo que habían adquirido en Tabasco, San Juan de Ulúa y Cempoal, todo lo que habían recibido de los caciques de Tabasco, Moctezuma y los totonacas. Al presentar al rey esas espléndidas riquezas, Cortés y sus hombres manifestaban su confianza en obtener más.

En esta oportunidad, Cortés quiso borrar la estipulación que le otorgaba un quinto de los despojos. Sabía que la proporción era excesiva. Pero los miembros del cabildo se negaron a corregir el documento, no porque desearan darle tanto, sino porque no tenían paciencia para reescribirlo.

Se escogió la mejor nave de la flota para la travesía. Alaminos sería el piloto, ya que conocía un paso por el Canal de las Bahamas que le permitiría evitar que los avistaran y Velázquez enviara naves a perseguirlos. Para llevar el tesoro a España y exponer la situación de Villa Rica ante el rey, Cortés eligió a Puertocarrero y Montejo. Ambos eran nobles y tenían parientes en la corte. Puertocarrero era amigo de Cortés de Medellín. Y al designar a Montejo –que no era amigo de Cortés y habitualmente tomaba partido por los velazquistas– Cortés demostraba a su gente que todos, aun los partidarios de Velázquez, podían esperar de él un trato justo e igualitario.

Mientras aprovisionaban la nave, el cacique gordo de Cempoal llegó en su litera a la cabeza de un numeroso grupo de nobles totonacas. El cacique manifestó a Cortés que en gratitud quería entregar a los españoles ocho de sus mejores doncellas, muchachas de sangre noble que controlaban muchas aldeas. El cacique hizo traer a las muchachas. Estaban estupendamente ataviadas, con joyas en el cabello y exquisitos collares de oro, e iban acompañadas por criadas. El cacique dijo que Cortés podía entregar siete a los hombres de su elección, mientras que la octava –su sobrina– era para el mismo Cortés. La muchacha, ataviada aun más suntuosamente que las demás, se parecía al tío. Y los enjutos españoles admiraron a Cortés, que aceptó sin remilgos a la obesa y fea muchacha y dio efusivas gracias al cacique. Como era su costumbre, distribuyó a las demás muchachas entre sus capitanes.

No quedó tiempo para que estallaran más altercados entre los españoles. La nave del tesoro zarpó el 26 de julio de 1519.

No había la menor certeza de que la nave llegara a España, aunque no fuera interceptada, teniendo en cuenta las tormentas que debería afrontar. Una vez en España, cuando se supiera que el rey recibiría un tesoro del Nuevo Mundo, Montejo y Puertocarrero llamarían la atención del obispo Fonseca, el poderoso tío de

Velázquez, presidente del Consejo de Indias. Pero Cortés y sus seguidores corrieron el riesgo.

Después de la partida de Puertocarrero, Cortés tomó a Malinche como amante. Malinche no opuso resistencia, pues se sentía complacida y honrada. En todos esos meses, desde que la habían entregado como esclava a los españoles, ella había sido –como decían los indios– la "lengua" de Cortés. Era inteligente y estaba aprendiendo rápidamente el español, del cual se ha dicho que se aprende mejor en el lecho. Nadie sugirió jamás –ni siquiera los partidarios de Velázquez– que Cortés envió a Puertocarrero a España para quedarse con Malinche, pero así resultaron las cosas.

Es indudable que entre Cortés y Malinche existía una profunda amistad y un gran afecto. Más tarde Malinche quedaría encinta y daría a Cortés un hijo a quien llamaron Martín, que era el nombre del abuelo paterno del niño. Cortés se interesó en la crianza del niño, tal como se interesó en todos sus hijos, legítimos o ilegítimos. En su testamento legó bienes para todos ellos.

La partida de la nave ofuscó a los partidarios de Velázquez. Se confabularon precipitadamente para aprovisionar en secreto otro barco, donde varios conspiradores escaparían a Cuba para avisar a Velázquez que interceptara el tesoro y destruyera los documentos de la ciudad. Además revelarían el paradero de Cortés y su ejército para que el gobernador enviara una fuerza más numerosa que impusiera su autoridad. Había tanta gente implicada en esta conspiración que era difícil identificar a todos, así que Cortés arrestó a cinco hombres que parecían los más obvios. Se trataba de Juan Escudero, Diego Cermeño, Gonzalo de Umbría, un sacerdote llamado Juan Díaz y un marinero. La sentencia de Cortés fue rigurosa: Escudero y Cermeño serían colgados; a Umbría le cortarían los pies; el marinero recibiría doscientos azotes; y el sacerdote recibiría un buen susto (Cortés se encargaría de ello). Cuando Cortés firmó las sentencias, declaró que lamentaba saber escribir, pues le disgustaba segar vidas humanas de un plumazo. Pero debía ser severo, como bien sabían todos aquellos que habían arriesgado con él la fortuna y la vida.

Se consignaron las severas sentencias, pero al parecer se trataba de un acto destinado a amedrentar a los conspiradores, tal como en la Rusia del siglo diecinueve se condenaba a ciertas personas al fusilamiento, pero el pelotón no hacía fuego cuando les tapaban los ojos. En este caso, Cermeño no fue colgado porque un año después firmó una petición junto con muchos compañeros. Es imposible que le hayan cortado los pies a Umbría, pues más tarde estuvo al mando de un contingente que realizó una marcha de varios días, y seguramente no lo llevaron en andas. Tal vez el marinero recibiera sus azotes, pero se recobró. Y el sacerdote tuvo un encuentro muy desagradable con Cortés. En cuanto a Juan Escudero –el guardia que Velázquez había enviado para vigilar a Cortés cuando este buscó refugio en una iglesia de Cuba, y que luego apresó a Cortés–, no existen pruebas de que no lo hubieran colgado.

Este motín ponía de manifiesto un problema. Las naves ancladas eran una tentación para los indecisos, que quizá desearan regresar para pedir una recompensa a Velázquez. Además, pronto divisaron otra nave española. Los hombres que se acercaron en un bote anunciaron que su capitán era Francisco de Garay, gobernador de Jamaica, pero rehusaron desembarcar y regresaron a la nave, que siguió viaje. El gobernador de Jamaica, pues, al igual que el gobernador de Cuba, codiciaba esas tierras recién descubiertas. Era imperativo que Cortés se internara en las montañas en busca de Moctezuma, pues de lo contrario, ellos, que habían sido los primeros en instalarse en esa región ilimitada, perderían su ventaja. Y no debía existir la posibilidad de una retirada. Todo se debía apostar al triunfo.

La solución de Cortés fue "quemar" las naves, impidiendo que nadie pudiera pensar en una retirada. Si hacía esto, podría sumar a los oficiales, pilotos y marineros de las naves a su ejército. Entonces todo estaría en juego.

Cortés ordenó encallar las naves. Las hizo desguazar por completo, quitándoles los avíos y enseres, anclas, velas y cables. Ello permitiría reconstruir las naves utilizando los elementos de hierro y construyendo nuevos cascos con la madera que abundaba en la nueva tierra, pero esa reconstrucción retrasaría más de lo que permitiría una fuga precipitada. Cortés pretextó que los cascos estaban carcomidos por los gusanos. Era una excusa poco convincente, pero antes que los hombres de Velázquez se opusieran, Cortés ordenó taladrar agujeros para hundir los navíos.

Mientras las naves se iban a pique, la intención de Cortés resultó evidente, y aun los hombres que le eran fieles se encerraron en un hosco silencio. Ahora estaban abandonados en el México continental, en ese lado de la Tierra cuya existencia se negaba hasta poco tiempo atrás. En el fuerte que habían construido, se quedarían sus lisiados y heridos, para proteger sus pocas reservas de provisiones, y allí –siempre que triunfaran y regresaran de las montañas– podrían construir nuevos buques para anunciarlo al resto del mundo. Sólo quedaron chalupas y esquifes para los hombres que permanecerían en el fuerte, para que pudieran pescar sus alimentos si era necesario.

Mal de altura

El 16 de agosto de 1519, un ejército español de cuatrocientos a quinientos hombres, con quince caballos y algunos cañones pequeños (las cifras exactas varían), salieron de Cempoal para internarse en la serranía. Los acompañaban doscientos porteadores cempoaleses que arrastraban los cañones y cargaban bastimentos, e iban flanqueados por contingentes de exploradores totonacas.

A veces las artimañas de los indios coincidían con las artimañas de los españoles, aunque cada cual surgiera de un curso de evolución separado y radicalmente distinto. Antes de la partida de Cempoal, Cortés pensó que iba a dejar a más de cien españoles –en general tullidos, heridos y enfermos– en el fuerte inconcluso de Villa Rica, y que ellos se verían en apuros si los totonacas cambiaban de bando y volvían a unirse a Moctezuma. Lo mismo pensaron los totonacas. Cuando Cortés, pues, sugirió que un grupo de caciques totonacas lo acompañaran como rehenes para garantizar el bienestar de los ocupantes del fuerte, los indios concedieron que era un requerimiento a todas luces razonable, y entregaron a sus rehenes sin objeción. Cortés trató a estos caciques como consejeros y los llevó consigo durante la marcha.

Por pautas indias, era un ejército muy pequeño. Cortés quería que pareciera pequeño, pues así le darían paso como un emisario pacífico que iba al encuentro de su amigo, el monarca de las montañas, en vez de considerarlo un invasor que iba a guerrear con el imperio azteca. De hecho, no se proponía luchar, sino robar el imperio mediante la astucia, convertir a Moctezuma u obligarlo a transformarse en vasallo del rey de España. Cortés sabía que los indígenas temían su ejército porque los indios comunes atribuían a los españoles un poder mágico, por los cañones y los caballos.

En el ínterin Moctezuma, que estaba al corriente de cada movimiento de los españoles, practicaba sus propios juegos de duplicidad, permitiendo que esos forasteros, que hasta ahora sólo habían visitado las remotas costas, avanzaran hacia su bastión, donde quedarían cercados y superados en número y sería fácil derrotarlos. (Al parecer la humanidad, ya siga el curso evolutivo americano o europeo, tiene una natural inclinación al engaño.)

Los españoles y sus aliados indios atravesaron la franja costera e iniciaron el ascenso en el sopor del trópico. Estaban eufóricos. En las noches frescas, cuando acampaban, el aire era estimulante. De día recobraban la agilidad mientras trepaban por el gran macizo montañoso de México, a través de la región que ellos llamaban con gratitud "tierra templada", donde se toparon con el poblado de Jalapa. (Es saludable alejarse del trópico; es una ilusión que la jungla, aunque sea achaparrada, es deliciosa o vigorizante; los trópicos son agotadores. Pero a una altitud de cientos de metros sobre una costa tropical –Jalapa está a más de mil metros de altura– existe el clima más agradable del mundo en todo el año.) A medida que continuaban su ascenso, los españoles se despejaban y recobraban el ánimo. Guiados por los caciques totonacas, seguían una gran avenida natural que se internaba en la serranía, a lo largo de un sendero sin marcas ni pavimentación, sólo una huella, pues en esos parajes no había tráfico suficiente para mantenerlo gastado, aunque existía desde hacía muchas generaciones. Así ascendieron hacia volcanes extinguidos, dejando atrás el imponente pico de Orizaba y su cumbre nevada (más de 5.000 metros sobre el nivel del mar) y el macizo Cofre de Perote.

Los totonacas de los poblados ayudaban a los españoles, pero pronto se toparon con indios de otras tribus, que huían o los observaban de lejos. Algunos indios no pagaban tributo porque no habían llamado la atención de los aztecas, pero tenían noticias de la opresión azteca y se sintieron complacidos cuando los cempoaleses les aseguraron que podían acercarse y les refirieron que Cortés proclamaba que Moctezuma no cobraría más tributos.

A todos los indios que encontraba sobre la marcha Cortés expuso sus puntos (1) (2) y (3), y los indios parecían reaccionar favorablemente. El mensaje de Cortés era fácil de comunicar porque era conciso y traducible. Aguilar, Malinche y los intérpretes totonacas, a medida que practicaban, traducían con creciente gracia y énfasis. Además, los cempoaleses aumentaban el efecto del discurso de Cortés al describir la explosión de los cañones, que combinaban el trueno con el rayo, y señalar que un solo español podía derrotar a todo un ejército azteca, que los caballos eran más veloces que los venados y más feroces que los caimanes.

En los templos de todos los villorrios y ciudades los españoles se topaban con cadáveres decapitados y desmembrados. Era una costumbre muy arraigada entre todos los indios de todas las tribus ofrendar sacrificios a los dioses cada vez que sucedía algo inusitado, aunque sólo se tratara de una comitiva que se acercaba. Cortés deseaba limpiar y blanquear cada templo para erigir una cruz y una estatuilla de María, pero el padre Olmedo lo disuadió alegando que esos indios necesitaban una conversión total, lo cual llevaba tiempo; destruirían o mancillarían a María y la cruz en cuanto los españoles se marcharan. A pesar de Olmedo, a veces Cortés no podía contenerse y ordenaba limpiar los templos y erigir cruces y estatuillas de María.

Mientras ascendían, el tiempo refrescaba, y un viento helado soplaba desde las montañas. Los españoles y los indios cubanos estaban acostumbrados a las islas caribeñas, los cempoaleses a la costa. Ninguno de ellos estaba preparado para el frío. Las armaduras españolas y el algodón indio brindaban poco abrigo. De noche, cuando arreciaba el viento, todos tiritaban. Algunos indios enfermaron y empezaron a toser.

Cuando estaban en el corazón de las montañas (y las montañas de México tienen un hechizo muy particular; no son como los Pirineos, más verdes y más bajos, ni como las más extensas y abiertas Rocallosas del Norte, sino más acechantes y sobrecogedoras) los españoles y sus aliados llegaron a un gran enclave de indios que hablaban náhuatl, quizá gente de Moctezuma, y la atmósfera era tirante. Los indios de las montañas tuvieron que esforzarse para no atacar a los totonacas, enemigos tradicionales que para colmo eran rebeldes. El cacique que se reunió con Cortés hablaba en náhuatl y le refirió que Moctezuma había ordenado no presentar oposición a los forasteros blancos, pero sus instrucciones eran tan escuetas que el cacique y su gente tampoco les prestarían ayuda. A pesar del requerimiento de Cortés, no les darían ropas abrigadas ni mantas, ni como regalos ni en trueque. El jefe permitió que los expedicionarios pernoctaran en su ciudad pero les ofreció pocos alimentos. Cuando Cortés lo puso a prueba diciendo que los españoles preferían el oro a la comida, el jefe náhuatl –un hombre corpulento, tan robusto como el cacique de Cempoal pero más alto y musculoso– replicó sin rodeos que no les daría oro, tributos ni asistencia de ninguna clase a menos que Moctezuma lo ordenara.

En el templo de este grupo náhuatl Cortés encontró cincuenta cadáveres recién sacrificados ante una descomunal y sangrienta estatua de Huitzilopochtli, el dios de la guerra a quien Moctezuma antaño había servido como sacerdote. La dimensión del sacrificio –la pulposa masa de cincuenta cuerpos descuartizados y empapados de sangre– desconcertó y consternó a los españoles. Los españoles estaban habituados a la guerra, la sangre y la matanza, y no pestañeaban ante la crueldad. Pero asociaban la brutalidad con un acto apasionado: la muerte del infiel, el rechazo del invasor, la captura de un ladrón o la apropiación de algo que codiciaban, tratárase de mujeres, oro o tierras. En estos templos quedaban atónitos ante la escalofriante indiferencia de los indios por la vida humana. Las cincuenta víctimas que yacían frente al ídolo en el suelo de piedra no habían muerto en un arrebato pasional que los españoles pudieran comprender: ni la cólera, ni el calor de la batalla, ni el éxtasis religioso. Las cincuenta víctimas, indígenas como sus victimarios, habían sido sacrificadas metódicamente, a despecho de sus alaridos y su resistencia. Y sus restos –sus musculosas extremidades– eran sometidos a un uso práctico. Los asqueados españoles no atinaban a comprender la insensibilidad que parecían revelar esos sacrificios rutinarios.

Ahora los españoles estaban a varias jornadas del mar, y el mar era su lazo con el mundo que conocían. En medio de esas enormes, afiladas y rocosas montañas, se sentían perdidos en ese mundo extraño. Estaban mareados por la altitud, cuyos efectos no comprendían. Comenzaron a ponerse nerviosos, a divagar.

Mientras montaban guardia en las heladas noches, contemplando las gigantescas montañas en la oscuridad, los españoles comenzaron a especular sobre la naturaleza de esos indios, tal como los indios especulaban sobre la naturaleza de los españoles. Algunos soldados (Bernal Díaz entre ellos) sugirieron que quizá los indios fueran judíos. Entre los españoles, los extremeños tenían un particular conocimiento de la historia romana y de los reinados de los emperadores Vespasiano y su hijo Tito. Ambos habían sido gobernadores de Judea y, después de sofocar la rebelión judía en el año 70 de nuestra era, habían enviado tribus enteras de judíos al exilio. Los españoles, mientras procuraban no congelarse en la noche de la montaña mexicana, moviéndose y restregándose las manos, se preguntaban si esos indios no descenderían de los antiguos judíos a quienes habían expulsado de Palestina más de catorce siglos antes. ¿Pero cómo habrían llegado allí los judíos? Bien, sabían construir naves y habrían podido navegar por el Mediterráneo, cruzar el Estrecho de Gibraltar y luego el océano. Además, varios españoles aportaron un extraño dato para respaldar esta teoría: los sacerdotes indios de Cempoal les habían mostrado que los cuchillos de obsdiana –los cuchillos del sacrificio– también se usaban para la circuncisión, que era un rito judío. En consecuencia, era posible que los indios fueran judíos.

La idea de que los indios descendieran de los antiguos hebreos nos puede parecer antojadiza o absurda, y reveladora de la confusión que embargaba a los españoles, que era paralela a la confusión que embargaba a los indios. En las mentes de todos ellos los sueños se mezclaban con las realidades. Pero la noción de que los antiguos judíos habían viajado a América persistió hasta el siglo diecinueve, sobre todo en el nivel vernáculo, entre predicadores callejeros y clérigos laicos. Así, en el Libro de Mormón se consigna que los indios americanos descienden de los antiguos judíos. La mente humana es un receptáculo asombroso.

En una encrucijada donde el camino se dividía en torno de una gran montaña, doblando al Norte y al Sur, Cortés hizo un alto y se produjo un altercado entre los cempoaleses y algunos náhuatl que acompañaban a los españoles. Cortés sabía que los cempoaleses sentían incertidumbre, pues se hallaban en un territorio desconocido; se guiaban por lo que habían oído decir a los mercaderes. Sin embargo, sostenían que Cortés debía tomar el camino del Sur, que conducía a Tlaxcala y era más corto. Los montañeses, con igual vehemencia, querían que Cortés tomara la ruta del Norte, pues así recorrerían un territorio que estaba controlado por Moctezuma y llegarían a la gran ciudad de Cholula, donde recibirían cómodo alojamiento, y desde Cholula el camino hasta la capital azteca estaba despejado. Admitían que la ruta era más larga, pero también más segura, y sería la que Moctezuma preferiría para sus huéspedes.

Los cempoaleses llevaron aparte a Cortés. Explicaron que los tlaxcaltecas eran enemigos tradicionales de los aztecas, y Moctezuma nunca había podido conquistarlos. Era una de las tribus más numerosas y aguerridas; los cempoaleses estaban seguros de que se unirían a Cortés si él iba a luchar contra Moctezuma. Se sabía que Moctezuma tenía una numerosa guarnición en Cholula, y los aviesos y arteros montañeses conducirían a los españoles a una trampa, a un desfiladero de Cholula donde los indefensos españoles serían exterminados.

En los templos indios había varios ídolos: la diosa sin cabeza que
vaticinaba el destino de las víctimas, el jaguar de fauces abiertas
donde se depositaban los corazones humanos, enormes serpientes,
rostros monstruosos, todos concebidos para infundir espanto. Pero no
se conservan representaciones de los mayores dioses, Huitzilopochtli y
Tezcatlipoca.

Cortés decidió seguir el camino de Tlaxcala. Mandó a cuatro cempoaleses para anunciar a los tlaxcaltecas que los españoles venían en son de paz. El ejército continuó la marcha y pronto se topó con una notable muralla de piedra que se extendía unos siete kilómetros por un valle. La muralla era de piedra, sin argamasa, tenía tres metros de altura y seis de anchura, con una almena en ambos bordes de la cima, donde podían refugiarse honderos, arqueros y lanceros. Un solo pasadizo atravesaba la muralla, una avenida de diez pasos de anchura, protegida por las murallas de ambos lados, de modo que los guerreros de la muralla pudieran repeler a los invasores que intentaran cruzar. Sin embargo, esta espléndida fortificación estaba desierta. Todo el valle estaba despoblado, y sólo se oía el silbido del viento.

Esta era la primera construcción semejante a un castillo que los españoles veían en el Nuevo Mundo, y los jinetes la recorrieron. Llegaron a la conclusión de que sería fácil sortear la muralla aunque estuviera bien defendida, así que no quedaron muy impresionados, a pesar de la imponencia de la construcción. Cortés preguntó a los montañeses quién la había construido, y le respondieron que sus antepasados la habían erigido para protegerse de los belicosos tlaxcaltecas. Luego los montañeses se despidieron y regresaron a su ciudad.

Cortés aguardaba el retorno de los cuatro cempoaleses que había enviado para anunciarse en Tlaxcala pero, como no regresaban y era sólo mediodía, ordenó continuar la marcha y formó una vanguardia con otros seis jinetes. En un vasto terreno pantanoso entre las imponentes montañas, Cortés y sus jinetes divisaron una pequeña patrulla de quince indios con penachos de guerra, escudos y relucientes espadones. Cabalgando hacia ellos, Cortés intentó comunicar por gestos que venía en son de paz; saludó con voz tranquila e hizo señas pidiendo que le dejaran acercarse. Los guerreros dieron media vuelta y echaron a correr. Cortés, que deseaba capturar a alguno para hablarle por medio de un intérprete, los siguió al galope y los rodeó con los demás jinetes. Pero estos tlaxcaltecas, llamando a gritos a otros que no se veían, decidieron resistir.

Los tlaxcaltecas nunca habían visto caballos, pero eso no los disuadió. Ignorando los esfuerzos de Cortés para comunicarle sus intenciones pacíficas, los tlaxcaltecas acometieron y estalló un terrible combate. Los tlaxcaltecas peleaban con un denuedo que los españoles jamás habían visto. Esquivando las lanzas de los jinetes, se lanzaban temerariamente contra los caballos y en poco tiempo mataron dos. Con brutales mazazos de sus espadas, que consistían en montantes de madera con cuchillos de obsidiana insertos en los bordes, casi decapitaron a los caballos, atravesando las riendas y las placas protectoras. Mientras los tlaxcaltecas seguían pidiendo ayuda, Cortés llamó a su infantería. Cuando llegó la infantería, los jinetes españoles habían tenido que matar a los quince exploradores tlaxcaltecas. Desde un desfiladero distante, miles de tlaxcaltecas acudían en auxilio de sus compañeros, pero se retiraron al ver que el ejército español se desplegaba y había exterminado a los exploradores.

Cortés estaba preocupado. Por primera vez se enfrentaba a indios que no se asustaban de los caballos y sabían que los caballos eran tan vulnerables como los hombres.

Bienvenido a Tlaxcala

Los tlaxcaltecas luchaban sin dar cuartel, valiéndose del espionaje, la desinformación, fintas, emboscadas, maniobras diurnas y nocturnas, y una furia implacable. Para ellos los cempoaleses aún eran súbditos de Moctezuma, y los forasteros blancos, que se dirigían a la capital azteca escoltados por totonacas, debían ser aliados de Moctezuma. Para los tlaxcaltecas esto equivalía a una solapada invasión azteca de su territorio, y estaban dispuestos a resistir indómitamente, como siempre lo habían hecho.

Los tlaxcaltecas eran indios que hablaban náhuatl y siglos antes habían desarrollado una extensa red comercial que al fin los había puesto en conflicto con el imperio azteca, el cual había desbaratado la red tlaxcalteca y había aislado Tlaxcala, de modo que hacía muchos años que los tlaxcaltecas no tenían algodón para confeccionar ropas. Sus tierras eran demasiado altas y frías para el cultivo del algodón, y no podían comerciar con la planicie. Rara vez los comerciantes se atrevían a eludir la prohibición azteca y llevarles algodón de contrabando. El algodón se había encarecido tanto que algunos tlaxcaltecas eran vendidos como esclavos para realizar las transacciones. El bloqueo azteca también impedía el ingreso de la sal; durante muchos decenios los tlaxcaltecas habían vivido sin sal para la comida. En las zonas costeras la sal se preparaba con residuos de agua de mar, y en el valle de México a partir de lagos salados, pero en esta parte de las montañas llegaba desde minas de dos zonas remotas que estaban dominadas por los aztecas y estaban constituidas por depósitos naturales de salitre.

Como casi todas las agrupaciones indias, Tlaxcala era una confederación, y la provincia abarcaba cuatro ciudades con localidades satélites. En cuanto a evolución social, estas confederaciones eran semejantes a las alianzas de ciudades-estado de la antigua Grecia. Dentro del territorio tlaxcalteca también había otomíes, un pueblo más primitivo, y pinomes, aun más primitivos, y la civilización más antigua de que se tenían noticias era la olmeca, el pueblo extinguido que dejó enormes cabezas esculpidas en La Venta y otros emplazamientos arqueológicos, cabezas de notable redondez, como las cabezas de los mayas vivientes pero con rasgos distintivos que tenían un aire negroide, aunque definitivamente indio-asiático.

Después de la lucha inicial con los exploradores tlaxcaltecas, los españoles acamparon junto a un arroyo y procuraron prepararse para otra gélida y amenazadora noche. Cortés apostó cuidadosamente sus cañones, mantuvo los caballos ensillados y desplegó un fuerte anillo defensivo. Al amanecer regresaron dos de los cempoaleses que había enviado a Tlaxcala. Los tlaxcaltecas habían explicado a estos cempoaleses que los exploradores eran otomíes, a quienes no se les había ordenado luchar; los otomíes venían de aldeas circundantes y los forasteros los habían sorprendido. Los tlaxcaltecas, sabiendo por los cempoaleses que los forasteros tenían intenciones pacíficas, darían la bienvenida a los españoles al día siguiente. No obstante Cortés, según su costumbre, visitó a sus guardias durante la noche, y todos los españoles durmieron con las armas a mano.

Por la mañana continuaron la marcha. Se acercaban a una aldea cuando los otros dos cempoaleses que habían ido a ver a los tlaxcaltecas corrieron hacia ellos al borde de la histeria. El informe de estos dos contradecía el anterior. Estos cempoaleses decían que los habían apresado e iban a sacrificarlos al alba, pero en la excitación de esa noche, mientras los tlaxcaltecas preparaban un ataque contra los españoles, habían podido escapar. Los tlaxcaltecas proclamaban que sacrificarían y devorarían a los cempoaleses y los extranjeros.

Cuando los españoles reanudaron la marcha en su formación rectangular, con los porteadores que arrastraban los cañones y llevaban el equipaje y las provisiones en el centro y los exploradores totonacas en los flancos, varios millares de guerreros tlaxcaltecas aparecieron en una loma. Pero no hubo batalla de inmediato. Los tlaxcaltecas se aproximaron para arrojar algunas lanzas y piedras y para provocar a los españoles y sus aliados.

Por medio de Malinche y algunos cempoaleses, Cortés intentó explicarles que venía en son de paz y sólo se proponía atravesar el territorio tlaxcalteca. Con Godoy por testigo, ordenó que se leyera el mensaje del rey, tal como se requería. Pero los indios gesticularon ferozmente y arrojaron una lluvia de piedras sobre los españoles. Después de envalentonarse así, los tlaxcaltecas atacaron –arrojando lanzas y flechas, procurando acercarse para usar sus mazas y cuchillos– y Cortés ordenó a los intérpretes que se hicieran a un lado y a los españoles que se defendieran.

Los españoles no querían romper la formación, pues si los fragmentaban, los indios podrían rodearlos y someter a cada grupo de españoles. Mantuvieron su posición, dispararon disciplinadamente sus arcabuces y ballestas, emplazaron sus cañones; cuando los indios corrían para acercarse, se defendían con sus espadas de acero. Aunque los jinetes acometían contra grupos de indios, los tlaxcaltecas no tenían miedo de los caballos. Muy lentamente los españoles, manteniendo su formación y arrastrando sus cañones, bártulos y provisiones, marchaban en pos de los tlaxcaltecas.

Mientras esa oleada de atacantes retrocedía, los españoles los siguieron hasta encontrarse en un terreno irregular, lleno de zanjas y barrancos, donde los caballos no podían correr libremente. Entonces unos cuarenta mil tlaxcaltecas emboscados salieron de su escondite. La enconada lucha se prolongó todo el día. Los españoles sólo podían sostener su línea y soportar la lluvia de piedras, varas, lanzas y flechas, rechazando a los atacantes a estocadas cuando se acercaban.

La técnica de los tlaxcaltecas para acometer a los caballos era la misma que habían usado los exploradores otomíes. Los tlaxcaltecas se apiñaban para atraer a un jinete, luego lo aislaban, agarraban las riendas, aferraban el asta de la lanza del jinete, asestaban mazazos a la bestia y trataban de desmontar al jinete. Así lograron matar la yegua de Pedro de Morón, decapitándola con las afiladas hojas de obsidiana de sus espadones de madera. Esta era la yegua de Juan Sedeño, la que había parido; la montaba Pedro de Morón porque Sedeño estaba malherido y no podía montar. Los españoles, sin abandonar la formación, se movieron en bloque para ayudar al jinete caído, y aunque lo rescataron de sus captores, murió pocos días después por sus heridas. Los tlaxcaltecas se llevaron la yegua muerta. Más tarde los españoles se enterarían de que la habían descuartizado; algunos trozos se exhibieron en las ciudades y pueblos de la provincia, y sus herraduras se presentaron como ofrendas a los dioses indios.

Al final de la jornada, los tlaxcaltecas se retiraron. No era una victoria para los españoles; el triunfo de ese día era haber sobrevivido. Milagrosamente, ni un solo español había perecido en el acto, aunque varios tenían heridas mortales; todos los caballos estaban heridos; casi todos los hombres tenían tajos y magulladuras, y algunos habían sufrido heridas de flecha. Los españoles agradecieron que los indios mexicanos no envenenaran las flechas, como los caribes y otras tribus selváticas con que se habían encontrado. (Los venenos usados por los indios de la selva eran de plantas o del sudor de pequeñas ranas de la jungla. Estas ranas son pequeñas como monedas grandes y tienen brillantes colores de vívido diseño. Los indios mueven las extremidades de las ranas hasta que la piel despide una excrecencia, un líquido delgado y ponzoñoso, pero el veneno no conserva su potencia en el frío de la montaña. Por otra parte, el curare, un veneno resinoso que se prepara con diversas plantas selváticas, habría sido transportable y los indios lo podían haber usado para comerciar. Lo más probable es que los indios mexicanos no envenenaran sus flechas porque no querían contaminar la carne de los muertos o prisioneros, pues se proponían comerlos.)

Después de la batalla, los españoles, con algunos prisioneros, ascendieron penosamente hasta una aldea que sus pobladores habían abandonado. En el centro de la plaza había una pirámide, y los españoles usaron la aldea para instalar un campamento fortificado. Estaban famélicos. La noche anterior habían comido las raciones que llevaban. Pero los perros que los mexicanos criaban para alimento se escaparon de sus dueños, que estaban escondidos, y regresaron a la aldea. Los españoles y cempoaleses capturaron los perros, los cocinaron y los comieron.

Como último acto de ese día agotador, Cortés interrogó a los prisioneros por medio de Malinche. Le dijeron que el capitán tlaxcalteca era Xicotenga el mozo (más correctamente, Xicoténcatl). Su anciano y ciego padre era jefe de la ciudad dominante de Tlaxcala. Xicotenga podía convocar más tropas de las que había usado en la batalla; pronto llegarían más efectivos de otras ciudades tlaxcaltecas. Los tlaxcaltecas estaban acostumbrados a desplazarse rápidamente para hacer frente a los ataques aztecas.

Cortés entregó abalorios a los prisioneros y los liberó, para que hablaran con Xicotenga y le repitieran que los españoles venían como hermanos. Pero Cortés añadió que, si no le permitían pasar en paz, destruiría esa tierra.

121

En el campamento español todos estaban enfermos o heridos. Cortés padecía una fiebre terciana que le provocaba escalofríos y fiebre alta en forma intermitente. Sepultaban los heridos a medida que agonizaban. Estaban exhaustos, pero afortunadamente no era necesario cavar tumbas. En la aldea había estancias subterráneas que se podían derrumbar o sellar para usarlas como sepulturas. Durante varios días nadie estuvo en condiciones de hacer demasiado.

Algunos velazquistas acusaron a Cortés de ser un Pedro Carbonero (según una balada del siglo quince, Pedro Carbonero era un líder que había causado su propia muerte y la de sus hombres por perseguir ciegamente la gloria en la lucha contra los moros). Estos asustados, tensos y nerviosos españoles tenían cómodas fincas en Cuba y deseaban regresar. Decían que era descabellado que una fuerza de cuatrocientos hombres se atreviera a invadir ese imperio. Casi los había derrotado una tribu que apenas podía resistir contra los aztecas. Sólo Dios sabía lo que sucedería cuando los españoles se las vieran con los vastos ejércitos de Moctezuma. Si Cortés no hubiera destruido las naves, podrían regresar a la costa y volver a Cuba, donde harían preparativos para una empresa de esta magnitud. A pesar de todo, aún podían dirigirse a la costa, y con los restos construir algunas naves para escapar.

Cuando Cortés tuvo noticias de esta plática, convocó a sus hombres y les explicó que si regresaban ahora los indios los atacarían desde todas partes. Los tlaxcaltecas los perseguirían, la gente de Moctezuma los atacaría, los totonacas los traicionarían y jamás llegarían a la costa, y en todo caso morirían mientras construían las naves. Su única esperanza era actuar con honor, manteniendo la resolución de llevar al rey infinitos tesoros, ilimitadas tierras e innumerables súbditos, y ofrecer a Cristo almas invalorables.

Cortés se impuso, y el disenso se aplacó momentáneamente. En el estilo de la época, en formal prosa española del siglo dieciséis, los discursos de Cortés a sus hombres y sus juramentos de lealtad quedaron consignados en la pertinente "carta de relación" que el propio Cortés envió al rey, y también en los escritos de su biógrafo Gómara, de Bernal Díaz y de otros expedicionarios. Pero la verdad que se trasluce detrás de esa prosa alambicada es que los velazquistas maldecían a Cortés y sus partidarios. Apenas podían ser controlados.

Mirando hacia atrás resulta asombroso que en medio de estas acaloradas discordias en que cada cual sopesaba sus propias ambiciones e intereses, en medio de tantos peligros y dificultades, nadie propusiera a otro capitán para remplazar a Cortés. Había muchos caballeros orgullosos, esforzados, capaces y bravíos en esa expedición, pero ninguno de ellos pugnó por el mando. Los españoles se regodeaban en críticas negativas –culpaban y maldecían a Cortés– pero Cortés, por su fuerza de carácter, conservaba el liderazgo, aunque los hombres de Velázquez sólo se hubieran calmado momentáneamente.

Por su parte, los tlaxcaltecas lloraban y quemaban a sus muertos. Muchos capitanes de sangre noble habían caído. La costumbre tlaxcalteca era tratar de llevarse los cadáveres del campo para que sus enemigos no identificaran ni profanaran los cuerpos ni supieran cuánto daño les habían infligido.

Al tercer día de la batalla, Cortés rogó no tener fiebre y decidió hacer una muestra de fuerza, pues de lo contrario los tlaxcaltecas pensarían que los españoles ya no eran de temer. Organizó un contingente compuesto por algunos jinetes, doscientos soldados que podían caminar y portar sus armas y algunos cempoaleses (todos los cuales habían peleado como un solo hombre durante la batalla), y los llevó a explorar el territorio. Se hallaban en un ancho valle densamente poblado donde abundaban las aldeas y las granjas bien cuidadas. El tiempo era agradable a principios de setiembre, y el cálido sol de la montaña era estimulante. La mayoría de la gente huía de las aldeas. Cortés no quería asolarlas sino demostrar sus intenciones pacíficas, pero los prácticos totonacas juntaron tantas aves de corral y perros como pudieran transportar. Cortés capturó a algunos ancianos y enfatizó que venía en son de paz. Los ancianos le dijeron que Xicotenga estaba reuniendo a todas las tropas de Tlaxcala, y que acudían guerreros de todos los poblados. Cortés hizo liberar a los ancianos. Cuando regresaba al campamento, vio que los cempoaleses habían prendido fuego a varias aldeas. Esto no le disgustó porque pensó que su mensaje de paz se tomaría más en serio si iba acompañado por un toque de terror.

El quinto día Xicotenga estaba preparado, y al amanecer los españoles, desde su fortaleza, vieron que el valle hervía de guerreros, más de cien mil, con sus rostros y cuerpos cobrizos pintados de bixa (una tintura roja hecha con las pulposas semillas del onoto, con lo cual adquirían la apariencia de demonios). Los enjoyados estandartes de cada ciudad ondeaban en la retaguardia de cada contingente. Alguien señaló a Cortés el emblema de Xicotenga, un enorme pájaro blanco, tal vez una grulla, con las alas extendidas como para echar a volar. Caracolas y tambores sonaban en el aire del valle. Y cuatrocientos españoles ocuparon sus puestos, heridos o no. Los que no podían mantenerse en pie se apoyaron en puntos críticos, con armas de fuego o ballestas. Esta vez los españoles luchaban desde una posición defensiva fija. Dominaban el alto terreno. El templo de piedra ofrecía algún refugio, y podían parapetarse detrás de las murallas de piedra. Desde la cúspide de la pirámide tenían una visión del enemigo. Cortés había emplazado los cañones como para proteger las pocas y angostas entradas del campamento.

Después de una obertura de alaridos amenazadores y una mímica que representaba un festín, comenzó la batalla. Con su gran superioridad numérica, los tlaxcaltecas intentaron arrasar la fortaleza en una embestida, pero fueron repelidos por las sonoras y disciplinadas andanadas de los cañones y arcabuces. Los tlaxcaltecas estaban tan apiñados que cada disparo español –incluso los proyectiles de las ballestas– atravesaba a cuatro o cinco hombres. Los tlaxcaltecas nunca se habían enfrentado a máquinas de matar tan eficaces. No tenían tiempo para llevarse a sus heridos y muertos. Cuando una oleada vacilaba, los jinetes españoles, operando en equipos de tres o cuatro, nunca a solas, acometían pero sin aventurarse demasiado lejos. Repartían lanzazos y estocadas, luego volvían a sus grupas. Cortés ordenó a los jinetes que apuntaran sus tajos al rostro, a los ballesteros y arcabuceros que disparasen al estómago, a los espadachines que hirieran en las partes bajas. Para los españoles era una batalla de supervivencia, y Cortés se proponía aterrorizar a los indios.

Los tlaxcaltecas tenían tantos hombres que los contingentes de varias ciudades se entorpecían mutuamente cuando convergían para iniciar una carga. La apiñada multitud era segada por el fuego español. En medio de esa lucha salvaje, Bernal Díaz notó que Malinche permanecía impertérrita en medio del campamento español. Y los cempoaleses nuevamente lucharon con valentía ejemplar.

La lucha duró cuatro horas. Hacia el final los tlaxcaltecas, aunque no derrotados, se estaban debilitando mucho, y la caballería y la infantería españolas dejaban el campo para destruir a todo contingente que intentara acercarse. Cuando los tlaxcaltecas se retiraron por fin, los españoles estaban demasiado exhaustos para perseguirlos.

Siguió una noche tensa pero tranquila. Por la mañana, cincuenta tlaxcaltecas se aproximaron a la fortaleza anunciando que llevaban comida para los valientes extranjeros. Declararon que Xicotenga y sus guerreros no querían vencer a hombres debilitados por el hambre (esto insinuaba que no querían triunfar sobre hombres macilentos), así que Xicotenga les enviaba la comida como regalo. Cortés los dejó pasar. Los cincuenta tlaxcaltecas venían con un séquito de porteadores que cargaban aves asadas, pilas de tortillas y cerezas (que crecen muy bien en los valles altos y en setiembre están dulces y maduras).

Mientras Cortés y Malinche desayunaban cerezas, algunos cempoaleses les informaron que los tlaxcaltecas a quienes habían permitido el ingreso estaban inspeccionando las entradas, verificando dónde estaban los cañones y dónde habían puesto sus chozas los españoles, y que les habían oído comentar que los gruesos techos de paja de las chozas arderían fácilmente. Cortés hizo maniatar a un tlaxcalteca y lo llevó detrás del templo. Sometido a un interrogatorio que no fue precisamente amable, el tlaxcalteca confesó que Xicotenga los había enviado a espiar a los españoles, para averiguar cuál era el punto más vulnerable del campamento. Cortés ordenó traer a dos tlaxcaltecas más, y ellos confesaron lo mismo.

Cortés reunió a los cincuenta tlaxcaltecas, los denunció como espías y, según muchos documentos, entre ellos la carta de Cortés al rey, les hizo cortar las manos. Pero esto es un poco difícil de creer a pies juntillas, porque ninguno de los cronistas apunta que alguno de los cincuenta tlaxcaltecas hubiera muerto. Si les hubieran cercenado las manos con espadas, muchos de ellos habrían muerto desangrados, y no habrían podido regresar. Bernal Díaz consigna que Cortés les hizo cortar los pulgares, lo cual es más creíble. Desde luego, en épocas anteriores de la historia, otros pueblos habían practicado sistemáticamente la mutilación, sobre todo los escitas y los persas. El corte de manos, pies o pulgares como forma de castigo no era inusitado, y los españoles y su rey lo consideraban adecuado si era merecido. Después, los tlaxcaltecas mutilados emprendieron el regreso, la lección de Cortés estaba clara: no debían enviar espías al campamento de gentes que venían en son de paz. La sanguinaria reacción de Cortés no horrorizó a los tlaxcaltecas; al contrario, quedaron impresionados por su sagacidad.

Al día siguiente Cortés condujo otra fuerza de caballería e infantería con el apoyo de los cempoaleses, y esta vez incendió todas las aldeas del valle. En algunas aldeas capturaron guerreros tlaxcaltecas, entre ellos algunos capitanes, y Cortés los interrogó. Supo que había discordia entre los tlaxcaltecas. Xicotenga había acusado a un caudillo de otra ciudad de no atacar con suficiente vigor, y el otro líder lo había retado a un singular combate (esta disputa nacía de la incapacidad de los tlaxcaltecas para coordinar el movimiento de sus tropas). Los caciques más ancianos de Tlaxcala, incluido el padre de Xicotenga, se reunirían para deliberar. Los cempoaleses les habían dicho que los españoles eran enemigos de Moctezuma y que Cortés había abolido el tributo. Al principio los tlaxcaltecas habían considerado que eran mentiras y sospechaban que los cempoaleses y los españoles eran aliados de Moctezuma; todos los indios estaban habituados a esas mentiras. Pero ahora no estaban tan seguros.

Cuando Cortés regresó al campamento, le sorprendió encontrar una embajada de Moctezuma. Seis nobles aztecas con muchos porteadores lo habían seguido hasta territorio tlaxcalteca. Quizá los tlaxcaltecas no habrían causado daño a estos aztecas si los hubieran aprehendido, pues no constituían una expedición guerrera sino una embajada, lo cual era aceptable entre todos los indios. Los tlaxcaltecas y los aztecas estaban habituados a comunicarse por medio de embajadas y mensajeros. Los aztecas ordenaron a sus porteadores que desenvolvieran y exhibieran nuevos tesoros: finas prendas de algodón, prendas de plumas, oro.

Moctezuma comenzaba a darse cuenta de que Cortés no entendía o no quería entender el significado de un regalo que iba acompañado por un deseo, así que ofreció, por medio de sus emisarios, un trato concreto. Cortés debía aceptar estos nuevos tesoros y especificar o averiguar cuánto tributo anual deseaba su rey en oro, perlas, jade, algodón, plumas o esclavos. Moctezuma convendría en pagarlo fielmente si los españoles se retiraban y no entraban en sus lares. Según Moctezuma, no le disgustaría saludar a los españoles, pero el trayecto por ese terreno dificultoso podía ser demasiado para ellos, así que les daba a escoger una salida fácil: poner un precio, que él aceptaría, e irse.

Esta clase de negociación no resultaba extraña para los indios. Cuando una tribu dominaba, las tribus dominadas acordaban pagar tributo. No había ninguna certeza, desde luego, de que Moctezuma tuviera la intención de respetar el trato. Si se sentía más fuerte en el futuro –después de la partida de Cortés– tal vez no pagara el tributo, y el rey de España, Cortés, Jesucristo o quien fuera podían intentar lo que creyeran conveniente.

Cortés respondió nuevamente que su rey se disgustaría si él no veía personalmente a Moctezuma, e insistió en solicitar permiso para una reunión. Invitó amablemente a los embajadores aztecas a permanecer con él para que pudieran llevar a Moctezuma, junto con esa nueva solicitud, las nuevas de la victoria española sobre Tlaxcala.

A esas alturas, la gente del valle procuraba andar en buenos tratos con ambos bandos y llevaba a Cortés información sobre las deliberaciones tlaxcaltecas. Se decía que los caudillos más viejos se inclinaban a aceptar la paz con los españoles, pero Xicotenga el mozo insistía en continuar la lucha. Todas las tribus indias se referían a los españoles como *teules*. Los españoles pensaron que significaba dioses, pero el significado exacto de *teule* es incierto. Tal vez aludiera a un hombre inspirado o un demonio; tal vez para Moctezuma se refiriese a un hombre como él, con una chispa de espíritu divino que le daba derecho al poder; lo cierto es que *teule* no implicaba invulnerabilidad sobrehumana. Xicotenga sostenía que mataría a todos los *teules* y los devoraría, tal como había matado la yegua. Se pidió a los sacerdotes de Tlaxcala que aclarasen la situación, y a partir de sus augurios se llegó a la conclusión de que sólo era posible vencer a los forasteros durante la noche. De noche los *teules* no tendrían fuerza.

Era una noche de luna cuando Xicotenga lanzó su ataque. Cortés estaba sobre aviso y preparado. No quería que los tlaxcaltecas se acercaran a la fortaleza, donde podrían incendiar las chozas de los españoles, un peligro que le preocupaba. Así que salió al frente de su caballería, seguido por infantes españoles y cempoaleses, e interceptó a los tlaxcaltecas en un campo donde los caballos podían correr y la infantería española podía maniobrar para disparar sus andanadas.

El resultado fue contundente. Los tlaxcaltecas no estaban acostumbrados al combate nocturno. Les desconcertó que los españoles les hubieran ganado de mano y les salieran al encuentro cuando se dirigían a la fortaleza. Quedaron aterrados por la embestida de los caballos y el chisporroteo de los cañones y arcabuces en la oscuridad. Tras una lucha encarnizada, los tlaxcaltecas se replegaron.

Esta batalla representó un enorme riesgo para los españoles. Fue un momento desesperado, peligroso y estremecedor en que muchos españoles perecieron y casi todos resultaron heridos. Sin embargo, Cortés intercaló un comentario jocoso cuando le contó la historia a su secretario Gómara veinte y pico años después. Cortés evocó que había ingerido algunas píldoras que había llevado de Cuba para curarse la fiebre, y estas píldoras eran un fuerte purgante, tal vez hecho de corteza de árbol. Tomaba las píldoras de noche, esperando que surtieran efecto por la mañana. Pero, poco antes del alba, antes que hubiera surtido efecto la píldora, se aproximaron tres grandes compañías de guerreros tlaxcaltecas, y Cortés tuvo que salir a la cabeza de sus jinetes para combatirlos. Tuvo que luchar todo el día. Pero las píldoras no surtieron efecto durante el día, como era de esperar. Al final del día Cortés regresó a la fortaleza, y sólo entonces el laxante funcionó.

Gómara, que era un sacerdote laico, no llega al extremo de afirmar que esa demora de la purga haya sido un milagro, pero sugiere claramente la posibilidad.

Los primeros signos de paz fueron las entregas de comida a los españoles, sin amenazas ni rodeos. Luego un mensajero fue a anunciar que Xicotenga en persona iría a verlos. A la mañana siguiente apareció Xicotenga, escoltado por muchos nobles, todos suntuosamente ataviados pero no vestidos para la guerra.

Xicotenga tenía la misma edad de Cortés y un físico similar, con brazos y hombros fuertes y cuerpo ágil. Tenía profundas marcas de viruela en el rostro. Ambos intercambiaron un saludo militar y Xicotenga dijo con franqueza que lamentaba no haber podido vencer a los extranjeros, aunque lo había intentado día y noche. Por último él y los caudillos más viejos habían llegado a la conclusión de que los cempoaleses decían la verdad y los extranjeros eran enemigos de Moctezuma, en cuyo caso los tlaxcaltecas serían gustosamente sus vasallos. Los tlaxcaltecas podrían pagar poco tributo porque eran pobres, pero siempre habían sido hombres valerosos y serían leales aliados. Si Cortés iba a la ciudad (la ciudad del padre de Xicotenga, que estaba a unos treinta kilómetros), se sentirían honrados por su presencia y procurarían que su estancia fuera grata y confortable.

Tanto los aztecas como los tlaxcaltecas, pues, ofrecían subordinarse al rey de España, pero Cortés no confiaba en ninguno de ellos. Los embajadores aztecas habían permanecido en la fortaleza. Cuando tuvieron noticias de la sumisión de Xicotenga y su invitación a los españoles, alegaron que eran embustes, una evidente duplicidad; dijeron que los tlaxcaltecas eran tan pobres que intentarían robarles las prendas de algodón que Moctezuma acababa de enviar; los tlaxcaltecas no eran de fiar e intentaban arrastrarlo a una trampa.

Lo cierto era que los españoles no podían moverse. Cortés aún padecía fiebre, y muchos de sus hombres apenas podían caminar. Varios caballos habían enfermado y aún no se habían repuesto. Así que Cortés se quedó donde estaba.

Los ancianos de Tlaxcala se presentaron en el campamento e imploraron a Cortés que visitara su ciudad. Ofrecieron darle rehenes por si desconfiaba de ellos. Los embajadores aztecas, tras haber comunicado a su emperador la capitulación de Tlaxcala, recibieron órdenes de redoblar sus esfuerzos para convencer a los españoles de que los tlaxcaltecas eran indignos de confianza. Moctezuma también envió otro regalo para Cortés.

Cuando al fin los españoles pudieron moverse, Cortés hizo erigir una gran cruz en la cima de la pirámide. Hizo reunir a los lugareños y les dijo que la adorasen. Luego optó por Tlaxcala, para consternación de los aztecas. Pero los españoles salieron de la fortaleza en formación, preparados para la guerra.

Cholula

Cuando cesaron los combates con los tlaxcaltecas la paz parecía inminente, pero antes de levantar campamento en la aldea, Cortés envió algunos jinetes a Villa Rica. Razonaba que las tribus de la ruta de la costa, al difundirse la noticia de la capitulación de Tlaxcala, fuera cierta o no, optarían por no entrometerse con los jinetes españoles, lo cual no habría ocurrido mientras los españoles luchaban por sobrevivir. Al comandante del fuerte de Villa Rica (Juan de Escalante, quien debía permanecer allí con sesenta hombres enfermizos) le envió una carta con órdenes de cavar en un rincón del piso de tierra de la choza de Cortés, donde estaban enterrados dos toneles de vino sacramental y una caja de hostias, y que entregara el vino y las hostias a los jinetes para que los llevaran a la montaña. En cuanto Cortés supo que él y sus hombres habían sobrevivido, sintió el impulso de agradecer a Dios, y hacía tiempo que su ejército carecía de los elementos adecuados para una misa. En su carta añadía que Escalante debía mantener buenas relaciones con todo el pueblo totonaca, pues sus auxiliares totonacas habían luchado como cristianos.

En Tlaxcala, Cortés y sus hombres descansaron veinte días. Para gran alivio de los españoles, los tlaxcaltecas les dieron una grata bienvenida, con la posible excepción de Xicotenga el mozo, cuyo orgullo de guerrero estaba herido porque no había podido vencer a los forasteros. Los demás tlaxcaltecas que acudieron de los poblados circundantes saludaron a los españoles como aliados, pues desde que todos tenían memoria Tlaxcala se las había visto a solas contra el imperio azteca. El furor de los recientes combates entre tlaxcaltecas y españoles parecía olvidado, como la excitación de una contienda atlética que se hubiera librado por puro placer deportivo.

En el centro de su ciudad principal, los tlaxcaltecas instalaron a los españoles en cómodas casas de piedra con sombreados patios y les ayudaron a emplazar cañones en las esquinas de la plaza central y poner puestos de guardia. Les llevaron comida deliciosa y abundante (esa fértil provincia tenía extensos cultivos, y el pescado fresco de los arroyos era, y es, muy sabroso). Con pompa y sinceridad, los caudillos y capitanes tlaxcaltecas ofrecieron sus hijas a los españoles, para sellar con una celebración sexual la fusión de dos pueblos guerreros que luego marcharían a la victoria sobre sus enemigos tradicionales, los aztecas. Los tlaxcaltecas pensaban que la guerra con los aztecas se prolongaría durante muchas generaciones, y querían que la próxima generación fuera concebida cuanto antes. En la capital azteca, Moctezuma, dueño de un zoológico, tenía un gran interés abstracto en el cruce de razas, pero los tlaxcaltecas llevaron la idea a la práctica.

(A pesar de los diversos estilos de las crónicas de la conquista, la personalidad de los diversos protagonistas se vislumbra por igual. Cortés no podía resistirse a las bromas. Le contó a Gómara, que lo registró en elegante prosa española, que una princesa tlaxcalteca entregada a Pedro de Alvarado quedó tan satisfecha sexualmente, tan prendada de él, que denunció a su propio hermano, un capitán tlaxcalteca que se proponía traicionar a los españoles ante los aztecas o los cholultecas. Alvarado y Cortés hicieron estrangular al hermano, cuya muerte o desaparición no causó el menor alboroto en la sociedad tlaxcalteca. Al parecer Cortés contó la anécdota para mofarse de los alardes sexuales de Alvarado y no se debe tomar en serio. Los españoles simpatizaron con los tlaxcaltecas una vez que se pactó la paz y convivieron con ellos, y Cortés los respetaba por su larga resistencia contra los aztecas.)

Cortés se sorprendió de que los embajadores aztecas aceptaran entrar en Tlaxcala. Los embajadores no parecían temer por su seguridad, aunque aztecas y tlaxcaltecas se miraban con mal ceño y pronto iniciaron discusiones en voz alta. Por medio de Malinche y Aguilar, Cortés pudo entender estas discusiones y aprender mucho sobre el carácter indio.

Existe el supuesto general, aún hoy, de que los indios son taciturnos, cuando en realidad son muy locuaces. Los indios de las llanuras del oeste de los Estados Unidos, en sus conferencias con militares y diputados, hablaban hasta que los angloamericanos se hartaban o se dormían, cuando para ellos la reunión apenas comenzaba. Aun los indios más sencillos y sufridos, los yaganes de Tierra del Fuego, tenían un vocabulario de más de 30.000 palabras para describir las funestas circunstancias de su vida.

Los tlaxcaltecas y los aztecas –siempre con el tácito y común reconocimiento de la inmunidad de los embajadores– se enzarzaron en un intercambio de diatribas y amenazas, deleitándose en esa batalla verbal con la misma fruición con que practicaban el combate. Cada grupo –después de perorar con acompañamiento de muecas y gestos– se volvía a Cortés para repetir sus argumentos, y con cada repetición las traducciones de Malinche eran más ricas.

Durante muchos años esas dos poderosas tribus se habían enfrentado, y los aztecas prevalecían pero sin obtener una victoria definitiva. Aun así, habían mantenido relaciones de un tipo que a Cortés le costó entender al principio. Los tlaxcaltecas y aztecas hablaban de la "guerra florida", batallas convenidas entre los nobles de ambas tribus con un doble propósito: brindar a sus guerreros jóvenes experiencia en la batalla sin tener que enviarlos a costas remotas, y ofrecer a cada bando víctimas para el sacrificio. Los nobles tlaxcaltecas y aztecas se jactaban de su habilidad en varias de esas batallas. Los aztecas afirmaban que podían derrotar y conquistar a los tlaxcaltecas, de no ser porque ambas partes deseaban continuar la guerra florida. Un toque que impresionó a Cortés fue que, después de esas batallas convenidas, los nobles tlaxcaltecas a menudo eran invitados a la capital azteca como "enemigos de la casa", para presenciar el sacrificio de los guerreros capturados por los aztecas. Ambas partes consideraban que el temple de los guerreros se manifestaba no sólo en el campo de batalla sino en su manera de soportar el sacrificio cuando los capturaban. Los aztecas preferían contar con otomíes y pinomes para el sacrificio, porque la conducta de esos indios primitivos difería de la conducta de tlaxcaltecas y aztecas, que se comportaban de modo similar. (Poner a prueba la capacidad de los guerreros para resistir el dolor y el terror constituía una práctica difundida entre los indios americanos, y esas pruebas eran rutinarias en muchas de las tribus que vivían en las tierras que hoy pertenecen a Estados Unidos y Canadá.)

El cristiano y español Cortés, a pesar de su experiencia de combatiente, y de la sangre que había derramado y visto derramar, se quedó azorado ante el cinismo y la insensibilidad de los nobles tlaxcaltecas y aztecas. Los nobles admitían que la gente normal veía estas batallas preparadas de la guerra florida como verdaderas batallas, verdaderas invasiones, aunque los nobles sabían que no era así. Al continuar la discusión, Cortés pudo apreciar la hondura de la duplicidad india dentro de una tribu. Y detectó, al igual que antes pero con mayor agudeza, lo que él consideraba la indiferencia de los indios ante la vida humana. Notó que los indios eran capaces de practicar una tremenda violencia sin la justificación de ninguna pasión que él comprendiera (salvo, en la batalla, la mera exaltación del combate). No comprendía el éxtasis religioso que suscitaban esos sacrificios humanos ceremoniales. Lo cierto es que estas discusiones le dieron una perspectiva del carácter indio en la cual basaría su futura estrategia.

Los aztecas insistían en que viajara a Cholula; se podía llegar en menos de dos días. Estaba camino arriba en la avenida natural que atravesaba la serranía y los aztecas habían asegurado que a partir de Cholula el camino hacia la capital estaba despejado.

Los tlaxcaltecas le rogaron que no fuera, advirtiendo que Moctezuma mantenía una numerosa guarnición en las afueras de Cholula. Los cholultecas, aun entre los aztecas, eran maestros del engaño y lo llevarían a una trampa. Estaban dispuestos a atacarlo. Ya habían cavado fosas en el camino, clavando estacas puntiagudas en el fondo, y las habían llenado con arena, para que los caballos cayeran sobre las estacas. En las azoteas de las casas de Cholula habían acumulado piedras para atacar a los españoles cuando atravesaran las calles.

Los tlaxcaltecas tenían noticias de estos preparativos porque algunos habían visitado Cholula hacía poco. Cortés había denunciado ante un cacique que un tlaxcalteca había robado oro de un español. Se supo que el ladrón había huido con el oro a Cholula, así que una patrulla de tlaxcaltecas fue a la ciudad, encontró al ladrón y lo llevó de vuelta a Tlaxcala con el oro. El cacique entregó al culpable a los españoles para que lo castigaran, pero Cortés dijo que los tlaxcaltecas debían castigarlo de acuerdo con las leyes de su tierra. Los guardias tlaxcaltecas llevaron al ladrón a un gran mercado público, un pregonero proclamó el delito en voz alta y un guardia aplastó el cráneo del culpable de un mazazo, espantando a los españoles pero sin causar el menor revuelo en el mercado. Según Bernal Díaz, en los mercados indios la carne humana se trocaba como todos los demás productos y servicios, así que probablemente el ladrón pronto fue puesto en venta. (En todas las sociedades indias, la pena capital era el único castigo para casi todos los delitos, y la esclavitud era una alternativa que se usaba en algunos casos especiales.)

Los tlaxcaltecas señalaron que los aztecas prometían tratar bien a los españoles en Cholula pero ningún caudillo de esa ciudad había ido a Tlaxcala para saludar a Cortés y ofrecer su vasallaje. Cortés envió un mensaje a Cholula, llamando a los caciques, pero los caciques no fueron. En cambio, algunos cholultecas sin notoriedad se presentaron para decir que los caciques estaban enfermos. Cortés envió otro mensaje: si los caciques no acudían de inmediato, los consideraría enemigos y los destruiría. Entonces los caciques fueron y se excusaron por su renuencia alegando que temían a los tlaxcaltecas; presentaron sus respetos a Cortés, le ofrecieron hospitalidad y prometieron todo lo que él quiso, pero su actuación no era tranquilizadora.

Aun así, Cortés pensaba que debía continuar la marcha. Los españoles, bien alimentados, estaban saludables y animosos. Sus hombres copulaban abiertamente con las muchachas indias, y Cortés fornicaba con Malinche. (Es probable que Cortés desdeñara a las muchachas de Tlaxcala que le habían entregado. Sentía afecto y gratitud por Malinche, y dependía de ella; Malinche estaba aprendiendo español; y Cortés la dejó encinta a ella y no a ninguna otra.) No era conveniente que él y sus hombres cayeran en la molicie. No había oro en Tlaxcala, y los tlaxcaltecas habían hecho extravagantes descripciones de las riquezas de Moctezuma. Los caballos habían sanado. Cortés decidió ir a Cholula.

Los tlaxcaltecas destacaron cien mil guerreros para acompañarlo. Los guerreros tlaxcaltecas estaban formados y armados, cargados con vituallas, la mañana en que los españoles se dispusieron a marchar. Cortés subió a la cima de la pirámide que estaba junto a sus aposentos para tener un panorama general, y quedó profundamente impresionado. Valoraba el coraje y la lealtad, una vez que se juraba honestamente. Sus cempoaleses, que habían demostrado su fidelidad, habían sostenido que los tlaxcaltecas serían firmes aliados de su causa, y él lo había puesto en duda cuando luchaba contra Xicotenga. Ahora la alentadora visión de ese ejército tlaxcalteca demostraba que los cempoaleses habían estado en lo cierto.

Cortés oyó misa en el único templo de Tlaxcala que había cristianizado (eliminando los ídolos, fregando la sangre, blanqueando las paredes, erigiendo una cruz y una estatuilla de María, exhibiendo flores y encendiendo velas, todo con la bendición del padre Olmedo). Durante su estancia en Tlaxcala, como de costumbre, había adoctrinado a los caciques, exhortándolos a adorar al Dios verdadero, destruir sus ídolos y renunciar a los sacrificios humanos y el canibalismo. Los tlaxcaltecas replicaron que en ese caso el pueblo los lapidaría y que así se apartarían de las costumbres de sus ancestros, lo cual sería irrespetuoso, pero que se tomarían tiempo para estudiar las costumbres españolas y quizás en el futuro se convirtieran, a lo cual estaban inclinados porque habían observado que los dioses de los españoles los respaldaban en la batalla. Cortés prometió enviarles maestros, hermanos que les explicarían el cristianismo mejor que él. Y se llegó a un acuerdo razonable: los tlaxcaltecas entregaron a los españoles un templo para que lo cristianizaran. En ese templo los españoles celebraban misa y bautizaban a las muchachas tlaxcaltecas, lo cual hacían siempre antes de amancebarse con ellas. Entretanto, los tlaxcaltecas estudiaban con curiosidad a los españoles. Este acuerdo fue uno de los pocos actos bilaterales racionales de toda la campaña.

Después de misa, Cortés, sus españoles, los cempoaleses y las tropas tlaxcaltecas partieron para Cholula. Sin embargo, al cabo de un día de marcha, Cortés envió de regreso a sus aliados tlaxcaltecas, salvo seis mil guerreros. No quería aproximarse a Cholula con un ejército similar al que los aztecas se habían enfrentado muchas veces. Los caciques tlaxcaltecas le dijeron que, por cada cien mil guerreros que ellos pudieran reunir, Moctezuma reuniría trescientos o quinientos mil. Cortés no quería involucrarse en la clase de guerra que se había librado en el pasado, y en la cual los aztecas descollaban.

Cortés tenía una estrategia en mente. Estaba mejor informado sobre Cholula que sobre cualquier otro lugar o tribu que hubiera encontrado, y los cholultecas que había visto no le gustaban. Lo intranquilizaban. Cortés respetaba a los combatientes, como los tlaxcaltecas, y los cholultecas eran ante todo sacerdotes y comerciantes. Los cholultecas eran hablantes de náhuatl que pertenecían hacía poco al imperio azteca. Según contaban todos, en Cholula había buena alfarería y textiles de algodón, y los mercaderes distribuían estas mercancías en todo México menos en Tlaxcala. Entre los seis mil guerreros tlaxcaltecas que acompañaban a Cortés iban algunos mercaderes tlaxcaltecas que ansiaban cambiar sus artículos por mantas de Cholula. Además Cholula era un famoso centro religioso; la mayor pirámide de la ciudad tenía ciento veinte escalones y encima había un templo con un altar de Quetzalcóatl.

Tal vez porque Cholula estaba consagrada a Quetzalcóatl, los aztecas lo consideraban un sitio apropiado para poner a prueba a Cortés. Muchos regalos que Moctezuma le había enviado a la costa eran reliquias de Quetzalcóatl. Moctezuma los había enviado adrede para ver la reacción de Cortés ante objetos que podrían haber pertenecido a su pariente (una máscara de oro con incrustaciones de jade, que el dios presuntamente había usado, una corona de oro con magníficas plumas). Cortés, sin comprender el significado de estos objetos, se los había remitido al rey español. Pero es improbable que Moctezuma, a pesar de lo que sostenían algunos sacerdotes, prestara excesiva importancia a la idea de que esos invasores eran descendientes del dios legendario que otrora había navegado hacia el Este. Moctezuma se proponía lograr que los españoles se marcharan, aunque debiera pagarles tributo, y continuamente reorganizaba sus tropas para derrotarlos si era necesario.

Rumbo a Cholula, Cortés descubrió que el camino principal estaba bloqueado con rocas y troncos en varios lugares y, al tomar otro sendero, se topó con fosos llenos de arena con estacas afiladas, tal como le habían advertido en Tlaxcala. Para los prevenidos españoles estos obstáculos resultaron obvios y presentaban poco peligro. Al anochecer, españoles, totonacas y tlaxcaltecas acamparon a orillas de un riachuelo a pocos kilómetros de Cholula.

En el ocaso, varios caciques de Cholula fueron a saludar a Cortés. Eran solícitos e iban acompañados por porteadores que llevaban comida. Sin embargo, los caciques se alarmaron al ver a los tlaxcaltecas, y se quejaron ante Malinche diciendo que los tlaxcaltecas eran sus enemigos tradicionales y no debían entrar en la ciudad. (En realidad, los tlaxcaltecas y cholultecas habían sido aliados, luego habían reñido; los cholultecas habían pedido a los aztecas que los ayudaran contra los tlaxcaltecas y los aztecas habían accedido, expulsando a los tlaxcaltecas; pero desde entonces los cholultecas debían pagar tributo a los aztecas.) Por la mañana un numeroso grupo de caciques y sacerdotes de túnica blanca se acercó a Cortés para darle la bienvenida; los sacerdotes tocaban trompetas y silbatos, mecían braseros y batían tambores. Estos caciques también se opusieron a que los tlaxcaltecas entraran en la ciudad. Cortés decidió satisfacerlos, y explicó diplomáticamente a los tlaxcaltecas que debían quedarse afuera de Cholula porque sus habitantes les tenían miedo.

Los españoles entraron cautelosamente en la ciudad, con jinetes a la cabeza de la columna y los cañones a retaguardia, arrastrados por algunos tlaxcaltecas a quienes se había permitido el ingreso. Los condujeron a unas casas que estaban preparadas para ellos en la plaza central, amplias viviendas de piedra frente a un gran patio rodeado por altas paredes de piedra. Los soldados españoles vieron las piedras apiladas en las azoteas de las casas y los parapetos de adobe que habían construido para proteger a los atacantes. Una vez que los españoles y cempoaleses se instalaron, y los pocos tlaxcaltecas emplazaron los cañones siguiendo las instrucciones de Cortés, los cholultecas les trajeron comida en abundancia.

Durante dos días Cortés celebró reuniones con los caciques de Cholula y les dio su perorata habitual, pero los cholultecas replicaron que no pensaban renunciar a sus dioses ni sus costumbres, y reprocharon a Cortés que osara hacer semejantes sugerencias en su ciudad. Cortés les dijo que iba rumbo a la capital para deliberar con el gran Moctezuma, quien se convertiría en vasallo del rey de España, y los cholultecas se interesaron en la propuesta de vasallaje, pensando que si pagaban tributo al rey ya no tendrían que pagarle a Moctezuma.

Al cabo de tres días, los españoles y sus aliados dejaron de recibir comida, y también cesaron las visitas de los caciques. Cortés reunió a los embajadores aztecas que lo acompañaban y les dijo que él y sus hombres necesitaban comida. Los aztecas lo comunicaron a los cholultecas, quienes enviaron leña y agua pero no comida. Desde sus casas fortificadas, que estaban en el corazón de la ciudad, los españoles vieron que los habitantes se reían de ellos desde las azoteas vecinas y desde la cima de algunas pirámides.

Había sucedido que una delegación de nobles aztecas había ido a Cholula desde la capital, que estaba a cien kilómetros. Una vez que estos nobles conversaron con los embajadores aztecas, uno de los embajadores más eminentes desapareció, al parecer para presentarse ante Moctezuma.

Entonces el jefe de la nueva delegación azteca le informó a Cortés que Moctezuma no lo recibiría en la capital porque allí no podía ofrecerle comida, y que tampoco podía dársela en Cholula. Cortés respondió afablemente, diciendo que estaba resuelto a conocer al gran monarca de quien había oído tantas maravillas, y que su rey jamás lo excusaría si no presentaba sus respetos y demás.

Los cempoaleses informaron a Cortés que estaban evacuando la ciudad. Mujeres y niños con objetos de valor se marchaban para ocultarse en la campiña, y en las calles habían preparado fosas cuyo fondo estaba erizado de estacas puntiagudas, como trampas para los caballos, que muchas calles tenían barricadas, y que había guerreros aztecas en las casas del trayecto que los españoles deberían seguir para salir de la ciudad. Además de sus armas, los guerreros aztecas estaban equipados con largos palos, colleras de cuero y sogas para maniatar a los españoles.

Como confirmación definitiva, una dama cholulteca de alcurnia puso sobre aviso a Malinche (quien de inmediato se lo comunicó a Cortés). Según esta dama, Moctezuma había enviado treinta mil guerreros que aguardaban en barrancos al noroeste de la ciudad; algunos guerreros ya estaban dentro de las casas. La orden de Moctezuma era capturar a los españoles con vida, a ser posible, y enviarlos a la capital; los sacerdotes de Cholula podrían conservar veinte españoles para el sacrificio. La dama ofreció refugio a Malinche, siempre que abandonara a los españoles, lo cual era lo más sensato si deseaba conservar la vida.

La estrategia de los aztecas y cholultecas consistía en matar de hambre a los españoles y obligarlos a salir. Mientras avanzaran por las callejas de la ciudad, los matarían y capturarían. El problema de este plan era que los caciques de Cholula no querían que el ejército azteca entrara en la ciudad. Mientras los españoles comían las últimas y rancias tortillas que les quedaban, los aztecas negociaban intensamente con los cholultecas. Aunque los cholultecas eran vasallos que pagaban tributo a Moctezuma, aún manejaban sus propios asuntos y gozaban de cierta autonomía. Si un ejército azteca ocupaba la ciudad, esa autonomía corría peligro, pues los aztecas habían ocupado otras ciudades con pretextos similares y sus gobernadores no se habían ido jamás. Moctezuma había enviado sobornos a los cholultecas (entre ellos, un tambor de oro, obsequio para el principal capitán de Cholula, quien a la sazón era esposo de la protectora de Malinche). Sin embargo, los cholultecas se resistían a la ocupación, sosteniendo que contaban con su propia estrategia y capturarían a los españoles sin ayuda azteca.

Cortés ordenó a sus hombres que apresaran a un par de sacerdotes y se los llevaran. Se quedó con un sacerdote y mandó al otro a decir a los caciques que estaba por marcharse de Cholula y primero deseaba hablarles. Los caciques llegaron pronto, ansiosos de oír los planes de los españoles. Cuando Cortés protestó por la falta de comida, le replicaron que obedecían órdenes de Moctezuma. Cuando Cortés dijo que necesitaría víveres y porteadores para viajar a la capital azteca, los caciques quedaron complacidos, pues deseaban que los españoles abandonaran las casas fortificadas para atacarlos en las calles.

Esa noche los tlaxcaltecas informaron a Cortés que los cholultecas estaban realizando los sacrificios que eran habituales en vísperas de una batalla. Según un cronista, estaban sacrificando diez niños de tres años, cinco varones y cinco mujeres; según otro cronista, había siete víctimas, cinco de las cuales eran niños. Cortés envió a un tlaxcalteca a alertar a los que acampaban fuera de la ciudad. Los españoles esperaban un ataque y pasaban todas las noches alerta, pero en esta ocasión recogieron sus pertenencias y mantuvieron los caballos ensillados. Al amanecer estaban preparados.

Por la mañana, gran parte de la población de Cholula, tras regresar a la ciudad con ánimo jubiloso, confluyó frente a los aposentos de los españoles. Los caciques y capitanes apostaron guerreros en el gran patio que había frente a las casas de los españoles y anunciaron alegremente que esas tropas formarían una guardia de honor para escoltarlos. Otros guerreros actuarían como porteadores; incluso habían traído literas para los extranjeros por si ellos preferían no caminar (literas donde los españoles se encontrarían indefensos). En torno de las cuatro entradas de la ciudad se congregaron los notables de la ciudad, incluidos mujeres y niños, para presenciar la partida de los españoles. Los cholultecas estaban apiñados en las azoteas de las casas que bordeaban la ruta de los españoles (esas azoteas se usan habitualmente como balcones).

Cortés invitó a treinta caciques a su casa para despedirse. Acudieron de buena gana, pues su estrategia parecía funcionar muy bien. Pero cuando todos estuvieron dentro, los españoles cerraron y atrancaron la puerta. Cortés les anunció que conocía su complot y los castigaría. Algunos intentaron luchar y los espadachines españoles los abatieron. La mayoría no lucharon y fueron maniatados.

Cortés y los hombres que lo rodeaban se reunieron con el resto del ejército, los cempoaleses y algunos tlaxcaltecas que aguardaban afuera junto al equipaje, como disponiéndose a marchar. Cortés montó a caballo e hizo dar la señal, un disparo de arcabuz. Todos los españoles, cempoaleses y tlaxcaltecas abandonaron sus bártulos y procedieron a exterminar a los cholultecas del patio. Los cholultecas estaban tan apiñados que fue una matanza fácil; los arcabuceros y ballesteros disparaban andanadas devastadoras; los jinetes salieron del patio y atacaron a los horrorizados pobladores. Las mujeres y niños echaron a correr gritando; Cortés había advertido a sus hombres que procurasen no matar mujeres y niños; pero muchos cholultecas y guerreros aztecas presentaron resistencia. Desde el templo de madera de Quetzalcóatl, en la cima de la gran pirámide de piedra, los sacerdotes arrojaban piedras a los españoles. Los españoles se desplegaron, subieron la escalinata a la carrera y quemaron el templo con los sacerdotes dentro. Los guerreros cholultecas no estaban acostumbrados a luchar, y tampoco los comerciantes, sacerdotes y artesanos. Cuando la gente huía de la ciudad en busca de refugio, fue atacada por los tlaxcaltecas que acechaban fuera.

Una versión india de la matanza de Cholula, doblemente prejuiciada porque este tapiz fue confeccionado muchos años después de la conquista por tlaxcaltecas cristianizados. Muestra a los indios enfrentados con los indios, y a Malinche de pie detrás de Cortés.

Contrariando la disciplina que había impuesto desde que estaba en tierra firme, Cortés permitió que saquearan esa ciudad. Los españoles se apoderaron de todo el oro y las joyas que pudieron encontrar. Los tlaxcaltecas robaron toda la sal y las mantas que podían cargar. Los templos ardían en las cimas de las pirámides. Las estimaciones más veraces indican que murieron de seis a diez mil personas.

Con esta lección Cortés intentó rasgar el velo de la indiferencia de Moctezuma hacia la vida humana, y lo consiguió, por su previsión y por lo inesperado de su ataque. Cuando Cortés reunió a sus tropas, las calles cercanas y el patio estaban cubiertos de cadáveres. Regresando a la sala donde estaban maniatados los caciques de Cholula, Cortés los hizo liberar y les permitió salir para que vieran lo que habían causado.

Los caciques de Cholula regresaron y culparon a Moctezuma. Rogaron perdón a Cortés y pidieron que les permitiera ir a la campiña para traer a los que habían logrado escapar. Cortés accedió. Y mientras los españoles y sus aliados indios se sentaban a saborear la comida que habían arrebatado de las casas y volvían a colocar sus bártulos, la calma renacía en la ciudad. Al cabo de un par de días Cholula recobraba su vitalidad. Sus habitantes, que habían experimentado los ataques de aztecas y tlaxcaltecas y en sus ceremonias exaltaban el terror, no parecían resentidos con la airada reacción de los españoles; no demostraban rencor, sólo abatimiento, y aceptaban su suerte con dócil resignación.

Cortés hizo comparecer a los nobles aztecas, los embajadores que lo habían acompañado desde Tlaxcala y los emisarios que habían llegado desde la capital. Les dijo que los cholultecas habían confesado que Moctezuma había dado órdenes de atacar a los españoles, y habían sido castigados por su comportamiento. Pero les confió que no creía en los embustes de los cholultecas. Ni por un instante creía que un gran príncipe como Moctezuma hubiera impartido semejantes órdenes. Muchas veces él y Moctezuma habían intercambiado juramentos de amistad. Era indudable que los caciques de Cholula mentían en un transparente esfuerzo para eludir la culpa y evitar peores castigos.

Después de la matanza, los españoles permanecieron dos semanas en Cholula. Todos los días les llevaban comida. Cortés hizo entrar a los tlaxcaltecas que aguardaban fuera de la ciudad y, como había hecho con los caciques de Cempoal y Cingapacinga, obligó a los de Tlaxcala y Cholula a abrazarse y prometer que reanudarían su amistad. Al restablecer la paz entre Cholula y Tlaxcala, Cortés extendía su ruta segura hasta la costa y su enlace con los españoles de Villa Rica.

Moctezuma mandó decir que le alegraría recibir a los españoles cuando ellos quisieran visitarlo.

Una visión del
Amadís de Gaula

Cortés y sus hombres estaban eufóricos. En el aire diáfano de las montañas sentían exaltación física, agitación, sofocación y mareo; los vasos sanguíneos se distendían, las gargantas ardían mientras los pulmones reclamaban oxígeno. Cuando acometían en medio de la batalla, manchas negras les enturbiaban la visión (un síntoma de anoxia). Y estaban asombrados de estar con vida, pues pasaban de la inminencia del desastre y la muerte en la piedra del sacrificio a triunfos que no sólo les brindaban oro sino una promesa de gloria. Ya no actuaban racionalmente. Su suerte era tan increíble que no podían sino creer que estaban benditos. Cuando miraban el ardiente sol de la montaña y en el resplandor veían a Santiago montando un caballo encabritado, no ponían en duda que el apóstol mismo los acompañaba en su arremetida contra esas despavoridas hordas paganas.

Antes de salir de Cholula, los cempoaleses fueron a decirle a Cortés que no querían avanzar más. No eran cobardes ni le quitaban apoyo, ni tampoco vacilaban en su oposición a Moctezuma, pero estaban demasiado lejos de casa y la distancia los desanimaba. Nunca se habían alejado tanto, y se sentían desorientados (la altura los estaba afectando). Cortés les dio permiso para irse. Estaba intensamente agradecido por la lealtad que le habían demostrado. Más aun, él y sus hombres compartían esa nostalgia, aunque los españoles se sentían inspirados y exaltados. Cortés repartió las capas de plumas y finas prendas de algodón bordado que había recibido y entregó una generosa carga a los cempoaleses, destinando una parte para el cacique gordo y sus parientes. También les dio una carta para el cacique gordo y otra para Juan de Escalante, alguacil mayor de Villa Rica. Luego los dejó marchar, y la mayoría se fueron.

(Puede parecer absurdo que los españoles enviaran cartas a los indios; habían enviado cartas a Tlaxcala antes de las batallas, y también a Cholula y Moctezuma. Desde luego los españoles sabían perfectamente que los indios no podían leer las cartas, ni traducirlas del español ni comprender la escritura. Pero los españoles habían visto los dibujos indios sobre hojas blanqueadas de maguey triturado, que parecía papel, y presumían que un mensaje verbal impresionaría doblemente a los indios si iba acompañado por una hoja blanca donde, en vez de un dibujo, hubiera signos extraños de apariencia mágica. Además, los españoles conservaban copias de estas cartas, para usarlas como comprobante ante los representantes del rey, por si alguien cuestionaba, como de hecho ocurrió luego, los procedimientos de los conquistadores.)

Los españoles y sus aliados partieron rumbo a la capital azteca; los porteadores tlaxcaltecas arrastraban los cañones y cargaban los bultos, mientras guerreros de Tlaxcala y jinetes españoles protegían los flancos. Los acompañaban algunos hombres de Cempoal y Cholula. Los embajadores aztecas actuaban como guías. La comitiva viajaba despacio, con cautela, avanzando pocos kilómetros por día y pernoctando en los villorrios a lo largo del camino, a veces deteniéndose dos o tres días. Los aldeanos los recibían con reservas y aprensión, ojeando la inesperada mezcla de aztecas con tlaxcaltecas. Los aldeanos les daban comida y entregaban a Cortés modestos presentes, incluyendo un poco de oro.

El primer espectáculo asombroso que vieron los españoles en ese viaje a lo desconocido fue una imponente montaña cuya cumbre nevada despedía un chorro de vapor blanco, con tal fuerza que el viento no disipaba el humo hasta que alcanzaba gran altura. Era el volcán de Popocatépetl (hizo erupción poco después y permaneció activo durante diez años; tras un paréntesis de ciento treinta y cinco años, entró nuevamente en actividad y desde entonces ha permanecido inactivo). En las cercanías había otra gran montaña, nevada pero apacible, llamada *Iztaccíhuatl*. Los aztecas y tlaxcaltecas dijeron que nunca habían visto tanto humo en el Popocatépetl, y juzgaron que la montaña estaba contrariada o que quizás aclamaba la llegada de los españoles.

Cortés envió algunos soldados a explorar; los puso al mando de Diego de Ordaz. Los indios tenían miedo de escalar el Popacatéptl, pues decían que allí moraban los espíritus de monarcas malignos. Cortés los persuadió de hallar un sendero, pero sólo escalaron parte de la falda del monte. Ordaz y sus españoles continuaron el ascenso. Cerca de la cumbre notaron que la tierra temblaba bajo sus pies, y el aire estaba helado. Una fina lluvia de cenizas oscurecía la nieve endurecida. Grandes carámbanos, algo desconocido para los españoles, colgaban bajo las rocas. La cumbre del Popocatépetl se encuentra a 6.000 metros por encima del nivel del mar; desplazarse a esa altura demanda gran esfuerzo; cuesta respirar y sobrevienen todos los síntomas de la anoxia. Al parecer Ordaz y sus hombres llegaron hasta el borde del cráter. Bernal Díaz refiere que "subieron hasta la boca, que era muy redonda y ancha y que habría en el anchor un cuarto de legua", y habla de una cavidad llena de estruendo que parecía un horno hirviente, una precisa descripción de un volcán abierto. (El rey luego otorgaría a Ordaz el derecho de incluir un volcán humeante en su escudo de armas.) Cuando los españoles descendían, cayó una lluvia de piedras ardientes que los obligó a refugiarse bajo unas rocas. Pero regresaron indemnes, trayendo cenizas volcánicas, carámbanos y nieve. Algunos indios besaron el ruedo de las chamuscadas ropas de los escaladores.

Mientras subían por la cuesta del Popocatépetl, Ordaz y los suyos vieron que el camino que seguía el ejército llegaba a una encrucijada. Una de las bifurcaciones estaba despejada y la otra estaba bloqueada con enormes árboles talados. Más allá de los árboles talados, sin embargo, el camino bloqueado parecía estar en mejores condiciones. Cuando el ejército llegó a la encrucijada, Cortés ordenó hacer un alto y llamó a indios de una aldea cercana. Sin que le oyeran los embajadores aztecas que oficiaban de guías, Cortés interrogó a los jefes de la aldea y le revelaron que el camino despejado conducía a un paraje angosto donde los aztecas habían preparado defensas y acechaban emboscados. Tal vez fueran tropas que se habían retirado de las inmediaciones de Cholula después de la matanza; es dudoso que tuvieran órdenes de atacar a los españoles, pero se habían apostado de tal modo que podrían hacerlo si Moctezuma les impartía la orden.

Cortés convocó a los embajadores aztecas y les preguntó por qué había un camino bloqueado. Los aztecas respondieron que el camino bloqueado conducía a una ciudad muy pobre, aliada de Tlaxcala, mientras que el camino despejado conducía a una ciudad grande y próspera que era leal a Moctezuma, donde los españoles podrían alojarse tal como lo deseaba el emperador.

Cortés tomó el camino que estaba bloqueado. Los tlaxcaltecas apartaron los árboles y el ejército atravesó la ciudad que no estaba bajo control azteca. Los caciques advirtieron a Cortés que no continuara hacia la capital, donde había un sinfín de guerreros aztecas que sin duda exterminarían a los españoles y sacrificarían y comerían a los prisioneros. Estos caciques habían oído rumores de que los sacerdotes de Huitzilopochtli, el dios de la guerra, habían estado preparando augurios, que habían hecho sacrificios todos los días; como se sabía, Moctezuma había sido sacerdote de Huitzilopochtli, no de Quetzalcóatl; y los augurios variaban, indicando a veces que era preciso impedir el avance de los extranjeros y a veces que era mejor inducirlos a ingresar en la capital, donde sería fácil derrotarlos y apresarlos.

Esta información de los aliados tlaxcaltecas coincidía con los comentarios que, tanto en Cholula como en el camino, habían hecho los mensajeros que le enviaba Moctezuma, siempre acompañados por un presente de oro. Los mensajeros aztecas sostenían que no había comida en la capital, que el terreno era peligroso y dificultoso, que las tribus de la región presentarían resistencia a los españoles y (una excusa realmente imaginativa) que soltarían las fieras del zoológico de la capital para que devorasen a los intrusos. Al fin Cortés había dicho a los mensajeros que terminaran con sus rodeos. Iría a la capital, confiando en que el gran Moctezuma lo recibiría amistosamente, como el emperador había prometido tantas veces. El gran rey de Cortés no esperaba menos. Cuando Cortés amenazó con ir en plan de guerra si no le permitían ir en son de paz, los mensajeros se amilanaron y lo aplacaron.

Los aliados tlaxcaltecas les ofrecieron comida en abundancia, aunque sin sal, y un regalo pequeño (un poco de oro y algunas esclavas), pues eran realmente pobres. A media mañana, después de comer y preparar sus cosas, los españoles continuaron la marcha y subieron hasta un paso alto entre las montañas. El frío recrudeció, y el viento arremolinaba la nieve en el paso. La visibilidad era mínima. Si los aztecas los hubieran atacado en el paso, los enceguecidos españoles habrían estado en apuros, pero los aztecas habían preparado su celada en el otro camino.

En cuanto atravesaron el paso, cesó la nieve y amainó el viento, y los españoles pudieron contemplar el gran valle de México. Relucía bajo el sol, pues las nubes suelen acumularse sobre el borde montañoso y el cielo del valle queda despejado. No hay ningún lugar del risco desde donde se pueda ver todo el valle, pero se pueden ver todos los parajes próximos, y esto bastaba para fascinar a los españoles con su cautivante belleza. En el fondo del valle, muchos lagos reflejaban el cielo azul, y en los lagos había poblados sobre islas conectadas a la costa por calzadas. Todos los poblados eran de piedra blanqueada, con muchas pirámides imponentes cuyas superficies de cal blanca contrastaban con la pintura roja, amarilla y negra, y en el agua bogaban miles de canoas, viajando entre las islas y la tierra firme y por canales que serpeaban entre los poblados. Las parcelas lucían primorosamente pulcras después de la cosecha, y aun en la superficie de los lagos parecían flotar campos verdes.

Era un espectáculo inaudito para los españoles, una fantástica visión de novela de caballerías. Esas fantasías los habían acompañado desde la infancia, más una esperanza que una creencia. Pero allí, en su áurea gloria, titilaba esa visión celestial, un espejismo en el fondo de un extenso valle, en el corazón de una cordillera que se erguía en el otro lado del mundo.

Los españoles se quedaron tan pasmados con esa primera vista panorámica del valle de México que algunos velazquistas quisieron dar media vuelta. Consideraban sacrílego internarse en esa escena celestial, y decían que no sobrevivirían porque serían castigados. Una vez más se presentó la amenaza de amotinamiento, pero Cortés, que estaba tan azorado como los demás, logró imponerse nuevamente mediante su prestancia. Iniciaron el descenso.

Mientras se internaban en el valle comenzaron a apreciar los infinitos lujos y riquezas del imperio azteca. Guiados por los embajadores aztecas, llegaron a media tarde a una enorme finca que habían desalojado para ellos; tenía amplitud suficiente para acoger a todos los españoles y a los miles de indios que los acompañaban. La finca estaba construida con diversas piedras, algunas blanqueadas y adornadas con pinturas brillantes, decoradas aquí y allá con incrustaciones de cedro. Había patios interiores llenos de plantas aromáticas, ricas colgaduras en las paredes de las salas, y también montículos de leña lista para el fuego, con otras pilas a los costados, de modo que los españoles no tendrían que soportar otra noche de frío (y las noches son heladas al pie de las montañas del valle de México). En torno a la finca había jardines cuyas flores se derramaban por paredes cubiertas con toldos de algodón, y un estanque de agua dulce.

Los de Tlaxcala temieron un ataque y previnieron a Cortés. Habían visto guerreros que espiaban desde el bosque. Cortés apostó una numerosa guardia, con los cañones y arcabuces en puntos altos donde resultaban visibles, y mantuvo los caballos ensillados.

Al anochecer llegó otra delegación azteca, conducida por un noble suntuosamente vestido que se presentó como hermano de Moctezuma, o eso entendió Cortés a través de las traducciones (es más probable que fuera un pariente más lejano). Tras ofrecer los habituales presentes de oro, este noble expuso la definitiva oferta del emperador. Moctezuma, comprendiendo que los regalos que expresaban un deseo nada significaban para los españoles, pensaba que Cortés no había entendido bien sus anteriores propuestas. El noble explicó las dificultades que planteaba el avance español sobre la capital –la escasez de comida, el levantamiento del pueblo y demás, por no mencionar el peligro de ahogarse, pues los españoles deberían entrar en la capital en canoa– y expuso explícitamente la recompensa por marcharse: Cortés tendría los tesoros que deseara, los cuales podría llevarse consigo, más el tributo anual que agradase a su rey, que se entregaría en un puerto de la costa, a conveniencia de los españoles.

Cortés replicó que gustosamente aceptaría esa generosa oferta si pudiera, pero que su rey le había ordenado que se presentara personalmente ante el monarca azteca, de quien tenía noticias hacía muchos años. Esta infundada afirmación de Cortés volvió a inquietar a los aztecas.

Cortés recorrió la finca con los aztecas, mostrándoles los cañones y los guardias. Les dijo que si algún curioso entraba en ese lugar por la noche, lo matarían en el acto. Esa noche no hubo ataques ni espías, y los españoles y sus aliados indios durmieron bien. (Todos se sentían mejor tras descender de las alturas.)

Por la mañana los españoles avanzaron hasta una ciudad de veinte mil habitantes. Allí los caciques aztecas les dieron la bienvenida y les entregaron cuarenta esclavas y oro por valor de tres mil castellanos. Los españoles comieron bien y se quedaron unos días. Luego continuaron hasta la siguiente ciudad, que se hallaba parte en tierra firme y parte en el agua. Sintieron curiosidad por las canoas que circulaban a los lados y pasaban entre ellos en los canales. Esos navegantes indios eran audaces y por la noche, mientras los españoles reposaban en la ciudad, trataron de internarse en el campamento. Los españoles y tlaxcaltecas de guardia mataron quince o veinte de esos presuntos espías.

Por la mañana llegó un gran señor azteca, un sobrino de Moctezuma llamado Cacama (habitualmente se añadía el sufijo honorífico tzin, formando Cacamatzin, en una transcripción fonética). Los españoles presenciaron una pompa que nunca habían visto hasta entonces. Primero, una docena de caciques con suntuoso atuendo y muchos criados se aproximaron para anunciar la llegada de Cacama. El príncipe llegó transportado en litera por ocho grandes caciques, que eran amos de ciudades, y la litera relucía con plumas verdes colocadas en soportes de plata y oro. Cacama tenía unos veinticinco años y era señor de Texcoco. Los españoles aún ignoraban que las principales ciudades del valle, incluida Texcoco, estaban aliadas en una confederación dominada por la capital. Cuando Cacama se apeó de la litera, los nobles que lo acompañaban barrieron el suelo y recogieron los guijarros.

Estos estirados aztecas se sorprendieron cuando Cortés los saludó con un cálido abrazo. Cacama, recobrando la compostura, explicó que Moctezuma estaba enfermo y no había podido ir a recibir a los españoles, y que él debía escoltarlos. El grupo continuó la marcha –los nobles aztecas con su séquito, los españoles, los tlaxcaltecas y otros aliados indios– y los boquiabiertos pobladores de la zona se apiñaron a la vera del camino, entorpeciendo la marcha.

Condujeron a los españoles a una recta calzada de piedra, que tenía la anchura de un largo de lanza y se internaba tres kilómetros en un lago de agua dulce. (Los lagos del valle de México, algunos de agua dulce y otros de agua salada, eran de poca profundidad; la mayoría estaban drenados.) Los españoles eran reacios a avanzar por esa calzada porque en ese espacio angosto eran vulnerables, pero Cortés no quería demostrar temor, así que prosiguieron. En la ciudad que se hallaba en el extremo de la calzada los recibieron notables locales que les obsequiaron, como de costumbre, con oro y esclavas; Cortés siempre respondía regalando algunas fruslerías españolas. Desde allí, dirigidos por Cacama, fueron a una ciudad más grande que se erguía a orillas de un lago salado.

El señor de ese sitio era Cuitlahuac, hermano de Moctezuma y tío de Cacama. Era príncipe de esa ciudad, Iztapalapa, y de la ciudad lindera de Coyoacán. Cortés se aproximaba al centro del valle. (Coyoacán es hoy un arrabal de Ciudad de México y es el sitio donde el gobierno mexicano albergó a León Trotski, allí lo mató de un hachazo un asesino español enviado por Stalin.) Cuitlahuac era más taciturno y precavido que los demás señores aztecas, y Cortés habría hecho bien en memorizar su semblante sombrío y adusto. Pero los españoles, en medio de ese estallido de colores, plumas iridiscentes, oro reluciente, plata brillante y joyas chispeantes, concentraban sus esfuerzos en no dejarse transportar por la euforia de esa cultura totalmente extraña.

En la ciudad de Cuitlahuac les mostraron las villas más suntuosas que habían visto hasta entonces, y varias villas inconclusas que estaban construyendo los señores aztecas, pues ese nuevo vecindario estaba en boga entre los nobles. Las habitaciones de las villas estaban grácilmente unidas por patios interiores, corredores que daban a jardines, y en el jardín de la villa de Cuitlahuac había un estanque cuadrado, bordeado de piedras, con peces y aves acuáticas. Cortés midió el estanque y descubrió que tenía cuatrocientos pasos por lado, mil seiscientos pasos en total.

Al día siguiente los españoles continuaron la marcha, escoltados por nobles aztecas, cercados por multitudes, hasta llegar a una calzada que se internaba diez kilómetros en el lago. La calzada tenía dos largos de lanza de anchura, espacio suficiente para que ocho jinetes marcharan en columna. A lo largo de la calzada había dos ciudades: una quizá fuera Coyoacán, y la otra estaba donde hoy se encuentra Churubusco, el centro cinematográfico de México. Y más allá se encontraba la capital de la fantasía, la mayor ciudad que jamás habían visto los españoles, flotando sobre las aguas, blanca y elegante, rodeada por flotas de canoas, con pirámides tan altas que parecían tocar el cielo.

La capital azteca se llamaba Tenochtitlán (esta es la versión castellanizada; es, si se quiere, una versión vulgar, pues un purista pronunciaría Tenochtítlan, respetando el acento original; además, la *ch* náhuatl es un sonido gutural, más parecido a una *k*). Era la capital de ese lado del mundo.

El gran Moctezuma

Cortés detuvo su ejército a orillas del lago, evaluando la situación desde su caballo. Era extremadamente peligrosa. En las aguas que rodeaban la angosta calzada había cientos de canoas repletas de indios que en ese momento parecían pacíficos. En varios sitios la calzada presentaba cortes de ocho metros por donde fluía el agua, y canoas llenas de indios atravesaban esas aberturas, en cuya parte superior había puentes de tablones rectos. Sería fácil quitar los tablones para impedir que los españoles se marcharan de Tenochtitlán, y también era posible retirar dos puentes para encerrar a los cristianos en un tramo de la calzada. Apiñados en ese angosto espacio, los españoles y sus aliados indios serían incapaces de maniobrar y resultarían blancos fáciles para los guerreros que atacaran desde las canoas. Además, Cortés notó que, hacia Tenochtitlán, otra calzada de la izquierda se unía con la calzada principal, y en ese empalme había una imponente muralla de piedra semejante a la entrada de un castillo. Los españoles tendrían que pasar por ese portal. Otro gran general, el cartaginés Aníbal, siempre renuente a atacar lugares fortificados, se habría quedado en la costa, donde podría maniobrar y rodear la ciudad. Cortés, en cambio, sabiendo que todos los indios le clavaban los ojos, sacudió las riendas, hundió los talones en los flancos del caballo y siguió adelante.

Era un desfile de hombres asustados: al frente, jinetes empuñando sus lanzas, luego arcabuceros, ballesteros, piqueros y espadachines, unos cuatrocientos españoles en total; luego los tlaxcaltecas, arras-

150

trando cañones y cargando con petates y pertrechos, con seis mil guerreros tlaxcaltecas, algunos cempoaleses y algunos cholultecas a retaguardia. El ejército, que quizá fuera una mera embajada a ojos de los aztecas, tuvo que abandonar su habitual formación rectangular defensiva para internarse en la calzada, alargándose en una columna frágil y vulnerable. Detrás, cerrándoles toda posibilidad de retirada, iban las muchedumbres de los poblados aztecas del lago.

En la entrada aguardaban a Cortés mil nobles aztecas ataviados con colorido esplendor. Allí se detuvo el ejército, y Cortés debió aguardar en su montura mientras los nobles aztecas se turnaban para besar el suelo y besarle la mano. ¿En señal de qué? ¿Sumisión? Es muy improbable. Tal vez esta refinada salutación fuera simplemente una típica manifestación de elegante y formal cortesía india, un ceremonial parsimonioso que los españoles no comprendían. (Aunque parezca increíble, los mismos aztecas que en sus ceremonias sacrificaban a aullantes víctimas humanas y alcanzaban un grado de terror que era una catarsis emocional, seguido por un desenfrenado canibalismo, revelaban, en su trato de las embajadas, en su costumbre de entregar presentes que expresaban un deseo y en muchos otros procedimientos sociales, un exquisito y paciente refinamiento.) Sin duda Cortés se preguntaba qué hacían los guerreros aztecas de la ciudad durante esta forzada demora. Pero no tenía más opción que esperar, pues la calzada estaba abarrotada, tanto por delante como por detrás.

Una vez que todos los nobles le dieron la bienvenida, Cortés atravesó la muralla almenada a la cabeza de su ejército y siguió por el tramo que conectaba este empalme con Tenochtitlán. En ese tramo había otro puente de tablones, y Cortés miró con aprensión esos tablones sin clavos, pero no aminoró la marcha.

A orillas de la isla de Tenochtitlán, Cortés llegó a una amplia y recta avenida bordeada por elegantes casas de piedra de azotea plana, blanqueadas con cal y decoradas con incrustaciones de madera, entre las cuales se erguían imponentes pirámides coronadas por templos. Por esa avenida le salían al encuentro unos doscientos nobles aztecas, vestidos aun más lujosamente que los anteriores, con tocas emplumadas y prendas de algodón teñido y bordado que relucían de oro, plata y pedrerías. Los nobles, seguidos por una muchedumbre de sirvientes, avanzaban en dos hileras, una a cada lado de la calle, cerca de las fachadas de las casas. Las calles laterales y azoteas estaban abarrotadas de curiosos.

151

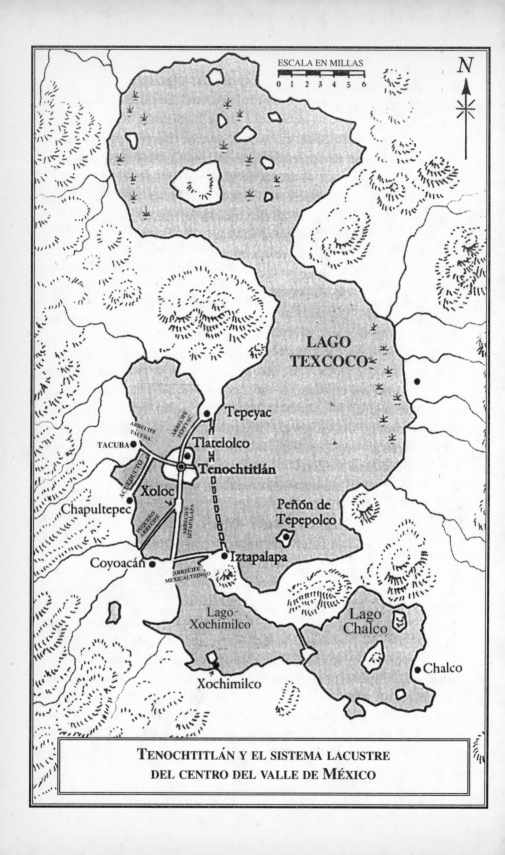

ESCALA EN MILLAS
0 1 2 3 4 5 6

N

LAGO
TEXCOCO

Tepeyac

ARRECIFE
TACUBA

ARRECIFE
TEPEYAC

TACUBA

Tlatelolco

ACUEDUCTO

Tenochtitlán

Xoloc

Chapultepec

PEQUEÑO
ARRECIFE

ARRECIFE
IZTAPALAPA

Peñón de
Tepepolco

Coyoacán

Iztapalapa

ARRECIFE
MEXICALTZINGO

Lago
Xochimilco

Lago
Chalco

Chalco

Xochimilco

**TENOCHTITLÁN Y EL SISTEMA LACUSTRE
DEL CENTRO DEL VALLE DE MÉXICO**

El monarca se acercaba a Cortés por el centro de la avenida, caminando despacio. A su izquierda iba su sobrino Cacama, y a su derecha su hermano (o hermanastro) Cuitlahuac. Moctezuma tocaba el brazo de ambos, no para sostenerse sino para indicar el vasallaje de sus dos parientes. Los nobles alineados a lo largo de la avenida desviaban los ojos para no mirar directamente al emperador y evitar la menor insinuación de impertinencia. Todos los nobles iban descalzos, incluidos Cacama y Cuitlahuac, mientras que Moctezuma usaba sandalias con suela de oro y con correas de cuero orladas de piedras preciosas.

Cortés desmontó, y Malinche y Aguilar se le acercaron. Cortés se presentó, y el monarca confirmó que, en efecto, era Moctezuma. Cortés extendió los brazos e intentó estrecharlo en un abrazo, después de haber recorrido tanto trecho y haber soportado tantas vicisitudes para verlo. Pero Cacama y Cuitlahuac se interpusieron, mientras los nobles de la avenida elevaban un agudo gemido ante esa conducta inaudita. Cortés se quitó del cuello una cadena de perlas y abalorios de cristal tallado y Moctezuma permitió que se la colgara.

Se echaron un buen vistazo de cerca, e incluso se olfatearon. Moctezuma debía hallar extrañas la palidez y la poblada barba de Cortés; habituado a evaluar a los hombres, habría visto en Cortés a un individuo en la flor de la vida, curtido por meses de lucha y constante peligro, con ojos ardientes de resolución y osadía. Para Cortés, Moctezuma lucía como un hombre mayor, vencido por la molicie y alejado de la lucha. El espléndidamente ataviado Moctezuma era moreno y delgado, tenía el pelo negro aplastado en torno de las orejas y cortado en línea recta sobre la frente, y Cortés lo juzgó más propenso a la contemplación que a la acción.

Moctezuma titubeó, sin saber cómo comunicarse. Pidió a Cuitlahuac que acompañara a Cortés mientras él, en compañía de Cacama, se reunía con otros nobles. Todos los nobles del séquito de Moctezuma se acercaron a Cortés y lo saludaron, repitiendo la ceremonia de besar el suelo y besarle la mano. Antes que la comitiva marchara avenida arriba, varios sirvientes llevaron a Moctezuma dos collares de caracolas rojas, cada cual con ocho camarones de oro exquisitamente tallado, y Moctezuma los colgó del cuello de Cortés.

Llevaron a los españoles a un amplio y bello palacio, un extenso conjunto de edificios bajos con un gran patio amurallado, que había sido morada de Axayacatl, el difunto padre de Moctezuma; poco a poco instalaron a los españoles y sus aliados indios, quienes, como parte de la embajada, contaban con la tolerancia de los aztecas. Los tlaxcaltecas, ya duchos en esta práctica, emplazaron los cañones en el patio, con pólvora y municiones a mano, pero los aztecas no dieron importancia a las medidas defensivas de un contingente tan pequeño en pleno corazón de la capital del imperio. Bernal Díaz escribiría que los tlaxcaltecas eran tantos que podrían haber cegado a los españoles con puñados de tierra, y esta afirmación era aun más certera en el caso de los aztecas.

Siendo media tarde, el gran Moctezuma dejó que los españoles comieran y descansaran, y se retiró para hacer lo propio. (A esa gran altura –Ciudad de México se encuentra más de dos mil metros sobre el nivel del mar– conviene comer al mediodía y darse bastante tiempo para la digestión. Los españoles ignoraban que el bajo contenido de oxígeno del aire enrarecido entorpece la digestión, pero un almuerzo abundante seguido de una siesta era uno de sus hábitos.) Los aztecas habían ofrecido de todo a los españoles: un contingente de mujeres para cocinar, criados para servir los platos, una enorme cantidad de comida, y hasta forraje para los caballos, pues habían observado atentamente los hábitos de estas bestias. Se sirvió un banquete, y después todos los españoles durmieron la siesta salvo los que estaban de guardia. A Cortés le agradaba beber durante el almuerzo un cuarto de litro de vino mezclado con un cuarto de litro de agua. No se sabe si el vino que bebía era sacramental.

Al caer la tarde (una de las horas más gratas del día en Ciudad de México, hallándose también en una de las épocas más gratas del año; corría el 8 de noviembre de 1519) Moctezuma regresó acompañado por muchos nobles, y Cortés lo recibió en el gran salón del palacio. Moctezuma ordenó a los porteadores que descargaran sus presentes: objetos de oro, joyas, platería, mantos de plumas, finas túnicas de algodón teñido y bordado. Cortés le dio las gracias y le obsequió con objetos españoles.

Moctezuma, con la mediación de Malinche y Aguilar, dio un discurso de cierta longitud, un discurso que había meditado y preparado, con el cual explicaba sus pensamientos y sentimientos. Este discurso se ha prestado a muchas interpretaciones y plantea varios interrogantes. Sin duda Malinche se sentía abrumada por las circunstancias. Siendo una esclava, ser interpelada por el gran rey que durante toda su vida había sido reverenciado como la fuerza más poderosa de la existencia, resulta imposible no sentir temor. Su traducción del náhuatl al maya debía de ser vacilante. A la vez, el maya de Aguilar, aunque muy útil en la práctica, sin duda era inadecuado para transmitir todos los matices que expresaba el emperador azteca. Y Cortés, receptor final en esta cadena de comunicaciones, debía adaptar a su mentalidad los pensamientos de Moctezuma, forjados en un contexto totalmente distinto.

Contamos con varios testimonios: la carta de Cortés al rey, que es la versión más cercana a los hechos en el tiempo; el relato de Gómara, dictado por Cortés una veintena de años después; los comentarios documentados de varios capitanes españoles; y las obras de los padres franciscanos, Diego Durán y Bernardino de Sahagún, que se escribieron años después de la conquista y se basaban en testimonios de sacerdotes aztecas. Todo lo que podemos hacer es tratar de aplicar a este discurso las pautas de la razón, en un esfuerzo por interpretar su sentido. Y vale la pena hacerlo, pues en este discurso puede residir la explicación de la conducta posterior de Moctezuma.

La interpretación de Cortés parece ridícula. Lo que él comprendió, lo que oyó, creyó oír o quiso oír, lo que consignó en su carta al rey, era un interesado cúmulo de ideas y frases tomadas de las Siete Partidas, de la Biblia y aun de refranes españoles tradicionales. Según Cortés, Moctezuma dijo que los españoles debían tratar la casa de su padre como si les perteneciera: "E pues estáis en vuestra naturaleza, y en vuestra casa, holgad y descansad del trabajo del camino y guerras que habéis tenido". Cortés no vaciló en tomar esta pleitesía literalmente, como si Moctezuma le cediera legalmente la propiedad.

En su discurso formal Moctezuma explicaba –y la secuencia de tópicos varía entre la carta de Cortés al rey y los recuerdos que dictó a Gómara un cuarto de siglo después– que había querido disuadir a los españoles de ir a Tenochtitlán porque su pueblo estaba asustado por historias sobre los caballos que devoraban gente y las armas que lanzaban rayos y eructaban truenos. Pero él no era presa de esos engaños. Sabía que eran mortales como él mismo, que los caballos eran animales como los venados, y que los cañones y armas de fuego eran como cerbatanas.

Esto defraudó un poco a los españoles, porque les gustaba creer que todos los indios los consideraban dioses, y así habían optado por comprender la palabra *teúles*. Esta idea, que por primera vez habían visto expresada entre los indios isleños, les resultaba divertida, y al parecer tenía arraigo entre la mayoría de los indios.

Según todas las versiones, Moctezuma se levantó la ropa para mostrar el cuerpo desnudo y declaró que era tan mortal como ellos. Sin duda sucedió algo parecido, aunque existe una asombrosa similitud entre este gesto del emperador y ciertos pasajes bíblicos (como cuando

Jesús aclara a sus discípulos que un espíritu no tiene carne y huesos como los que ellos están viendo, o ciertas afirmaciones de Pablo y Bernabé). Los españoles adaptaron la intención del gesto de Moctezuma a los preceptos bíblicos que ellos tenían presentes.

Moctezuma sabía que sus revoltosos enemigos de Tlaxcala y Cempoal –a quienes pronto cortaría las alas– les habrían contado muchas exageraciones. Debían haber oído que Moctezuma era un dios, que los edificios de Tenochtitlán estaban hechos de oro y que sus arcas rebosaban de infinitos tesoros. Eran patrañas. Las pirámides estaban hechas de barro y tenían revestimiento de piedra. Las casas eran de barro, madera y cal. Los tesoros de oro y joyas que habían acumulado los reyes aztecas eran limitados.

Los españoles supieron –o entendieron– que los aztecas no eran nativos de esa comarca, que habían llegado allí en el brumoso pasado encabezados por un gran caudillo que por alguna razón abandonó a los suyos para volver a su lugar de origen. Luego regresó y quiso guiar a su pueblo a otras partes, pero los aztecas se habían mezclado con los indios locales, prosperaban y no quisieron obedecer a su "señor natural". El señor se había ido a la costa y había puesto proa al Este con la promesa de que un día regresaría para reanudar su reinado.

Evidentemente Moctezuma refería la historia de Quetzalcóatl, pero había dos versiones de esta leyenda. En una versión, Quetzalcóatl era totalmente divino, un compañero de los otros dioses creadores de la mitología azteca, que estaban representados por ídolos de caprichoso rostro en todo México. Entre ellos descollaba el feroz Huitzilopochtli, cuya águila había descendido sobre un cacto con frutas para señalar dónde debía fundarse Tenochtitlán y exigir sacrificios de sangre humana. Quetzalcóatl, la Serpiente Emplumada que se conformaba con sacrificios de palomas y perdices, era un dios del aire, el viento y la luz. En la otra versión, Quetzalcóatl, un hombre que quizá tomara su nombre del dios, era el semilegendario y cuasihistórico cacique de los toltecas, un antiguo pueblo (desaparecido tiempo atrás) que había construido la ciudad de Tula al norte de Ciudad de México y tal vez el gran centro ceremonial de Teotihuacán, en las afueras de Ciudad de México. Las imponentes pirámides de Teotihuacán ya estaban cubiertas de polvo y eran montículos herbosos en tiempos de Cortés. Al fin los toltecas habían emigrado al Yucatán, donde habían construido la ciudad maya-tolteca de Chichén-Itzá, de donde había zarpado Quetzalcóatl. Se decía que el cacique tolteca era pálido y barbado. La historia de Quetzalcóatl que Moctezuma refirió a los españoles era la versión semihistórica, que hablaba de un hombre poseído por una chispa divina (pues de lo contrario no habría sido cacique ni habría logrado tales triunfos) y tal vez fuera el progenitor del linaje de Moctezuma.

Moctezuma se alegraba de considerar a Cortés y sus españoles, que venían desde el Este, como descendientes de Quetzalcóatl. Había recibido informes sobre las visitas anteriores de los hombres blancos (las expediciones de Hernández de Córdoba y Grijalva) y había querido conocerlos. Ahora le complacía que los hombres blancos fueran sus huéspedes en la capital y, por lo que le habían dicho sobre los discursos de Cortés, consideraba probable que el gran rey de que hablaba Cortés fuera, en efecto, un descendiente directo de Quetzalcóatl, un antepasado de Moctezuma, sobre todo porque Cortés decía que el gran rey tenía noticias de Moctezuma y del pueblo azteca.

Esta visión racionalista del discurso de Moctezuma contradice el testimonio que los sacerdotes aztecas dieron a Sahagún y Durán años después de la conquista. Los sacerdotes les relataron que Moctezuma estaba aterrado por la profecía de que el imperio azteca se derrumbaría y todo se perdería. Había habido un portento, un cometa que parecía colgar sobre los cielos de Tenochtitlán con las primeras luces del alba. Moctezuma había sentido pavor ante este ominoso presagio, que había sido interpretado por el rey de Texcoco, otra ciudad de la confederación azteca. La recepción de Moctezuma a los españoles, de acuerdo con los sacerdotes, era un reconocimiento a esta temible profecía. Empero, estos sacerdotes aztecas hablaban en náhuatl con franciscanos que habían aprendido esta lengua. Y los aztecas, una vez concretada la conquista, se estaban adaptando a las nuevas circunstancias. Lo que resulta sospechoso en esta declaración es que el cometa que describían había aparecido diez años antes de la llegada de los españoles, durante el reinado de ese monarca de Texcoco, y no es razonable pensar que el efecto que el presagio pudo surtir sobre Moctezuma hubiera durado diez años a pesar de la ininterrumpida sucesión de triunfos aztecas de esa década.

(Debemos señalar que las mitologías religiosas –ya deriven del curso de la evolución humana tal como se produjo en Eurasia, en las Américas o donde fuere– comparten la tendencia a expresarse en metáforas y alegorías. Después de la conquista los sacerdotes aztecas adaptaron sus historias, metáforas, alegorías y alusiones, urdiendo nuevamente sus tapices narrativos para absorber e incluir la conquista.)

Cortés aprobaba la descripción de Quetzalcóatl como "señor natural" de los aztecas (si un concepto como el de "señor natural" podía venir de Moctezuma). La expresión "señor natural" era común entre los españoles, y Cortés confirmó a Moctezuma que el rey de España era su señor natural. Más aun, si era posible usar el término en un sentido más amplio, si Cortés podía ser un "señor natural" tal como se definía en *las Siete Partidas*, tendría derecho a una mayor parte de las ganancias de la conquista.

A la mente legalista de Cortés le agradó que Moctezuma, al decir que su pueblo no era nativo de la región, confesara que era un usurpador. Moctezuma no podía reclamar legitimidad si decidía no someterse a la autoridad del rey de España. Por el contrario, según la leyenda de Quetzalcóatl, el rey de España sería el monarca legítimo.

Es razonable suponer que Moctezuma declaraba lo que parecía más ventajoso desde su punto de vista, mientras que Cortés deducía de ese discurso lo que parecía más ventajoso para los intereses españoles. Moctezuma, a pesar de su suspicacia, estaba dispuesto a negociar con los españoles porque eran excelentes guerreros que contaban con el apoyo de sus dioses. Antes había ofrecido recompensar a Cortés y pagar tributo al rey de España, así que no haría más concesiones. Y un par de pagos no significarían mucho para el enorme tesoro de Moctezuma. Si podía persuadir a Cortés de que se largara, Moctezuma ganaría tiempo para reflexionar y para consultar con sus dioses y augurios.

Cuesta creer que Moctezuma temiera a los españoles. Los había atraído a esa isla de donde no podían escapar. Tenía conocimientos sobre sus caballos y armas y confiaba en derrotarlos cuando fuera necesario. Pero sentía gran curiosidad por sus visitantes. Los tesoros que estaban en juego le parecían insignificantes. Negociaba astutamente con estos embajadores, y desde su punto de vista eran los españoles quienes venían desde el lado desconocido del mundo. Incluso ofrecía una solución pacífica a los invasores, una solución que sería provisional si cambiaba de parecer, o que podía implicar un convenio permanente por el cual continuaría pagando tributo a una temible tribu de tez blanca. Los indios estaban familiarizados con el pago de tributos y ese convenio no los perturbaba.

Cortés –con expansiva amabilidad española, y desde su propio punto de vista– aceptaba con astucia y gratitud la hospitalidad de ese rey sanguinario, pagano y caníbal.

La estrategia de
Moctezuma y Cortés

Moctezuma oró durante cinco noches. Era devoto por naturaleza. Siempre había intuido una presencia divina. Sin la admisión de esa presencia era incapaz de explicar las hazañas y glorias de su pueblo. Le rezaba a Huitzilopochtli, deidad fundadora de Tenochtitlán. Huitzilopochtli era el dios de Moctezuma, el dios a quien había servido en su juventud. Huitzilopochtli era el tambor divino, el dios de la guerra, el dios que había dado su fuerza a los aztecas. Y su suerte. Moctezuma no le rezaba a Quetzalcóatl, el dios de los vientos; no quería rezarle al dios de Cholula. Quetzalcóatl era el dios de los olvidados toltecas, el dios de los artesanos. A Huitzilopochtli le rezaba con fervor, le rogaba una señal que lo guiara en sus decisiones. Los forasteros que habían llegado a México eran diferentes de todos los seres humanos que Moctezuma conocía. Si él ordenaba aniquilarlos, ¿Huitzilopochtli seguiría bendiciendo a los aztecas? ¿O prefería que Moctezuma negociara con los extranjeros y les sonsacara el secreto de sus estruendosos tubos de fuego? Moctezuma estaba seguro de que podía comerciar con los extranjeros, y quizá pudiera obtener algunos de esos animales que traían y criar caballos en su zoológico. Esos extranjeros codiciaban el oro. El ignoraba por qué. Los aztecas valoraban el oro porque era ornamental, hermoso y maleable, pero el jade era más raro y precioso. Moctezuma intentó comprender el significado que tenía el oro para los españoles, pero el concepto del dinero se le escapaba, aunque en los mercados aztecas a veces se utilizaban cañones de plumas llenos de pepitas de oro para equilibrar los trueques. Era evidente que esos extranjeros tenían una chispa divina. Les rezaban a sus dioses: se arrodillaban ante la cruz (un símbolo que para Moctezuma no significaba nada) y la estatua de la mujer con el niño (lo cual le resultaba desconcertante). Ambos símbolos eran desleídos y pasivos a los ojos de Moctezuma, pero esas deidades habían permitido que los extranjeros vencieran en Tabasco y Tlaxcala a pesar de su gran inferioridad numérica. ¿Acaso la bendición de los mansos dioses de los extranjeros era más poderosa que la bendición de Huitzilopochtli, la bendición que había inspirado al imperio azteca? Moctezuma dudaba, y le rezaba a su dios pidiendo una respuesta.

El modo de rezar de Moctezuma era atroz, a ojos de los españoles. El templo de Huitzilopochtli coronaba la pirámide más alta de Tenochtitlán. Todas las noches en ese templo, a la luz de las antorchas, Moctezuma se postraba ante un espantoso ídolo de piedra de rostro inhumano, una imagen propia de una pesadilla. Rezaba después del sacrificio de media docena de jóvenes de ambos sexos, esclavos, prisioneros de guerra o indios de otras tribus que se le habían entregado como tributo para ese propósito. A ojos de los españoles (para quienes todos los indios eran iguales), los sacerdotes de Moctezuma mataban a su propia gente. Para Moctezuma no era así, pues las distinciones entre los indios, las diferencias tribales, eran el único medio con que contaba para distinguir entre los seres humanos que conocía, los aztecas y todos los demás. Huitzilopochtli, según la tradición y según una experiencia avalada por el éxito de los aztecas, exigía sangre humana como precio por su atención. Exigía sacrificios espectaculares. Moctezuma sólo rezaba una vez que conseguía llamar la atención del dios. Entretanto, los sacerdotes intentaban predecir el futuro estudiando las entrañas de palomas y perdices. Después de las oraciones de Moctezuma, mientras el olor a sangre humana impregnaba el aire y el humo se elevaba desde los corazones humanos arrojados a los braseros, mientras Huitzilopochtli prestaba atención, Moctezuma, aún de rodillas, reflexionaba, sabiendo que a menudo el dios enviaba sus mensajes en forma de pensamientos.

En una habitación del palacio donde se alojaban los españoles, Cortés había instalado una improvisada capilla donde el padre Olmedo daba misa.

Moctezuma, por medio de Malinche y Aguilar, averiguó quiénes eran hermanos de Cortés, quiénes sus capitanes, quiénes de noble cuna, respetables o plebeyos. Luego les envió regalos adecuados: esculturas y joyas de oro para los hidalgos, que fueron ofrecidas por nobles aztecas; regalos menores para los soldados de filas, entregados por criados de Moctezuma; bagatelas para los marineros y criados, llevados por lacayos indios. Tanto los aztecas como los españoles daban por sentada la estratificación social. Ninguno de ambos lados del mundo era igualitario.

Al principio Cortés advirtió a sus hombres que no salieran del palacio hasta no tener mejores conocimientos sobre el trato que recibirían. Pronto puso a trabajar a todo su ejército, fortificando el complejo, taponando las entradas, limitando los accesos, construyendo plataformas para los cañones, tratando de proteger la techumbre inflamable de las alas de la servidumbre, apostando arcabuceros y ballesteros en puntos estratégicos. Los aztecas no daban importancia a estas actividades.

Con el correr de los días, nobles aztecas seguidos por numerosos séquitos visitaban a los españoles, y los nobles escoltaban a grupos de capitanes y soldados españoles por la gran ciudad, cuya población se estimaba en trescientos a quinientos mil habitantes. Cortés siempre dejaba una fuerte guardia en el complejo donde se acuartelaban. Con orgullo y pompa, los príncipes aztecas mostraban los elegantes palacios donde vivían. Moctezuma insistía en que los príncipes vasallos residieran en la capital y en que sus esposas e hijos permanecieran allí cuando ellos se ausentaban, un eficaz método para usar rehenes del cual se valían muchos monarcas en ambos lados del mundo.

El palacio donde vivía Moctezuma en ese momento (tenía muchas residencias en la ciudad y en la campiña) no estaba lejos de los aposentos de los españoles. En el palacio del emperador, los españoles pudieron apreciar el lujo con que vivía Moctezuma: una guardia permanente de tres mil guerreros, los cordones de centinelas que debía atravesar el visitante tan sólo para aproximarse a la residencia del monarca, la gran sala donde Moctezuma oía peticiones y zanjaba disputas. Miles de criados asistían al soberano. Para cada comida se preparaban cientos de platos, entre los cuales Moctezuma seleccionaba –según las recomendaciones del cocinero– los pocos que se dignaba paladear. Sus mujeres le servían la bebida. Durante las comidas, algunos caciques mayores se sentaban con Moctezuma, pero rara vez hablaban. En ocasiones, como favor, él les permitía saborear uno de sus platos. Y mientras Moctezuma comía, lo divertían malabaristas que hacían girar maderos en el aire y bufones que eran enanos o tullidos deformes. Pero en la corte no reinaba la liviandad. Se imponía una rígida etiqueta, pues los aztecas entendían que la dignidad exigía gravedad, que era la manifestación aceptable del miedo.

Los españoles visitaron el zoológico con sus fieras, animales que según se decía se alimentaban con el torso de los seres humanos sacrificados. Estos animales incluían rugientes pumas y jaguares, así como mortíferas serpientes de cascabel, desconocidas para los españoles. También visitaron una pajarera que albergaba feroces aves de rapiña, y otra donde se criaban aves de espléndido plumaje. Les mostraron (con especial énfasis) las arcas donde se almacenaba el tributo –oro, plata y joyas– y las armerías contiguas a las pirámides. Los españoles notaron que los habitantes de Tenochtitlán no iban armados; los nobles aztecas declaraban que sólo se entregaban armas al pueblo cuando los dioses estaban amenazados o cuando Moctezuma lo convocaba para la guerra.

Los españoles se impresionaron ante el enorme y antiguo mercado, sometido a una intensa vigilancia policial, regulaciones y gravámenes (los príncipes aztecas obtenían un veinte por ciento por impuesto a las ventas), donde sesenta mil personas se reunían a diario para intercambiar gran cantidad de mercancías. Caravanas de porteadores de provincias remotas traían alimentos y artesanías, mientras otras gentes venían en canoa de las ciudades circundantes. Abundaban los alimentos de toda clase, aunque Bernal Díaz pensaba que los plebeyos obtenían muy poco y obedecían por temor. Se vendían esclavos en el mercado. El tabaco, desconocido por los españoles, se vendía en tubos de papel que se encendían después de las comidas, para inhalar el humo. Se ofrecía toda clase de hierbas medicinales. En un sector del mercado, la gente de un poblado cercano preparaba mantos y cortinas de plumas, colocando cada pluma en el lugar preciso, y los españoles juzgaban que las imágenes que los artesanos confeccionaban con esas plumas brillantes eran maravillosamente realistas. En otro sector del mercado, orfebres y joyeros cincelaban sus tallas hasta lograr reproducciones que resultaban impecables a ojos de los españoles. Hablando de esos artistas indios, Cortés le comentaría a Gómara que pocas naciones tenían tanta paciencia, y menos las de carácter fogoso como la de los españoles.

El anillo de piedra de una cancha de pelota india.
En el borde del anillo hay inscripciones conmemorativas.

Sin explicaciones, los nobles aztecas mostraron a los españoles
su osario, una especie de teatro de la muerte, donde, en plataformas
clavadas a postes, se exhibían más de 136.000 cráneos de guerreros a
quienes los aztecas habían capturado y sacrificado. Andrés de Tapia,
con un par de españoles, regresó más tarde para contar los cráneos, no
incluyendo los que estaban unidos con argamasa y se usaban para con-
figurar dos torres.

Los españoles pronto se enamoraron de los juegos de pelota. En
los vecindarios de Tenochtitlán –y en todas las ciudades de México–
había canchas construidas con tanto cuidado como los antiguos teatros

griegos; estas canchas rectangulares tenían elegantes gradas de piedra para los espectadores y paredes con nichos para los ídolos y piedras simbólicas talladas. Se jugaba con una pelota de goma que llamó la atención de los españoles por su modo de rebotar, y los jugadores la golpeaban con las caderas, las rodillas, los pies y la cabeza (nunca con las manos), con el propósito de hacerla pasar por un anillo de piedra vertical; había anillos de piedra montados en ambos extremos de la cancha. Era un juego difícil donde se anotaban pocos puntos porque los anillos eran altos y los orificios pequeños. Los jugadores, que parecían incansables a pesar de la altitud, usaban almohadillas para protegerse de la pelota y de los golpes, y la gente que llenaba las gradas ovacionaba con júbilo. Los españoles pronto aprendieron el juego; no comprendían del todo los rituales que lo acompañaban, pero en los deportes los aztecas y los españoles encontraron un placentero terreno común.

Los españoles eran tratados como una embajada que se alojaba provisionalmente en la ciudad. Siguiendo órdenes de Moctezuma, los nobles les mostraban las vistas de interés, con el doble propósito de complacerlos e impresionarlos. La presencia de esa comitiva de hombres blancos y barbados que habían tenido la temeridad de visitar el corazón mismo del imperio era para los aztecas prueba evidente de que ambos pueblos habían acordado la paz. Aun así, el ánimo expansivo de los españoles desconcertaba un poco a los nobles aztecas. A medida que los españoles se habituaban a la atmósfera de Tenochtitlán, demostraban una actitud jocosa y despreocupada que infringía la noción de decoro de los indios.

De noche, mientras Moctezuma rezaba, Cortés trazaba sus planes. ¿Qué haría con sus pocos centenares de hombres en medio de esa metrópolis? Dependían por completo de la buena voluntad de Moctezuma, cuyo ánimo podía cambiar en cualquier momento. Si levantaban los puentes, los españoles quedarían aislados. Si no les entregaban comida, se morirían de hambre. Y los aztecas gozaban de tal superioridad numérica que bastaba con que cada habitante de la ciudad arrojara una sola piedra para que perecieran todos los españoles. Cortés sabía lo que quería, pero debía encontrar los medios para lograrlo.

La constitución emocional de ambos pueblos era totalmente distinta. A pesar de los arrebatos periódicos de los aztecas, a pesar de su ferocidad en la guerra y la violencia de sus sacrificios, y a pesar del fantasioso deleite que encontraban en sus trabajos artesanales con plumas y flores, en sus juegos y danzas (un deleite que aún hoy resulta encantador en los mexicanos), los indios en general y los aztecas en particular eran parsimoniosos y reacios al cambio. Los españoles, en cambio, eran rápidos e impulsivos, ávidos de improvisaciones e inventos, y más prácticos que fantasiosos.

Una noche, cuando Cortés se paseaba por sus aposentos, reparó en una pared recién blanqueada y aparentemente recién construida. A la luz de las antorchas, ordenó a sus hombres que trajeran barras de hierro para abrir un boquete. Descubrieron una serie de cámaras sin ventanas donde estaba almacenado el tesoro de Axayacatl, el padre de Moctezuma. En esas cámaras había pilas de cofres repletos de joyas, piezas de orfebrería, mantos de plumas. Cortés y sus capitanes quedaron atónitos ante la vastedad de esas riquezas. Pero, por el momento, estaban abrumados por los regalos que ya les habían dado, así que Cortés ordenó reparar las paredes de esas cámaras y blanquearlas con cal.

Durante la mañana del cuarto día que pasaban en Tenochtitlán, Cortés pidió una audiencia a Moctezuma, quien se la concedió. Cortés fue al palacio de Moctezuma con varios capitanes y soldados. Cortés bromeaba con Moctezuma de un modo que no parecía disgustar al emperador; por el contrario, el monarca parecía complacido con la informalidad de los españoles. Tal vez Moctezuma fuera el único del imperio que se permitía tolerar desvíos respecto de un protocolo que imponía miradas gachas, silencio respetuoso, muestras de obediencia y temor. Esa conducta no sentaba a los españoles, ni siquiera a los de más baja extracción. Después de cierta plática, Cortés le dijo a Moctezuma que él y sus capitanes deseaban visitar el gran templo de Huitzilopochtli que se hallaba en la cima de la pirámide más alta de la capital. Moctezuma titubeó, pues se trataba de su reducto más íntimo, pero accedió y prometió que por la tarde él mismo los llevaría de visita.

Este paseo fue más formal que las salidas anteriores con los nobles y sus comitivas. Moctezuma viajaba en litera. Los españoles –Cortés con sus capitanes y un centenar de arcabuceros y ballesteros– iban rodeados por el séquito real. En el patio del templo, al pie de la enorme pirámide, Moctezuma se apeó de la litera y pidió a los españoles que aguardaran mientras él subía para hablar con los sacerdotes. La pirámide tenía ciento catorce escalones, un poco menos que la gran pirámide de Cholula, pero estos dificultosos escalones no eran uniformes. Los sirvientes ayudaron al monarca en su ascenso y, al cabo de una breve espera, los españoles fueron invitados a subir.

Entonces bajó por la escalinata un enjambre de sacerdotes. De inmediato hubo un intercambio de palabras bruscas. El tono de Cortés transmitía claramente sus intenciones: no permitiría que los sacerdotes tocaran a sus hombres, ni siquiera que se les acercaran. Los capitanes llevaron la mano a la empuñadura de sus espadas, los arcabuceros y ballesteros se aprestaron para el combate. Los españoles sabían que los sacerdotes aferraban las piernas y los brazos de las víctimas, pero estos sacerdotes habían recibido instrucciones de Moctezuma para ayudar a los visitantes en el arduo ascenso, y retrocedieron confundidos. Cuando los españoles llegaron a la cima, lo cual no les resultó fácil porque muchos tenían el interior de los muslos irritado de tanto andar y otros tenían ampollas, úlceras y abscesos en las piernas y los pies, Moctezuma comentó que ojalá el ascenso no los hubiera fatigado. Cortés respondió que los españoles nunca se cansaban.

Moctezuma señaló la vista, el magnífico panorama de Tenochtitlán, la ciudad con sus cientos de torres, jardines colgantes, la red de canales y los lagos. Era la mejor vista de la ciudad que habían tenido los españoles. Como algunos lagos que rodeaban la capital eran de agua dulce y otros de agua salada, los ingenieros aztecas habían intentado la hazaña de separarlos mediante terraplenes donde había esclusas móviles y diques segmentados, que permitían controlar la irrigación. Gran cantidad de canoas recorrían la resplandeciente superficie de los lagos. El agua no era potable, pues aun los lagos de agua dulce eran demasiado salobres. Un acueducto de piedra que contenía dos enormes tubos de arcilla llevaba agua de manantial a la capital desde el cerro de Chapultepec, en la otra orilla, y el agua potable circulaba por cristalinos canales por toda la capital y cruzaba los canales en tubos de arcilla más pequeños. En las orillas de los lagos salados, los aztecas juntaban la sal y preparaban ladrillos de sal que se trocaban en todo México, excepto en Tlaxcala. En los lagos de agua dulce flotaban jardines artificiales, cuyas plantas crecían en el sedimento depositado entre arbustos entrelazados. Los españoles quedaron maravillados, tal como esperaba Moctezuma. (Después de la conquista, los sacerdotes aztecas declararon que Tenochtitlán se fundó en 1325, cuando Huitzilopochtli descendió en forma de águila; aunque esta fecha de fundación goza de aceptación general, no parece razonable, pues dos siglos no bastarían para que un pueblo sin herramientas de hierro construyese una ciudad de tal tamaño, complejidad y refinamiento cultural; esa isla del valle de México debía de estar habitada desde mucho tiempo antes.)

Luego Moctezuma les mostró las cámaras interiores del templo. Les mostró el temible monolito enjoyado de Huitzilopochtli, ennegrecido de sangre seca, con espantosos y relucientes ojos oscurecidos por coágulos, y la estatua de Tezcatlipoca, hermano de Huitzilopochtli, y otro ídolo de pasta y semillas del cual se decía que brotaba toda forma de vida. Un pequeño ejército de sacerdotes los acompañaba. (Es interesante señalar que no ha sobrevivido ninguna estatua de Huitzilopochtli ni de Tezcatlipoca, principales figuras del panteón azteca, y ninguna del dios de pasta, aunque sí se conservan imágenes de otros dioses, como Tlaloc, deidad de la lluvia, sobre todo en la costa. Tal vez sea una coincidencia, o una prueba de que los cristianos los erradicaron por completo; en todo caso para una erradicación tan exhaustiva contaban con la ayuda de los indios cordilleranos, quienes se sentían profundamente defraudados por la falta de apoyo de esos dioses.)

Cortés, como de costumbre, sintió repulsión ante los ídolos y trató de explicar a Moctezuma que debía adorar al Dios verdadero y así obtendría aun mayor fortuna, pero el padre Olmedo le tiró de la manga para disuadirlo. Cortés le preguntó a Moctezuma si era posible despejar una pequeña zona del templo para que los españoles pudieran instalar su cruz y la estatua de María; incluso insinuó que, si tal cosa se permitía, existiría una competencia tácita entre los ídolos aztecas y el Dios verdadero, y entonces Moctezuma comprobaría cuál fuerza prevalecía. Pero Moctezuma se indignó y rehusó, diciendo que no permitiría que los españoles invadieran el santuario de sus dioses, y que ahora debían marcharse. Entonces se negó a acompañarlos, a pesar de que así lo requería la etiqueta, porque debía quedarse para aplacar a sus dioses después de ese agravio.

Los españoles bajaron la escalinata, y Cortés comprendió con amargura que más víctimas serían sacrificadas para expiar su rudeza.

Durante su quinto día de permanencia en Tenochtitlán, Cortés urdió planes para cumplir su propósito, y el sexto día actuó.

Cortés disponía de una carta que le habían entregado en Cholula; era un recado de Pedro de Ircio, quien había sucedido a Juan de Escalante como comandante del fuerte de Villa Rica. Algunos españoles habían muerto (siete o nueve, según las versiones). Al parecer los cempoaleses habían convencido a cincuenta españoles de Villa Rica de acompañarlos a otra ciudad donde había indios que hablaban náhuatl y eran enemigos históricos de Cempoal y vasallos de Moctezuma; se trataba de obligarlos a renunciar a su lealtad a Moctezuma para que pagaran un tributo en oro al rey de España, con un porcentaje para Cempoal. Se libró un combate donde perecieron Juan de Escalante y otros españoles; los españoles fueron derrotados, y el cacique de esos indios, llamado Qualpopoca, persistió en su rebeldía y, según Pedro de Ircio, anunció a la gente de la región que Moctezuma le había ordenado matar a los forasteros. La derrota de los españoles había causado gran alboroto, pues ahora todos los totonacas, incluidos los de Cempoal, ponían en duda que los españoles fueran invencibles y no sabían qué partido tomar. Las entregas de comida al fuerte eran esporádicas, y los españoles pescaban con sus chalupas.

Anunciando a Moctezuma que debía verlo por cuestiones urgentes, Cortés dejó a la mitad de sus hombres en sus cuarteles y se puso al frente de la otra mitad, fuertemente armada. Apostó arcabuceros y ballesteros en esquinas estratégicas, camino del palacio de Moctezuma, y otros grupos en los patios del emperador. Aunque los españoles siempre iban armados, esta vez ocultaron las armas bajo las capas y procuraron disimular para no alertar a la guardia azteca. Cortés entró en la sala de audiencias de Moctezuma con treinta capitanes y soldados.

Aun entonces, con la carta de Pedro de Ircio en el bolsillo y su estrategia decidida, Cortés bromeó con Moctezuma. Hablaron de mujeres. El palacio de Moctezuma, Tecpan, era mantenido por mil (o tres mil) mujeres, entre las que se encontraban sus encumbradas esposas y todas las hijas que los príncipes vasallos le habían entregado. Cortés le preguntó cuántas mujeres encintas tenía al mismo tiempo, y Moctezuma respondió que ciento cincuenta. Moctezuma llamó a una joven, diciendo que era una de sus hijas, y se la obsequió a Cortés, pero este, con la excusa de que estaba casado y Dios sólo le permitía una esposa (aunque quizá ya hubiera embarazado a Malinche), le cedió la joven a Pedro de Alvarado, quien era soltero y siempre estaba dispuesto. Moctezuma ya estaba habituado a las humoradas de esos desvergonzados hombres blancos.

Entonces Cortés extrajo la carta de Pedro de Ircio y se la leyó muy despacio a Moctezuma, concediendo a Aguilar y Malinche todo el tiempo necesario para una traducción detallada. Enfatizó la afirmación de Qualpopoca, que decía haber matado a los españoles por orden de Moctezuma, aunque añadiendo que estaba seguro de que Qualpopoca era un embustero. Moctezuma jamás habría impartido esas órdenes. Moctezuma había acogido esa embajada del rey de España, y estaban platicando sobre tributos. Cortés no podía creer que Moctezuma fuera tan pérfido.

Moctezuma negó con vehemencia que hubiera ordenado atacar a los españoles. Llamó a algunos de sus nobles y, quitándose de la muñeca un brazalete con el sello de Huitzilopochtli, se los entregó y los envió a la costa en busca de Qualpopoca, para que lo trasladaran a la capital. Si se resistía, debían reclutar ejércitos aztecas en las ciudades, pero era preciso imponerle obediencia.

Todo estaba muy bien, dijo Cortés, pero mientras no se hubiera zanjado esa cuestión Moctezuma tendría que acompañar a los españoles y alojarse en el palacio donde ellos vivían. Lo tratarían con suma cortesía y con el amor que le profesaban todos los españoles, que agradecían su generosidad. Pero debía acompañarlos, pues de lo contrario el rey de España se enfadaría con Cortés por permanecer indiferente ante el asesinato de sus compatriotas. En la casa de Axayacatl, Moctezuma podría continuar gobernando sus dominios, zanjando disputas, dictando sentencias, es decir, realizando sus actividades de costumbre.

Era un golpe tan temerario que Cortés tuvo dificultades para expresarse. A veces hacía una pausa de un par de minutos, luego continuaba.

Y Moctezuma comprendió que no gozaría de libertad. El uso de rehenes encumbrados era una táctica conocida en la Europa de entonces, así como en las antiguas Grecia y Persia. No lo era en México, donde la derrota y la piedra del sacrificio eran casi coincidentes. El estupefacto y ofendido Moctezuma replicó que no podían tomarlo prisionero.

Pero Cortés acercó su banco y durante cuatro horas él y Moctezuma –con la mediación de Aguilar y Malinche– discutieron esta inusitada posibilidad. Cortés aseguró que Moctezuma no sería un prisionero sino un huésped de honor. ¿Acaso a un prisionero se le permitía administrar su imperio? Cortés insistía en que Moctezuma continuara gobernando. Una y otra vez volvieron sobre este punto. A fin de cuentas, no sería tan extraño que Moctezuma se alojara un tiempo en la morada de su difunto padre, si todos los días los nobles lo visitaban para recibir instrucciones.

Lo cierto era que Moctezuma aún no había recibido una señal de Huitzilopochtli. Al cabo de cuatro horas de negociación, Cortés logró persuadirlo, y Moctezuma accedió a ponerse en manos de los españoles.

La conquista por la astucia

Durante cinco meses Cortés se salió con la suya: la conquista del imperio azteca mediante la inteligencia, mediante una hábil diplomacia, mediante la presión y la manipulación, mediante el uso del ingenio y la astucia, sin recurrir a la lucha y con un mínimo derramamiento de sangre.

El traslado de Moctezuma al baluarte español se llevó a cabo de inmediato. Tras dar su consentimiento, Moctezuma ordenó que le preparasen una cámara apropiada en la casa de su difunto padre, y veintenas de presurosos sirvientes obedecieron a la hora. Luego, escoltado por Cortés y los capitanes españoles, el emperador se trasladó en litera desde su palacio. Al día siguiente se anunció que Moctezuma concedería audiencia en el palacio donde había gobernado su padre. Esto no era indecoroso; incluso se podía considerar respetuoso.

Sin embargo, los cientos de nobles que asistían a Moctezuma quedaron desconcertados. Se vieron guerreros que corrían por la ciudad. En un vecindario distante sonó el redoble de un tambor. Gentes preocupadas se aglomeraban en las calles, pues la inflexible rutina de la vida azteca se había alterado. Algo extraño había sucedido, lo cual podía ser un mal presagio.

Moctezuma tomó medidas para aplacar esa inquietud. Declaró a sus nobles que se había trasladado por voluntad propia. Cortés destacó que Moctezuma seguiría gobernando, que se trataba de una situación provisional, hasta que se hubiera aclarado la cuestión de Qualpopoca, que él y el rey de España deseaban que Moctezuma reinara, pues era su destino gobernar no sólo su propio imperio sino todas las tierras que Cortés y otros delegados del rey de España conquistaran y sumaran a los dominios aztecas. Cortés no se cansaba de acentuar estas afirmaciones.

Cortés procuraba restar importancia a aquello que los españoles consideraban el arresto de Moctezuma, y que quizá Moctezuma viera como una concesión a esos extranjeros. Desde que Cortés había visto las canoas en los lagos mexicanos, había tenido aguda conciencia del peligro que representaba el agua. Si quitaban los puentes, los españoles quedarían cercados y aislados, y podrían ser atacados por guerreros que vinieran en canoa desde los poblados vecinos y se internaran en la capital mediante la red de canales. Así que explicó a Moctezuma que se proponía construir cuatro bergantines, naves similares a las que había usado para cruzar el océano, aunque más pequeñas. Moctezuma, intrigado, puso batallones de peones indios a disposición de los españoles. Mientras los indios talaban árboles y pulían tablones, los españoles comenzaron a curvar las maderas para construir los cascos. Cortés mandó pedir a Villa Rica algunos aparejos y enseres que había quitado de los buques que había destruido.

Cortés también le dijo a Moctezuma que los españoles deseaban ver de dónde venía el oro. Moctezuma respondió que la mayor parte del oro venía de tres lugares; si los españoles querían conocerlos, ordenaría a sus jefes que los guiaran, pues las minas estaban lejos. Cortés era reacio a dispersar su pequeña fuerza, pero en este caso valía la pena correr el riesgo, así que escogió gente familiarizada con la minería y la dividió en grupos de tres o cuatro para que fueran a visitar las minas. Estos pequeños grupos de españoles partieron hacia destinos desconocidos con caudillos aztecas como guías y con séquitos de porteadores y guerreros, sin intérpretes, en travesías que quizá durasen más de un mes. Pronto esos pequeños grupos atravesaban junglas y montañas entre gente peligrosa y extraña. Esos hombres estaban muertos de miedo, pero fueron sin pestañear. La temeridad inspiraba a los españoles.

Cortés le preguntó a Moctezuma en qué parte de la costa oriental había un buen puerto donde las naves marítimas pudieran fondear sin temor a las tormentas. Moctezuma lo ignoraba, pues jamás había necesitado puertos, pero comprendió lo que buscaba Cortés y cooperó de buena gana. Despachó a sus mejores artistas para que confeccionaran mapas de la costa y dibujaran imágenes de las caletas y desembocaduras donde pudieran anclar las grandes naves. Moctezuma pensaba que tal vez lo visitara el rey de España, si existía esa persona, y pudiera negociar con él. Al menos podría entablar relaciones comerciales para aprovechar las raras y útiles mercancías de esos forasteros. Y si acudían más guerreros blancos –nobles, capitanes y soldados–, si la naturaleza humana de esos extranjeros era similar a la naturaleza humana de los indios que él conocía, tal vez surgieran disputas entre los blancos. El rey azteca sin duda pensaba en ello, sabiendo que otros españoles habían ido dos veces antes que Cortés, que inevitablemente vendrían más y que surgirían rivalidades.

Desde luego Moctezuma sabía tan bien como Cortés que le bastaba con susurrar una orden para acabar con los españoles y también con ese encuentro sin precedentes. Pero Moctezuma optó por no impartir esa orden. En las audiencias que celebró en el gran salón de la casa de su padre, donde se alojaban los españoles, se mostró meticuloso y prudente como de costumbre; no dio indicios de temor ni de coerción; continuó gobernando con la firmeza y la dignidad habituales. Moctezuma jamás vacilaba en imponer su voluntad a sus súbditos. Así, a pesar del semblante preocupado que veía en los nobles, a pesar de los rumores que corrían por el mercado y los bisbiseos que se oían en los rosados atardeceres mexicanos, la vida en la capital azteca continuó sin sobresaltos.

Más de veinte años después, cuando Cortés reflexionaba sobre esto y dictaba sus pensamientos a Gómara, llegó a la conclusión de que Moctezuma era un timorato que no había querido utilizar todas sus fuerzas en una batalla en la cual él mismo pudo haber perecido con todos los españoles. Pero en el momento del arresto de Moctezuma Cortés no pensaba así. Tampoco describió de esa manera al monarca cuando escribió su segunda carta al rey. Y los hechos sugieren que podría existir una interpretación muy distinta de la conducta del emperador azteca.

En su juventud Moctezuma había servido varios años como sacerdote, siguiendo la tradición de los jóvenes nobles aztecas; luego había sido un vigoroso caudillo en la guerra; más tarde, como emperador, había extendido agresivamente sus dominios. Moctezuma no temía arriesgar la vida, y muchas veces lo había hecho en combate. La conclusión –interesada, pues sirve indirectamente para ensalzar el coraje de los españoles– de que la inacción de Moctezuma obedecía al propósito de conservar la vida carece de profundidad. Es más razonable creer que Moctezuma decidió prestarse al juego e intensificar su relación con esos notables forasteros que lo intrigaban y divertían. A ojos de Moctezuma, y según las palabras del propio Cortés en su carta al rey, se estaba produciendo lo que él se proponía: una precaria asociación, un convenio de paz entre aztecas y españoles. Moctezuma ya había ofrecido recompensar a Cortés y pagar tributo al rey de España, es decir, compartir el tributo que Moctezuma recibía de su imperio. A cambio, esperaba aprender los secretos de esos extranjeros y beneficiarse con ello.

Hacía veinte días que Moctezuma residía en los aposentos de los españoles cuando Qualpopoca llegó a Tenochtitlán. Al parecer era un gran *príncipe*, pues venía en una litera, acompañado por sus hijos y algunos nobles. Había acudido sin oponer resistencia. Los mensajeros de Moctezuma le habían mostrado el sello y le habían comunicado las órdenes del soberano, y Qualpopoca había obedecido como buen vasallo. En una audiencia con Moctezuma, Qualpopoca admitió que había matado a los españoles. Cuando Moctezuma permitió que hablara con Cortés, Qualpopoca hizo la misma admisión. En privado, Cortés le preguntó si había seguido órdenes de Moctezuma y Qualpopoca respondió que no, aunque no fue muy preciso porque las órdenes de Moctezuma eran vagas. Cuando Cortés le preguntó si de veras era vasallo de Moctezuma, Qualpopoca respondió que no podía ser vasallo de nadie más, pues no existía un señor tan grande como Moctezuma.

Cortés sentenció a Qualpopoca, sus hijos y sus nobles a arder en la hoguera. La sentencia se cumplió en la plaza pública. Hay dos versiones de la ejecución. Según un relato, cuando Qualpopoca y sus seguidores fueron quemados, las multitudes del mercado interrumpieron sus negocios y regateos, no porque mataran a alguien, sino porque la hoguera era una novedad para los aztecas. Según el relato posterior de otro conquistador, cuando Qualpopoca y sus seguidores estuvieron sujetos a los postes, los tlaxcaltecas los acribillaron a flechazos y sólo entonces se quemaron los cuerpos, con flechas y todo. La primera versión es más verosímil porque incluye una descripción de los testigos. Además, es improbable que los aztecas tolerasen ese acto violento por parte de sus despreciados enemigos de Tlaxcala.

Antes de la ejecución, Qualpopoca y sus allegados habían confesado –interrogados bajo tortura– que Moctezuma les había ordenado resistir y matar a los españoles, y eso fue lo que Cortés transmitió al rey.

Con calculada premeditación, Cortés variaba su manera de abordar a Moctezuma, con el propósito de confundir o debilitar al soberano azteca. Cuando Qualpopoca confesó, Cortés fue a ver a Moctezuma, lo acusó de traición y lo hizo encadenar. Moctezuma estaba furioso. En ese momento, la asociación entre aztecas y españoles estuvo a punto de concluir. Moctezuma sin duda reflexionó sobre el mejor modo de ordenar a su gente que se rebelara. Pero una vez realizada la ejecución, que no suscitó ninguna reacción de los aztecas, Cortés fue a ver a Moctezuma, le quitó las cadenas con sus propias manos y suplicó el perdón del soberano, alegando que siempre había confiado en él y nunca había creído los embustes de Qualpopoca, que evidentemente mentía en un vano afán de eludir un justo castigo.

Los totonacas y otros indios de la costa se aplacaron en cuanto supieron que Qualpopoca y sus allegados habían sido ejecutados. Los españoles del fuerte de Villa Rica volvieron a recibir comida.

En el contexto de la extraña relación entre el monarca y el conquistador, Moctezuma se imponía en ocasiones. Cuando Cortés y algunos capitanes volvieron a visitar el templo de Huitzilopochtli en compañía de Moctezuma, Cortés anunció, en un alarde de soberbia, que deseaba tumbar todos los ídolos, blanquear el templo y erigir símbolos cristianos. Incluso trató de lograr el acatamiento de Moctezuma, ordenando a sus hombres que hicieran trizas los ídolos. Pero Moctezuma lo prohibió, y no cedió un ápice. Afirmó que esos antiguos dioses conservarían su sitio, que él y su gente pelearían a muerte para defenderlos. Cortés se echó atrás.

Moctezuma creía sinceramente que se estaba librando una batalla entre sus dioses y los dioses de los españoles, y aún no estaba dispuesto a admitir que los dioses extranjeros hubieran triunfado. Partía de la premisa de que esta situación era temporal; en cualquier momento podía cambiar de parecer, y contaba con ejércitos para imponer su voluntad. No daba mayor importancia a las concesiones que había hecho hasta el momento: mudarse a la casa de su padre, entregar un poco de oro, hacer obsequios como era su costumbre, entablar largas pláticas de las cuales disfrutaba, incluso compartir parte de sus tributos. Pero no estaba dispuesto a destruir a sus dioses.

El exasperado Cortés despotricó contra los sacrificios humanos, y Moctezuma, para apaciguarlo, accedió a limitar esa práctica. Pero los españoles luego se enteraron de que, durante los cinco meses en que Cortés intentó conquistar el imperio por la astucia, los sacerdotes aztecas continuaron realizando sacrificios todas las noches, pues Moctezuma jamás había necesitado tanto la atención de los dioses. Y todas las noches Moctezuma –con conocimiento y autorización de Cortés– iba a rezar al templo de Huitzilopochtli.

Con ayuda de los peones indios, los bergantines pronto quedaron terminados (Cortés habla de cuatro naves, Bernal Díaz de dos). Eran balandras de un solo mástil, y Cortés hizo recortar las velas que le llevaron desde la costa y decorar los navíos con pendones y toldos en la popa. Cada balandra podía transportar setenta y cinco hombres y algunos caballos. Cortés hizo emplazar cañones a proa. Los marineros pusieron a prueba las naves, que resultaron ser rápidas y ágiles. Luego Cortés invitó a Moctezuma a un paseo, a navegar por el lago hasta una isla que era un coto de caza del monarca. Así, en un bergantín que llevaba un cañón a proa, y ballesteros y arcabuceros en la borda, impulsado por una fuerte brisa, Moctezuma surcó el lago a la sombra del toldo, dejando muy atrás a su comitiva, que lo seguía en canoas. Cuando desembarcó el monarca, Cortés ordenó disparar los cañones en señal de saludo, dando a entender a la nación azteca que los españoles eran amos de las aguas.

Los españoles procuraban divertir a Moctezuma mientras afianzaban su dominio de la región. Cuando se encuentran hombres de diversas culturas suelen comportarse como niños. Juegan, hacen mímica, se comportan como tontos. Los españoles contaron los pelos de la barbilla de Moctezuma, que tenía seis o siete pelos negros de media pulgada de longitud. Y Moctezuma les enseñó a jugar totoloque, un juego donde se arroja y ataja un objeto con ese nombre, y que gustó a los españoles porque el totoloque de Moctezuma era de oro puro. Cuando Moctezuma jugaba con Cortés, uno de los jóvenes sobrinos del monarca contaba la puntuación de su tío, y Alvarado contaba la de Cortés. Alvarado hacía trampa, anotando un tanto de más cada vez que Cortés ganaba un punto. Moctezuma se dio cuenta y se quejó (los aztecas tenían una palabra, *yeaocol*, que significaba "hacer trampa"), pero le parecía gracioso porque, cuando ganaba Cortés, cedía sus ganancias a los allegados de Moctezuma y, cuando ganaba Moctezuma, cedía sus ganancias a los soldados españoles. Los aztecas sentían admiración y simpatía por Alvarado, a quien llamaban *tomatiuk*, "el sol".

Moctezuma también simpatizaba con un joven español llamado Orteguilla, quien era paje de Cortés y había viajado desde Cuba con su padre. Orteguilla era tan joven que había aprendido el náhuatl con esa soltura con que los niños asimilan los idiomas, y aunque no era tan confiable como Malinche y Aguilar, pronto se convirtió en un eficiente intermediario.

A menudo Moctezuma expresaba su deseo de visitar otra de sus casas de Tenochtitlán o de la otra orilla del lago, y Cortés siempre accedía, enviando una escolta de capitanes y soldados españoles. Cortés llegó a decirle al monarca que ya no era preciso que se alojara con ellos, pues Qualpopoca había recibido su castigo. Pero era una mofa evidente, como bien sabía Moctezuma, y este respondió diciendo que prefería quedarse con los españoles porque de lo contrario su gente acudiría a pedirle que diera orden de atacar a los forasteros. Así que optó por no regresar a su palacio. Cada vez que Cortés detectaba una amenaza, le recordaba a Moctezuma que los capitanes españoles lo matarían en el acto si eran atacados.

Cuando Orteguilla le comunicó a Cortés que la recaudación de tributos en las provincias era inminente, Cortés le dijo a Moctezuma que deseaba que se recaudara oro para el rey de España, ya fuera como parte del impuesto o como un impuesto añadido. Moctezuma accedió, pues esto formaba parte de su plan. Así se llevó a la capital gran cantidad de oro, que se entregó oportunamente a los españoles.

Cortés quería mantener intacto este tesoro; los españoles ya tenían más de lo que podían acarrear (y además estaba el tesoro de la residencia de Axayacatl). Pero la mayoría de los soldados de filas estaban inquietos después de tantos meses de inactividad; temían que ese oro almacenado desapareciera en los bolsillos de capitanes y sacerdotes, y querían repartirlo. Así lo hicieron. Derritieron las barras y pepitas de oro y forjaron nuevas barras, que fueron selladas. Después de pesarlo, estimaron que el oro valía 600.000 pesos o más. Lo mismo hicieron con la plata. Las joyas se dejaron aparte, pues no se podían valorar. Pero el reparto (sin un moro o un judío que actuara como tesorero) derivó en un violento altercado.

Primero se dedujo y se apartó el quinto real. Luego se apartó el quinto de Cortés. Luego se siguió un esquema por el cual los capitanes y sacerdotes obtenían más que los caballeros, quienes obtenían más que los arcabuceros y ballesteros, quienes obtenían más que los soldados, quienes obtenían más que los marineros. Además, había que apartar oro para rembolsar a Velázquez y Cortés las sumas que habían invertido en la flota. También debían apartar oro para los hombres de Villa Rica, y para los hombres que habían viajado a España, y para los que habían perdido caballos. Quedó tan poco para los soldados de filas que muchos de ellos rehusaron aceptar su parte, ante lo cual Cortés declaró que la entregaría a cualquier camarada leal lo que él creyera justo, pues esto era sólo el principio.

Cuando comenzó la partida –no de totoloque sino de naipes, con un mazo de cartas pintadas a mano que un marinero valenciano había preparado cortando pieles– estallaron conflictos entre los españoles, y Cortés tuvo que engrillar a varios, incluido Velásquez de León, hasta que se aplacaron los ánimos. Los aztecas se dieron cuenta que los españoles podían perder la disciplina cuando había un botín en juego.

Las tensiones, inevitables en esas circunstancias, se agudizaron a medida que transcurrían los meses. Los españoles que Cortés había enviado a las minas regresaron sanos y salvos e informaron que se podría obtener mucho más oro si los aztecas emplearan mejores métodos para obtenerlo; los indios simplemente recogían el sedimento en calabazas y lo lavaban con agua, recogiendo las pepitas. En un paraje de Oaxaca un cacique había impedido que los aztecas entraran en su territorio; ese cacique, que no era vasallo de Moctezuma, comerciaba con los aztecas pero les tenía desconfianza y desprecio. Sólo había dejado entrar a los españoles, quienes, demostrando auténticas agallas, lo habían acompañado al poblado, donde habían recibido buen trato, un poco de oro y la insinuación de que contarían con ayuda si decidían pelear contra los aztecas. Esta noticia alegró a Cortés, pues significaba que la oposición a los aztecas era aun más generalizada de lo que creía.

Por otra parte, en el resto del imperio, varios caudillos aztecas se negaban a pagar tributo, sabiendo que una parte del oro estaba destinada a los españoles. Uno de esos caudillos, que se encontraba en la capital, partió una noche para regresar a su provincia. En todo el imperio azteca los caciques protestaban: porque Moctezuma toleraba a los españoles, porque les entregaba tributo, porque no servía a los dioses a la antigua usanza. Moctezuma ya no podía confiar en la costumbre azteca de la obediencia.

La rebeldía de los caciques aztecas llegó a un extremo cuando Cacama, sobrino de Moctezuma y señor de Texcoco, una ciudad de la orilla opuesta del lago, desobedeció abiertamente al monarca y declaró la guerra a los españoles. Fue un doloroso golpe para Moctezuma. Con frecuencia Cacama había ido a Tenochtitlán para rogarle que escapara de los españoles y se uniera con su gente en una batalla para matar a los extranjeros o expulsarlos de esas tierras. Aunque Moctezuma era rey desde hacía dieciocho años, no parecía tener un hijo legítimo que lo sucediera, y Cacama se consideraba el sucesor.

La cuestión de los hijos de Moctezuma es un poco misteriosa. En las crónicas se menciona en ocasiones a los hijos del monarca, pero o bien esos hijos eran ilegítimos y no podían sucederlo, o bien no eran vástagos de Moctezuma, pues no existía un heredero inequívoco. Más tarde los sacerdotes manifestarían a Sahagún que la sucesión se convenía con el consenso de los nobles y no por primogenitura; aun así, la descendencia directa parecía ser el método preferido, y los sacerdotes con quienes habló Sahagún ahora sabían que los españoles respetaban el linaje. En su segunda carta al rey, Cortés menciona que Moctezuma tenía tres hijos varones, de los cuales uno falleció, otro enloqueció, y otro padecía parálisis, aunque esto es difícil de conciliar con la aparentemente numerosa progenie del emperador. A menudo Moctezuma entregaba muchachas a los españoles diciendo que eran sus hijas, lo cual podía ser cierto o no, pues a veces las llamaba sobrinas. Pero cuesta creer que Moctezuma, si podía engendrar un heredero, no tuviera un hijo reconocido como sucesor, o hijos que aspirasen a sucederle, o hijos bastardos con aspiraciones.

Cortés quiso responder a la rebelión de Cacama marchando rápidamente sobre Texcoco con su ejército, sus tlaxcaltecas y las tropas que Moctezuma pudiera aportar. Pero Moctezuma tenía más experiencia que Cortés sobre los problemas que planteaba el combate en ese valle de montaña y sobre los medios disponibles para resolverlos. Explicó que Texcoco ocupaba una posición fuerte a orillas del lago y sería difícil de atacar. Los caminos terrestres eran angostos y escasos, y un ataque por agua se encontraría con una fiera resistencia. En un asalto frontal todos sufrirían grandes pérdidas, tanto la gente de Cacama como la de Moctezuma, los españoles y sus aliados. Además, se corría el riesgo de que otros nobles y otras tribus respaldaran a Cacama, pues la discusión se había generalizado y la rebelión podía propagarse. Aun así, le confió Moctezuma, había varios nobles allegados de Cacama que eran leales al emperador (eran hermanos de Cacama). Durante muchos años Moctezuma les había enviado regalos. Era natural que un monarca fuera cauto con un sobrino animoso que gozaba de considerable poder. Moctezuma había mantenido su convenio con los hermanos de Cacama, para recurrir a ellos cuando Cacama se extralimitara en sus ambiciones. Moctezuma se proponía conspirar con los hermanos para celebrar una reunión con Cacama en Texcoco; el revoltoso sería aprehendido, arrastrado a una canoa y llevado a Tenochtitlán para responder por su impudicia.

Moctezuma se impuso. Cortés optó por contener sus impulsos primitivos. Moctezuma envió algunos de sus mensajeros de confianza a Texcoco. En la reunión organizada por sus hermanos, Cacama fue capturado. Lo llevaron a Tenochtitlán, donde Cortés lo hizo engrillar. Moctezuma y Cortés nombraron a un hermano de Cacama señor de Texcoco. En la semana siguiente Moctezuma identificó a otros rebeldes y Cortés los hizo arrestar y engrillar, y todos fueron unidos a la gruesa cadena en la cual estaba sujeto Cacama.

Según su estilo habitual, Cortés fue a visitar a Cacama de noche, recordándole que habían jurado amistad en su primer encuentro, asegurándole que los españoles le profesaban simpatía y recibiría buen trato si se serenaba. Pero Cacama despotricó contra Cortés y todo lo que él representaba –sus dioses y el rey de España– y en su furia juró vengarse.

Al comenzar el sexto mes de este extraño y estable período –en que los españoles contaban con cierto respaldo y se eludía la violencia– tanto Cortés como Moctezuma comprendieron que las circunstancias estaban llegando a un punto de inflexión.

Cortés se preguntaba cómo salir de allí, y cómo llevarse el oro. ¿Cómo podría restablecer el contacto con las islas caribeñas y con España? ¿Cómo podría comunicarse con el mundo que conocía? Aún no se había cegado hasta el extremo de estar dispuesto a vivir eternamente aislado en ese lugar bárbaro. Pero ni siquiera sabía si el tesoro que había enviado al rey había llegado a España. No sabía si el rey había manifestado alguna opinión sobre su empresa independiente. Tampoco conocía lo que sucedía en otras partes del mundo hispano. Pero notaba que en el mundo azteca crecía el odio hacia él y sus hombres: los sacerdotes, cuyos dioses eran mal servidos; los caciques, que debían pagarle tributo; el pueblo, que estaba desconcertado por la prolongada presencia de los extranjeros. Había decenas de miles de guerreros alerta en Tenochtitlán, en las ciudades del lago y en el resto de la comarca.

Moctezuma sabía mejor que Cortés que los aztecas se desvivían por atacar a los españoles. Los aztecas eran el pueblo más violento que había dominado el valle de México, y al cabo de seis meses de contención ansiaban liberar su furia. El encadenamiento de Cacama y los otros jefes que disentían de la política de Moctezuma había propagado las llamas de la ira azteca. Moctezuma repetía una y otra vez que, si abandonaba el palacio de los españoles, sus nobles lo obligarían a librar una guerra a muerte: la muerte de todos los extranjeros y de muchos de los suyos. Si Moctezuma no se prestaba a ello, sería remplazado. Así que Moctezuma se quedó en el real español, y siguió manifestando a sus nobles que Huitzilopochtli le aseguraba que estaba tomando las decisiones más convenientes para su pueblo.

Los motivos de Moctezuma siempre constituirán un misterio. Tal vez estaba sinceramente convencido de que obedecía la voluntad de su dios. Tal vez, siendo un rey experimentado, se empecinaba en seguir su propia política con la convicción de que él y su pueblo se beneficiarían siguiendo el juego de los españoles. Tal vez temía por su vida. O tal vez –siendo un rey sin heredero varón, y quizás un hombre sin hijos, tal vez sexualmente impotente– había llegado a amar a los españoles y deseaba una fusión entre los forasteros y los aztecas.

Sólo existen pruebas indirectas acerca de la impotencia de Moctezuma. Malinche le contó a Cortés, y luego Cortés le contó a Gómara, que las mujeres de alcurnia de las residencias de Moctezuma trataban de abortar mediante contorsiones y pociones de hierbas cuando quedaban encintas. Históricamente, las mujeres preñadas por reyes no han observado nunca esta conducta.

A medida que envejecía, Moctezuma pudo haber tenido la premonición de que el imperio azteca sufriría grandes transformaciones. Moctezuma creía en la predestinación.

Sin embargo, al fin compareció ante Cortés para rogarle que se marchara de México. Le comunicó que ya no podía contener a su pueblo. El máximo agravio era que los españoles habían instalado, en una esquina del templo de Huitzilopochtli, una cruz y una estatua de María con el Niño, y los sacerdotes habían ido a verlo para manifestarle que el dios sufría una humillación y para exigir que el emperador expulsara o liquidara a los españoles. Moctezuma no había podido aplacar a los sacerdotes con su propia interpretación de las intenciones de Huitzilopochtli. Todos los sacerdotes habían oído la orden del dios: los españoles debían marcharse.

Cortés trataba de ganar tiempo. Más tarde, escribió al rey que tenía tres opciones en mente: (1) hacer construir navíos en Villa Rica para restablecer su conexión con Santo Domingo, para solicitar refuerzos, caballos y vituallas; (2) aliarse con otras tribus para arrebatar a los aztecas el control de todo el imperio, lo cual era una mera expresión de deseos, pues los españoles eran pocos, estaban desperdigados y tenían poca pólvora y municiones; y (3) lograr una conversión colectiva del pueblo azteca, destrozar sus ídolos, fregar la sangre de los templos, prohibir los sacrificios humanos y el canibalismo en todo el imperio e instituir la adoración de Cristo, todo lo cual sin duda complacería al rey, aunque Cortés ni siquiera se atrevía a limpiar el templo vecino.

Cortés le respondió a Moctezuma que acataría sus deseos en cuanto pudiera construir algunas naves, pues todos los españoles agradecían al monarca los presentes y favores que habían recibido y el oro que les había dado para el rey de España. Cortés ordenó a dos constructores de barcos que partieran hacia la costa e iniciaran la construcción de las naves en Villa Rica. Moctezuma les entregó una cuadrilla de peones indios para que los ayudaran. Sin embargo, Cortés habló a solas con los constructores y les dijo que se tomaran su tiempo, pues no estaba dispuesto a abandonar esa rica comarca.

Este período de paz artificial concluyó por la intrusión de un factor que ni Cortés ni Moctezuma habían previsto. Una flota de dieciocho naos se avistó en la costa este y ancló en San Juan de Ulúa. De la costa llegaron mensajeros con dibujos de la flota, y Moctezuma recibió la noticia con beneplácito. Tal vez esta fuera la oportuna intervención de Huitzilopochtli. Al menos, las ideas de Moctezuma sobre la naturaleza humana quedaban justificadas. Este envió a los mensajeros con presentes de joyas para los extranjeros recién llegados, ordenando a las tribus sometidas de la zona que les dieran la bienvenida y les llevaran alimentos.

Durante tres días Moctezuma calló esta noticia, aunque veía a Cortés continuamente. El cuarto día Cortés empezó a sospechar, porque Moctezuma, que últimamente estaba malhumorado, sonreía dichosamente. Así que fue a verlo por segunda vez en ese día. Moctezuma le habló entonces del arribo de la nueva flota, añadiendo que sin duda Cortés debía estar contento porque ahora no tendría que construir las naves para marcharse de México; podría irse en las naves que acababan de llegar, en cuanto Moctezuma hubiera saludado a los recién llegados.

Moctezuma le mostró los dibujos de la flota y le comunicó los detalles: dieciocho naves, mil cuatrocientos soldados, setenta de ellos con armas de fuego, noventa ballesteros, ochenta caballeros, veinte cañones, enormes pilas de provisiones.

Cortés no necesitaba que le enseñaran dibujos: sabía que Velázquez había enviado esa flota para someterlo.

El hombre menos indicado

El comandante de la flota, Pánfilo de Narváez, era el lugarteniente de confianza de Diego Velázquez y conocía a Hernán Cortés desde hacía tiempo. Años atrás, Cortés había ido de La Española a Cuba bajo las órdenes de Narváez. Velázquez debía a Narváez su prolongada permanencia como gobernador de Cuba. Sin duda Narváez, como favorito de Velázquez, había espiado cuidadosamente a Cortés cuando este rivalizaba con él por los favores del gobernador. A diferencia de Cortés, que para el gobernador de Cuba había sido un joven y encantador juerguista, Narváez era en muchos aspectos el espejo de su protector: cascarrabias, altanero y terco, pero, a diferencia de Velázquez, valiente y recio.

Tres hombres de Cortés que buscaban minas de oro se encontraban en las inmediaciones de San Juan de Ulúa cuando ancló la flota y desembarcó el ejército. Los tres corrieron hacia los recién llegados y, olvidando su temor por primera vez en muchos meses, se postraron ante Narváez y agradecieron a Dios la llegada de esos refuerzos. Narváez los convidó con vino y comida española, y en la reconfortante compañía de españoles que no sufrían los efectos del miedo, los tres hombres, que hasta el momento habían explorado valerosamente por su cuenta, escupieron un torrente de quejas: que Cortés había sido tiránico con sus hombres; que Cortés los había obligado a embarcarse en aventuras temerarias; que todos los que estaban con Cortés desesperaban por regresar a sus hogares.

Entretanto, los mensajeros indios corrieron hacia la capital, y al cabo de pocos días, acatando las órdenes de Moctezuma, los indios se presentaron ante Narváez para darle la bienvenida, ofrecerle regalos y llevarle comida. Los tres españoles que habían estado con Cortés y se habían pasado a Narváez chapurreaban el náhuatl, y comunicaron a los indios el mensaje que les transmitió Narváez: que Cortés era un renegado y un delincuente; que era buscado por el gobernador de Cuba y el rey de España; que Narváez y su gran ejército estaban allí para llevarse a Cortés vivo o muerto; y que Narváez, una vez que hubiera capturado o matado a Cortés y a todos sus simpatizantes, devolvería a los indios todo lo que Cortés les hubiera quitado y los dejaría en paz. Además revelaron a Narváez que Cortés tenía pocos efectivos, poca pólvora y pocas municiones, que sus hombres estaban desperdigados por todo México, y describieron la disposición de las tropas españolas en la capital, donde Cortés tenía preso a Moctezuma. Le hicieron saber que cincuenta kilómetros costa arriba, en una bahía, se encontraba la ciudad que había fundado Cortés, Villa Rica de la Vera Cruz, donde había un fuerte con sesenta o setenta españoles, tal vez cien. Narváez envió una delegación por tierra a Villa Rica, integrada por un sacerdote, un escribano y un encumbrado pariente de Velázquez para exigir la rendición del fuerte.

En ese momento se hallaba al mando de Villa Rica un joven capitán que pronto se había granjeado la estima de Cortés y sus compañeros. Al zarpar la expedición, Gonzalo de Sandoval contaba con poco más de veinte años y era demasiado joven para tener un cargo de importancia. Al igual que Cortés, era oriundo de Medellín, aunque Cortés, trece años mayor que Sandoval, no se acordaba de él. Al cabo de nueve meses en México, Sandoval era respetado por su destreza de combatiente, su coraje y su carácter.

Antes que la delegación de Narváez llegara a Villa Rica, Sandoval había recibido noticias de su llegada, y envió a los hombres más viejos y más tullidos a una aldea india amiga de los cerros, conservando sólo a los que estaban en mejores condiciones para combatir. Cuando llegó la delegación y el sacerdote denunció a Cortés como traidor a Velázquez y al rey, Sandoval lo hizo callar bruscamente. El sacerdote pidió al escribano que leyera en voz alta las cartas donde Velázquez ordenaba la rendición de Cortés, y entonces Sandoval hizo apresar con redes a los tres delegados; colgaron las redes de largos palos, porteadores indios agarraron los extremos de los palos y Sandoval los envió en esa incómoda posición a la capital. Las aldeas del camino ofrecieron remplazos para los porteadores, de modo que pudieran turnarse para cargar con los emisarios hasta Tenochtitlán.

Cuando los porteadores se aproximaron a la capital con los tres delegados, Cortés, que estaba sobre aviso, ordenó liberarlos y les envió caballos. Luego les dio la bienvenida a Tenochtitlán. Los tres quedaron deslumbrados por la capital, comprendiendo inmediatamente que Cortés dominaba la situación. Y Cortés, mientras les contaba cómo había conquistado esa rica región y cómo cristianizaba a los indios, les llenó los morrales de oro y joyas. En los aposentos de los españoles, los delegados quedaron pasmados al ver una partida de naipes donde cada jugador apostaba una pila de oro.

Poniéndose del lado de Cortés, los delegados le contaron que Narváez había perdido un buque en una tormenta; diecinueve naves habían partido, y todos los que viajaban en la nave náufraga se habían ahogado. Para reclutar ese ejército, Velázquez había recorrido toda Cuba, y cuando alguien titubeaba, el gobernador ordenaba arrebatarle sus indios, así que había muchos resentidos entre estos reclutados por la fuerza. Además Velázquez había entregado a Narváez muchas cartas de autorización, varias de las cuales estaban en manos del escribano. Sandoval no había querido escuchar esas cartas, pero Cortés las leyó atentamente. A juicio de Cortés, las cartas no eran concluyentes. Más aun, los delegados informaron a Cortés que Velázquez y Narváez se habían topado con la oposición de los padres jerónimos de Santo Domingo, que ahora constituían una real audiencia y representaban al Consejo de Indias. Los padres jerónimos habían enviado a Cuba al experto Lucas Vásquez de Aillón, quien había intentado impedir la partida de Narváez porque los monjes entendían que un choque entre dos fuerzas españolas sería perjudicial para la causa del rey y tal vez echara a perder la campaña española de cristianización y colonización de la nueva tierra. Pero Velázquez y Narváez habían ignorado las súplicas y amenazas de Vásquez de Aillón, quien había abordado la nave insignia de Narváez con el propósito de hacer un último intento de evitar derramamiento de sangre en caso de que se encontraran ambos ejércitos.

Esta información resultó muy interesante para Cortés, quien se apresuró a reunir más oro para que los delegados se lo llevaran a Vásquez de Aillón. Luego preparó otra carga de oro para que la llevaran al campamento de Narváez, no para entregarla al comandante sino a sus soldados, especialmente a los capitanes que más detestaban a Narváez y más resentidos estaban por su reclutamiento forzoso. Otro pasajero que había abordado a último momento la nave insignia de

Narváez, según los delegados, era Andrés de Duero, socio de Cortés, que había tenido noticias sobre el tesoro y venía en busca de su parte.

Los delegados describieron a Cortés las intenciones de Velázquez, y por primera vez Cortés tuvo noticias del destino de Puertocarrero, Montejo, el tesoro y la carta de Villa Rica que había enviado al rey de España. Contraviniendo las órdenes de Cortés, la nave había hecho escala en Cuba, donde Montejo había visitado su finca. La nave logró partir nuevamente, pero ya se había corrido la voz de que llevaba un tesoro para el rey y la cédula de la ciudad recién fundada. Velázquez conocía pues los planes de Cortés de excluirlo de la empresa, y sabía que en el continente abundaban las riquezas, y que la fundación de Villa Rica era una maniobra de Cortés para hacerse cargo de la conquista y obtener la aprobación del rey.

Velázquez envió rápidas goletas en persecución de la nave del tesoro, pero esta ya había llegado a España, donde la nave y el cargamento fueron rápidamente confiscados. Los delegados habían oído decir que Velázquez y su tío, el obispo Fonseca, habían intercambiado correspondencia, y que el obispo Fonseca había aconsejado a Velázquez que enviara una flota para capturar o matar a Cortés.

En cuanto se enteró del arribo de la flota, Cortés mandó llamar a sus hombres, los buscadores de oro y los exploradores, desde toda la región. Juan Velázquez de León estaba apostado en Cholula con ciento cincuenta hombres porque sus pobladores no querían entregar su tributo en oro. Cortés ordenó a esa fuerza que permaneciera donde estaba, pues se hallaba en el camino de la costa.

Tanto Narváez como Cortés procuraban subvertir al bando enemigo, y cundían los resentimientos. Cuando los delegados de Narváez regresaron de Tenochtitlán y alabaron a Cortés como valeroso español y buen cristiano, Narváez los acalló a gritos. Los delegados se reunieron con sus amigos y les entregaron el oro que Cortés les había dado. Después de recibir su oro, Vásquez de Aillón fue a ver a Narváez para insistir en que se mantuviera la paz entre las facciones españolas, así que Narváez lo embarcó a la fuerza y lo envió de vuelta a Cuba. Si la nave hubiera ido a Cuba, Velázquez se hubiera ensañado con él. Pero en alta mar Vásquez de Aillón amenazó con sentenciar al capitán y sus marineros a la horca si lo llevaban a Cuba, así que lo llevaron a Santo

Domingo, en La Española, donde presentó a los padres jerónimos un informe favorable a Cortés.

Narváez envió una carta a Cholula, dirigida a Velásquez de León. Velásquez no sólo era pariente del gobernador sino cuñado de Narváez, y Narváez lo exhortaba a cumplir con su deber de llevar a sus hombres a la costa para sumarlos al ejército recién llegado. Pero Velásquez de León, un hombre corpulento, fornido e irritable, no estaba dispuesto a cambiar de bando. Después del episodio de la partida de naipes, Cortés lo había castigado por picapleitos y lo había hecho engrillar a una gruesa cadena; Velásquez había arrastrado la cadena por los pasillos de noche, haciendo tanto ruido que había despertado a Moctezuma. Pero después de haber compartido tantas vicisitudes con Cortés, confiaba en él y le tenía simpatía. Además, había luchado a su lado por todo el oro que habían ganado juntos, y no estaba dispuesto a entregárselo a su cuñado ni a su primo el gobernador.

Cambiando de táctica, Narváez hizo desfilar su ejército ante los indios de la costa; se dispararon todos los cañones; la caballería acometió; y los indios cambiaron de bando. Por medio de los indios de la costa, Narváez envió mensajes a Moctezuma, denunciando a Cortés y prometiendo justicia y restitución, así como la independencia de todos los indios. Moctezuma no sabía qué hacer. Los recién llegados tenían gran superioridad numérica sobre Cortés y sus hombres; tenían más caballos y cañones, y aparentemente veneraban al mismo Dios. Pero, mientras Cortés permaneciera en la capital, Moctezuma no podía hacer mucho.

Cortés escribió una larga carta a Narváez, evocando su antigua amistad y repitiendo sus hazañas, mencionando el oro que él y sus hombres habían ganado en nombre del rey, y haciendo una pregunta crucial para su mente legalista: ¿disponía Narváez de una carta del rey que negara la fundación de Villa Rica y autorizara a Velázquez a conquistar y colonizar estas tierras? Si Narváez disponía de esa carta, Cortés tendría que obedecer y se pondría con sus hombres al mando de Narváez. Pero si Velázquez y Narváez no contaban con autorización específica del rey, Cortés, el legítimo "capitán general y justicia mayor de aquesta Nueva España", como dice en su carta al rey, ordenaba a Narváez que se marchara con su ejército. Cortés se ofrecía generosamente a ayudarle a partir, si Narváez necesitaba algo que él pudiera suministrarle.

Cortés pidió al padre Olmedo que llevara esta carta a Narváez. En cuanto Olmedo llegó a la costa y entregó la carta, Narváez lo detuvo y se trasladó a Cempoal. Los hombres de Cortés que ocupaban el fuerte de Villa Rica se retiraron a la ciudad totonaca de los cerros. En Cempoal, Narváez se estableció en la cima de la pirámide central (es una pirámide pequeña, pero domina la pequeña ciudad). Emplazó sus cañones en los escalones de la pirámide y acuarteló a sus hombres en las mejores casas. Mientras que Cortés nunca había aceptado oro de los indios excepto como presente, con la ayuda de cierta coerción, Narváez confiscó al cacique gordo todo el oro que tenía, incluidos los tesoros que le había enviado Cortés. Cuando Cortés y su ejército partieron para las montañas, las muchachas de alcurnia que el cacique había entregado a Cortés se quedaron con sus madres en sus hogares. Narváez se adueñó de estas muchachas y las entregó a sus hombres. Narváez, que se hacía llamar capitán general del ejército y actuaba en nombre del gobernador de Cuba, declaró que fundaría su propia ciudad y nombró cabildo, alcalde y regidor. Pero Narváez lo hizo de forma incorrecta, sin respetar estrictamente las Siete Partidas. Narváez no era tan buen leguleyo como Cortés.

Cuando Cortés supo que sus hombres habían abandonado el fuerte de Villa Rica y que los indios de la costa se habían pasado a Narváez o habían escapado, se dispuso a marchar. Tenía pocos hombres y recursos para enfrentarse al ejército de Narváez. Para mantener su posición en Tenochtitlán, para custodiar el tesoro acumulado y para retener a Moctezuma, dejó unos ochenta soldados al mando de Pedro de Alvarado. Estaban bien protegidos, con todos los cañones, y tenían cinco caballos. Cortés partió con Malinche y el resto de sus hombres, que no sumaban más de ciento cincuenta o doscientos. Moctezuma se ofreció a darle cinco mil guerreros, pero Cortés rehusó porque no podía confiar en ellos. Cuando Cortés envió un mensajero a Tlaxcala pidiendo más guerreros, Xicotenga respondió que lo apoyaría para luchar contra los aztecas, pero no contra otros teúles. En Cholula, Velásquez de León y sus ciento cincuenta hombres se reunieron con Cortés, pero a lo sumo totalizaban poco más de trescientos efectivos, sin cañones y con ocho caballos.

En el camino les salió al encuentro una partida de hombres de Narváez, quien había autorizado a un escribano para ejecutar un documento donde exigía la rendición de Cortés. Sin embargo, el hombre no llevaba encima su permiso de escribano, así que Cortés no le consintió siquiera leer la proclama. Cortés desmontó, rodeó con el brazo el cuello del escribano (un hombre tímido llamado Alonzo de Mata) y lo colocó entre sus soldados, todos los cuales usaban gruesas cadenas y brazaletes de oro, obra de artesanos aztecas. Cortés regaló oro al escribano.

Con el escribano iba Andrés de Duero. Este habló con Cortés en privado, diciéndole que no podría disuadir a Narváez, que Velázquez había enviado un ejército tan poderoso que Cortés no contaría con la menor oportunidad y le convenía rendirse y pedir clemencia. Pero Duero comprendió que el Cortés que lo escuchaba afablemente no era ese aventurero ambicioso e inmaduro con quien había llegado a un acuerdo en Cuba. Las privaciones y tensiones habían dado a Cortés el temple del acero. Cortés le dio una afectuosa palmada en el hombro y montó a caballo, despidiéndose del escribano y de Duero.

Otros mensajeros de Narváez llegaron durante la marcha. Se propuso un parlamento en el cual Narváez y Cortés, protegidos por salvoconductos, se reunirían en compañía de diez soldados cada uno. Pero los mensajeros, después de recibir algo de oro, revelaron a Cortés que Narváez se proponía capturarlo durante el parlamento, tal como había sucedido con Cacama, así que la reunión no se concretó. Cortés envió un mensajero a Sandoval, quien se ocultaba con sus hombres en un poblado totonaca, y Sandoval bajó con sus hombres para reunirse con Cortés. Lo acompañaban cinco españoles que habían abandonado a Narváez, amigos y parientes de Vásquez de Aillón, a quien Narváez había despachado a Cuba.

Es probable que Cortés planeara usar el oro como cebo para seducir a los hombres de Narváez. La gente de Cortés iba cargada de oro. Si Cortés encontraba el modo de comunicarse con los hombres de Narváez, de lograr que los suyos les hablaran y les entregaran regalos, sería evidente que unir fuerzas tenía más sentido que luchar. Además, Cortés abrigaba la esperanza de que los indios de la costa volvieran a unirse a él en cuanto lo vieran de nuevo. Pero la naturaleza intervino para presentarle otra oportunidad, y Cortés la aprovechó al instante.

Cuando Cortés y sus hombres estaban a cinco kilómetros de Cempoal y se disponían a pernoctar, descargó un temporal. Era la típica lluvia tropical de la costa (roja en los mapas meteorológicos), un chubasco torrencial y ruidoso que no permitía oír las órdenes, y bajo cuyos nubarrones reinaba una oscuridad absoluta. Cortés adaptó su estrategia sin vacilar. En vez de buscar refugio para guarecerse de la lluvia, ordenó continuar la marcha. (Cuando los hombres que han actuado en la montaña descienden a la planicie, se desencadena una reacción física inversa a la que se produce cuando ascienden. Están pletóricos de energía y son capaces de actos que habrían resultado imposibles en el aire enrarecido de la cordillera. Los hombres de Cortés habían marchado todo el día, pero no estaban cansados.)

Cuando Narváez se enteró de la proximidad de "Cortés y sus tres gatos" (como él y sus hombres llamaban despectivamente al pequeño ejército que lo acompañaba), hizo montar a todos sus caballeros y los llevó a bloquear el camino. Pero como el camino parecía desierto, y Narváez y sus jinetes estaban empapados dentro de su armadura y sus ropas de cuero, Narváez ordenó a la caballería que regresara a Cempoal, dejando dos hombres como vigías.

Avanzando al amparo de la oscuridad y el estruendo de la tormenta, la vanguardia de Cortés capturó a uno de esos guardias, aunque el otro escapó a Cempoal para dar la alarma. Pronto Cortés sonsacó al guardia capturado la disposición de las fuerzas de Narváez, el emplazamiento de los cañones, el despliegue de la caballería y la infantería. Cortés y sus hombres conocían muy bien todas las calles, pasadizos y plazas de Cempoal. Cortés encomendó a Sandoval sesenta hombres para tomar el templo de la cima de la pirámide y capturar a Narváez, que se había acuartelado allí. Con el resto del ejército Cortés atacaría la base de la pirámide y los palacios y complejos circundantes y neutralizaría la artillería, la caballería y la infantería del enemigo.

En la cerrada oscuridad de esa noche, bajo esa lluvia espantosa, Cortés y sus hombres entraron en Cempoal, corrieron por sus conocidas calles, y ya estaban entre los hombres de Narváez cuando sonó la alarma. Los hombres de Narváez no veían nada y no estaban habituados a combatir en la oscuridad (ni siquiera sin ella). Sandoval y los suyos subieron la escalinata de la pirámide, se enfrentaron a los guardias de Narváez y los sometieron. Cortés y los demás llegaron a los caballos de Narváez antes que los jinetes pudieran montar (y los caballeros vacilaban en montar, pues en la oscuridad no sabían adónde ir y los caballos podían resbalarse) y Cortés y sus hombres cortaron las cinchas y desensillaron los caballos. Los artilleros de Narváez habían taponado los cañones con cera para protegerlos de la lluvia, así que no pudieron disparar de inmediato. Velásquez de León, Lugo, Ordaz y otros capitanes de Cortés con sus hombres desarmaron a los confundidos y aterrados astilleros, mientras Cortés y los suyos capturaban a los infantes. Un equipo de artilleros arrancó frenéticamente la cera y logró hacer un disparo de cañón, con el cual mataron a dos hombres de Cortés. Cuando Narváez salió como una tromba de su alcoba, espada en mano y dispuesto a luchar, un piquero llamado Pedro Sánchez Farfán le pidió que se entregara. Ante su negativa, le arrancó un ojo con la pica.

Los restos de la pirámide totonaca de Cempoal, en la tórrida costa.

La lluvia había cesado cuando comenzó a clarear. Era un amanecer opaco y gris bajo amenazadoras nubes. El aire selvático estaba denso. Y los derrotados hombres de Narváez, desarmados, se encontraban aterrados y abatidos por la victoria de Cortés con tan pocos efectivos. Cortés demostró poca piedad por Narváez, quien gemía en alta voz y procuraba limpiarse la sangre que le manaba del ojo. Ordenando preparar comida para todos, Cortés habló con los capitanes de Narváez; los conocía a casi todos. También conversó con los soldados derrotados, repartiendo generosamente el oro y describiendo las riquezas que aún podían obtener. Al mediodía Cortés estaba alistando a los recién llegados, quienes formaban una larga fila, con un escribiente y la presencia de cuatro testigos.

El ocaso de los dioses

Pedro de Alvarado estaba desesperado. De los ochenta hombres que Cortés le había dejado en Tenochtitlán, muchos estaban tullidos, viejos o enfermos de disentería. Dos de los cinco caballos no podían galopar. La fortificación del complejo estaba bien planeada, pero se requerían muchos hombres para montar guardia, y Alvarado tenía dificultades para apostar a los hombres necesarios. Cuando conseguía todos los artilleros, quedaban pocos guardias en las puertas.

La actitud de los aztecas cambió visiblemente en cuanto se marchó Cortés. Moctezuma permanecía en su cámara, y un continuo desfile de nobles aztecas de insondable expresión iba a deliberar con él. En las visitas de Alvarado a Moctezuma, el emperador ya no bromeaba como antes, ni demostraba interés cuando Alvarado le proponía una partida de totoloque. Los españoles que custodiaban a Cacama y los demás caciques encadenados tenían que ahuyentar a los nobles aztecas que insistían en hablar con los prisioneros.

Obviamente los aztecas suponían que el numeroso ejército de la costa aniquilaría a Cortés y sus camaradas. Narváez había anunciado a los aztecas su intención. Y Alvarado sabía que era una sensata suposición. El y sus hombres tenían buenas razones para temer por su propia seguridad y poner en duda el retorno de Cortés. Sufrían la doble amenaza de Narváez y los aztecas, pero los aztecas eran los que estaban más cerca.

¿Qué podían hacer ochenta o ciento veinte hombres (como de costumbre, las cifras varían) para protegerse en una ciudad con cientos de miles de indios feroces en pie de guerra? Era un milagro que durante seis meses cuatrocientos españoles hubieran podido mantenerse en Tenochtitlán y ejercer cierto control como resultado de la asombrosa combinación de intimidación y diplomacia que utilizaba Cortés. Ahora los aztecas esperaban que Narváez, después de matar o capturar a Cortés, cumpliera su palabra de devolver la independencia al imperio azteca y se marchara. Pero Alvarado sabía que los aztecas odiaban a Cortés y sus hombres y ansiaban capturar a los españoles de la capital y sacrificarlos en expiación de los agravios que habían sufrido ellos y sus dioses. Matando a Alvarado y su contingente, los aztecas sólo se adelantarían a Narváez.

Los tlaxcaltecas que acompañaban a Alvarado le confirmaron los planes aztecas, y no había motivos para dudar de la sinceridad de sus informes. Los tlaxcaltecas temían por su vida tanto como los españoles. En el templo de Huitzilopochtli, le informaron, estaban juntando estacas puntiagudas para empalar a los españoles desnudos, una vez que los capturasen. Y le revelaron que el ataque azteca se produciría durante la culminación de la inminente ceremonia de Toxcatl. Se trataba de una pavorosa celebración azteca que se prolongaba durante días de frenética danza y que tradicionalmente culminaba con el sacrificio y la ingestión de los guerreros capturados en la Guerra Florida, sólo que esta vez también sacrificarían y comerían hombres blancos. Moctezuma avisó a Alvarado que el Toxcatl se festejaría en el amplio patio que estaba al pie de la pirámide en cuya cima se hallaba el templo de Huitzilopochtli, y que los españoles podían asistir si así lo deseaban. Alvarado no necesitaba más confirmación acerca de lo que se avecinaba.

Alvarado siempre había sido un hombre independiente. Cuando capitaneaba un navío bajo las órdenes de Grijalva, se había apartado de la flota para explorar un río. Grijalva lo había reprendido, pues las demás naves no habrían podido acudir en su auxilio si lo hubieran atacado. Ahora, bajo intensa presión, Alvarado estaba más impulsado que nunca a actuar por su cuenta. Tomó como ejemplo la decisión que Cortés había tomado en Cholula. También allí los españoles estaban en abrumadora inferioridad numérica frente a guerreros indios que planeaban atacarlos, y se encontraban en el corazón de una populosa ciudad. Cortés había atacado tan súbita y furiosamente que había logrado dominar a los indios.

El Toxcatl era un festival sobrecogedor. Los mayores tambores de los aztecas, confeccionados con grandes troncos ahuecados, tallados y pintados, se alineaban en hileras en torno del patio, y gran cantidad de ejecutantes los batían rítmicamente y sin cesar, en una vibración tonante y embriagadora. Sólo los nobles podían entrar en el patio, pero había miles de ellos, bailando infatigablemente al son de los tambores. En toda la ciudad la gente oía el tamborileo y respondía con sus propios tambores, tal vez acentuando su frenesí con pulque y setas alucinógenas.

Alvarado organizó a sus hombres como un puño de hierro cuando irrumpió en el patio. Los españoles cerraron las salidas mientras los demás atacaban a los desarmados aztecas. Disparos de ballesta y arcabuz segaron sistemáticamente a los apiñados indios, pero la mayor parte de la faena se hizo con picas y espadas. Los indios que tocaban los tambores, embriagados por su música, no se separaron de sus instrumentos, y los españoles corrieron a lo largo de las filas tronchándoles las manos. Los españoles repartían sablazos y los aullantes aztecas, embriagados por la danza, no atinaban a escapar ni contraatacar. La matanza continuó hasta que el patio quedó cubierto de cadáveres ensangrentados. Los españoles, pasando sobre los cuerpos amontonados, se retiraron del patio y se replegaron a sus aposentos.

La mayor parte de los principales señores aztecas fue exterminada en el festival de Toxcatl. El silencio de los tambores fue la señal que alertó a toda Tenochtitlán. El pueblo azteca inundó las calles. En todos los vecindarios la gente gritaba que había habido una masacre. De todas partes llegaron multitudes furiosas para atacar a los españoles ocultos detrás de las murallas de su fortaleza.

Los cañones tronaron, los arcabuceros y ballesteros dispararon desde sus almenas, y los españoles protegieron las entradas del complejo. Pero desde todas las azoteas, y desde las torres y pirámides cercanas, llovían lanzas y flechas. Los aztecas incendiaron los cobertizos donde los españoles almacenaban víveres y pertrechos. De noche los aztecas intentaron cavar bajo las murallas y, cuando podían pasar, combatían contra los españoles: mazas de madera con puntas de obsidiana contra espadas de acero, lanzas de cobre contra picas de hierro. Los españoles no pudieron abandonar su fortaleza para proteger los bergantines que habían construido, y los aztecas quemaron las naves que estaban fondeadas en los canales.

Durante una tregua en el combate, la tercera noche después de la matanza, un español que venía desde la costa logró introducirse en la fortaleza española y anunciar la victoria de Cortés sobre Narváez. Pero Alvarado pronto lo envió de vuelta con las nefastas nuevas de Tenochtitlán.

En la costa, Cortés –que ahora contaba con dieciocho naves, y más hombres, caballos, armas y pólvora– planeaba metódicamente la continuación de lo que casi había sido una incruenta conquista por la astucia. Había reclutado a toda la gente de Narváez, con la excepción del mismo Narváez y otros recalcitrantes capitanes a quienes mantenía prisioneros. Con gran dificultad, Cortés había logrado persuadir a sus hombres de que devolvieran a los ex soldados de Narváez sus caballos, sillas y efectos personales, así como sus armaduras y armas. Cortés no estaba dispuesto a tolerar el robo; su creencia en la propiedad privada era muy firme; en cuanto a los tributos y los presentes que había sacado a los indios mediante extorsión, era otra cuestión. Cortés estaba formando un contingente que enviaría al río Pánuco a preparar un puerto, y otro que fuera a Coatzacoalcos a construir un fuerte que sería el punto de reunión del oro; solicitaría más caballos y equipo a Jamaica; ahora que poseía el oro para comprar, no creía necesitar la autorización de nadie. Pero abandonó estos prometedores planes en cuanto supo que los españoles de Tenochtitlán estaban sitiados, privados de comida, al borde de la derrota, a punto de perder el tesoro que habían acumulado.

Tras reunir mil trescientos españoles con muchos caballos y cañones, y gran cantidad de porteadores totonacas, que habían vuelto a serle leales, Cortés marchó rápidamente hacia las montañas. Entre sus tropas había muchos ex soldados de Narváez, que acudieron voluntariamente para ganarse los favores de Cortés y confirmar su derecho a una parte del tesoro. Pero en el trayecto hacia la serranía no les salió al encuentro ningún indio hablante de náhuatl, y las ciudades y campos estaban desiertos. Cortés sospechó que su bastión de Tenochtitlán había caído. Distribuyó exploradores al frente y los flancos para evitar una emboscada, y no descansó hasta llegar a Texcoco, a orillas de lago del valle de México.

En Texcoco no quedaban caciques que Cortés conociera; los nobles que conocía habían asistido al festival de Toxcatl en Tenochtitlán y habían muerto a manos de Alvarado. Pero los indios que le salieron al encuentro dijeron que los españoles de la capital aún estaban con vida. Al enterarse de que Cortés había vencido en la costa y regresaba, los aztecas de Tenochtitlán habían dejado de atacar, y reinaba una tensa tregua.

Cortés acampó en Texcoco, y en una canoa lacustre se le acercó un español escoltado y protegido por varios nobles aztecas que eran asistentes de Moctezuma. El español le confirmó que Alvarado aún resistía, aunque andaba escaso de agua y alimentos. Los nobles aztecas le transmitieron un mensaje de Moctezuma: el emperador lamentaba profundamente los combates que se habían librado, sabía que Cortés lo culparía por ello, pero agradecía su regreso y ordenaría a su pueblo que colaborase tal como antes.

Cortés no las tenía todas consigo. Al día siguiente se acercó a la capital en formación cerrada, pernoctó a orillas del lago y al mediodía, después de oír misa, cruzó una calzada y entró en la ciudad. Las calles estaban casi desiertas, y Cortés sólo vio algunas personas de lejos, caminando deprisa. Notó que habían retirado algunos puentes y que había barricadas en algunas calles laterales.

Cuando él y sus hombres llegaron a la fortaleza de los españoles, Alvarado y sus supervivientes los acogieron con alegría y gratitud, aunque Cortés apenas pudo dominar su furia cuando le contaron la historia detallada de la matanza. En el patio, Moctezuma también aguardaba para darle la bienvenida. Pero Cortés, oliendo el peligro de la situación y sabiendo que el emperador había hecho propuestas a Narváez, no pudo contener una ristra de maldiciones cuando los sirvientes del emperador se le acercaron (los sirvientes no comprendían los juramentos, pero sí el tono de voz). Cortés no quiso recibir ni saludar al monarca, así que Moctezuma regresó abatido a su cámara. Cortés tenía la impresión de que Moctezuma y la gente de Tenochtitlán temían su castigo, y no quería mitigar ese temor.

Poco después del amanecer, Cortés envió un jinete a la costa, con una carta donde declaraba que había llegado a la capital sano y salvo. A la media hora, sin embargo, el jinete regresó, ensangrentado y maltrecho. Los aztecas le habían tendido una emboscada antes de la calzada, pero había logrado escapar. Le informó que los aztecas estaban levantando los puentes. Las calles estaban llenas de guerreros que antes se habían ocultado en las casas. Gritaban el nombre de Cuitlahuac, su cabecilla, el hermano de Moctezuma. Mientras el jinete presentaba su informe, se oyó una algarabía. La población de Tenochtitlán se lanzaba hacia la fortaleza española. Los guerreros aztecas ganaban las calles, cubrían los escalones de las pirámides, llenaban las azoteas, poniendo al fin de manifiesto su aplastante superioridad numérica, vociferando, arrojando piedras y lanzas. A la sombra de los estandartes de sus caciques, los guerreros se apiñaban para tratar de forzar las entradas mientras otros corrían alrededor con antorchas de resina de pino, tratando de incendiar todo lo que pudieran.

Cortés comprendió que había sido engañado. Los aztecas lo habían dejado entrar en el centro de la ciudad sólo para atraparlo. Ahora podrían sacrificar no sólo a Alvarado y sus hombres, sino a Cortés y su ejército. Los que habían llegado con Narváez estaban histéricos de horror, pues nunca habían visto el ataque de hordas indias.

Pero Cortés reaccionó con firmeza, enviando cuadros de veteranos a bloquear cada incursión azteca. Los edificios exteriores del complejo palaciego ardían de nuevo, y los españoles tuvieron que derrumbar un tramo de la muralla externa para impedir la propagación del fuego, y luego plantarse en la brecha para combatir cuerpo a cuerpo con los aztecas que intentaban entrar. La lucha continuó todo el día hasta que el suelo enlosado quedó tan cubierto de piedras, varas, flechas y lanzas que los españoles resbalaban y patinaban al andar.

Por la noche Cortés hizo reparar la muralla rota, y sus hombres recobraron el aliento. Pero al romper el alba los aztecas atacaron con más saña que nunca. Para debilitar la presión azteca en torno del palacio de Axayacatl, Cortés organizó un escuadrón de caballería y salió de la fortaleza para enfrentarse a ellos. Había tantos aztecas apiñados que no pudieron dispersarse y echar a correr cuando los jinetes embistieron. Los caballeros quedaron atrapados en medio de la multitud. Otros guerreros, ocultos tras los parapetos de ladrillo de las azoteas, arrojaban piedras a los españoles, mientras los que se amontonaban en torno a los caballos cortaban las riendas y apuñalaban a los acorazados caballos y jinetes. En este combate Cortés recibió un mazazo que le partió e incapacitó la mano izquierda. Todos sus hombres estaban heridos y tuvieron que emprender la retirada.

Los cañones continuaban tronando, pero los aztecas habían convocado a su nación entera y, aunque los artilleros ni siquiera tenían que apuntar para derribar una docena de indios de un solo disparo, la presión de los aztecas no cedía. Los disparos de los arcabuces y ballestas no frenaban el asalto de los indios. Cortés envió a un capitán con doscientos infantes, para que trataran de abrir una senda a estocadas en la masa de aztecas, y estos hombres debieron retroceder igual que los caballeros, heridos y maltrechos. Como escribió Bernal Díaz, revelando la mentalidad clásica de estos españoles del siglo dieciséis, "mas ellos estaban tan fuertes y tenían tantos escuadrones, que se mudaban de rato en rato, que aunque estuvieren allí diez mil Héctores troyanos y otros tantos Roldanes, no les pudieran entrar".

Durante la noche Cortés ordenó a los carpinteros que fabricaran torres con ruedas, con flancos y techos de tablas fuertes. Se proponía meter en cada torre una veintena de hombres que estuvieran a resguardo de las piedras, flechas, dardos y lanzas que arrojaban desde las azoteas. Estos hombres irían equipados con barras de hierro. Las torres, escoltadas por caballeros, cañones e infantes, llegarían a las barricadas que los indios habían construido en las calles, los hombres con barras se apearían, demolerían las barricadas e irrumpirían en las casas desde cuyas azoteas los aztecas causaban más daño. Los carpinteros trabajaron en las torres todo el día, mientras los soldados mantenían sus posiciones en las murallas y las entradas. A la mañana siguiente las torres salieron bajo fuerte escolta. Pero los aztecas de las azoteas ya tenían preparadas grandes rocas con las cuales destrozaron las torres. Los españoles lucharon a brazo partido, cruzaron algunas barricadas e incendiaron algunas casas, pero no pudieron contener el embate de los indios y tuvieron que regresar arrastrando las torres estropeadas. Cada vez que los españoles intentaban contrarrestar la ofensiva azteca, algunos perecían, la mayoría resultaban heridos y algunos eran capturados con vida.

Al cabo de varios días de enconada lucha, Cortés mandó buscar a Moctezuma y le exigió que ordenara interrumpir el ataque. No sabía bien qué papel había desempeñado el monarca en esa revuelta. Había permanecido en su aposento desde la llegada de Cortés, y su cámara estaba en el segundo piso del centro del palacio, así que los fuegos y combates no lo habían puesto en peligro. Se decía que Cuitlahuac, el hermano de Moctezuma, era ahora el cabecilla de la rebelión. Pero Moctezuma –ante sí mismo y ante Cortés– era el emperador. El pueblo debía obedecerle, pues de lo contrario la sociedad azteca se desmoronaría en el caos de la indisciplina.

Moctezuma –quien durante más de seis meses había procurado llegar a un acuerdo con Cortés y quien quizás había seguido su propia estrategia para contrarrestar la española– salió al patio y subió por una escalinata a una azotea plana desde cuya muralla externa podría interpelar a su pueblo. Los españoles lo protegieron con sus rodelas mientras se acercaba al borde de la azotea, luego lo dejaron al descubierto.

Moctezuma fue lapidado por su propia gente. Más tarde, los apologistas aztecas alegaron que el pueblo no lo reconoció, o que la gente arrojó las piedras por error, pero esto no resulta muy creíble. Los coléricos guerreros aztecas de las azoteas de enfrente, de las pirámides y las calles, no podían aplacarse. Estaban peleando por su identidad y su libertad, así como por sus riquezas. Más tarde, algunos sacerdotes aztecas, tratando de crear una nueva mitología, dijeron que un joven noble azteca, Guatémoc, que con el tiempo ocuparía el trono, arrojó la piedra que le pegó a Moctezuma en la sien, disgustado con el viejo monarca. Otros sacerdotes informaron a Sahagún y Durán que la gente había acusado a Moctezuma de traición. Pero tampoco es razonable creer que alguien oyó algo en la algarabía de la contienda. Los aztecas vieron que era Moctezuma quien estaba en la azotea de la fortaleza española; Moctezuma escogió un sitio donde podía ser visto y reconocido; siempre era identificable por sus atavíos de emperador. Pero los aztecas continuaron arrojando sus proyectiles. Moctezuma recibió por lo menos tres impactos y cayó. Cubriéndolo con sus rodelas, los españoles se lo llevaron de la azotea.

La batalla continuó mientras entre los aztecas corría la voz de que habían lapidado a Moctezuma. Pero los aztecas redoblaron la intensidad del ataque, y los españoles continuaron luchando para salvar el pellejo. Moctezuma vivió un par de días más, pero no permitía que le curasen las heridas y se negaba a comer o beber. Su ánimo estaba mortalmente herido. Rechazado por su propio pueblo, habría visto su destino como una reprimenda de Huitzilopochtli, o como el cumplimiento de un antiguo vaticinio, o como el triunfo del Dios cristiano (según una muy dudosa versión, una vez había pedido el bautismo). O quizá vio simplemente el fracaso de su estrategia para mejorar la vida de los aztecas mediante una fusión pacífica con los forasteros.

Los españoles lo lloraron, en la medida en que el tiempo lo permitía. Moctezuma les había demostrado cariño y generosidad. Cuando Bernal Díaz le había pedido que le diera una muchacha bonita, Moctezuma había accedido dándole una muchacha noble, lo cual significaba mucho para Bernal Díaz, pues sus camaradas se mofaban de sus pretensiones de nobleza. Cortés, a pesar de sus continuas intrigas, sabía que sólo la buena voluntad de Moctezuma le había permitido avanzar por la astucia hacia un fin que tanto él como el monarca azteca consideraban bueno. Los cronistas consignan que los españoles lloraron por Moctezuma, y aunque para los cínicos modernos es fácil ponerlo en duda, creo que es razonable creerlo.

Cuando falleció Moctezuma, Cortés ordenó a algunos prisioneros aztecas que alzaran el cuerpo y lo devolvieran a su pueblo. Los españoles abrieron las puertas para que el cortejo se marchara y lo vieron perderse en las calles de Tenochtitlán. Ni Cortés ni los demás españoles supieron jamás qué había sido del cuerpo del emperador.

Los españoles estaban a punto de morir de hambre y sed. Habían arrancado algunas losas del patio y cavado un pozo del cual obtenían un poco de agua que no era demasiado salobre. Aún tenían algunas tortillas duras y rancias. Pero la presión de los aztecas crecía notablemente a medida que más tropas de las ciudades y provincias cercanas entraban en la capital. Los aztecas no sólo levantaban los puentes y bloqueaban las calles sino que desmantelaban las calzadas para que los españoles, con sus bergantines quemados, no tuvieran ninguna vía de escape. Los aztecas, que contaban con reservas de suministros, podían reaprovisionarse con sus flotas de canoas.

Desde la cima de una pirámide que lindaba con la fortaleza española, los caciques aztecas tenían una vista del palacio y dirigían la lucha. Mientras los españoles se debilitaban, los indios luchaban por turnos, y los escuadrones se relevaban entre sí, atacando los puntos peor defendidos. Encima de la pirámide estaba el templo de Xipetotec, "el Dios Desollado", y allí los españoles habían erigido una cruz y una estatua de María. Cortés se sujetó una rodela al brazo izquierdo, pues su mano izquierda estaba inutilizada, y encabezó el ascenso a la pirámide, mientras los aztecas les arrojaban piedras y troncos. Pero muchas piedras y troncos se atascaron en las terrazas de la pirámide, y los españoles tomaron el templo de la cima (los aztecas habían tumbado los símbolos cristianos). Incendiando el templo, los españoles mataron o expulsaron a los caudillos aztecas y sus guerreros.

Por la noche Cortés salió del palacio para incendiar algunas casas cercanas donde los guerreros podían ocultarse o atacar desde las azoteas. Pero vio que toda la ciudad estaba llena de guerreros. No quedaban puentes, y la única calzada restante era la que conducía a Tacuba, una ciudad de la tierra firme. Durante varios días Cortés procuró abrir un camino hasta esa calzada. Los españoles luchaban hasta llegar a una brecha donde habían quitado un puente, derrumbaban una pared o una casa y llenaban la brecha con escombros. Pero de noche los aztecas sacaban los escombros y reabrían la brecha.

Cortés tuvo que afrontar el hecho cierto de que su posición en Tenochtitlán era desesperada, así que se dispuso a huir mientras la calzada de Tacuba permaneciera abierta. Hizo llevar al salón del palacio todos los tesoros que habían adquirido los españoles. Era imposible acarrearlo todo, así que hizo cargar una cantidad equivalente al quinto real en una yegua y algunos caballos cojos y dejó que sus hombres se llenaran los bolsillos y morrales, aunque les advirtió que más les valdría llevar los alimentos que hubiera. Bernal Díaz, sabiendo que los indios valoraban muchísimo el jade, se deslizó algunos chulchihuites bajo el peto y tomó algunas cajas de oro. Los hombres de Narváez se cargaron tanto de oro que muchos no podían llevar las armas.

El plan consistía en que los tlaxcaltecas guiarían a los españoles por la noche y los llevarían a Tlaxcala, donde podrían recobrarse y restablecer el contacto con la costa. Los carpinteros habían construido un puente portátil, una pieza móvil que se podía transportar para franquear cada corte de las calzadas. Se necesitaban cuarenta tlaxcaltecas para transportar ese puente, así que se asignaron doscientos para trabajar por turnos, con una custodia de ciento cincuenta españoles.

En la densa niebla de la noche, tal vez el 10 de julio de 1520, los españoles sobrevivientes, maltrechos, heridos y tambaleantes, recargados de oro, abrieron las puertas de la fortaleza y siguieron a sus aliados tlaxcaltecas. Pero la niebla no los ocultó por mucho tiempo. En cuanto colocaron el puente en el primer corte, el ruido alertó a los aztecas. Los fugitivos lograron cruzar el primer corte, pero los aztecas los perseguían y aún quedaban ocho cortes en la ruta a Tacuba.

Los españoles corrían por las calles mientras los aztecas los apedreaban desde las azoteas y las barricadas de las calles laterales. Los españoles no podían contraatacar. Corrían, y cuando resbalaban, recibían una pedrada o se tambaleaban bajo el peso del oro, los aztecas se lo llevaban a rastra. En los cortes, los desesperados españoles se lanzaban al agua y trataban de caminar o nadar hasta el otro lado. Los caballos patinaban en las piedras del fondo del lago. Los aztecas de la capital habían pedido a los de tierra firme que acudieran en canoas, y también llegaron canoas de la capital, para ahogar a los españoles que chapoteaban en el agua. Caballos sin jinete nadaban a lo largo de la calzada en ese lago poco profundo.

Después de cada corte de la calzada quedaban menos españoles. Cortés, Velásquez de León, Sandoval y los demás capitanes trataron de congregar a su gente para resistir, pero no era una batalla sino una desbandada. Alvarado procuró mantener una retaguardia. Cuando al fin llegaron al último tramo de la calzada, Cortés encabezó una acometida y desbarató una fila de aztecas. Los españoles supervivientes llegaron a la costa, pero muchos que habían quedado atrapados pidieron auxilio a Cortés.

Cortés y Sandoval regresaron y se encontraron con Alvarado, que estaba del otro lado de la última brecha. Alvarado iba a pie, sangrante y exhausto, empuñando su espada en una mano y una lanza azteca en la otra. Se cuenta que Alvarado usó la lanza para franquear la última brecha y que fue el último español que salió de Tenochtitlán. Sin embargo, Bernal Díaz refiere con franqueza que nunca oyó hablar del "salto del Albarado" –así escribe él ese apellido– hasta años después, cuando se dio ese nombre al puente, y que de todos modos nadie lo habría visto porque la única preocupación de cada uno era salvar su propio pellejo. Al evocar esa huida, Bernal Díaz hablaría de la "Noche Triste" o "Noche de Espanto".

Al amanecer, los españoles irrumpieron a trompicones en la plaza central de Tacuba y cayeron al suelo exhaustos o andaban sin rumbo fijo, aturdidos. Los aztecas habían resuelto matar o capturar a todos los españoles antes que lograran escapar de Tenochtitlán, y casi lo habían logrado. Sólo quedaban cuatrocientos españoles con vida, y se habían perdido ochocientos o novecientos. Sólo quedaban veinticuatro caballos, y ninguno podía galopar. Todos los hombres y caballos estaban heridos. Cortés, que tenía la mano izquierda inutilizada, había recibido un golpe en la rodilla, y no se animaba a apearse por temor a no poder montar de nuevo. Habían perdido todos los cañones, toda la pólvora, la mayor parte del oro. Sólo conservaban el oro y las joyas que llevaban encima; los tlaxcaltecas tenían algunas barras de oro; los ex soldados de Narváez habían cargado con la mayor parte del oro, y habían pagado por su codicia e inexperiencia, pues pocos escaparon. Los supervivientes preferían no pensar en la piedra del sacrificio que aguardaba a los prisioneros, cuyas carnes los aztecas devorarían. Velásquez de León había muerto. Malinche sobrevivió, al igual que dos hijas de Moctezuma y otras muchachas de la nobleza india, y un par de mujeres españolas que habían acompañado a los hombres de Narváez. Es interesante señalar que tanto los españoles como los indios respetaban profundamente las diferencias sociales; estas presuntas hijas de Moctezuma se casarían más tarde con hidalgos españoles y recibirían extensos dominios como justa herencia; una de ellas recibió Tacuba.

Los escritos de Cortés, Gómara y Bernal Díaz coinciden en declarar que al huir de Tenochtitlán los españoles se llevaron a Cacama y los otros caciques prisioneros, y que estos cautivos aztecas perecieron en la desbandada. Años después, sin embargo, muchos sacerdotes aztecas declararon, ante cronistas que hablaban náhuatl, que los españoles ejecutaron a Cacama y los demás caciques en el palacio, antes de la fuga. Incluso se dijo que Moctezuma no había muerto por efecto de las piedras, sino que también fue ejecutado por los españoles. Bernal Díaz, que escribió sus memorias cuando era casi octogenario, consultaba la obra de Gómara, y Gómara sólo sabía lo que refería Cortés. Cortés mismo, pues, en su segunda carta al rey, es la principal fuente de la idea de que Cacama y los demás cautivos murieron a manos de su propia gente durante el combate de esa noche. Es razonable creer, empero, que los españoles despacharan a estocadas a Cacama y los demás señores, que no ocultaban su odio a los forasteros, en vez de correr el riesgo de que estos caudillos huyeran para azuzar aun más a su pueblo. Pero no es sensato creer –pues disiente con muchos testimonios directos– que Moctezuma sufrió heridas leves en la lapidación y fue ejecutado por los españoles. No les hubiera convenido matar a Moctezuma, a quien consideraban un valioso rehén que les hubiera permitido negociar con los aztecas.

Cortés temía que quedaran atrapados en Tacuba. Había guerreros aztecas en la ciudad, aunque no constituían una fuerza abrumadora. Tres españoles que se hallaban en el borde de la multitud de fugitivos resultaron muertos por ellos. Los aztecas aún no habían trepado a las azoteas, así que Cortés ordenó a su gente que se pusiera en marcha hacia Tlaxcala. Pero los tlaxcaltecas, que sabían cómo salir de la capital, ahora querían evitar el camino principal y escoger uno menos transitado para evitar una emboscada, lo cual parecía sensato. Sin embargo, muchos supervivientes españoles y tlaxcaltecas sobrevivientes se extraviaron y tuvieron que deambular hasta recobrar la orientación.

Padecían hambre, y durante el día apenas pudieron avanzar unos kilómetros, siempre perseguidos por los aztecas. Al anochecer hicieron sus lechos alrededor de algunas casas de piedra y un pequeño templo en el campo y armaron sus defensas. Los aztecas, silbando y bramando, los rodearon pero no atacaron durante la noche. Aún estaba oscuro cuando Cortés despertó a su gente y ordenó ponerse en marcha, dejando las fogatas encendidas. Pero los aztecas los vieron y se lanzaron en su persecución, avisando a los poblados de las inmediaciones que reunieran guerreros para exterminar a los teúles. Los españoles tuvieron que pelear sobre la marcha. Los jinetes e infantes españoles estaban tan agotados que apenas podían erguir la cabeza o alzar los brazos, pero acometían una y otra vez para contener a raya a los indios hostiles. Al anochecer se guarecieron en un caserío de piedra y montaron guardia.

Después de luchar todo el día siguiente, mientras intentaban avanzar, los españoles llegaron a un poblado cuyos habitantes huyeron al verlos. Ocuparon el poblado y encontraron una provisión de maíz; hirvieron y comieron una parte y asaron el resto para llevarlo a cuestas.

Al día siguiente pasaron frente a un cerro desde donde los amenazaban indios de la comarca; los jinetes se lanzaron contra ellos y descubrieron que al otro lado del cerro había un gran poblado, y se desencadenó una fiera lucha sobre un terreno pedregoso donde los caballos no podían galopar. Cortés perdió el yelmo de un golpe y dos piedras le pegaron en la cabeza, con tal fuerza que sufrió una conmoción y perdió la conciencia. Aun así no cayó del caballo, y los otros jinetes lograron llevárselo para que se recobrara. Los indios habían matado un caballo, y los españoles lograron rescatar el cadáver del animal. Los españoles abandonaron los aledaños del poblado, perseguidos por sus habitantes, y al fin se detuvieron en otro caserío de piedra alrededor de una pequeña pirámide. Descuartizaron rápidamente el caballo muerto, lo cocinaron y lo comieron –según su propio testimonio– hasta el pelo y los huesos.

Cortés hizo preparar muletas para los que cojeaban. Los heridos más graves fueron cargados sobre las ancas de los caballos que estaban demasiado débiles para el combate. Otros se aferraban a la cola de los caballos o a los estribos de los jinetes para mantenerse despiertos y continuar la marcha.

Así siguieron hasta que una mañana llegaron al valle de Otumba, que estaba repleto de guerreros que aguardaban para atacarlos. Era la trampa final de los aztecas. Lógicamente, los españoles se aprestaron para una nueva batalla. La mayoría de los sobrevivientes eran veteranos de muchas lides. No tenían cañones, no había líneas de arcabuceros, pocas ballestas funcionaban. Tenían espadas, dagas, picas y algunas lanzas. En el centro del rectángulo defensivo iban los heridos, tanto españoles como tlaxcaltecas, y las pocas mujeres. Como de costumbre, los jinetes iban a la vanguardia, y embistieron para abrirse paso entre las filas indias.

El resultado fue más un disturbio confuso que una pelea organizada. Para este embate final los aztecas habían llamado a los otomíes que habitaban la región. Los otomíes no estaban habituados a la disciplina en la guerra y habían acudido en gran número porque les habían prometido un rico botín. Los contingentes de guerreros de los diversos poblados se entorpecían la marcha, había riñas y altercados. El valle estaba tan abarrotado que no podían lanzar ataques eficientes. Algunos otomíes fueron pisoteados, otros fueron presa del pánico, pero la lucha continuó la mayor parte del día.

Cuando los jinetes españoles vieron a un cacique otomí de enorme toca emplumada que empuñaba un estandarte, arremetieron contra él. Cortés arrebató el estandarte de las manos del cacique mientras Juan de Salamanca le arrancaba la toca de la cabeza. Cortés atravesó con la lanza al cacique, y los otomíes rompieron filas y huyeron, dejando el campo a los españoles. Separándose en grupos según su poblado, los otomíes regresaron a sus casas. (Después de esta batalla Juan de Salamanca entregó a Cortés la toca emplumada del cacique, y luego Cortés se la envió al rey de España con un relato veraz de lo sucedido, años después el rey concedió a Juan de Salamanca el derecho de usar la toca en el escudo de armas de su familia.)

Cuando los españoles y sus aliados indios acamparon esa noche, avistaron las sierras de Tlaxcala, pero Cortés no sabía cómo serían recibidos. En medio de la derrota y la retirada, ya no representaba una esperanza de rebelión contra la tiranía azteca, pero ni él ni su gente tenían fuerzas para continuar la marcha.

Por la mañana entraron en una aldea tlaxcalteca de la frontera. Los aztecas y sus aliados ya no los perseguían, y los aldeanos salieron a curiosear. Cortés ordenó poner los heridos a la sombra. Los guerreros y porteadores tlaxcaltecas que acompañaban a Cortés pidieron comida a los aldeanos. La gente les llevó comida a regañadientes y pidió que les pagaran en oro. Los españoles tuvieron que hurgar en los bolsillos en busca de oro y regatear por cada plato.

Pronto llegaron los jefes tlaxcaltecas, encabezados por Xicotenga el viejo, un anciano ciego a quien tuvieron que describirle el trance de los españoles. Había otro cacique dominante, llamado Mase Escasi. Los principales caciques tlaxcaltecas se compadecieron de los españoles. Habían tenido noticias de la lucha en Tenochtitlán y estaban organizando un ejército para respaldar a los españoles en el valle de Otumba, pues sabían que los aztecas habían preparado una emboscada, pero evidentemente habían llegado demasiado tarde. Invitaron a

Cortés a ir a su ciudad, donde los españoles serían atendidos y podrían descansar y recobrarse.

Los españoles permanecieron tres días en esa aldea de frontera, y sólo entonces pudieron emprender la marcha de quince kilómetros hasta la ciudad. Según se dijo, en esos tres días Xicotenga el joven, reunido en la ciudad con los demás caciques tlaxcaltecas, exigió la muerte de los españoles y aconsejó llegar a un acuerdo con los aztecas. Pero los mayores despreciaron sus argumentos, alegando que, una vez muertos los españoles, los aztecas asolarían Tlaxcala con peor saña, pues los tlaxcaltecas habían luchado como aliados de los extranjeros. Era verdad que los españoles habían perdido una batalla, pero en la costa quedaban muchos más, con armas de fuego, caballos y barcos. Los caudillos tlaxcaltecas comenzaban a comprender que el mar, que hasta entonces indicaba la frontera y final del mundo indio, era para los hombres blancos no sólo un medio de acceso sino una vía para obtener refuerzos. Sabían que de los aztecas sólo podían esperar una furia sanguinaria, pero mientras los españoles sobrevivieran era posible llegar a un acuerdo con ellos, y este momento era apropiado para negociar. Gracias a los españoles, los tlaxcaltecas comían con sal y tejían algodón para confeccionar nuevas prendas. Los ancianos decidieron respetar su alianza con los extranjeros. Los españoles oyeron que en una acalorada discusión los jefes tlaxcaltecas habían arrojado a Xicotenga el joven por la escalera del palacio de su padre. Es más probable, sin embargo, que los caciques reunidos hubieran llegado a la razonable conclusión de que por el momento les convenía mantenerse de parte de los españoles.

Cuando los maltrechos españoles llegaron a la ciudad, Mase Escasi recibió a Cortés en su casa. Los otros capitanes españoles fueron acogidos por otros nobles tlaxcaltecas, y los soldados de filas se alojaron en las casas de los plebeyos. Por primera vez en semanas Cortés pudo quitarse la armadura y tenderse en una cama. Tenía el cráneo partido en el lado izquierdo.

(Como consecuencia de una serie de asombrosos giros de la historia, los detalles de las fracturas de cráneo de Cortés se conocen con bastante precisión. En su testamento, Cortés consignó que sus restos deberían descansar en el Hospital de Jesús de Ciudad de México, y allí se conservaron en un ornamentada urna durante más de dos siglos y medio. Luego, durante la guerra que México libró con España por su independencia, en el siglo diecinueve, los sacerdotes escondieron los huesos de Cortés temiendo que los nacionalistas vieran en el conquistador un símbolo de España y profanaran sus restos. Un siglo después, durante la Revolución Mexicana, hubo una nueva amenaza de profanación, así que el paradero de los restos de Cortés permaneció en secreto hasta que en 1946, un joven español, siguiendo las pistas proporcionadas por antiguos documentos, halló el escondrijo, dentro de una gruesa pared del hospital. Escarbando cuidadosamente en las piedras de la pared, un equipo de arqueólogos descubrió una cripta, y allí halló la urna con los huesos de Cortés. Junto con la urna hallaron una declaración ante escribano que certificaba su autenticidad, en un elegante toque de precisión legalista española. El cráneo muestra la gravedad de las heridas de Cortés.)

Mientras Cortés estaba inerte y casi inconsciente, un español experto en cirugía le amputó dos dedos de la inutilizada mano izquierda, cauterizó los muñones con aceite hirviente y le extrajo astillas de hueso o piedra de la cabeza. La rodilla de Cortés estaba roja, y tan hinchada que tenía el doble de su tamaño normal. Tenía el cuerpo entero lleno de cardenales, cortes y heridas de flecha. El conquistador de México yacía medio muerto en un camastro indio, postrado y en coma.

III

La distorsión
de la Leyenda Negra

Visiones negativas

Bartolomé de las Casas, implacable acusador de los españoles en el Nuevo Mundo, fue el que inició la leyenda negra durante su larga vida de ininterrumpida, inspirada, elocuente y colérica propaganda. Las Casas nació en 1474, once años antes que Cortés, y falleció en 1566, casi diecinueve años después que Cortés, a la edad de noventa y dos. Durante más de medio siglo Las Casas disertó con vehemencia y escribió volúmenes, contando con la ventaja de la longevidad y de la certidumbre moral. Pero mientras ambos vivían, el sacerdote afectó en poco al conquistador en el juicio de sus contemporáneos. Sólo con el correr de los siglos llegó a prevalecer la influencia de Las Casas, pues el fraile marcó a Cortés, los españoles y España con un estigma que ha sido imposible de borrar y difícil de mitigar, aun arrojando luz desde diversos ángulos.

Al recordarlo como fray Bartolomé de las Casas, que es el modo común de llamarlo, enfatizamos su papel de monje dominicano, pero la orden sólo lo aceptó a la edad de cuarenta y nueve años. A decir verdad, la juventud de Las Casas tuvo muchos paralelismos con la de Cortés. Las Casas asistió a la universidad de Salamanca (a diferencia de Cortés, se graduó en derecho y teología); Las Casas llegó al Nuevo Mundo en la flota de Nicolás de Ovando (cuya partida Cortés se perdió porque se cayó del parapeto de un jardín después de una cita amorosa); Las Casas recibió una encomienda en La Española e hizo trabajar a sus indios en minas y campos, quizá con menos crueldad pero de

211

la misma manera que otros españoles; pasó a Cuba cuando se ocupó la isla, se congració con Velázquez y recibió una encomienda mejor de la que tenía en La Española. Agradecido con Velázquez, Las Casas luego fue proclive a ensañarse con Cortés, aunque también él tuvo problemas con el gobernador a causa de las encomiendas.

Sólo a los cuarenta años –cuatro años antes que Cortés partiera para México– Las Casas fue inspirado por la idea de que los indios no sólo eran explotados cruelmente sino que eran los inocentes de Dios en la Tierra y ni siquiera debían trabajar; que se debían importar esclavos negros del Africa o siervos blancos de Andalucía para que realizaran las mismas labores, y que era el sagrado deber de España cristianizar a esos indios inocentes sólo mediante la educación y la persuasión, sin recurrir a la fuerza, y ante todo con el ejemplo. Los indios que Las Casas conocía en esa época eran los aborígenes de las islas, que eran bastante pasivos y que los viriles españoles consideraban afeminados; no conocía a los antropófagos caribes antillanos ni, desde luego, a los indios de tierra firme, aún no descubiertos. Inspirado por su visión, Las Casas liberó a sus indios y durante el resto de su vida expuso la causa india con elocuencia, sinceridad y desbordante fervor.

El concepto de la conversión mediante la educación y la persuasión, sin el uso de la fuerza, y mediante el ejemplo de la bondad cristiana, tenía su historia en la iglesia española desde la época de los árabes; entonces se argumentaba que los musulmanes debían ser convertidos de manera pacífica. Pero la reeducación religiosa de los árabes por ese medio fue rechazada por muchas razones. No había suficientes sacerdotes cristianos que hablaran árabe; además, los conversos podían retractarse, y su conversión plena nunca podría demostrarse; por lo tanto esta no podía fecharse ni adquirir carácter definitivo. En consecuencia, se adoptaron métodos más taxativos. Los árabes fueron sometidos por la fuerza y debieron optar entre la conversión o el exilio, y el rito católico, una vez instituido, se consideró el dispositivo más eficaz para mantener las formalidades del culto mientras con los años la doctrina echaba raíces en los conversos.

La situación era similar en el Nuevo Mundo. Había pocos sacerdotes que dominaran las lenguas indígenas, y los pocos que lo hacían estaban obsesionados con la lingüística; además, la pavorosa índole de la religión india del continente volvía más temible la amenaza de una vuelta a las creencias anteriores; y había millones de indios en un sinfín de tribus desperdigadas en esas vastedades. La conversión mediante la persuasión y el ejemplo parecía lenta e incierta. La mayoría de los sacerdotes, pues, aceptaron la decisión de los soldados de imponer la conversión e instituir el ritual. Los sacerdotes, especialmente los franciscanos y dominicanos, se dedicaron heroicamente a inculcar el espíritu cristiano en la naturaleza india y a profundizar y extender los hábitos cristianos en la sociedad india.

Otra consideración que los sacerdotes y conquistadores afrontaban en el Nuevo Mundo era que alguien debía encargarse de arar, cavar y cargar fardos. Sólo los indios contaban con el número suficiente para esas faenas. Así se inventó la encomienda, por la cual los indios eran "encomendados" a españoles que tenían la obligación de brindarles sacerdotes que los catequizaran y, de paso, el derecho a hacer trabajar a los indios. En los climas tropicales y subtropicales los indios estaban habituados a trabajar poco.

Desde luego hubo excesos. Hubo españoles que, en su codicia de oro, hicieron deslomar a sus indios hasta matarlos, y otros que cometieron injustificables atrocidades. Hubo provocaciones por parte de los indios, que eran proclives a volver a su antigua religión, que implicaba idolatría, sacrificios humanos y canibalismo, y cuya noción del trabajo no concordaba para nada con la perspectiva española.

Las Casas decidió atacar esta situación de una manera típicamente española: mediante una autocrítica negativa e implacable (es una forma de autoflagelación, un impulso muy fuerte entre los españoles). Repetía y magnificaba cada anécdota que oía acerca de la crueldad de los españoles. Deploró y maldijo cada castigo que los españoles infligieron a los indios. Exageró sin mesura la cantidad de indios oprimidos (hablando de cuarenta millones) y los datos geográficos (alegando que La Española era más grande que España). Al principio, Las Casas apuntó sus dardos contra Hernán Cortés. Criticó a Cortés por ser desleal a Velázquez. Las Casas afirma que Cortés saqueó ese matadero de Cuba como un pirata, antes de su partida a México, aunque Bernal Díaz, cuya descripción es más creíble, dice que Cortés usó su cadena de oro para realizar una compra justa. Las Casas acusa a Cortés de masacrar a los cholultecas sin ninguna razón, aunque no sabía nada sobre las circunstancias, y jamás tiene en cuenta los temores ni los riesgos a los que se enfrentaban Cortés y sus hombres.

Durante el curso de su larga vida, Las Casas regresó muchas veces a España para vilipendiar las actividades de los españoles en América y para pedir misericordia y beneficencia para los indios. Acudió directamente al rey. Carlos V, siempre interesado en cuestiones de conciencia, auspició debates entre Las Casas y eminentes filósofos cristianos en un intento de definir cuál era la relación moral adecuada entre ambas razas. Y es significativo que Las Casas contara con un público interesado.

El problema esencial del gobierno español radicaba en enunciar principios administrativos que se pudieran aplicar en el otro lado del mundo, no para salvajes primitivos, sino para gentes que durante milenios habían creado una refinada civilización que difería radicalmente de la civilización europea. Era un problema singular. Y debemos aclarar muy bien la postura legal que adoptó España, a pesar de los desvíos que hubo en la práctica.

La Iglesia católica de España siempre valoró y respetó el alma de los pueblos sojuzgados, y la Iglesia influyó sobre el gobierno español para desalentar la esclavitud o al menos para cuestionar su legitimidad, pertinencia y moralidad. Cuando Colón regresó del Nuevo Mundo con unos indios y alegó que esos tímidos isleños serían esclavos ideales, que era preciso importar y vender más porque la humanidad era uno de los bienes más abundantes y provechosos del Nuevo Mundo, Isabel liberó a los cautivos en un gesto generoso. El padre de Bartolomé de las Casas, que había acompañado a Colón en el segundo viaje, regresó con un muchacho indio que, cuando se anunció el edicto de la reina, era criado de Las Casas en la universidad de Salamanca. Las Casas perdió obedientemente a su esclavo. Pero la necesidad de mano de obra en el Nuevo Mundo restringía severamente la generosidad. La encomienda se inventó como una solución intermedia, para evitar la esclavitud a secas, para cristianizar y sin embargo lograr que se realizaran las tareas, no sólo la búsqueda de oro sino la obtención de alimentos para una población creciente, la construcción de una red de carreteras que conectaran las ciudades del interior con la costa, la construcción de puertos y ciudades.

El "requerimiento" (la lectura de un mensaje a los indios antes de la batalla), aunque fuera poco práctico y absurdo, era un intento de hacerse entender por los indios, cuya sociedad era tan distinta de la cristiana que la comprensión resultaba imposible. Pero los españoles lo intentaban, e incluso arriesgaban su vida en el intento.

Después de un apasionado alegato de Las Casas, el cardenal Jiménez, corregente de España que precedió a Carlos V, envió a los primeros padres jerónimos a La Española con poder para investigar los excesos de los españoles en el Nuevo Mundo. Pero cuando los jerónimos fijaron pautas y límites para la encomienda, en vez de abolirla como él había recomendado, Las Casas denunció airadamente a los clérigos. A la vez Las Casas fue enérgicamente denunciado por uno de los franciscanos más abnegados, Toribio de Benavente, a quien los indios llamaban en náhuatl con una palabra que se puede transcribir fonéticamente como "Motolinía" (el "humilde", porque siempre iba descalzo y su sotana estaba raída). Motolinía formaba parte de un grupo de doce monjes, sacerdotes y curas laicos enviados por el rey al Nuevo Mundo –a petición de Cortés– para trabajar con los indios. Motolinía enseñó, predicó y ofreció un ejemplo cristiano, y bautizó más de cuatrocientos mil indios al amparo del control español. Aunque Motolinía, como Las Casas, deploraba las crueldades de los colonos españoles, se oponía a la petición de Las Casas de que los indios pasaran por un período de prueba, pues entendía que ello postergaría indefinidamente el bautismo de los adultos; cuando los indios o cualquier pueblo apelaban a Cristo, Motolinía deseaba satisfacerlos; y este argumento enfrentó a los franciscanos con los dominicanos, a un apasionado español con otro. Pero Las Casas no cejó en su campaña.

En un momento el rey otorgó a Las Casas el derecho de establecer una utopía en Venezuela (así como Platón había intentado una vez establecer una república ideal). Pero el estado ideal de Las Casas fracasó en medio de intensos disensos, irritando a indios y españoles y defraudando aun a los sacerdotes que, siguiendo a Las Casas, se proponían convertir únicamente mediante la educación, la persuasión y el ejemplo.

A medida que Las Casas continuaba su larga vida, debatiendo públicamente en el Nuevo Mundo y en España, escribiendo crónicas selectivas y tendenciosas compilaciones de todo lo que veía u oía, sus historias de horror sobre las crueldades españolas se asimilaron ávidamente en Europa, donde España se enfrentaba a la oposición de Inglaterra, Francia, Holanda y las ciudades italianas. En toda Europa los enemigos de España aprovecharon espectacularmente las diatribas de Las Casas, que describían una España fanática ensañándose con indios mansos. Después de un siglo de la conquista de México, los artesanos europeos seguían grabando imágenes de españoles que asesinaban a indios apacibles y bondadosos. Muchos de esos grabadores no sabían qué aspecto tenían los indios, así que dibujaban criaturas calvas que no guardaban ninguna semejanza con los seres humanos de ninguna parte. Pero estos dibujos gozaron de amplia distribución, y aún hoy se siguen mostrando.

Esta calculada e interesada difamación de los españoles por parte de los enemigos de España alcanzó un crescendo en tiempos de la

Gran Armada (1588) que Felipe II envió contra Inglaterra, pues su imperio en pleno auge chocaba con un imperio en expansión. Los corsarios ingleses habían realizado rapiñas en todo el mundo, robando, quemando y violando. Los franceses eran los principales rivales de los ingleses. Pero a ingleses y franceses les convenía identificar a los españoles como ofensores flagrantes que atentaban contra los presuntos valores de la civilización europea, para no llamar la atención sobre sí mismos.

Esta campaña de propaganda, que terminó por llamarse la leyenda negra, creó el estereotipo de España y los españoles como agentes del mal. A decir verdad, durante los siglos XVII y XIX, mientras Inglaterra y Francia extendían enérgicamente sus imperios en América del Norte, Africa y el Oriente, rivalizando entre sí, España mantenía pacíficamente sus dominios de América Latina. Los propagadores de la leyenda negra nunca mencionaban el hecho extraordinario de que, España como gobierno y los españoles como pueblo, desde el comienzo de la incursión europea en el Nuevo Mundo, procuraron redimir las almas de los indios. Los ingleses, franceses, holandeses, daneses y futuros estadounidenses jamás imitaron esta muestra de conciencia cristiana. Sin embargo la leyenda negra aún permanece viva en la mente de todos nosotros. Los clichés se reiteran, las imágenes se exhiben una y otra vez, en novelas históricas, dramas de época y películas de aventuras.

Los hechos del pasado son innegables. Pero vale la pena afrontar el desafío de sustraerse a la distorsión que nos han legado para vislumbrar, entre los defectos de dos ramas de la humanidad que habían evolucionado separadamente durante miles de años, las virtudes luminosas que comparten todos los hombres.

IV

El dolor del triunfo

Los favores de la fortuna

Un español tras otro fallecía en su camastro de Tlaxcala, después de la muerte de los muchos cientos de españoles que habían perecido en la Noche Triste, y los que habían sido capturados por los aztecas para ser sacrificados y comidos, y los que habían caído durante la agotadora retirada, en escaramuzas o desangrados por sus heridas. En el breve lapso de los últimos días y noches, ambos bandos habían perdido muchas vidas. Los tlaxcaltecas observaban solemnemente al inmóvil Cortés. Conocían bien el dolor y el estoicismo que se requería después de un revés en la batalla. Cuidaban pacientemente a los españoles, les llevaban agua y comida, hacían lo que podían para sanar las heridas, cremaban los cuerpos y sepultaban los chamuscados restos. Muchos guerreros tlaxcaltecas habían resultado muertos o heridos en la lucha, aunque la mayoría de los porteadores que llevaban el oro habían sobrevivido, lo cual era un tributo a su resistencia y su astucia.

Entre los caciques tlaxcaltecas, Mase Escasi, que había entregado su hija a Velásquez de León, lloraba con especial vehemencia, pues tanto la muchacha como Velásquez habían muerto. No derramaban lágrimas por Cacama ni por los caciques aztecas; en la atmósfera de la guerra, que era un ámbito familiar para indios y españoles, nadie lloraba por los enemigos. Los españoles, sin embargo, notaron con pesar que dos hijos de Moctezuma que los acompañaban habían muerto, un hijo varón (Cortés tenía la impresión de que era el único hijo varón de Moctezuma que no estaba loco ni paralítico) y una hija encinta. Con su típico humor negro, aun en ese ambiente de derrota y muerte, los soldados españoles que yacían exhaustos en sus catres comentaban que, dado que Santiago estaba demasiado ocupado luchando para ellos, debía ser Cortés quien la había preñado, lo cual añadía otro pequeño toque a la creciente reputación de Cortés. Malinche, que estaba encinta del hijo de Cortés o pronto lo estaría, no había sufrido heridas graves en la lucha, y cuidaba de Cortés, haciéndole ingerir agua y comida, ayudándolo a defecar, lavándolo.

Al cabo de una semana, cuando Cortés pudo incorporarse, le dolía la cabeza y las cicatrices de las fracturas del cráneo le causaban una insoportable picazón. Cuando lo ayudaron a levantarse, estaba mareado y le dolían todos los músculos, magullados por pedradas, mazazos, flechazos, puntas de lanza o astillas de obsidiana. En los patios y casas de Tlaxcala, los españoles cojeaban apoyados en sus anfitriones, tratando de recuperar el vigor. Muchos nunca recobraron la salud y se quedaron a vivir tullidos en Tlaxcala. Afortunadamente para quienes sobrevivieron, el clima de Tlaxcala era saludable; en el diáfano aire de montaña, las costras se formaban limpiamente y las heridas cicatrizaban deprisa; en la jungla habrían proliferado las infecciones.

Los veinticuatro caballos que quedaban se recobraron. En los frescos pastos sanaron sus heridas y esguinces. Los caballos ejercitan por instinto las extremidades entumecidas, y esto resultó benéfico y curativo.

Los caciques tlaxcaltecas visitaron a Cortés y le expusieron las condiciones que pedían a cambio de la asistencia que prestaban. Los tlaxcaltecas no eran ambiciosos; no tenían aspiraciones imperiales ni deseaban ser sucesores de los aztecas. Si los españoles, con ayuda de sus compatriotas de la costa, habían de prevalecer, los jefes tlaxcaltecas querían que su pueblo quedara exento de tributos, recibir una parte del botín y el control de las dos provincias que limitaban con sus tierras. Cortés accedió. Y aunque los detalles del convenio nunca se pudieron definir con precisión porque Cortés estaba aturdido, al igual que la mayoría de los capitanes españoles que fueron testigos del acuerdo, España respetó su promesa y eximió a los tlaxcaltecas de tributo mientras mantuvo su presencia en México, casi trescientos años. La historia no presenta tantos ejemplos de buena fe por parte de los europeos en sus acuerdos con los indios.

Cuando los capitanes españoles deliberaron con Cortés para evaluar la situación, los indicios eran ominosos. Cuando Cortés se dirigía a la costa para enfrentarse con Narváez, llevaba más oro del que podía acarrear (oro para sobornar a los soldados de su rival) y había dejado una parte en Tlaxcala, al cuidado de algunos españoles convalecientes; también había dejado una reserva de vestimentas españolas. Cuando Cortés, tras la derrota de Narváez, regresó a Tenochtitlán para rescatar a su guarnición, los tlaxcaltecas informaron que un capitán español con cinco caballeros y cuarenta soldados de a pie había llegado desde la costa con más provisiones para Cortés; dicho capitán había continuado rumbo a la capital llevando consigo a los españoles que Cortés había dejado allí, junto con los arcones llenos de oro y la ropa de reserva. Las tropas aztecas de la capital o las tribus aliadas de los aztecas habían exterminado a ese grupo, y se habían perdido los hombres y el oro. Los tlaxcaltecas habían oído decir que muchos jinetes españoles de la costa, pensando que las rutas a Tenochtitlán eran seguras, habían seguido caminos que no atravesaban Tlaxcala y habían perecido en emboscadas. Todas las tribus que eran súbditas de los aztecas se habían levantado en armas contra los españoles. No se sabía si la colonia española de la costa aún sobrevivía.

Cortés seleccionó a algunos de sus hombres más sanos y los envió a la costa en los caballos más recuperados. Pidió a los tlaxcaltecas que los guiaran en los senderos laterales donde se podía eludir al enemigo. Quería tener noticias sobre la situación de Villa Rica. Y pronto recibió esas noticias: Villa Rica había sobrevivido; los totonacas no se habían rebelado contra los españoles.

Muchos capitanes españoles –incluidos la mayoría de los que Cortés consideraba más valerosos y dignos de confianza, y también su viejo socio Andrés de Duero– insistieron en regresar a la costa cuanto antes, para unirse con la gente de Villa Rica y aprestarse para la defensa, mientras enviaban buques a las islas en busca de ayuda. La lógica de este plan era irrefutable. Los españoles de las montañas no tenían casi nada con qué luchar, ni cañones, ni arcabuces, ni pólvora, ni elementos para las pocas ballestas. Era el momento oportuno para una retirada estratégica.

Habían transcurrido dos semanas desde que los españoles se habían refugiado en Tlaxcala. Cortés ya podía caminar, aunque aún le dolía la cabeza. Pero no había cambiado de parecer. Si trataban de huir hacia la costa, replicó, lo más probable era que no llegaran. Un par de mensajeros con guías podía ir y volver por senderos laterales, pero todo el ejército –lo que quedaba de él– sería avistado y hostigado todo el camino. No podrían viajar deprisa, y aun las tropas enviadas desde Tenochtitlán los alcanzarían. Y eso siempre que les permitieran salir de

Tlaxcala, pues los bravos y leales tlaxcaltecas notarían que los españoles carecían de agallas y huían de los aztecas. Lo más probable era que los tlaxcaltecas los atacaran, los mataran y les arrebataran sus pertenencias. Todos los españoles sabían que Xicotenga el joven tenía a sus hombres alertados, aunque por el momento respetase la voluntad de los caciques más viejos.

Como Cortés escribiría más tarde al rey, recordó a sus capitanes que "siempre a los osados favorece la fortuna" (siglos después el escritor peruano Ricardo Palma repetiría que la "ciega" fortuna "a los audaces ampara"). ¿Por qué estaba tan seguro? Porque eran cristianos y Dios no los abandonaría. Y porque eran españoles y debían al rey este servicio y sus vidas, y si tenían éxito su soberano los recompensaría con gloria y riquezas. Cortés no aclaró a sus hombres que, si pedía ayuda a Cuba, su vulnerabilidad quedaría al descubierto ante Velázquez, quien acababa de enviar todo un ejército al mando de Narváez para matarlo. Posiblemente Cortés sólo tuvo en mente los pensamientos positivos que expuso a sus capitanes.

Cortés no intentó desacreditar a quienes disentían con él. Tampoco cuestionó abiertamente sus motivos. Algunos de los capitanes que proponían sentar reales en la costa eran y habían sido velazquistas. Pero la batalla había fusionado el destino de todos los capitanes españoles con el destino de Cortés. Muchos poseían lujosas fincas en Cuba o La Española y sensatamente ansiaban regresar a la comodidad y la seguridad. Pero todos se habían enfrentado con las hordas paganas con su general. Ahora, la única opción que les dejaba Cortés era desobedecerle, lo cual equivalía al delito militar de insubordinación.

Así, al cabo de una larga tarde de acalorados debates, los capitanes acordaron resistir, no porque los convenciera la solidez del razonamiento de Cortés, ni porque hubieran sucumbido a la elocuencia de sus exhortaciones, ni porque temieran insubordinarse. Dieron su acuerdo porque ellos y Cortés eran camaradas y, como a menudo sucede en la guerra, triunfó la camaradería.

Mientras los españoles descansaban y se recobraban en Tlaxcala, se preguntaban por qué los vastos ejércitos de Tenochtitlán no los perseguían, por qué Tlaxcala no estaba sitiada, por qué se les concedía tiempo para recuperarse. Suponían que los tlaxcaltecas les protegían. Sólo mucho más tarde sabrían que una epidemia de viruela devastaba gran parte de México. El que había llevado la viruela a América era un marinero negro de la flota de Narváez, y la enfermedad se había propagado con asombrosa celeridad entre las tribus costeras y de las cordilleras. Como Tlaxcala estaba semisitiada, el mal aún no afectaba a los tlaxcaltecas. Pero los indios americanos nunca se habían enfrentado con la viruela (a pesar de la tez de Xicotenga el joven) y no tenían resistencia ni inmunidad.

La enfermedad se propagó rápidamente porque los indios tenían la costumbre de bañarse para aliviar casi todas sus dolencias. Estos baños eran comunales, o bien varias personas usaban consecutivamente la misma agua. Una vez que alguien con una llaga abierta de viruela entraba en el baño, la enfermedad se contagiaba a todos los siguientes. Los españoles, afortunadamente para ellos en esas circunstancias, nunca se bañaban; se lavaban la mugre y la sangre cuando podían, pero creían que el baño en sí causaba debilidad.

En Tenochtitlán la nueva enfermedad mató a Cuitlahuac. Mientras Moctezuma estaba prisionero, Cuitlahuac había sido comandante de los aztecas, y a la muerte del emperador lo había sucedido. Era muy probable que los españoles capturados hubieran sido sacrificados durante la ceremonia de coronación. Ahora, la doblemente diezmada nobleza azteca estaba sumida en la confusión y procuraba hallar otro sucesor.

Después de veinte días en Tlaxcala, Cortés se sintió en condiciones de cabalgar. A medida que sanaban las heridas, el dolor se limitaba a las zonas afectadas, no extendiéndose al resto del cuerpo. Ante todo debía recuperar el respeto que los indios sentían antes por los españoles, volverles a inspirar miedo. Así que decidió que Tepeaca, una extensa provincia que se hallaba a cuarenta kilómetros de Tlaxcala, en dirección a Tenochtitlán, sirviera de ejemplo. Tepeaca formaba parte de la confederación azteca; más aun, era el baluarte azteca que se enfrentaba a Tlaxcala; mientras Cortés fue el favorito. Tepeaca juró lealtad al rey de España, pero volvió a unirse con los aztecas cuando los españoles fueron expulsados de Tenochtitlán, y estaba confirmado que habían matado a doce españoles que viajaban de la costa a la capital mexicana. Ahora se sabía que los guerreros de Tenochtitlán habían servido de refuerzo a los tepeacatecas y se hallaban entre ellos.

Cortés pidió a los tlaxcaltecas que enviaran una embajada a Tepeaca en su nombre. Ordenaba a Tepeaca que volviera a ser leal al rey de España, en cuyo caso perdonaría la reciente traición; de lo contrario, aplicaría un merecido castigo. La respuesta de Tepeaca fue altanera: necesitaban más víctimas para sacrificar a sus dioses; su provisión de la guerra florida se había agotado; retaban a los españoles a atacarlos.

Cortés reunió a todos los españoles que podían continuar, un total de cuatrocientos hombres. Había diecisiete caballos en condiciones aceptables, y Cortés los entregó a sus mejores jinetes y se puso al frente de la caballería. No quedaba pólvora, así que no podían usar sus cañones ni arcabuces aunque las armas funcionaran. Contaban con pocas ballestas con cuerdas. Pero los hombres aún tenían sus espadas, picas, lanzas y corazas. Esta vez no dejarían una guarnición defensiva; Tlaxcala habitualmente se defendía sola. Como de costumbre, asistieron a misa antes de la partida.

Xicotenga el joven decidió apoyarlos con cuarenta mil guerreros tlaxcaltecas. La insolencia de la respuesta de Tepeaca lo había ofuscado, y buscaba batalla para satisfacer su orgullo.

Mientras los españoles y tlaxcaltecas marchaban sobre Tepeaca, se les sumaron muchos guerreros de Cholula y otra ciudad cercana. Los cholultecas dijeron a Cortés que Cuitlahuac estaba decidido a revertir la política de negociación de Moctezuma, y había enviado gobernadores aztecas a todas las provincias que rodeaban Tenochtitlán. Antes de la llegada de los españoles, los recaudadores aztecas habían sido bastante opresivos, pero estos nuevos gobernadores aztecas y sus hombres estaban saqueando los poblados, robando todas las posesiones de la gente. En su arrogancia, los aztecas violaban a las mujeres cholultecas –esposas, hermanas, hijas– y obligaban a los hombres a mirar. Esclavizaban a las mujeres jóvenes y los niños. Los cholultecas preferían la ordenada administración de los españoles a esa, así que unían sus fuerzas a los forasteros.

Era la primera buena noticia que oía Cortés desde la derrota, y recibió a los cholultecas con un caluroso abrazo.

Confiando en otra victoria, los tepeacatecas y aztecas no habían apostado sus defensas en un sitio elevado o protegido sino que estaban formados frente a la ciudad, vociferando insultos y agitando las armas, en maizales y magueyales planos, un terreno ideal para la caballería española. Los caballos estaban un poco aturdidos y al principio se desorientaron ante los altos tallos y las agudas espigas, pero Cortés y sus diestros jinetes pronto los guiaron en una embestida. La caballería operaba en grupos de tres, para mayor seguridad, y apuntaba las lanzas al rostro, para inspirar más pavor y evitar que una lanza se perdiera por quedar atascada en un cuerpo. La infantería española luchó con reciedumbre y eficiencia. En los flancos, los bullangueros tlaxcaltecas y cholultecas avanzaron como un viento sibilante y actuaron en consonancia con los españoles, respondiendo rápidamente a las órdenes de

Cortés. Una y otra vez las líneas tepeacatecas y aztecas fueron desbaratadas, sus guerreros heridos, abatidos o puestos en fuga.

Abriéndose paso en la ciudad principal de Tepeaca, los españoles y sus aliados quemaron los templos de las pirámides, derrumbaron los ídolos, despedazaron las piedras del sacrificio y siguieron hacia las demás localidades de la provincia. En una campaña implacable que duró casi tres semanas, los españoles y sus aliados indios descalabraron toda resistencia. Las tropas de Moctezuma huyeron a la capital mexicana. En toda la campaña los españoles no perdieron un solo hombre y perdieron un solo caballo, aunque varios españoles resultaron heridos. Los de Tlaxcala y Cholula, menos disciplinados y excesivamente impulsivos en el combate, sufrieron mayores pérdidas.

Todos los ojos se volvían hacia Cortés, en el centro de la humeante desolación de Tepeaca. El y sus hombres condujeron a la plaza central de la ciudad principal a toda la gente de esos poblados donde se había dado muerte a españoles, y había varios en la provincia; en una localidad habían invitado a quince españoles a descansar y los habían ultimado mientras dormían. Ahora los hombres de Cortés aguardaban con curiosidad para ver qué haría Cortés, con conciencia cristiana. Los tlaxcaltecas y cholultecas esperaban venganza. Los tepeacatecas temblaban aguardando el juicio.

Cortés había prometido castigo. ¿Pero qué tormento de la carne impresionaría a esas gentes? Los indios estaban habituados a las vicisitudes del combate y en sus ceremonias alcanzaban un grado de barbarie escalofriante. Pero era preciso darles una lección.

Se trataba de un crimen singular. No era que los tepeacatecas hubieran defendido valientemente sus hogares contra extranjeros que les exigían sumisión. Los españoles respetaban a los luchadores valientes. Pero estos tepeacatecas habían jurado lealtad al rey de España y luego habían renegado del juramento. Su delito consistía en haberse vuelto contra el rey. Cortés ya había pensado su estrategia.

Esclavizó a los tepeacatecas. La esclavitud era una degradación con la cual los indios estaba familiarizados; era una antigua costumbre vigente en todas las tribus y aceptada sin cuestionamientos. Cortés hizo preparar un hierro para marcar a los esclavos, con la letra g (de "guerra") cruzada por una barra y decorada con dos puntos, e hizo marcar a todos los tepeacatecas, mujeres, niños y hombres, de las localidades donde habían matado españoles. Aunque las mujeres y niños gritaban, el castigo fue menos doloroso de lo que esperaban los tepeacatecas. Lo más abrumador era la permanencia de la esclavitud, no como la entendían los españoles sino como la entendían los indios.

Se trataba de montar un espectáculo efectista. Cortés sabía que la Corona española no veía la esclavitud con buenos ojos (la imposición de la esclavitud luego fue anulada por la Corona). Estaba demasiado familiarizado con las leyes españolas para pensar que esta forma de castigo sería duradera. Pero no se le ocurría otra manera de llevar a cabo sus fines inmediatos. Y esto sirvió a sus propósitos. Todos los indios –de un lado los tlaxcaltecas, los cholultecas y los vecinos de Cholula, y del otro los tepeacatecas y los aztecas que miraban desde lejos– aceptaron su justicia.

Montando su espectáculo con precisión legal española, Cortés entregó una quinta parte de los esclavos a los representantes del rey; tomó un quinto de los esclavos para sí mismo, y asignó porcentajes fijos a sus capitanes y a sus aliados tlaxcaltecas y cholultecas. La sensatez del procedimiento español siempre conquistaba la admiración de los indios. Los españoles, en cambio, se liaron en sus habituales enfrentamientos.

Parecían embriagarse al final de cada episodio de lucha. En Tepeaca no tenían vino, ni está documentado que bebieran pulque. Tal vez el alivio de la tensión los ponía irritables. En Tepeaca discutieron por el reparto de los esclavos.

Algunos sostenían que las mujeres que habían entregado para marcar no eran las mismas que les devolvieron. Un español que había estado con Narváez juró que había ceñido a las caderas de una india que le agradaba un chal que había pertenecido a su madre, había entregado a la mujer para que la marcaran y le habían devuelto otra mujer sin chal. ¿Dónde estaba el chal de su madre? Bernal Díaz formaba parte de un grupo que sostenía que en esas situaciones las mujeres se debían rematar al mejor postor, y que la quinta parte del rey se debía separar del oro así reunido. Los hombres de Narváez, por su parte, sostenían que Cortés no debía recibir un quinto, pues no podía haber dos reyes que se quedaran con la mejor parte. Además los hombres de Narváez querían saber de dónde vendría ese oro. Los hombres de Cortés confesaban que quizá tuvieran un par de lingotes escondidos en el bolsillo. Y la discusión continuaba sin cesar.

Había muchas más indias, esclavas o disponibles, de las que podían necesitar los agotados españoles. Cortés acordó diplomáticamente que, si se repetían estas circunstancias, un remate sería el procedimiento más indicado. En cuanto al oro, dijo, todos debían entregar lo que tenían para distribuirlo de nuevo. Y nadie entregó nada.

Debía de haber un aspecto bufonesco en este enfrentamiento típicamente español (al igual que, entre los españoles de hoy, a menudo hay un vena humorística debajo de lo que los anglosajones consideran una conducta histriónica). Se hicieron acusaciones exageradas contra Cortés y sus capitanes, y los soldados de filas no sólo acusaron a estos sino también a algunos sacerdotes. Sin ofenderse, Cortés se defendió, replicó, propuso otras posibilidades. Pero jamás, en estos vocingleros arrebatos, se sugirió que había que remplazar a Cortés como capitán general. Cortés era el líder natural de sus hombres, ya se tratara de conducirlos a la batalla, planear una estrategia o defraudarlos.

Después de la campaña de Tepeaca, Cortés decidió retener ese lugar, que estaba en el camino de Tenochtitlán. Así, mientras nuevos huesos se le formaban en el cráneo y sus muchas heridas sanaban, mientras menguaba su mareo y los dolores abandonaban su cuerpo, fundó otra nueva ciudad, respetando los procedimientos de las Siete Partidas. Nombró regidores y alcaldes, ordenó la construcción de un fuerte, una iglesia, un almacén, tal como se había hecho en Villa Rica. La nueva ciudad se llamó Villa de Segura de la Frontera.

Segundo intento

La campaña de Tepeaca pronto surtió dos efectos. Primero, la ruta que unía Segura de la Frontera con Villa Rica se volvió segura y transitable. Las tribus de la comarca –tanto los hablantes de náhuatl como otros– se aplacaron, y trataban con respeto a los viajeros españoles. Segundo, Cuitlahuac y –cuando él murió de viruela– su sucesor Guatémoc despacharon grandes ejércitos aztecas desde Tenochtitlán para proteger los pasos de montaña que rodeaban el valle de México y para fortalecer las guarniciones de las provincias cercanas. Mientras vivía, el agresivo Cuitlahuac inventó nuevas armas. Tomó espadas españolas que se habían capturado en la Noche Triste y las hizo sujetar a largas varas para atacar los caballos, e hizo fabricar y distribuir larguísimas lanzas de cobre (pero los indios no habían descubierto la eficaz táctica para combatir la caballería, que consiste en que un hombre de agallas apoye una lanza en tierra y la sostenga con firmeza para que el caballo se empale mientras embiste). Las mejoras en el armamento azteca, sin embargo, tuvieron su contrapeso en las depredaciones de sus tropas, cuyos excesos despertaron el odio de las tribus vecinas.

De Villa Rica a Segura de la Frontera llegaban varios informes que revelaban una tendencia histórica significativa. Irresistiblemente –a veces por azar, a veces con deliberación, a veces con un contingente o después de un desastre, a menudo por mera confusión– los europeos desembarcaban en la tierra firme del Nuevo Mundo. Cortés estaba en la vanguardia pero, aunque él no hubiera perseverado, la in-

228

vasión europea del Nuevo Mundo habría continuado. Ahora Cortés sabía que Francisco de Garay, gobernador de Jamaica, intentaba fundar una colonia en la desembocadura del río Pánuco, al norte de Villa Rica. Cortés supo que dos naves de Garay habían buscado refugio en Veracruz. Originalmente eran tres, y una se había hundido. Las naves habían remontado el río Pánuco y habían retrocedido al ser atacadas por los indios. Cortés ordenó que los hombres de Garay recibieran provisiones y ayuda para marcharse, si deseaban hacerlo, o que les ofrecieran oro para unirse a sus fuerzas. Nadie se sorprendió de que se alistaran y se aliaran a Cortés en Tepeaca.

También llegó a Veracruz una nave con suministros de Cuba. Al parecer Velázquez pensaba que había logrado vencer a Cortés y enviaba más hombres y equipo para Narváez. El comandante de esta nave era un caballero llamado Pedro Barba. Los españoles de Veracruz dieron una cálida bienvenida a los recién llegados. Luego desenvainaron sus armas y anunciaron que eran leales a Cortés. Explicaron la situación a los recién llegados, les dieron oro. Los oficiales y tripulantes de la nave de aprovisionamiento se sumaron a la cruzada.

Ocho días después, otra nave de aprovisionamiento llegó de Cuba al mando de Rodrigo Morejón de Lobera. Velázquez había organizado un sistema rotativo de naves de aprovisionamiento para respaldar a su lugarteniente, a quien Cortés había encarcelado. Los oficiales y tripulantes de la nueva nave también se alistaron, y se llevó el cargamento a la costa.

Luego llegó otra nave de aprovisionamiento, un gran buque procedente de España y abarrotado de mercancías. Era propiedad de un mercader que viajaba a bordo y, habiéndose enterado de que habían descubierto oro en las nuevas tierras, traía mercancías para vender, sobre todo pólvora, cañones y escopetas. Los hombres de México no habían recibido noticias recientes de España; no sabían qué había sucedido con Puertocarrero, Montejo y el tesoro que le habían enviado al rey. Pero los hombres de este buque les informaron que el Consejo de Indias, a instancias del obispo Fonseca, tío de Velázquez, había impuesto un embargo sobre todos los bienes destinados al Nuevo Mundo. Para eludir el embargo, el propietario del buque lo había llevado vacío hasta las Canarias y en las islas había cargado las mercancías que antes había despachado desde España. Los españoles de Veracruz, siguiendo instrucciones de Cortés, pagaron toda la carga en oro.

Así, desde la costa hasta la serranía comenzó a circular una línea intermitente de aprovisionamiento, lo cual incluía artículos de suma necesidad, como cáñamo para los cordeles de las ballestas y cargas de pólvora; toda suerte de municiones; hombres, caballos, yeguas de cría. Resultó ser que Pedro Barba era un viejo amigo de Cortés y se reunieron afectuosamente en Segura de la Frontera. Cortés puso a Barba al mando de los ballesteros. Cortés recompensaba así a todos los recién llegados que se le unían, otorgándoles cargos importantes.

Más confiado en su capacidad para continuar la conquista y menos aprensivo en cuanto a Velázquez, Cortés redactó otra carta para el rey, confesando su derrota y dando testimonio de su supervivencia y determinación. Envió la carta a España por medio de dos capitanes suyos, utilizando uno de los muchos barcos de que ahora disponía. También dio a estos capitanes más oro para comprar provisiones. Aunque en la Noche Triste Cortés había perdido la mayor parte del enorme tesoro que había acumulado, recuperó las barras de oro que los porteadores tlaxcaltecas pudieron rescatar, y ahora operaba con este capital financiero. Escribió cartas a sus conocidos de Jamaica y a los jerónimos de La Española, y despachó las cartas con otros capitanes, junto con oro para comprar caballos y yeguas. Cortés tuvo el atrevimiento de mandar a su viejo socio Andrés de Duero a Cuba, con oro para comprar más provisiones. Duero no estaba de ánimo para más aventuras, y Cortés pensaba que el ex secretario del gobernador podría evitarse trastornos gracias a su buen conocimiento de los asuntos de Velázquez. Incluso le encomendó una carta para su esposa, la Marcaida, una carta sin duda llena de formalidades y lisonjas, aunque se ignora qué decía exactamente.

Algunos caciques de una ciudad que estaba entre Cholula y Tenochtitlán visitaron a Cortés en Segura de la Frontera para pedirle ayuda contra un ejército azteca de ocupación. Decían que treinta mil guerreros aztecas habían acampado en los alrededores de su ciudad, y que los capitanes aztecas se habían alojado en las mejores casas de la ciudad. Si Cortés estaba dispuesto a ayudarlos, prometían capturar a los exploradores aztecas que vigilaban el camino, guiar a los españoles a la ciudad (una ciudad amurallada con buenos almenajes) y sitiar a los capitanes aztecas para matarlos antes que su ejército pudiera ayudarlos.

Para esta misión Cortés seleccionó a trescientos infantes y caballeros al mando de Cristóbal de Olid, un curtido capitán que había servido como oficial de intendencia en Veracruz. Olid escogió a sus oficiales, la mayoría de ellos hombres que habían servido a las órdenes de Narváez. La fuerza española se puso en marcha, con los mejores caballos y con muchos auxiliares tlaxcaltecas, y en un día llegó a Cholula, que estaba a cuarenta kilómetros. La ciudad ocupada por los aztecas estaba veinte kilómetros valle arriba. En Cholula, sin embargo, algunos indios avisaron a Olid y sus oficiales que los conducían a una trampa, que los aztecas planeaban cortarles la retirada cuando ellos hubieran entrado en la ciudad y exterminarlos mientras se encontraban en las tortuosas calles. Los hombres de Narváez no tenían ánimo para otra batalla encarnizada e influyeron sobre Olid, quien titubeó y envió a Segura de la Frontera tanto a los caciques de la ciudad ocupada como a los indios que le habían avisado de la trampa.

En Segura, Cortés interrogó a estos indios. Se estaba volviendo experto en estos interrogatorios, a medida que desarrollaba una empatía intuitiva e instintiva con los indios. Ya no los despreciaba, pues le habían despertado admiración con su coraje; y ahora consideraba que ellos pensaban igual que él, con osadía e inteligencia, para defender sus intereses. Para los interrogatorios, puso a cada indio en una habitación separada bajo custodia, luego fue con Malinche y Aguilar de habitación en habitación, conversando con soltura, demostrando amistad, bromeando, a veces amenazando con tortura, comparando detalles, captando contradicciones. Cortés llegó a la conclusión de que todos los indios decían la verdad; Olid había interpretado mal a quienes le avisaban sobre la trampa. La trampa que describían era la que los habitantes de la ciudad proponían para capturar o matar a los capitanes aztecas.

Cortés fue a Cholula con un cuadro de veteranos y tomó el mando, remplazando a Olid. Siguiendo el plan original, los españoles avanzaron contra los aztecas; los indios locales actuaron tal como habían prometido, y los españoles obtuvieron una importante victoria. Evidentemente había eminentes nobles aztecas a cargo de este ejército porque las armaduras, tocas emplumadas y armas arrebatadas a los muertos estaban recargadas de oro y piedras preciosas.

Regresando a Segura de la Frontera, Cortés apostó a un capitán y sesenta hombres para supervisar la construcción del fuerte y proteger la nueva ciudad. Luego regresó a Tlaxcala, donde inició los preparativos para la próxima etapa de su estrategia. Cortés ordenó construir trece bergantines con la abundante madera de los cerros, en piezas separadas –quillas, travesaños, tablones– para que las piezas se pudieran transportar por las montañas hasta los lagos del valle de México. Ordenó llevar al interior todas las velas y aparejos de las naves que había desmantelado en Veracruz. Se podía preparar brea con los árboles del lugar. Además, los muchos navíos que ahora estaban fondeados en el puerto le permitían disponer de todo tipo de equipo naval. Cortés tenía excelentes constructores de barcos que supervisaban a los miles de indios que se presentaron para esta labor. Cortés envió un mensaje a la costa pidiendo a todos los herreros que fueran a la serranía con sus fraguas.

Cortés no se proponía repetir la osadía de cruzar la telaraña de calzadas de Tenochtitlán para correr el riesgo de ser sitiado y privado de comida. La próxima vez se proponía ser el sitiador, dominar las tierras circundantes y dejar que esa capital celestial, esa ciudad de ensueño, pereciera de hambre mientras él aguardaba con sus fuerzas en la costa y sus bergantines impedían todo comercio desde el agua.

El cerco

En Tenochtitlán, centro del imperio, los principales señores aztecas, encabezados por su nuevo y joven paladín, Guatémoc –cuyo nombre suele transcribirse como Cuauhtémoc, o Guatemocín, usando el sufijo honorífico– se disponían a enfrentarse con Cortés y los capitanes españoles en un duelo de ingenio. La viruela (que ahora se había propagado a Cholula y aun a Tlaxcala, donde mató a Mase Escasi) y el problema de la sucesión habían retardado sus reacciones, pero ahora Guatémoc y sus comandantes contrarrestaban enérgicamente las maniobras de los españoles.

Los generales aztecas ordenaron llevar a cabo nuevas medidas defensivas en todo el valle de México: la construcción de murallas, la excavación de zanjas con estacas puntiagudas en el fondo, cortes en las faldas de los cerros, emboscadas en los caminos. Sabían que Cortés iría después de su victoria en Tepeaca. Guatémoc envió mensajes a todas las provincias del imperio, ordenando atacar y matar a los españoles dondequiera estuviesen. Envió presentes de oro y joyas a los caciques de las tribus sometidas y les prometió eximirlos de tributos durante años. Más ejércitos aztecas se pusieron en marcha.

Tanto los españoles como los aztecas trataban de recuperar el respeto de que gozaban antes, y tanto los españoles como los aztecas trataban de hacerlo inspirando temor. Pero para los aztecas esta reafirmación de su situación de superioridad era más dificultosa porque cargaban con un pesado lastre del pasado. Cuando los guerreros aztecas que ahora se desplegaban desde la capital humillaban a las tribus sometidas tal como lo habían hecho cuando gozaban de supremacía, estas tribus ya no se quedaban paralizadas de terror, sino que informaban a los españoles, conspiraban contra los aztecas y apoyaban a los forasteros, sobre todo después de la humillación que los aztecas habían sufrido en Tepeaca.

Entre los indios no existía sentido comunitario ni cohesión étnica, no había ninguna comprensión de que se estaba produciendo un trascendente conflicto racial. Antes de la llegada de los españoles, los indios no habían conocido otros seres humanos que no fueran indios, y las distinciones tribales –apariencia, acento, modales, origen– significaban todo para ellos. Y los indios, tribu por tribu, eran infinitamente más crueles entre sí, de maneras que no tenían equivalente en los actos de los españoles. Por ejemplo, el tributo, del cual Guatémoc prometía eximir provisionalmente a algunos vasallos, incluía víctimas de ambos sexos para el sacrificio. Los aztecas jamás sacrificaban a los suyos; exigían víctimas a las tribus sometidas y, como la necesidad de víctimas era tan grande, debían incrementar los tributos con cautivos de la Guerra Florida y las guerras de exploración y conquista. Durante los primeros años del reinado de Moctezuma, las expediciones militares habían llegado hasta la lejana Nicaragua en busca de víctimas. Esta escalofriante particularidad de las relaciones entre los indios no se reflejaba en las relaciones que los indios de cualquier tribu tenían con los españoles. Por esa razón, la exención que ofrecía Guatémoc se recibía con menos gratitud. En cambio, la religión de esos españoles –que se concentraba extrañamente en la imagen de una madre con el niño, el diseño cruciforme, las flores, las velas encendidas– tenía cierta dulzura que resultaba atractiva para todos los indios, los aztecas incluidos.

En el trayecto de Segura de la Frontera a Veracruz, sólo dos tribus obedecían las órdenes de Guatémoc y atacaban a los viajeros españoles. Mientras se encontraba en Tepeaca, Cortés envió a Gonzalo de Sandoval con veinte caballeros, doscientos soldados de a pie y un numeroso contingente de tlaxcaltecas para restaurar la seguridad en esa ruta.

Era diciembre de 1520. En las montañas los días eran frescos y diáfanos. Nunca llovía. Las noches eran frías pero soportables bajo una buena capa. El suelo estaba firme para la marcha; los caballos no se atascaban. Era un tiempo ideal para la guerra.

Cada vez más tribus acudían a Cortés para confirmar sus derechos de sucesión, sobre todo en aquellos casos en que los caciques habían abandonado a su pueblo para huir con los aztecas en retirada. El cambio de un cacique al otro siempre había sido problemático para los indios, y las decisiones de Cortés eran bienvenidas. Hizo muchos juicios salomónicos. Para zanjar una disputa entre un bastardo y un heredero legítimo, Cortés hizo nombrar cacique al heredero legítimo, que tenía diez años, pero nombró regente al bastardo hasta que el niño creciese. En Tlaxcala, después de la muerte de Mase Escasi, Cortés aprobó la transferencia del control de sus tierras al hijo del cacique, que tenía doce o trece años, pero Xicotenga el joven quedó descontento porque se habría querido anexar las tierras de Mase Escasi.

Dos días antes de Navidad, Sandoval regresó. Había cumplido su misión y traía cautivos a los caciques que habían obedecido las órdenes de Guatémoc. Cortés les hizo prometer que volverían a ser fieles a la causa española, los perdonó y los dejó regresar con su gente. No necesariamente les creía, pero era su política aceptar una y otra vez las promesas de lealtad de los indios con la esperanza de que al fin se hiciera efectiva esa lealtad respaldada por intereses prácticos. Además, no contaba con suficientes hombres para imponer obediencia en toda la región.

Dos días después de Navidad, Cortés pasó revista a sus tropas. Contaba con cuarenta jinetes, quinientos cincuenta soldados de a pie (entre ellos ochenta ballesteros y arcabuceros), ocho o nueve cañones y una reserva de pólvora un poco escasa. Esta fuerza era apenas más grande, y en algunos sentidos más débil, que la que disponía al entrar por primera vez en México, y mucho más pequeña y más débil que con la que contaba cuando regresó a Tenochtitlán después de derrotar a Narváez.

No obstante, Cortés impartió a esos hombres las mismas órdenes de siempre cuando una vez más regresaron al valle de México en busca de su galardón, la mágica ciudad de Tenochtitlán. Declaró que vencerían porque eran cristianos que lidiaban con bárbaros paganos; que los aztecas, tras jurar lealtad al rey de España, habían traicionado su palabra y habían matado a muchos españoles; que los aztecas, habiendo resuelto matar a todos los españoles, eran sus acérrimos enemigos; y que los aztecas se topaban con la oposición de aquellos indios para quienes los españoles eran salvadores y amigos leales. Estas premisas constituían justificaciones válidas para la guerra, tal como lo establecían las Siete Partidas y como lo requería la corona española. A estas justificaciones Cortés añadió varias prohibiciones, entre las cuales se repetían las mismas que había expuesto cuando desembarcó con sus hombres en la isla de Cozumel: ningún español debía blasfemar con el sagrado nombre de Dios, ni tener pleitos con otro español, ni apostar sus armas ni su caballo (demasiado valiosos para exponerlos en un juego de azar), ni forzar mujeres, ni robar o dañar a ningún indio salvo en combate, a menos que los oficiales, por buenas razones, autorizaran un saqueo, ni insultar de ninguna manera a indios amigos, ni usar como esclavo a un indio que actuaba como porteador (*tameme*). El objetivo de los españoles era inducir a esas gentes ignorantes a aceptar voluntariamente a Cristo y al rey y no hacer nada que pudiera impedir la sumisión voluntaria.

Los tlaxcaltecas oyeron el discurso que Cortés dio a su ejército, traducido por Malinche y algunos españoles, sobre todo jóvenes pajes que estaban aprendiendo el náhuatl. Quedaron asombrados por algunas estipulaciones de Cortés. Comunicaron ese asombro a los cholultecas y los tepeacatecas, y la nueva se difundió de tribu en tribu, llegando al fin a Tenochtitlán.

¿Conquistadores que no forzaban mujeres? Los indios no contaban con el freno que suponía el concepto de pureza e inocencia personificado por María, y en sus conquistas violaban a las mujeres de otras tribus con el propósito de humillar a sus enemigos. Pero los españoles sólo aceptaban las mujeres que les daban como regalo, las que acudían a ellos pasivamente, y las mujeres de tribus a las cuales castigaban, y aun con ellas demostraban poco salvajismo. Más aun, los españoles, en cuanto conquistadores, sólo aceptaban el tributo –oro, joyas, prendas de vestir, alimentos, nunca víctimas para el sacrificio– que se les entregaba más o menos voluntariamente. Aunque a menudo pedían este tributo con cierto grado de coacción, lo aceptaban de un modo que no humillaba la dignidad de quienes lo pagaban. Ahora, aun los soldados de a pie recibían órdenes de no robar, no saquear casas, no abandonarse a la orgía de pillaje con que todos los indios estaban familiarizados. Esos extranjeros de tez blanca ni siquiera consideraban esclavo a alguien a quien los indios juzgaban un inútil que sólo servía para cargar fardos. Cortés tal vez emitió su proclama acerca de los tamemes porque estaba agradecido a los porteadores tlaxcaltecas que habían acarreado el oro desde Tenochtitlán, y este sentimiento estaba inspirado por Aguilar, quien había trabajado durante años como porteador indio.

Todo el mundo indio estaba desconcertado ante el atisbo de moralidad que percibía en estos reglamentos militares españoles, por muy imperfecta que luego resultara, inevitablemente, la aplicación de tales disposiciones.

El 28 de diciembre de 1520 Cortés y su ejército, con veinte mil guerreros tlaxcaltecas (sin contar los tamemes) partió de Tlaxcala e inició su ascenso por la montaña. Podían optar entre tres pasos: uno que era muy transitable y frecuentado, otro que era más dificultoso y poco transitado y un tercero que era extremadamente escarpado y rara vez se usaba. Cortés supuso que en el paso más dificultoso encontraría menos resistencia de los aztecas, y estaba en lo cierto. Sus tropas padecieron frío durante la noche, pero no había defensores enemigos.

Descendiendo del borde de la montaña con la frescura del amanecer, los ocho jinetes y soldados de a pie que integraban la punta del ejército encontraron el camino bloqueado por árboles recién talados. Abriéndose paso con dificultad, estos hombres encontraron otro bloqueo más adelante, y luego otro más. Mandaron buscar a Cortés, quien se les unió al momento. En esa vía desierta, había bloqueos intermitentes que llegaban a considerable distancia. Cortés, sin embargo, decidió seguir esa ruta. Pidió ayuda a los tlaxcaltecas, quienes desmantelaban los bloqueos a medida que avanzaba el ejército, hasta que al fin salieron a una senda despejada y llegaron a un risco desde el cual veían el valle de México.

En el centro del valle se extendían los lagos, enmarcados por huertos y campos que estaban pardos en invierno, y por el anillo de montañas salpicado de volcanes y picos nevados. Los lagos reflejaban el cielo diáfano como espejos. En torno a esos lagos se hallaban las verdaderas joyas de México, las ciudades de las orillas, y en medio del lago más vasto, la reluciente isla de Tenochtitlán. Las ciudades aztecas eran diferentes de las ciudades que conocían los españoles y los demás europeos. No eran ciudades apiñadas, bulliciosas, atestadas, como las ciudades europeas, ni se elevaban al cielo como las ciudades modernas, Nueva York o Hong Kong. Las ciudades aztecas parecían geométricas, planificadas, e irradiaban una extraña serenidad espiritual. Eran horizontales, con azoteas planas, una hilera tras otra de complejos edificios de uno o dos pisos; los aztecas disfrutaban del ocio en las azoteas, donde se hallaban sus jardines, y en esa horizontalidad había un relajado aire de reposo. La horizontalidad contrastaba con las pretenciosas pirámides, semejantes a montañas simbólicas de lados triangulares y precisos que modulaban la luz, y la cantería blanqueada emitía una especie de fulgor. Los rectos bulevares y las rectangulares plazas estaban pavimentados con losas de piedra, y en esos bulevares centrales confluían callejas curvas. En realidad, la geometría de Tenochtitlán era engañosa porque insinuaba una perfección matemática que los aztecas no habían alcanzado. Los aztecas tenían voladizos, pero no verdaderos arcos, y en consecuencia preferían los dinteles horizontales. Y las pirámides eran básicamente montículos de escombros revestidos con capas de piedra, no verdaderas configuraciones piramidales con bloques de piedra. Las ciudades aztecas ofrecían una ilusión de perfección geométrica, tal vez involuntaria, ni siquiera percibida por sus constructores, y la dureza de la piedra era mitigada aquí y allá por extensiones de paja que indicaban las chozas de los pobres o los puestos del mercado. Pero la belleza azteca cautivaba a los europeos. Como muchos españoles, para bien o para mal, conocían Tenochtitlán, ese panorama ahora les evocaba en detalle las imágenes talladas, los frisos, las incrustaciones de maderas raras, las brillantes pinturas en negro, rojo, azul y amarillo sobre blanco, los olores del mercado, los extraños frutos y alimentos y las exóticas mujeres morenas. La multifacética Tenochtitlán era la gema más gloriosa del imperio azteca. Y todo español, con su romántica imaginación, aspiraba a tomarla, Cortés más que ninguno. Habiendo poseído una vez los tesoros de ese valle, estaba decidido a no cejar hasta haber triunfado.

Los aztecas habían avistado a los españoles y tlaxcaltecas. Los ejércitos aztecas que habían custodiado los pasos más fáciles ahora se replegaban hacia sus posiciones en las tierras bajas. Fogatas de señales ardían en las laderas de las ciudades, y columnas de humo se elevaban en el aire quieto. Más señales de humo se encendían por todo el valle, previniendo sobre la invasión. Esas señales eran ominosas, pero los españoles, estimulados por la magnífica vista y saboreando su premio, descendieron animosamente por la cuesta, unos pocos cientos de europeos flanqueados por indios, internándose nuevamente en un valle donde moraban más de un millón de indios famosos por su ferocidad.

Cortés había escogido Texcoco –la ciudad de Cacama– como base inicial. Texcoco era casi tan grande como Tenochtitlán y estaba situada en la costa oriental del sistema lacustre. Texcoco no estaba conectada con la capital por medio de una calzada; se erguía entre ricas tierras de labranza, y su parte del lago estaba separada de Tenochtitlán y las ciudades de las costas meridional y occidental por un gran dique segmentado. La configuración de los lagos de México, enlazados por canales, resultaba desconcertante para los españoles, y aun para los mexicanos. Los lagos de agua dulce eran alimentados por ríos de montaña, y los lagos salados eran residuales. En invierno el nivel del agua salada era mucho más alto que el nivel del agua dulce.

Habiéndose internado en el valle por esta ruta inesperada, los españoles no se toparon con oposición inmediata; los aztecas no eran tan rápidos como los españoles para reaccionar ante la sorpresa o la adversidad, así que los españoles y sus aliados pudieron continuar hacia Texcoco con inquieta tranquilidad, sólo molestados por gente que les gritaba desde cerros distantes. Los españoles y tlaxcaltecas pernoctaron en un poblado cuyos habitantes habían huido. Cortés siempre deseaba conseguir maíz, aves y perros para comer. Por la mañana continuaron la marcha.

Cortés no sabía qué recepción le darían los de Texcoco, si se rendirían atemorizados, si lucharían abiertamente o si *intentarían* emboscarlo. Pero en las afueras de la ciudad lo recibieron cuatro caciques que llevaban un mástil con un pesado estandarte de oro, un ostentoso ofrecimiento de la mercancía que tanto atraía a los españoles. Estos jefes –Cortés conocía a uno de ellos– lo trataron con pleitesía y le pidieron que aceptara el estandarte de oro como símbolo de su renovada lealtad a él y al rey de España; culparon a la gente de Tenochtitlán por todos los problemas que él había sufrido, y le suplicaron que no causara daño a su gente ni sus hogares. Por medio de Malinche, Cortés respondió que en esa provincia habían matado a muchos españoles y les habían arrebatado muchos tesoros que les había obsequiado el gran Moctezuma, y, aunque no esperaba que resucitaran a los muertos, quería de vuelta esos tesoros. Si se los devolvían, perdonaría sus agravios anteriores. Los caciques dijeron que la gente de Tenochtitlán se había quedado con todos los tesoros, pero si Cortés y sus hombres se dignaban descansar en los agradables palacios que les habían preparado en las afueras de Texcoco, esos cuatro nobles hablarían con el cacique reinante para ver qué podían hacer al respecto.

El cacique reinante en Texcoco no era el hermano de Cacama a quien Cortés, por recomendación de Moctezuma, había dejado a cargo. Era otro hermano de Cacama que también se había confabulado para entregar a Cacama a los españoles. Este hermano, a instancias de Cuitlahuac o Guatémoc, había asesinado al hermano designado por Cortés y Moctezuma y se había adueñado del poder, una situación que no resultaba sorprendente para los españoles del siglo dieciséis.

Cortés declinó la oferta de alojarse en los palacios, declarando que se proponía ocupar el centro de Texcoco. Los caciques dijeron que regresarían deprisa a la ciudad para prepararle una recepción.

Cautelosamente, Cortés entró con su ejército en Texcoco, donde encontró aposentos preparados para él en un extenso complejo contiguo a la pirámide más alta. Pero había poca gente en la calle, y esa gente parecía temerosa. Sin demora dispuso sus fuerzas para defender su posición, prohibió estrictamente a sus hombres que salieran del complejo y ordenó a los tlaxcaltecas que permanecieran en las cercanías, mientras enviaba a Alvarado y Olid a la cima de la pirámide para que echaran una ojeada a la ciudad.

Desde la cima de la pirámide, los capitanes españoles vieron que los pobladores abandonaban Texcoco. Miles de canoas atravesaban el lago llevando personas y bienes a Tenochtitlán. Los caminos que se internaban en la campiña y los bosques circundantes estaban abarrotados de personas que cargaban bártulos. Había gente que huía a los matorrales de la costa. Las calles estaban desiertas. Evidentemente los aztecas planeaban nuevamente privar de comida a los españoles, dejarlos en una ciudad vacía donde nadie les daría víveres.

Cuando Cortés se enteró de esto, envió un escuadrón de jinetes para que le trajeran al cacique reinante y a los nobles que le habían salido al encuentro. Pero el cacique y los nobles ya se habían marchado en canoa a Tenochtitlán. La recepción y el estandarte de oro habían sido una mera artimaña para entretener a los españoles. Ahora sólo podían encontrar a algunos funcionarios menores.

Cortés no necesitaba a los nobles, a menos que los nobles pudieran ordenar a la gente que regresara a sus hogares. Necesitaba a la gente misma: mujeres que preparasen tortillas y cocinaran aves y pescados, granjeros que llevaran maíz y fruta desde los campos. Pero Cortés tenía en su comitiva a un joven noble de Texcoco a quien los españoles se habían llevado durante su fuga; se decía que el joven era el nieto del gran rey de Texcoco que había precedido a Cacama y sus hermanos. Este joven era notable porque en compañía de los españoles se había vuelto bilingüe y había sido bautizado. Como Cortés era su padrino, los españoles lo habían llamado don Fernando Cortés. (El uso de este nombre era muy flexible. A Cortés lo llamaban Hernán, Hernando, Fernán o Ferdinando.) Cortés nombró al joven nuevo y legítimo monarca de Texcoco.

Mientras se difundía la noticia de que había un nuevo rey, las gentes comunes de Texcoco, que no habían huido a Tenochtitlán sino que se ocultaban en los bosques y matorrales de la costa, regresaron a la ciudad para mirarlo. El joven les gustó, y su ascendencia les infundió respeto. Tal vez la generación de Cacama la había sometido a malos tratos. Al cabo de pocos días Texcoco volvió a poblarse; las tortillas se cocían en las piedras, sacos de maíz circulaban por las calles, y los españoles y sus aliados recibían alimentos con regularidad.

La política de Cortés, sobre todo en vista de la opresión azteca, consistía en alentar a las tribus sometidas a que se pusieran voluntariamente de su lado. Se quedó en Texcoco, y al cabo de tres días los caciques de otras dos grandes ciudades cercanas fueron a verlo para presentar excusas por su conducta pasada y renovar su lealtad. Cortés los recibió afablemente, y al día siguiente esos caciques le llevaron, maniatados y colgados de palos, a mensajeros de Tenochtitlán que habían ido a amenazarlos con toda suerte de castigos por unirse a los españoles. Todas las partes dijeron varias mentiras, aunque todas eran evidentes. Los mensajeros aztecas negaban haber hecho amenazas y alegaban que sólo habían pedido a los caciques que mediaran entre los aztecas y los españoles. Cortés procuraba renovar su conquista por la astucia, así que hizo liberar a los mensajeros y los envió en una canoa a Tenochtitlán para informar a Guatémoc que sabía que la guerra contra los españoles había sido instigada por Cuitlahuac, ahora muerto, y que deseaba restaurar la armonía que había existido durante el reinado de Moctezuma.

Ninguno de estos planes dio resultado. No llegó ninguna respuesta de Tenochtitlán. En consecuencia, al cabo de una semana, y una vez que los españoles reforzaron sus defensas en Texcoco, Cortés organizó una partida de doscientos soldados de a pie con caballeros, ballesteros y arcabuceros, y con cuatro o cinco mil tlaxcaltecas, y enfiló hacia Iztapalapa –una de las dos ciudades de Cuitlahuac– que estaba a dos días de marcha.

Antes de marcharse, sin embargo, Cortés debió afrontar otro estallido de miedo y resentimiento entre sus hombres, especialmente los que habían ido con Narváez y estaban aterrados por la temeridad de su jefe. Cortés tuvo noticias de que existía un plan para amotinarse y pedir ayuda a Velázquez. Identificó a los conspiradores, pero optó por restar importancia al episodio, y para dar un escarmiento, ordenó la ejecución de un solo conspirador, un soldado llamado Antonio de Villafaña y oriundo de Zamora. Con la ejecución de Villafaña, Cortés no sólo hacía gala de su férrea voluntad individual; al contrario, la ejecución era obra de todo el ejército. Todos los hombres que acompañaban a Cortés sabían que corrían tremendos riesgos y que no podían permitir que las rencillas degenerasen en un motín que terminaría por ser su perdición. Después de la ejecución, que tal vez consistió en un ahorcamiento en el patio del complejo, Cortés se puso al frente de la partida que iría a Iztapalapa. Su ahijado don Fernando envió a varios nobles de Texcoco que oficiarían de guías.

La ciudad de Iztapalapa parecía excepcionalmente bella para los españoles porque la mitad de las casas estaban construidas a orillas del lago y sobre estacas que se hundían en el agua; los canales hacían las veces de calles, de modo que la ciudad se fusionaba con el lago. Después de pernoctar en las colinas, la fuerza española se aproximó a Iztapalapa poco después del alba, y tropezó con la resistencia de tropas de Iztapalapa reforzadas por tropas de Tenochtitlán. Después de una agotadora batalla que duró todo el día, los aztecas se replegaron hacia sus casas y canoas. Los españoles y tlaxcaltecas, cautelosos y exaltados por la victoria, ocuparon las casas terrestres y los españoles descansaron mientras los tlaxcaltecas se dedicaban al pillaje.

Pero entonces oyeron el burbujeo del agua y notaron que las casas se estaban anegando. Los aztecas habían abierto un dique que separaba el lago salado contiguo a este lago de agua dulce, y un torrente descendía a Iztapalapa. Sólo los caciques texcocotecas que acompañaban a los españoles comprendieron lo que sucedía y avisaron a los españoles que abandonaran la ciudad y buscaran un terreno alto. En la penumbra del anochecer, los tlaxcaltecas perdieron gran parte del botín y los españoles trataron de sujetarse la armadura mientras vadeaban las aguas que inundaban las calles o tropezaban con las zanjas anegadas que los aztecas habían cavado para entorpecerles la marcha.

Varios tlaxcaltecas se ahogaron (los tlaxcaltecas no sabían nadar) y el empapado y maltrecho ejército avanzó cuesta arriba en la oscuridad. Cortés se avergonzaba de sí mismo por haber caído en esa trampa. Al amanecer, mientras él reagrupaba sus fuerzas, los aztecas, alentados por el éxito de su táctica, desembarcaron de sus canoas, y los desconcertados españoles y tlaxcaltecas tuvieron que retroceder luchando casi hasta Texcoco (la pólvora de los españoles estaba inutilizada por el agua) mientras soportaban las burlas de los aztecas.

En Tenochtitlán no había inclinación por la paz. El silencio de Guatémoc ante la propuesta de Cortés, seguido por la estratagema de la inundación, lo hacía evidente. Y Cortés echaba de menos la locuacidad de Moctezuma, la conexión por intermedio de la lengua y el razonamiento que representaba la única posibilidad de vincular a ambos pueblos sin la destrucción de uno u otro, a pesar de las tretas, las socarronerías, la elusión y la duplicidad.

El revés de Iztapalapa no impidió que más caciques acudieran a Texcoco para unirse a los españoles, rogando el perdón y renovando su alianza. Continuaban diciendo que las tropas de Tenochtitlán se habían apostado en sus poblados y los oprimían, y pedían que los españoles expulsaran a los aztecas. Cortés comprendía que esa gente de las zonas circundantes se uniría al bando que llevara las de ganar, pero no contaba con hombres suficientes para ayudarlos. Hizo promesas alentadoras y trató de mediar entre las tribus enfrentadas, uniéndolas en contra de los aztecas. Cuando los aztecas desembarcaban en los poblados costeros de los alrededores de Texcoco, los españoles lograban expulsarlos, pero los atacantes luchaban y se retiraban en sus canoas, sufriendo poco daño.

Escaso de pólvora, Cortés se estaba preguntando qué hacer a continuación cuando un español llegó de Tlaxcala con dos mensajes importantes: (1) otra nave había llegado a Villa Rica con gran suministro de pólvora, además de hombres, caballos y armas, (2) los bergantines que estaban construyendo en Tlaxcala estaban casi terminados. Cortés ordenó a Sandoval y una numerosa partida de caballeros e infantes que regresaran con el mensajero a Tlaxcala. Escribió una carta a su comandante de Villa Rica, pidiendo que enviara la provisión de pólvora a Tlaxcala y también a todos los españoles que desearan ir. Aunque siempre se valía del cebo del oro, Cortés dejaba margen para el ofrecimiento voluntario, aunque, como señala Bernal Díaz, muchos jamás se habrían ofrecido voluntariamente de haber sabido qué les esperaba. Desde Tepeaca, Cortés había permitido que algunos hombres abandonaran la expedición, diciendo a los restantes (y diciéndose a sí mismo) que estaban mejor sin gente que carecía de ánimo para la aventura. Cortés permitió que un grupo de tlaxcaltecas se marchara en compañía de Sandoval porque ni siquiera las ricas tierras de Texcoco podían alimentar a todo el ejército. Sandoval debía cerciorarse de que el camino fuera seguro, y llevar desde Tlaxcala los bergantines, la pólvora y los nuevos hombres con sus armas y caballos.

Camino a Tlaxcala, Sandoval se desvió del camino para visitar una ciudad que se quejaba de los desmanes de una guarnición azteca.

Encontró a los aztecas preparados para la batalla, y los españoles y tlaxcaltecas los derrotaron y dispersaron. Después de la contienda, Sandoval y sus hombres descubrieron en una aldea cercana los truculentos restos de algunos españoles muertos. Los lugareños –con poca compasión– describieron lo sucedido. Se trataba de españoles que habían ido con Narváez, una cincuentena de hombres al mando de un tal Juan Juste, y los lugareños, fingiendo ser serviciales, los habían guiado a un angosto y rocoso desfiladero donde los jinetes tuvieron que desmontar para guiar sus caballos. Unos indios que acechaban detrás de las rocas de ambos lados del desfiladero atacaron y mataron a la mayoría de los españoles, llevándose algunos con vida a la aldea. En la pared de una casa de la aldea Sandoval y sus hombres hallaron un mensaje que Juan Juste había garrapateado con carbón: "Aquí estuvo preso el sinventura de Juan Juste con muchos otros que traía en mi compañía". En el templo los indios de la aldea señalaron la sangre española con que los sacerdotes habían rociado los ídolos. Delante de los ídolos colgaba el cuero curtido de cinco caballos, con el pelo y aun las herraduras, y el pellejo de dos caras de españoles que conservaban la barbas. (El desuello de las víctimas, que era habitual entre los indios, se practicaba después del sacrificio, y los sacerdotes indios usaban la piel del rostro como máscara mientras todavía estaba viscoso de sangre y fluidos corporales. En esos momentos, al igual que durante los sacrificios humanos, el estado mental, emocional y espiritual de los indios escapaba a la comprensión de los europeos.)

Cuando los caciques indios se presentaban ante Cortés, confesando sus crímenes y suplicando perdón, Cortés tenía dificultades para dominarse, para no demostrar su repugnancia y dar rienda suelta a su temperamento, y debía imponerse una disciplina de acero para ceñirse a su política de aceptar toda oferta de sumisión pacífica. En esta ocasión Sandoval y sus españoles destrozaron los ídolos y castigaron a algunos aldeanos, pero no a los caciques de la provincia, aunque ellos parecían responsables. Siguiendo la política de Cortés, Sandoval aceptó las efusivas promesas de lealtad de los caciques.

Inevitablemente, a medida que los crímenes de lesa humanidad aumentaban en ambos bandos, se perdía la tolerancia en este conflicto, que era más fundamental de lo que creían sus protagonistas. El furor era cada vez más intenso, tanto entre aztecas como españoles.

En Tlaxcala, los bergantines estaban listos. El oficial constructor era Martín López de Sevilla. Siendo tercer hijo de un hidalgo, López no podía esperar una cuantiosa herencia, así que tenía que lanzarse a la aventura, y desde España había llevado su equipo de carpinteros. Como la mayoría de los capitanes y hombres de posición, había realizado inversiones en la expedición. López había ensamblado los bergantines y los había probado en un río de las cercanías de Tlaxcala, donde habían puesto diques para ese propósito; luego había desmantelado los navíos, y los tlaxcaltecas ofrecieron ocho mil porteadores para llevar las piezas hasta Texcoco, más ocho mil guerreros que oficiarían de guardias, más dos mil tamemes para transportar comida, al mando de uno de los señores más principales de Tlaxcala, Chichimecatecle. Sandoval estaba encantado. Envió a Villa Rica a los jinetes que llevaban el recado de Cortés, y regresó con los suyos a Tenochtitlán para escoltar a los tlaxcaltecas.

La columna –según Cortés informó orgullosamente al rey– tenía unos ocho kilómetros de longitud, y las piezas de las trece naves viajaron por un terreno accidentado durante más de setenta kilómetros. La columna tardaba seis horas en atravesar un punto determinado. Se mantuvo un orden estricto y no había brechas en la columna, que no se extendía más de lo necesario. Los españoles iban al frente y por detrás, y había guerreros tlaxcaltecas en todos los flancos. Los aztecas no atacaron, aunque se vieron más señales de humo que nunca en el valle de México, mientras las naves desmanteladas descendían desde el risco. Cortés estaba eufórico cuando la columna arribó a Texcoco, y ordenó ensamblar las naves a toda prisa y cavar un canal para facilitar la botadura.

Chichimecatecle y sus guerreros ansiaban combatir, y además era difícil alimentar a semejante cantidad de tlaxcaltecas, así que Cortés organizó una temible fuerza de españoles a su mando (veinticinco caballeros, incluidos los capitanes Alvarado y Olid, trescientos espadachines y piqueros, cincuenta ballesteros y arcabuceros, con seis piezas de campaña) y treinta mil tlaxcaltecas. Dejando a Sandoval al mando de la fortaleza, Cortés partió en una misión que mantuvo en secreto, temiendo que alguien pusiera sobre aviso a los de Tenochtitlán.

Cortés se dirigía a Tacuba, donde los españoles habían hecho su primer descanso cuando huían de Tenochtitlán. Se encontraba en la margen oeste del lago y era la base de la calzada más corta e importante entre Tenochtitlán y la tierra firme. La vasta Tacuba era una de las tres ciudades originales de la alianza azteca, junto con Tenochtitlán y Texcoco, siendo Tenochtitlán la capital dominante y la alianza azteca el corazón del imperio. Los españoles y tlaxcaltecas ocuparon la primera ciudad lacustre que encontraron (los habitantes escaparon en sus canoas) y encontraron desiertas las otras localidades en el trayecto a Tacuba.

Pero en Tacuba los aztecas presentaron resistencia. Como era una ciudad grande, los españoles no podían ocuparla ni controlarla por completo, y Cortés permitió que los tlaxcaltecas saquearan e incendiaran, lo cual hicieron con gran deleite porque también ellos habían sufrido en Tacuba la noche de la retirada; ahora se vengaban con una saña demencial. Cortés se proponía sentar sus reales en ese sitio por el cual pasaban la mayoría de los bastimentos para Tenochtitlán e intentar nuevamente imponerse por la astucia.

Cortés condujo a sus jinetes, seguidos por los infantes, hacia la calzada de Tenochtitlán, y llegó hasta el primer puente, que estaba levantado. Luego, perfilado contra Tacuba en llamas, intentó hablar con los aztecas que estaban del otro lado de esa angosta franja de agua. Cuando los aztecas se aplacaron y dejaron de vociferar y arrojar flechas, varas y piedras, Cortés pidió a Malinche que tradujera sus palabras.

Preguntó si había un señor con quien pudiera hablar.

Los guerreros aztecas replicaron que todos ellos eran señores (un alarde de orgullo tribal, pues en realidad la sociedad azteca era tan jerárquica como la española).

Cortés declaró que sólo quería reanudar la armonía en que habían vivido en el pasado.

Ellos respondieron socarronamente si quería otro dócil Moctezuma.

Cortés se quedó frustrado por esa negativa al diálogo, que impedía tender un puente de razonamiento para franquear el abismo que los separaba. Un hombre de Cortés gritó a los aztecas que enfrentarían el hambre y la muerte, que no podrían recibir alimentos en su isla. Aunque Cortés habría preferido no revelar su estrategia, permitió que Malinche tradujese.

Los aztecas replicaron despectivamente que tenían alimentos en abundancia. Arrojaron algunas tortillas al agua, por si los españoles necesitaban comida. Añadieron que si alguna vez tenían hambre se comerían a los españoles y tlaxcaltecas.

Cortés sabía que era elocuente; recurría a este talento para mantener el control de su pendenciero ejército. En general los españoles confiaban en su habilidad para provocar, ofender, persuadir, amenazar y exagerar. Por medio de los buenos servicios de Malinche, Cortés trató reiteradamente de persuadir a los aztecas de deponer su beligerancia.

No lo consiguió, y emprendió el regreso. Los españoles y tlaxcaltecas retuvieron Tacuba durante seis días, destruyendo parte de la ciudad y repeliendo continuos ataques aztecas. Luego Cortés condujo a los tlaxcaltecas, sobrecargados de botín, y a sus hombres, que no llevaban las manos vacías, de vuelta a Texcoco. Pensando que los españoles y sus aliados se retiraban derrotados, los aztecas se lanzaron a perseguirlos. Cortés inventó una nueva táctica: la emboscada de caballería a retaguardia. El y sus jinetes se ocultaban a la vera del camino mientras pasaba su ejército; cuando pasaban los perseguidores aztecas, los caballeros atacaban, sembrando el pánico con sus lanzas. Así pusieron fin a esa molestia, y Cortés regresó a Texcoco. Desde Texcoco, gran cantidad de tlaxcaltecas, entre ellos Chichimecatecle, regresaron a sus lares.

Cortés debía equilibrar sus diversos objetivos mientras procuraba rodear Tenochtitlán con unos centenares de españoles y el creciente respaldo de los indios que se rebelaban contra la opresión azteca. Cortés debía proteger los bergantines que estaban terminando de ensamblar en Texcoco; en tres ocasiones los aztecas llegaron en canoas desde Tenochtitlán y trataron de quemar los navíos tal como habían incendiado los cuatro bergantines que habían quedado en la capital, pero fueron avistados y rechazados. Al mismo tiempo, Cortés debía mantener abierta su ruta de aprovisionamiento desde Tlaxcala y la costa. Una y otra vez envió a Sandoval y sus hombres a eliminar amenazas, sobre todo en la vasta provincia de Chalco, que se hallaba al este del sistema lacustre. Al fin los chalcotecas, colaborando con vecinos que antes habían sido sus enemigos, pudieron derrotar a un nuevo ejército azteca sin ayuda de Sandoval, demostrando que la alianza antiazteca que Cortés había propiciado entre las tribus montañesas comenzaba a consolidarse. Cuando Sandoval traía capitanes aztecas capturados, Cortés les permitía regresar a Tenochtitlán para que repitieran a Guatémoc su mensaje de paz y armonía, pero la única respuesta era el silencio.

Sin embargo, llegaron noticias alentadoras desde Villa Rica. Al menos tres navíos más habían llegado, con más pólvora, armas, hombres, caballos. Caravanas de españoles y porteadores totonacas ascendían por los caminos de montaña.

Entre los recién llegados a Texcoco se encontraba un español de alcurnia llamado Julián de Alderete. Su nave había bogado de España a La Española, donde los padres jerónimos lo designaron tesorero real (para velar por el quinto real); en La Española le habían indicado dónde se encontraba Villa Rica. Alderete alardeaba de ser un ballestero experto, y Cortés lo recibió cálidamente. Alderete le informó que Puertocarrero y Montejo habían sido recibidos por el rey, que ahora estaba al corriente de lo que hacía Cortés; en consecuencia, en España se tenían noticias sobre las riquezas de México, y por eso Alderete estaba allí. Además los consejeros flamencos que rodeaban al rey habían restado influencia al obispo Fonseca, tío de Velázquez.

Dejando a Sandoval a cargo de la fortaleza, Cortés partió de Texcoco y condujo una nueva fuerza de españoles y decenas de miles de aliados indios en una exhaustiva campaña de reconocimiento de todo el sistema lacustre del amplio valle de México. Era una tarea oportuna y sensata, pues Cortés había procedido al azar, intuitivamente, explorando al tiempo que conquistaba (como Alejandro Magno cuando invadió la India, y Genghis Khan cuando atravesó el Asia y la Rusia meridional). Cortés tenía ideas my vagas sobre la geografía del sur y el oeste del sistema lacustre. Las vistas panorámicas desde el borde oriental de las montañas eran imprecisas. Y cuando se topaban con indios desconocidos, Cortés no podía distinguir si eran auténticos aztecas, tribus sometidas deseosas de unirse al bando más fuerte, o tribus que detestaban el yugo azteca y estaban dispuestas a respaldar a los españoles para liberarse.

Mientras Cortés recorría las faldas de las montañas, en la frontera entre la provincia de Chalco y el territorio azteca, atravesó una serie de mesetas aisladas (creadas por erosión diferencial). En la cima de esos cerros de ladera abrupta se habían reunido aldeas enteras de indios, hombres, mujeres y niños que vociferaban a todo pulmón, los hombres blandiendo sus armas. Cortés no deseaba entablar un combate con los lugareños, pero tampoco quería dar la espalda a indios que no estaban sometidos. De mala gana ordenó un ataque contra los cerros, pero el ataque no fue afortunado. Los indios echaron a rodar rocas que se partían como bombas de fragmentación; la caballería española quedó neutralizada; la batalla se prolongó todo el día sin que los españoles pudieran tomar las alturas. En esa zona no había agua y los españoles sufrieron sed durante la noche. Por la mañana, mientras llevaban los caballos a abrevar en un manantial que estaba a cierta distancia, los españoles atacaron de nuevo; los recién llegados como Pedro Barba y Julián de Alderete recibían su bautismo de fuego; y los españoles lograron establecerse en una meseta que dominaba otras mesetas y desde las cuales podían disparar sus ballestas y arcabuces.

En ese punto los indios parecieron ceder. Los hombres se calmaron y dejaron de gritar y arrojar flechas y lanzas, mientras sus mujeres se adelantaban y hacían un ademán desconcertante. Las indias tendían las manos de forma paralela al suelo, una mano sobre la otra, y batían las palmas; luego invertían las manos y volvían a batir palmas. Los españoles, cubiertos de polvo, estaban sedientos y exhaustos, tras haber sufrido por lo menos ocho muertos y veinte o treinta heridos. Esa señal les resultaba inexplicable. Los soldados de a pie que rodeaban a Bernal Díaz mascullaron que era una señal del diablo. Otros interpretaron que el gesto sugería la cópula en una posición con la cual los españoles no estaban familiarizados. Pero resultó ser que era simplemente una señal de rendición. Las mujeres remedaban los gestos de la preparación de tortillas, que se palmean para achatarlas, indicando que deseaban la paz y debían comenzar los festejos. Lo cierto era que los indios de esas mesetas no se habían aprovisionado de agua y se estaban muriendo de sed.

De acuerdo con su política, Cortés aceptó los juramentos de lealtad, aunque sin fiarse demasiado. Dio un severo discurso diciendo a los indios que ellos mismos habían provocado esa calamidad. Y prohibió a sus hombres que robaran siquiera un grano de maíz. Bernal Díaz intentó burlar esta prohibición alegando que Cortés les había guiñado el ojo, pero Cortés le obligó a dejar su botín. Luego Cortés envió los heridos a Texcoco y continuó la marcha.

No está claro por qué Cortés descendió con sus fuerzas por una brecha de las montañas hasta la planicie de Morelos y la ciudad de Cuernavaca. Existe una barranca empinada y visible de más de seiscientos metros que constituye una protección natural para el sistema lacustre del valle de México. Es probable que oyera toda clase de rumores ahora que contaba con cincuenta mil hombres (más aliados indios se sumaban sobre la marcha), y tal vez le dijeron que en Cuernavaca se alojaba un numeroso ejército leal a Guatémoc. Cuando Cortés pusiera sitio a la capital azteca, no quería que ese ejército lo sorprendiera por la espalda.

En esta expedición los españoles no tuvieron que librar una batalla continua. Siempre esperaban no toparse con ninguna resistencia; Cortés confiaba en el triunfo por la astucia, y a menudo lo obtenía. En el grato poblado de Oaxtepec, Cortés y sus españoles fueron acogidos por un cacique que decidió no luchar y se hospedaron en su palacio, que era excepcionalmente confortable. En los largos dinteles horizontales de maderas aromáticas había frisos tallados; en las paredes alternaban diversas clases de piedras; sutiles colgaduras cubrían las puertas, y las plantas en flor que se derramaban de las azoteas cubrían el aire de capullos.

El extenso palacio se hallaba en medio de un jardín y un huerto que abarcaban varios kilómetros cuadrados. Tras apostar vigías y aprestar sus defensas, los españoles pudieron quitarse la armadura y refrescarse mientras paseaban por veredas sombreadas, junto a canteros de flores de variados colores y exquisitos matices. Recordando la alfarería de Talavera y los patios de su patria, los españoles admiraron el talento de los indios para inventar extrañas combinaciones cromáticas, la yuxtaposición de texturas y diseños. Las residencias estivales (*gazebos*) se erguían a intervalos que los españoles calcularon en dos tiros de ballesta; en esos lugares de reposo, las paredes y columnas blanqueadas exhibían antojadizas y estilizadas pinturas de aves, insectos, flores y antílopes.

La región de Cuernavaca es una de las más bajas del mundo, y posee un clima muy grato todo el año. Abril –estaban en abril de 1521– era el mes más cálido del año, pero a una altura de mil quinientos metros siempre hay frescura en el aire. Saboreando el perfume de las flores, los españoles se limpiaron de los pulmones el polvo del camino y el tufo de la orina, el sudor y la sangre.

En esos raros momentos de serenidad, los españoles pudieron comprender que existía un toque de placidez en el temperamento emocional de los indios, una calma imperturbable que no tenía equivalente en el carácter español. Los españoles no eran buenos granjeros, a diferencia de los árabes; en España los españoles preferían ser pastores. Por naturaleza eran exploradores, guerreros, nacidos para una cruzada como la que ahora emprendían. Para construir palacios y jardines, para tallar piedra, madera y gemas, se requería una paciencia y una pasividad inherente a los indios. Esa calma y paciencia cautivaría años después a Motolinía y despertaría en el devoto y abnegado monje un profundo afecto por los indios, en quienes vería un pueblo alegre, artístico e imaginativo, que en su vida cotidiana era mucho más informal y menos codicioso que los españoles.

Esta pintura sobre corteza ejemplifica las encantadoras fantasías
que ilustraban las paredes y columnas de los gazebos
del gran jardín de Oaxtepec.

Los españoles comprendieron, por cierto, que el Edén que visitaban era propiedad de la nobleza india, pero ambas sociedades eran estrictamente jerárquicas, así que no les sorprendió que sólo los señores indios vivieran en medio de este lujo refinado. El talento artesanal y la alegría de la creación obviamente pertenecían al pueblo, y entre los indios no existía, como entre los españoles, un colérico afán de autoafirmación individual. En esas plácidas aguas emocionales donde la imaginación y la paciencia generaban semejante belleza, los españoles sintieron una profunda simpatía por los indios e intuyeron la promesa de una fusión, y valoraron un terreno común que ambos pueblos amaban.

Pero los españoles estaban desconcertados. ¿Cómo era posible que los mismos seres humanos que creaban este seductor paraíso del ocio arrancaran el corazón a víctimas vivientes y usaran máscaras de piel humana en el frenesí de sus ceremonias? Un sinfín de milenios de evolución había producido dos linajes humanos en sendos lados del mundo, y diferían radicalmente en los extremos de su frenesí. Los pacientes, imaginativos y juguetones indios que producían artesanías y construían jardines y palacios eran capaces de abandonar, en medio del éxtasis, toda contención, en modos y grados que para los cristianos estaban tan vedados que resultaban inconcebibles.

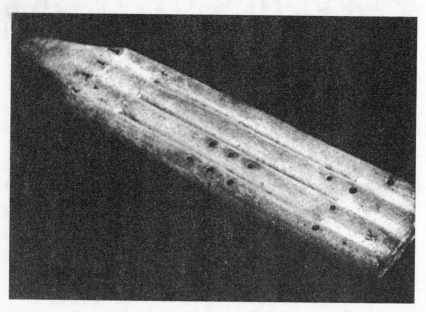

En esta flauta azteca de cuatro cañas se pueden tocar dulces acordes,
y quizá sea uno de los primeros instrumentos armónicos.

Los españoles también detectaron un extremo borroso y romo en la gama emocional de los indios, una ausencia de resentimiento que era ajena a los españoles y que casi equivalía a la abulia. Entre los indios, los esclavos y los pobres de todas las tribus tenían muy pocas posesiones –andaban desnudos o en harapos y comían cualquier cosa, ratones, topos, gusanos, culebras, piojos–, y esos esclavos y menesterosos constituían la mayoría de las víctimas de los sacrificios.

En su estupefacción, los españoles, como cristianos, intuían que la estructura de la sociedad india, con sus extremos casi incomprensibles, mantenía su cohesión por medio del hechizo diabólico de los sacerdotes, una hipnosis de horror. Pero en esa amplia gama emocional de paciencia y gracia había esperanzas en el futuro.

Desde Oaxtepec, los españoles y sus aliados indios continuaron su avance e incendiaron otras ciudades, quizá tan bonitas como Oaxtepec, porque los caciques se negaban a someterse. Cruzaron los barrancos del este de Cuernavaca y arrasaron el bastión azteca. (Los españoles habitualmente españolizaban los nombres náhuatl, generando toda suerte de corrupciones. El nombre náhuatl de Cuernavaca, en su transcripción fonética, era Cuauhnahuac. Cortés, que tenía poca paciencia con las lenguas indias, lo transcribió como Coadnabacad en su carta al rey. Cuando hablaba de cualquier dios indio, se refería a Huichilobos.)

Con rapidez y determinación, comprendiendo que se hallaba en una región demasiado baja como para afectar el sistema lacustre que rodeaba Tenochtitlán, Cortés se volvió bruscamente hacia el norte para regresar al valle por el camino más directo, y casi afrontó un desastre. El camino de regreso los llevó hacia un paso de montaña que estaba a más de tres mil metros de altura. Era un trayecto árido y desolado, totalmente desconocido para los españoles y sus aliados indios. Cortés se negaba a desandar camino, así que continuaron el ascenso, aunque algunos murieron de sed y frío en las gélidas noches. Cuando se agotó la comida, los españoles comieron alcachofas, que les eran desconocidas, y las puntas afiladas de las hojas les rasparon la lengua y la garganta.

Al descender del borde de la montaña, los expedicionarios se encontraron en Xochimilco, en el extremo meridional del valle de México. Esta amplia y elegante ciudad se erguía sobre un lago de agua dulce que se conectaba mediante un estrecho con el lago más grande donde se hallaba Tenochtitlán. Estaba pues cerca del centro azteca; las localidades de la costa occidental y meridional de los lagos eran contiguas a Tenochtitlán; y Guatémoc decidió que era momento de tomar represalias. Se elevaban señales de humo, y las llamadas a las armas circulaban de granja en granja, de casa en casa, previniendo sobre la llegada de los forasteros. Diversas calzadas conectaban los vecindarios de Xochimilco, que estaba subdividida por anchos y profundos canales. Habían cavado nuevas zanjas con estacas afiladas, habían erigido nuevos parapetos. Hambrientos y sedientos, los españoles, tlaxcaltecas y otros indios saquearon las granjas de las afueras en busca de agua y comida.

En campaña, Cortés siempre intentaba comenzar la marcha antes del amanecer, y llegaron a Xochimilco a las ocho de la mañana. Gran cantidad de aztecas se había desplegado en el primer canal. En la consiguiente batalla, los españoles no lograron cruzar el canal, a pesar de la gran cantidad de bajas que los arcabuces y ballestas produjeron en las filas aztecas. Varios batallones de aztecas –a razón de diez mil guerreros por batallón– se lanzaban sobre los flancos españoles, y Cortés ordenó a sus jinetes que formaran dos escuadrones para proteger ambos flancos.

Según Bernal Díaz, quien combina las alabanzas con las quejas cuando habla de Cortés, la lucha era más encarnizada donde se hallaba Cortés. Como los españoles, los aztecas siempre procuraban capturar al jefe. Cuando el caballo de Cortés se cayó de agotamiento (Bernal Díaz culpa al caballo, por ser demasiado gordo y consentido), los aztecas se le abalanzaron y él los rechazó con estocadas y lanzazos. Un guerrero tlacalteca y un joven español llamado Cristóbal de Olea acudieron en su auxilio, pero Olea recibió un mazazo en la cabeza. Otros soldados acudieron, entre ellos Bernal Díaz. Pusieron en pie al aturdido caballo de Cortés, quien había recibido otra herida en la cabeza. Los españoles trataron de protegerse tras un parapeto de piedra para tratar sus heridas pero los aztecas acometieron, hasta que el escuadrón de jinetes del otro flanco arremetió y los detuvo por el momento.

Refugiados dentro de un patio amurallado, los españoles cauterizaron sus heridas con aceite caliente. Olid, que comandaba a los jinetes del otro flanco, apenas podía ver a través de la sangre que le manaba a chorros del cuero cabelludo. Olea estaba gravemente herido. No había hombres ni caballos sin lastimaduras. Un nuevo batallón azteca irrumpió en el patio, y los españoles debieron responder con denuedo. Montando a caballo, los jinetes comenzaron a combatir donde estaban, los infantes formaron filas y avanzaron, hasta expulsar a los aztecas.

Los españoles atravesaron una calle a sangre y fuego, hasta llegar a un patio más grande, delante de una pirámide coronada por un templo. Como atardecía, Cortés buscaba un sitio donde pudieran defenderse por la noche. Envió hombres a la cima de la pirámide, y avistaron una flota de dos mil canoas en el agua, que transportaban más guerreros aztecas a la batalla.

Los españoles y sus aliados trabajaron febrilmente toda la noche. Donde faltaban los puentes que cruzaban los canales, Cortés hizo que los tlaxcaltecas rellenaran los huecos con piedras y escombros para que los caballos pudieran cruzar. A lo largo de las orillas del canal central apostó guardias para impedir que los aztecas desembarcaran. Cortés y sus capitanes recorrían sin cesar los puestos de guardia, y Cortés hizo azotar a dos hombres de Narváez por dormirse. Mantenían los caballos ensillados. Los arcabuceros habían agotado toda la pólvora, y los ballesteros no tenían más flechas. Los españoles que montaban guardia en el canal central, entre ellos Bernal Díaz, juntaron piedras arrojadizas, para usarlas como último recurso antes de echar mano de sus espadas. Los ballesteros se pasaron la noche fabricando nuevas flechas, recurriendo a las astas, puntas de cobre y plumas que llevaban consigo. En dos ocasiones los aztecas se aproximaron al canal central en canoa, usando remos forrados, pero no quisieron desembarcar porque ignoraban cuál era la situación de los españoles. Los guerreros se reunieron con el resto de las canoas, y todos desembarcaron en otra parte, sumándose a un nuevo ejército azteca que avanzaba por tierra.

Al amanecer se reanudó la batalla, y los tlaxcaltecas tomaron prisioneros a cinco capitanes aztecas que revelaron que Guatémoc enviaría más batallones por tierra; si los guerreros de las canoas hubieran atacado desde el agua, los españoles habrían quedado apresados en un movimiento de pinzas, tal como los españoles habían hecho a menudo con los indios. Llegaron los nuevos efectivos aztecas –los batallones terrestres junto con los guerreros de las canoas– en magnífico despliegue, y sus capitanes enarbolaban espadas españolas atadas a palos largos y gritaban que matarían a los españoles con sus propias armas. En una furiosa lucha los españoles rompieron las filas del nuevo ejército, pero sólo consiguieron dispersar a los aztecas por la ciudad. Por medio de otros capitanes aztecas capturados, se supo que Guatémoc enviaría otra flota de canoas y más batallones por tierra, para mantener su ataque hasta vencer a los españoles.

Por la tarde la lucha se aplacó, pues ambos bandos estaban agotados, y Cortés, tras deliberar con sus capitanes, decidió retirarse de Xochimilco al día siguiente, antes que los aztecas renovaran su acometida. Si hubiera contado con todo el ejército español, habría podido presentar mayor resistencia, pero sólo llevaba una parte de sus fuerzas con el propósito de explorar. Los españoles habían recobrado algunas de esas espadas atadas a palos, pero la batalla había quedado en tablas.

Esa noche varios españoles y tlaxcaltecas saquearon los palacios de Xochimilco y regresaron a la fortaleza con oro, plata y paños. Otros españoles y tlaxcaltecas intentaron hacer lo mismo, pero los aztecas los emboscaron desde sus canoas. Cuatro españoles fueron capturados con vida y llevados a Tenochtitlán para comparecer ante Guatémoc. Revelaron que quedaban pocos españoles y que todos los españoles y sus caballos estaban heridos. Guatémoc hizo sacrificar a los cuatro españoles, ofreció sus corazones y su sangre a los dioses, y envió sendos trozos –un brazo de tez blanca, una pierna de tez blanca, o una barbada cabeza de tez blanca– a las tribus que se habían levantado contra él.

Antes del amanecer los españoles, tlaxcaltecas y otros aliados se reunieron, formaron una columna defensiva y abandonaron Xochimilco luchando a brazo partido. Los aztecas trataron de desbaratar el final de la columna, pero Cortés utilizó una y otra vez su caballería de retaguardia para emboscarlos y desalentarlos. Pero era todo lo que podían hacer los españoles para replegarse.

Los españoles y sus aliados afrontaron ataques esporádicos mientras avanzaban hacia Coyoacán, que estaba desierta, y continuaban hacia Tacuba. En una escaramuza dos jóvenes pajes españoles fueron capturados con vida y llevados a Tenochtitlán para el sacrificio. Cortés y sus caballeros, mientras preparaban una emboscada, habían sido a la vez emboscados por los aztecas, y tres pajes habían corrido hacia la columna a pedir ayuda. Sólo el más rápido llegó. Pero antes que la columna pudiera dar la vuelta, Cortés y sus caballeros regresaron con semblante fúnebre. Cortés estaba habituado a perder hombres en combate, pues así era el destino del guerrero, pero le repugnaba la pérdida de esos jóvenes, sabiendo qué harían con ellos, y estaba tan descorazonado que no atinaba a pronunciar palabra.

Comenzaba la estación de las lluvias. Cuando los españoles llegaron a Tacuba, llovía torrencialmente, y los descalabrados expedicionarios se guarecieron una vez más en la plaza donde se habían reunido en la noche de su derrota. Pensando en el futuro, los capitanes españoles escrutaban la calzada de Tacuba a través de la lluvia. Era el camino más corto y más transitado hacia la isla de Tenochtitlán. Los españoles continuaron la marcha atravesando poblados cuyos habitantes se daban a la fuga, y al cabo de varios días de trajinar por hondos lodazales llegaron nuevamente a Texcoco. Sandoval les salió al encuentro con una numerosa fuerza.

Cortés había explorado la región a costa de grandes pérdidas en hombres, energía y pólvora, pero Sandoval le comunicó la buena nueva de que habían llegado más hombres, pólvora y equipo de Villa Rica. Y, lo más importante, los bergantines estaban terminados y listos para la botadura.

Devastación

Cortés, con su genio táctico, tuvo su idea más brillante al comprender que el poderío naval era vital para derrotar a los aztecas. Al parecer fue el único en comprenderlo, pues la idea no tenía arraigo entre sus hombres. Cortés entendió que los españoles sólo podrían llevar a cabo la conquista si dominaban los lagos del valle de México. Los españoles no eran navegantes por naturaleza; no eran como los antiguos cretenses y fenicios, ni como los vikingos, los ingleses o los portugueses, que siempre habían realizado sus exploraciones e invasiones por vía marítima. El poderío español se había ejercido principalmente en tierra. Pero Cortés había entendido la importancia de los lagos mientras dialogaba con Moctezuma, y por eso había hecho construir los cuatro primeros bergantines, que los aztecas habían incendiado cuando los españoles huyeron de la capital. Y después de la derrota había ordenado de inmediato la construcción de otros trece navíos.

Los españoles dependían del poderío marítimo, una idea que los indios no tuvieron en cuenta al principio. Los indios nunca se internaban en el mar, salvo para pescar en las costas, y tardaron un tiempo en comprender que esos pocos invasores españoles podrían recibir refuerzos continuos por vía marítima. Pero en este caso el mar se usaba para el transporte. Cortés previó la necesidad de tener capacidad combativa en los lagos mexicanos. Si no impedía que los aztecas atacaran con sus canoas mientras ellos avanzaban por las calzadas, si los aztecas podían replegarse en sus canoas a voluntad, si los aztecas podían reaprovisionar Tenochtitlán con sus canoas y enviar refuerzos a sus ejércitos de tierra firme mientras los españoles se movían por tierra, se vería expuesto a una lenta guerra de desgaste donde los naturales tendrían la ventaja.

Los bergantines que hizo construir Cortés no se llamarían bergantines en la actualidad. En el uso moderno, un bergantín es un barco pequeño que tiene algunas velas de proa y de popa aparejadas y otras con aparejo de cruzamen. Dicha nave es muy adaptable cuando hay vientos variables, potentes e imprevisibles. Lo que Cortés llamaba un bergantín era un pesado navío de poca hondura y quince metros de longitud, con tres metros de anchura. Según dibujos basados en las evocaciones de los protagonistas, las naves parecen haber tenido un solo mástil y vela triangular, aunque algunos conjeturan que tenían dos mástiles y velas cuadrangulares (con vela triangular, o latina, habrían sido más maniobrables). Si no soplaba viento, se los podía impulsar con remos, como galeones, con seis remos a cada lado. También se ha conjeturado que una anchura de tres metros sería insuficiente para dar cabida a los remeros, de modo que las naves debían ser impulsadas por hombres de pie junto a la borda, que usaban los remos como zaguales, pero esto no parece razonable. Con más de un metro de espacio desde la borda hasta la línea de flotación, los zaguales habrían tenido que ser muy largos, dejando poco margen para hacer palanca, y restando fuerza al impulso. Además, los españoles habrían tendido a imitar sus propios galeones, que se impulsaban con remos, y no las canoas indias, que se impulsaban con zaguales. Los cronistas españoles ofrecen pocos detalles específicos sobre estos bergantines, lo cual demuestra una vez más el desinterés de los españoles por cuestiones marítimas.

Las naves se ensamblaron en Texcoco, a orillas de un riacho que estaba a un kilómetro del lago. Muchos se han preguntado por qué no se ensamblaron a orillas del lago, donde habrían sido fáciles de botar. Hay varias explicaciones posibles. Sin duda los tlaxcaltecas aconsejaron buscar un lugar alejado de la costa del lago, para no exponer los navíos a los ataques de las canoas aztecas procedentes de Tenochtitlán. Además, López y sus carpinteros tenían que preparar nuevos montantes para las naves, y el bosque no llegaba hasta el lago. Para curvar los maderos, o para volver a curvar los maderos que habían perdido su forma, era preciso ablandar la madera en el agua (se vieron varias piezas flotando en el riacho); luego se necesitaban postes firmes alrededor de los cuales se curvarían los maderos. El emplazamiento que estaba a orillas del riacho se adecuaba a esos propósitos.

Cuando López y sus hombres probaron los bergantines en el río de Tlaxcala, habían ensamblado las naves sin calafatearlas. Ahora, al ensamblar nuevamente las piezas, rellenaron los intersticios con lino, cáñamo y algodón. Para que fuera menos degradable en el agua, el relleno se debía tratar con grasa y, según Gómara, los tlaxcaltecas tomaron grasa de indios muertos recientemente en combate. Aunque los españoles habían usado grasa humana para curarse las heridas, sentían cierta repugnancia ante este grado de improvisación en el calafateo de buques. No obstante, la improvisación dio resultado. Una vez que se aplicó el relleno, cubrieron las hendiduras con brea.

Se conocen estos detalles sobre los bergantines porque, después de la conquista, Martín López y varios carpinteros españoles que trabajaron en las naves demandaron a Cortés, y existen las actas tribunalicias. En su querella López alegaba que había gastado dinero propio para equipar las naves, pidiendo aparejos a amigos de Villa Rica que le cobraron un alto precio. Entre los españoles reinaba una perpetua confusión acerca de la pertenencia y el destino del dinero: el oro adquirido que Cortés usó para la conquista, el dinero personal de Cortés y sus capitanes, las inversiones de pequeños empresarios como López, el oro que se tomaba en préstamo del quinto real, los intereses de Velázquez, etcétera. Cortés ganó o logró evadir todos los pleitos entablados por los carpinteros.

Una tarea muy difícil, prevista desde el comienzo del proyecto de ensamblaje, consistía en cavar un canal desde el lugar donde armaban los barcos hasta el lago, una distancia de aproximadamente un cuarto de legua (la legua española equivalía aproximadamente a 4 kilómetros). El canal debía tener cuatro metros de anchura y por lo menos ocho de hondura. El riacho, cuyo cauce estaba lleno de pedrejones, no era apto para el tránsito de los buques. Se necesitaban tablones para reforzar los flancos del canal, de modo que no hubiera derrumbes cuando entrara el agua del lago. La construcción del canal, siguiendo el trayecto de una vieja zanja de irrigación, se inició en cuanto comenzaron a ensamblar los barcos, y la faena estuvo a cargo de cuarenta mil indios que trabajaban en turnos de ocho mil por vez, principalmente gente de Texcoco enviada por su rey, don Fernando.

Una característica notable de los indios era su capacidad para presentar gran cantidad de obreros para un proyecto, y estos obreros eran voluntariosos y productivos. Para la batalla los indios ofrecían gran cantidad de guerreros, aunque estos carecían de tácticas que les permitieran sacar partido de esta superioridad numérica. Sin duda, gran cantidad de obreros indios habían construido las calzadas, los diques, las pirámides, la ciudad de la isla y las ciudades de la costa. Se trata de logros admirables en gentes que no tenían herramientas de hierro, y esa cooperación colectiva no tenía parangón entre los individualistas españoles. Como resultado de este fenómeno social, el canal para los bergantines se construyó y estaba preparado cuando Cortés regresó a Texcoco.

Sin embargo, tripular las naves era problemático, pues los españoles eran más amigos de la tierra firme que del agua. Por cada navío se necesitaban veinticinco hombres: doce para remar si era necesario, para izar las velas y para luchar en la borda, diez o doce arcabuceros y ballesteros para disparar contra las canoas atacantes, un par de artilleros, un capitán y un vigía. Ningún español se ofreció como voluntario, así que Cortés revisó las listas y designó a todos los hombres que habían trabajado como marineros. Como esto resultó insuficiente, añadió a todos los que alguna vez habían ido a pescar. Como aún le faltaba gente, designó a todos los que eran oriundos de ciudades portuarias españolas. Como capitanes, escogió a caballeros que buscaban sus favores, como Pedro Barba, otros que eran ambiciosos y de buen natural, como Juan Jaramillo, y algunos que confesaron tener alguna experiencia marítima. La verdad era que muchos españoles sabían navegar.

Bernal Díaz comenta que uno de los hombres seleccionados para capitanear un navío tenía una bonita esposa, lo cual nos indica que a esas alturas de la conquista varias mujeres españolas acompañaban al ejército. Tal vez esas mujeres hubieran llegado con los hombres de Narváez; más habían llegado en otros barcos, y tal vez algunas antes de Narváez. Las crónicas no nos ofrecen detalles sobre el trato que recibían estas mujeres, cómo se las apañaban durante una marcha, durmiendo entre los hombres, lavándose, defecando, mezclándose con las indias. Sin duda, durante las batallas las mujeres españolas permanecían en el centro, junto con Malinche y otras indias, y con los tamemes que llevaban los bastimentos. El tono del comentario de Bernal Díaz sugiere que las mujeres españolas eran tratadas con respeto, siguiendo las reglas del decoro del siglo dieciséis, tal como las habrían tratado en España, a pesar de las circunstancias primitivas y turbulentas del Nuevo Mundo. Supuestamente, en medio de la refriega, esas españolas hostigarían a los indios atacantes tal como otras españolas habían hostigado a los árabes y anteriormente a los visigodos.

Como muestra de la importancia que Cortés adjudicaba a los bergantines, él mismo se puso al mando de la flota, para decepción de los caballeros e infantes que deseaban que los condujera en tierra.

Mientras Cortés emprendía su expedición de reconocimiento, había llegado a Texcoco una carta que le causó gran satisfacción cuando tuvo oportunidad de leerla. Mientras Moctezuma era su rehén, Cortés había enviado pequeñas partidas de españoles a todo México, en busca de puertos, minas, lugares aptos para la colonización. Cuando los aztecas expulsaron a los españoles de Tenochtitlán, Cortés supuso que todos los hombres que habían enviado estaban muertos, como sucedió con la mayoría. Pero esta carta, que primero dos indios habían llevado a Tepeaca, era de dos jóvenes a quienes Cortés había enviado a la provincia de Oaxaca, que no estaba bajo dominio azteca. La carta refería que esos dos españoles, después de la derrota, se habían convertido en caudillos de las tribus locales (zapotecas o mixtecas, ambas muy aguerridas y de espíritu admirablemente indómito, aún hoy) y luchaban con denuedo contra los pueblos hablantes de náhuatl que los rodeaban. Cortés recordó a ese marinero de Palos que había naufragado con Aguilar y se había convertido en príncipe de los indios, aunque el marinero de Palos había renunciado al cristianismo. Por la carta era evidente que estos dos españoles seguían siendo fieles a Cristo y al rey y pedían una treintena de soldados españoles para romper el cerco de sus enemigos. Cortés les respondió que resistieran un poco más.

A finales de abril de 1521 se inauguró el canal y se botaron los bergantines, y Cortés pasó revista a las fuerzas de que disponía. Desfilaron más de novecientos españoles, ochenta y seis a caballo, ciento dieciocho con ballestas o arcabuces, el resto con lanzas, picas, rodelas, espadas y dagas. Había tres pesados cañones de hierro forjado y quince pequeñas piezas de campaña y falconetes, principalmente de bronce, mil libras de pólvora y municiones en abundancia. No era una fuerza tan numerosa ni tan bien equipada como la que Cortés había dirigido hacia Tenochtitlán después de la derrota de Narváez, pero Cortés había afinado su estrategia.

Hizo embarcar a los reacios tripulantes de los bergantines y ordenó emplazar una pieza de artillería en la proa de cada buque. El mayor bergantín, *La Capitana*, servía como nave insignia y exhibía en el tope la raída bandera de Cortés; en su bodega transportaba los tres cañones pesados, demasiado dificultosos para desplazarlos por tierra. Cortés dividió al resto de sus hombres en tres grupos de doscientos cada uno, cada cual combinando caballeros, ballesteros, arcabuceros y soldados de a pie. Alvarado, Olid y Sandoval fueron sus respectivos comandantes, y contaban con setenta y cinco mil auxiliares indios. Cortés envió a todas las tribus que le habían jurado lealtad un mensaje pidiendo que acudieran con todos los guerreros que pudieran reunir para sitiar Tenochtitlán. Llegaron más indios de todas partes: tlaxcaltecas al mando de Chichimecatecle y Xicotenga el joven, y más texcotecas, guerreros de Cholula y Chalco, todos entusiasmados con la perspectiva de la batalla, ansiosos de luchar, ávidos de botín, y deseosos de ajustar cuentas con los aztecas. Cortés distribuyó estos aliados indios entre sus tres capitanes. Los tres grupos tardaron diez días en organizarse, repartir los víveres y equipar los bergantines, mientras los tripulantes practicaban la conducción de los navíos cerca de la costa.

Durante esta pausa desertó Xicotenga el joven. No se llevó a los hombres que luchaban bajo su estandarte del pájaro blanco con las alas extendidas, pues ellos no lo hubieran seguido, hasta tal punto estaban imbuidos del espíritu de la inminente batalla. Xicotenga partió sigilosamente de noche, con algunos criados. Su ausencia sólo se notó por la mañana, cuando Chichimecatecle fue a buscarlo, y se dijo que regresaba a Tlaxcala. Se han sugerido varios motivos para esta deserción: que hubo una riña entre un tlaxcalteca y un español, donde el tlaxcalteca salió perjudicado, y que este indio era pariente de Xicotenga (el asunto nunca se expuso ante Cortés, quien habría castigado severamente al español); o que Xicotenga estaba resentido porque el cacique mayor, Chichimecatecle, estaba al mando de todos los tlaxcaltecas (esta explicación es creíble). Pero la explicación más razonable, teniendo en cuenta la conducta vacilante de Xicotenga, es que quizás él fuera el único tlaxcalteca –y quizás el único indio, pues aun los de Tenochtitlán veían esta guerra, con cierta estrechez de miras, como un conflicto por el pago de tributos– que intuía la subordinación racial que se estaba imponiendo. A pesar de su ocasional y entusiasta respaldo a los españoles, Xicotenga se rebelaba contra esta subordinación, cuya universalidad preveía. Fuera cual fuese su motivo, que nunca quedó claro para los tlaxcaltecas, Cortés, al igual que Chichimecatecle, denunció a Xicotenga por desertor. Cortés nunca había simpatizado con Xicotenga. Muchas veces sus miradas se habían cruzado, y Cortés nunca le había tenido confianza, pues sospechaba que Xicotenga siempre estaba conspirando. Chichimecatecle envió una delegación de nobles tlaxcaltecas en pos de Xicotenga, para persuadirlo de que regresara. Esta delegación no logró cumplir su propósito y Cortés, sabiendo que Xicotenga armaría un alboroto en Tlaxcala mientras la mayoría de los nobles tlaxcaltecas y los españoles estaban ausentes, envió a un escuadrón de jinetes que alcanzó a Xicotenga antes que llegara a Tlaxcala. Los jinetes colgaron a Xicotenga y luego regresaron para reunirse con Cortés.

Cortés asignó una misión a cada uno de sus capitanes, y la combinación de estas tres misiones era crucial. Alvarado y Olid debían avanzar de Texcoco a Tacuba por la orilla del lago, para adueñarse del punto de partida de la calzada más importante de Tenochtitlán, y Alvarado debía bloquear y defender la calzada. Olid debía continuar hasta Coyoacán y adueñarse de esa plaza, donde había un empalme con la calzada que unía Iztapalapa con Tenochtitlán. Sandoval debía aguardar a que los demás hubieran cumplido su cometido, pues para entonces Cortés podría evaluar la fuerza de la resistencia azteca. Entonces Sandoval avanzaría desde Texcoco, por la orilla del lago, para tomar Iztapalapa y bloquear su calzada. Cuando se cumplieran estas tres misiones coordinadas, la mayor parte del tránsito de víveres a la capital quedaría cortado, pues el único camino restante sería el que conectaba Tenochtitlán con Tepeyac, en la costa norte, y ese camino no se usaba demasiado.

Al diseñar esta estrategia, Cortés y sus capitanes partían de la experiencia que habían adquirido en los seis meses que habían pasado en Tenochtitlán. Habían recorrido la ciudad libremente, habían observado asiduamente los hábitos de aprovisionamiento. Además del tráfico que circulaba por las calzadas, había un constante ir y venir de canoas. Para cerrar el paso a las canoas, Cortés aguardaría con sus bergantines en Texcoco, hasta que sus tres destacamentos hubieran bloqueado las calzadas.

Después de las que había pasado en Xochimilco durante su misión de reconocimiento, Cortés sabía muy bien que Guatémoc podía ejercer mucha presión si lanzaba todo su poderío contra un segmento del ejército español. Ordenó pues a sus capitanes que en la etapa inicial del sitio, mientras el ejército estaba dividido, se movieran con celeridad porque cada destacamento sería vulnerable por separado. Si Guatémoc arremetía contra un destacamento con toda su fuerza de ataque, ese grupo correría grave peligro y toda la estrategia española tambalearía.

Pero, aunque la isla de Tenochtitlán estaba abarrotada de guerreros aztecas, Guatémoc no tomó la iniciativa de concentrar un ataque sobre uno de los contingentes españoles. Tal vez las maniobras de los españoles, que tenían naves en el agua y tropas desplazándose por tierra, confundieran o sorprendieran a los aztecas. Los nobles que integraban el alto mando azteca, bajo la égida de un inmaduro emperador, actuaban con indecisión, y sin duda hubo entre los aztecas tantos enfrentamientos como entre los españoles, aunque los aztecas no dejaron constancia de ello. Guatémoc, por su parte, aseguró a sus generales y sus guerreros que vencerían porque así lo dictaminaba Huitzilopochtli, el dios de la guerra. Para simbolizar su fe en la victoria final, Guatémoc ordenó el sacrificio de varios españoles en honor del dios. Se trataba de prisioneros que estaban encerrados en jaulas, como reserva para esta ocasión, e incluían a los dos jóvenes pajes. Una vez que honraron así a Huitzilopochtli, Guatémoc y sus aztecas llegaron a la conclusión de que podían aguardar confiados a que los españoles presentaran un flanco débil. Cortés, valiéndose de su experiencia, había obrado pensando que los indios serían lentos en reaccionar.

Aun así, no todo salió a la perfección para los españoles, y no pudieron evitar ciertas rencillas mezquinas. En la primera noche que pasaron fuera de Texcoco, Alvarado y Olid –tensos, crispados, resueltos y temerosos– riñeron por la ocupación de la mejor casa de la ciudad donde hicieron un alto, y su disputa cobró tal intensidad que estaban dispuestos a echar mano a la espada. Se despachó un jinete a Texcoco para informar a Cortés, quien de inmediato envió a un mediador. El mediador era un monje llamado Pedro Melgarejo, una excelente elección. Melgarejo era un franciscano que había llegado a Veracruz en febrero, trayendo consigo una gran provisión de indulgencias llamadas "bulas de cruzada", que ostentaban el sello papal y absolvían al español que las adquiriese de cualquier pecado que hubiera cometido durante la invasión del Nuevo Mundo. Melgarejo hacía buenos negocios con la venta de esas indulgencias a los soldados españoles que encontró en Villa Rica y camino de la serranía, y cuando llegó a Texcoco era rico. Luego se congració con Cortés y demostró un admirable coraje, permaneciendo con los españoles mientras estaban a la ofensiva. Luego, cuando Melgarejo se disponía a regresar a España con su fortuna, Cortés le confió diez mil pesos de oro para que los entregara a su padre en Medellín. La entrega de este oro causó algunos problemas con el padre de Cortés (Martín Cortés riñó con varios de los mensajeros que le llevaron dinero de su hijo), pero Melgarejo continuó teniendo una amistosa relación con el conquistador y realizó una distinguida carrera en la Iglesia. Nada le costó al hábil Melgarejo aplacar los ánimos de Alvarado y Olid.

Al cabo de una noche de mal sueño, Alvarado y Olid continuaron rumbo a Tacuba, la cual hallaron desierta. Mientras Alvarado y sus hombres ocupaban la ciudad y el extremo de la calzada, Olid continuó por la costa hacia el cerro de Chapultepec, donde él y sus hombres rechazaron un ataque de los indios locales y destrozaron el acueducto que llevaba agua de manantial a la capital. Tenochtitlán –la enjoyada ciudad del lago, rodeada de jardines flotantes– quedó privada de agua potable. (Tal vez hubiera otros manantiales pequeños en la isla de Tenochtitlán, pues de lo contrario no se habría fundado allí el asentamiento original, pero hacía tiempo que esas fuentes de agua eran insuficientes para la creciente población.) Olid continuó la marcha y ocupó Coyoacán, que también estaba abandonada.

En cuanto Cortés se enteró de todo esto, envió a Sandoval a Iztapalapa. Los aztecas, habiendo cedido Tacuba y Coyoacán sin montar una defensa importante del acueducto, no mostraban indicios de comprender que Cortés se disponía a estrangular Tenochtitlán. Pero Cortés intuyó que ahora entenderían su estrategia y tomarían la ofensiva para impedir la ocupación de Iztalapapa. En efecto, gran cantidad de aztecas cruzó la calzada para oponerse a Sandoval. Pero Sandoval y sus tropas se abrieron paso en Iztapalapa y, desbaratando la vanguardia azteca, llevaron la batalla hacia la calzada de Mexicaltzingo, que conectaba Iztapalapa y Coyoacán. Mientras tanto, Cortés, a bordo de *La Capitana*, conducía los bergantines hacia el sur para socorrer a Sandoval y su gente.

Desde la isla de Tenochtitlán los hacinados guerreros aztecas observaban el parsimonioso avance de las trece naves. Aunque habían izado las velas, el viento era leve, y los bergantines avanzaban con lentitud. En los canales de la capital había cinco mil canoas repletas de guerreros aztecas, los remeros más fuertes y los guerreros más feroces, dispuestos a encabezar un ataque.

Es indudable que Cortés poseía el talento de adaptarse al instante a las circunstancias del combate, y en la confusión de la lucha, fuera en tierra o en el agua, conservaba la compostura y modificaba sus órdenes. Mientras bogaba hacia Iztapalapa, pasó frente al islote llamado Peñón de Tepepolco, el coto de caza real adonde había llevado a Moctezuma la primera vez que el emperador abordó uno de los bergantines que luego fueron incendiados. Ahora el rocoso islote estaba abarrotado de aztecas, y en el centro de la isla había un pequeño pico desde el cual se enviaban señales de humo a las ciudades de la orilla. A Cortés siempre le molestaba dejar indios no sometidos a sus espaldas, y las señales de humo lo preocupaban. Hizo virar los bergantines para aproximarse a la isla y desembarcó con ciento cincuenta hombres. Luchando a brazo partido condujo a sus españoles hasta la cima del pico, donde apagaron las fogatas. Luego, desde allí, divisaron miles de canoas aztecas que salían de los canales de Tenochtitlán enfilando velozmente hacia ellos. Los españoles descendieron y abordaron los bergantines.

Cortés mantuvo los bergantines a cierta distancia del islote, enfrentándose a las canoas que se aproximaban. Los españoles empuñaban los remos, pero los bergantines apenas se movían. Los aztecas se aproximaban con cautela a esas extrañas naves, y se detuvieron a poco más de un tiro de ballesta o de escopeta, aguardando la llegada de refuerzos. Cortés no sabía si disparar los cañones de proa mientras las naves estaban inmóviles, pues deseaba que el primer efecto de las naves resultara aterrador. Los aztecas se desplazaban de aquí para allá, como jactándose de la agilidad de sus canoas y retando a los españoles a disparar contra esos blancos móviles.

Entonces (gracias a Santiago) sopló una brisa, que hinchó las velas y desplazó los bergantines a creciente velocidad. Los remeros soltaron los remos, desenvainaron las espadas. En medio de enconadas batallas terrestres muchos españoles afirmaban haber visto a Santiago a caballo, una efímera y borrosa figura blanca combatiendo a su lado. Esas visiones eran dudosas, pero esta brisa era incuestionablemente real, y los bergantines arremetieron contra la flota de canoas, disparando los cañones de proa mientras los arcabuceros y ballesteros disparaban desde la borda. Al cabo de unos minutos las aguas quedaron llenas de canoas destrozadas y aztecas que se ahogaban. Maniobrando con las velas, los bergantines se desplazaron de un lado a otro como encabritados corceles acuáticos, destrozando la formación azteca, dejando amplios canales manchados de sangre.

Aprovechando el viento, los bergantines persiguieron las canoas a través de un dique segmentado que presentaba anchos pasadizos. (Cuesta comprender en qué medida un dique con aberturas tan espaciadas podía servir para el control de las inundaciones. Lo más probable es que no diera resultado, por lo cual los aztecas no habían construido más presas.) Los españoles persiguieron a los fugitivos por el lago hasta que las canoas restantes se perdieron en los canales de la capital sitiada.

La brisa aún era fuerte, y la amenaza del islote y la primera oleada de canoas aztecas estaban eliminadas, así que Cortés enfiló hacia la calzada de Iztapalapa. Olid y Sandoval, desde Coyoacán e Iztapalapa respectivamente, habían presenciado el combate del lago, y al ver que vencían los españoles habían conducido a sus caballeros e infantes hacia las calzadas que confluían en la muralla de Xoloc, por la cual habían entrado los españoles en su primera visita a Tenochtitlán. Cortés, viendo que los españoles que combatían en las calzadas estaban atascados porque habían levantado los puentes, se aproximó con los bergantines y utilizó los cañones de proa para derribar las barricadas que los aztecas habían erigido en los extremos de los puentes levantados, ahuyentando a los indios mientras los españoles cruzaban las aguas a nado o vadeando. Al atardecer el avance español era manifiesto.

Cortés vio entonces una oportunidad de adelantar el avance de los españoles que luchaban en las calzadas, adueñándose de la muralla donde confluían las dos calzadas. Avanzó con sus naves y sus hombres desembarcaron, a la manera de infantes de marina, para tomar la muralla. Fue una maniobra audaz, y los sorprendidos aztecas acometieron contra los treinta o cuarenta hombres que pudieron desembarcar y habían establecido una línea en la calzada. Pero Cortés logró descargar en la calzada uno de los tres pesados cañones de hierro de *La Capitana*. Hizo cargar el cañón y apuntar contra la muchedumbre, a la vez que sus hombres se apartaban del camino; Cortés ordenó disparar, y el trémulo artillero por error encendió no sólo la pólvora del cañón sino la provisión de pólvora que habían apilado al lado. El resultado fue una explosión descomunal que dejó aturdidos a ambos bandos. La bala se estrelló contra los aztecas, matando a muchos y aterrando al resto, pero la pólvora que había estallado detrás del cañón, aunque no mató a nadie, ni siquiera al artillero, arrojó a muchos españoles al agua.

Los empapados y aturdidos españoles subieron a la calzada mientras los desconcertados aztecas se replegaban a Tenochtitlán para reagruparse y reflexionar. Se aproximaba el ocaso, y Cortés hizo desembarcar tantos hombres como pudo, dejando una tripulación mínima a bordo de los bergantines. Sabiendo que los aztecas no peleaban de noche, Cortés pensaba resistir en ese empalme con la esperanza de que por la mañana se le sumaran las columnas de Coyoacán e Iztapalapa.

Esa noche, sin embargo, los aztecas atacaron. Una gran horda bajó en la oscuridad desde Tenochtitlán, aullando, haciendo sonar silbatos, cuernos y caracolas, batiendo tambores, impulsada por la frustración y la histeria al comprender la gravedad de la situación. Pero los bergantines dispararon sus cañones de proa, y los arcabuceros y ballesteros alineados en la calzada se alternaban para lanzar andanadas devastadoras. En el pasado, los españoles, al atravesar las calzadas se encontraban expuestos a los flechazos, pedradas y lanzazos de los guerreros aztecas que los atacaban por los flancos desde sus canoas, no contando con espacio para maniobrar. Pero ahora, con el agua libre de canoas y con los bergantines cañoneando desde los flancos, y con el fuego disciplinado de los arcabuces y ballestas barriendo la densa columna de aztecas apiñados en un espacio angosto, los españoles pudieron resistir. Los bergantines cambiaban por completo la situación.

Cortés resistió toda la noche en el empalme, y por la mañana, mientras los aztecas continuaban el ataque, recibió refuerzos españoles procedentes de Iztapalapa y Coyoacán. Cortés envió un bergantín a Iztapalapa en busca de pólvora. Cuando algunos hombres de Sandoval tuvieron dificultades para cruzar una brecha en el tramo de Mexicaltzingo, pues los aztecas habían levantado un puente, Cortés descubrió otro uso más para los barcos. Envió dos bergantines que se acomodaron en el hueco como pontones por donde los españoles pudieran cruzar con sus caballos. Cuando algunos hombres de Olid fueron atacados por canoas aztecas procedentes del otro lado de la calzada de Iztapalapa, donde no podían pasar los bergantines, Cortés hizo desmantelar una parte de la calzada y abrió una brecha por donde envió cuatro bergantines que pronto dispersaron las canoas aztecas.

Siguió una semana de encarnizados combates, tanto por agua como por tierra. Sandoval fue herido por una jabalina que le perforó el pie. Los bergantines persiguieron miles de canoas aztecas que atacaban por agua, mientras desde Texcoco llegaba una flota de varios miles de canoas repletas de guerreros ansiosos de sumarse a los españoles. El niño rey –don Fernando, ahijado de Cortés– instaba a los suyos a unirse a los españoles, y su gente, encabezada por los hermanos de don Fernando, acudía con creciente brío. Por otra parte, la mayoría de los caciques de las localidades que bordeaban el lago volvían a unirse a Guatémoc, a pesar de haber jurado lealtad a los españoles, y en las bases españolas de Iztapalapa, Coyoacán y Tacuba se combatía en dos frentes: en las calzadas, para avanzar hacia Tenochtitlán, y en tierra firme, donde era preciso salir en busca de alimentos y también repeler a los guerreros de las ciudades vecinas.

Esta decisiva batalla era pues un choque complejo y confuso, con muchos miles de indios en ambos bandos, a medida que otros indios de la comarca, ante la perspectiva de obtener un buen botín con la victoria española, acudían en auxilio de Cortés. La insurrección de los indios contra el dominio azteca oscurecía un aspecto más fundamental, una titánica colisión religiosa y racial.

Desde Tacuba, Alvarado se abría paso a sangre y fuego por la calzada que desembocaba en la gran avenida que conducía al enorme mercado de la capital. Los aztecas resistían desesperadamente, alzando todos los puentes y parapetándose detrás de barricadas que erigían en el extremo de cada brecha. Cortés envió tres bergantines en auxilio de Alvarado, y cuando los navíos disparaban una andanada sus hombres cruzaban la brecha y luego los tlaxcaltecas la llenaban con escombros. De noche, sin embargo, cuando Alvarado se replegaba a su fortaleza, los aztecas arrojaban los escombros al agua y abrían nuevamente la brecha. Mientras se libraba esta batalla de avances y retrocesos, Alvarado envió un mensaje a Cortés, que se encontraba en la muralla de Xoloc, avisándole que el tránsito había aumentado en la calzada que conectaba Tenochtitlán con Tepeyac, en la costa norte. Los porteadores aztecas la usaban para llevar agua y comida a la capital, y muchas canoas bogaban a lo largo de la calzada, especialmente de noche.

Cortés no sabía qué hacer con la calzada de Tepeyac. Al principio la había dejado abierta porque no contaba con hombres suficientes para bloquearla; le parecía que ya había dividido peligrosamente sus fuerzas al separarlas en tres contingentes terrestres y la tripulación de la flota. Ahora, después del éxito de los bergantines, y con los tres contingentes establecidos en campamentos defendibles, estaba tentado de dejar abierta la calzada de Tepeyac para permitir que Guatémoc y los habitantes de Tenochtitlán escaparan por allí a tierra firme. Una vez que ganaran la tierra firme, se toparían con la caballería española, que haría trizas el ejército azteca, desmoronando su imperio. A Cortés, sin embargo, le tentaba la idea de que los aztecas escaparan de Tenochtitlán porque así podría preservar esa ciudad de ensueño. Esa maravillosa isla, que también era una formidable fortaleza, constituía una fantasía hecha realidad que superaba los sublimes palacios que los árabes habían construido en España, pero muy poca gente del mundo cristiano habían presenciado esa gloria del Nuevo Mundo. Pero Cortés no tenía la certeza de que Guatémoc y su gente escaparían, y mientras la calzada de Tepeyac permaneciera abierta, podrían reaprovisionarse, retar a Cristo y al rey y matar más españoles.

A regañadientes, Cortés decidió enviar a Sandoval a Tepeyac, a pesar de su herida. Con un contingente de españoles y aliados indios, Sandoval atravesó Tacuba, donde acampaba Alvarado, y se apoderó de Tepeyac. Cortés le envió tres bergantines para que patrullaran el lago día y noche, y el tráfico cesó en la calzada de Tepeyac.

Ahora Tenochtitlán estaba completamente aislada, y Cortés comenzó a apretar el cerco. Los bergantines invadían a diario la capital internándose en los canales más anchos. El bergantín más pequeño, llamado Busca Ruido, era el de quilla más plana y podía sondear la hondura de los canales; algunos tenían muy poca profundidad, y en otros los aztecas habían clavado estacas en el fondo, pero pronto los españoles conocieron las arterias principales que eran navegables. En los aledaños de la gran ciudad, desembarcaban para incendiar casas, regresaban a sus naves y escapaban, pero los incendios no se propagaban por la ciudad, construida de piedra y adobe.

Avanzando desde su base de Xoloc, Cortés, secundado por Olid y reforzado por nuevos contingentes de texcotecas y chacaltecas, tenía la fuerza más poderosa y fue el primero en irrumpir en la capital. Tuvo que pasar toda la mañana y parte de la tarde cruzando y rellenando esclusas y canales donde habían alzado los puentes, pero cuando entró en la ciudad encontró los puentes en su sitio porque los aztecas no habían previsto que pudiera penetrar a tanta profundidad. Luego sus ávidos aliados indios y la infantería española arremetieron –los infantes llevaban un cañón ligero–, pero avanzaron con excesiva celeridad. Cortés y los demás jinetes se rezagaron, temiendo que los arqueros y lanceros aztecas agazapados en las azoteas liquidaran los caballos. Viendo que la vanguardia española no tenía caballería, los aztecas salieron de las casas y calles laterales, repeliendo a los españoles, que abandonaron el cañón. Los aztecas los persiguieron hasta un tramo ancho donde los jinetes al fin pudieron acometer y sostener la retaguardia mientras escapaban la infantería y los aliados indios. Más tarde, los aztecas arrojaron ceremoniosamente el cañón al lago.

No obstante, la penetración española en la capital constituía un logro tan grande que en la base de Cortés se presentaron caciques de Xochimilco y de las tribus otomíes de las montañas para suplicar su favor y jurar lealtad. Cortés les pidió que aportaran tropas para el ataque contra Tenochtitlán, y les dio tres días para acatar la orden. Utilizó esos tres días para sanar heridas, para reorganizar a sus hombres después de esa forzosa retirada, y para reequiparse.

Cuando regresó a la capital, los aztecas habían abierto nuevas brechas en las esclusas y canales que sus indios habían rellenado con escombros, y habían construido murallas más fuertes en la otra margen de cada cruce, de modo que atravesarlos resultaría más dificultoso que antes, a pesar del apoyo de los bergantines. Esta vez, tras penetrar en la ciudad, Cortés contuvo a sus hombres y sus aliados indios; no permitió que se adelantaran demasiado. En las plazas y las calles anchas, la caballería precedió a la infantería, y los españoles protegían a los texcotecas, chacaltecas, xochimiltecas y otomíes mientras los aliados indios trabajaban para rellenar cada brecha de modo duradero, apisonando bien la piedra y el adobe. Cortés no pudo contener a los tlaxcaltecas, que irrumpieron en las casas y atacaron a los aztecas de las azoteas.

Cortés había enviado mensajeros a los príncipes aztecas, suplicándoles que cedieran sin rendirse, alegando que la lucha cesaría sin victoria ni indignidad para ninguno de ambos bandos, con lo cual aludía, por supuesto, a un arreglo en su favor. Pero los aztecas guardaban silencio. No estaban dispuestos a negociar las condiciones.

Durante esta segunda incursión en la ciudad, Cortés llegó a la conclusión de que los fieros aztecas jamás cederían. Nunca acordarían devolverle los tesoros que había perdido en la noche del éxodo español, que sin duda habría sido una de las condiciones para la paz, antes de la institución de un sistema de tributos regulares. No le quedaba más opción, al parecer, que continuar la destrucción con la esperanza de que el terror o la inminencia de la derrota le permitieran negociar la paz.

Cuando Cortés regresó a su fortaleza, recibió a caciques de seis ciudades del lago, que venían a cambiar de bando y jurarle lealtad. Los xochimiltecas alardeaban del botín que arrebatarían a los aztecas, y las demás ciudades sentían envidia; además, los españoles y sus aliados indios saqueaban toda la región de los lagos. (En 1563 los habitantes de Xochimilco entablaron un pleito para que se les pagara por dos mil canoas y doce mil hombres que alegaban haber provisto para Cortés. Los indios no tardaron en familiarizarse con los litigios judiciales y con los vericuetos y posibilidades del sistema jurídico español.) Los habitantes de las localidades de los lagos, pues, siguieron a los xochimiltecas y otomíes bajo el estandarte español.

Cortés no necesitaba más hombres para obtener el triunfo; tenía tantos aliados indios que a menudo entorpecían el paso en las calzadas, y cada noche enviaba a los aliados a dormir en tierra firme, para que estuvieran fuera del paso. Pero estaban a fines de mayo o principios de junio y los españoles carecían de viviendas para guarecerse de la lluvia por las noches. Los peones de las ciudades construyeron en la calzada de Iztapalapa improvisadas chozas que los españoles llamaron "ranchos". Miles de indios de los lagos acudieron para realizar esta labor con eficiencia y prontitud. Además, los españoles tenían pocos víveres, y Cortés pidió comida a los indios del lago. Los españoles se habían alimentado de tortillas, que nunca se agotaban pero que ahora les resultaban desabridas, y hortalizas hervidas que los indios habían recogido en las orillas del lago. También recibieron gran cantidad de pescado y cerezas maduras (en el templado clima mexicano, las cerezas se cosechan dos veces al año) y, cuando se agotaron las cerezas, consumieron el fruto del cacto, que es delicioso cuando está maduro, aunque tiene muchas semillas.

Día tras día, las columnas españolas avanzaban desde sus campamentos de las calzadas sobre la enorme ciudad de Tenochtitlán, penetraban y se replegaban una y otra vez. Los españoles no podían sostener su posición en la capital, debido a la enorme superioridad numérica de los aztecas. Además los españoles estaban exhaustos después de luchar en esa altitud. Por su parte los aztecas, aunque estaban acostumbrados al clima, también se estaban agotando; sufrían hambre, y padecían deshidratación y los efectos de beber agua salobre, y cada noche les costaba más eliminar los escombros y reabrir los canales que los españoles y sus aliados indios habían rellenado. Una creciente cantidad de calles de la capital resultaba transitable para los españoles, que reparaban en ello cada día que reanudaban la invasión.

Se estaba desarrollando un espíritu de competencia entre las tres columnas españolas. Alvarado, que invadía desde el oeste, debía cruzar siete canales que eran los más anchos y dificultosos, pero el sector de la ciudad hacia el cual se dirigía –el mercado llamado Tlatelolco– tenía anchos bulevares, así que no le molestaban demasiado los guerreros aztecas que acechaban en las azoteas. Sandoval, que invadía desde el norte, tenía que abrirse paso por un vecindario de casas apiñadas y calles angostas donde las azoteas eran un peligro constante. Cortés, que invadía desde el sur, enfilaba hacia los vecindarios donde vivían los nobles y tenía que vérselas con guerreros aztecas apiñados en las azoteas y detrás de las murallas de piedra de los palacios. Al cabo de muchos días de lucha, Cortés llegó finalmente a las casas de los príncipes aztecas, en las grandes plazas, y sus hombres y sus aliados indios arrasaron y quemaron los palacios, entre ellos el de Axayacatl, donde antes se habían alojado los españoles. Cerca de los palacios había unos pequeños y exquisitos edificios donde Moctezuma había albergado sus pajareras; Cortés sabía que los aztecas se enorgullecían de estas pajareras, así que también las incendió.

Los aztecas habían concentrado la mayoría de sus regimientos en la zona del mercado, donde evidentemente pensaban librar su última batalla. Tlatelolco había sido antaño una ciudad independiente separada por barrancos del resto de la isla de Tenochtitlán, pero ambas partes se habían fusionado con el proceso de urbanización (un fenómeno inquietante aun en tiempos aztecas). Cerca del enorme mercado, que estaba rodeado por galerías, se erguía una de las pirámides más altas de la isla. La gente del valle de México miraba hacia esa gran pirámide de Tlatelolco cuando buscaba signos de su emperador. Y desde la cima de esa pirámide los generales aztecas dirigían la batalla por la supervivencia de su sociedad.

Alvarado, harto de rellenar brechas y canales todos los días, y presionado por sus hombres, que deseaban ser los primeros en llegar al mercado, decidió trasladar su fortaleza desde la calzada de Tacuba a Tenochtitlán misma. Así lo hizo, y los aztecas que se le oponían se replegaron, atrayéndolo hacia otra calzada dentro de Tlatelolco. En esa calzada interior, que conducía al mercado, los aztecas habían abierto una brecha de setenta pasos donde el agua a lo sumo llegaba al pecho y el fondo era bastante liso. Viendo la retirada azteca y una posibilidad de triunfo, los hombres de Alvarado vadearon la brecha. Pero cuando cuarenta o cincuenta españoles sin caballería subieron a la margen opuesta, miles de guerreros aztecas abandonaron sus escondrijos y cientos de canoas repletas de guerreros salieron de los pequeños canales. Las canoas bloquearon las aguas que los españoles habían cruzado y los obligaron a tomar otra ruta donde el agua tenía tres metros de profundidad y donde los aztecas habían cavado fosas y clavado estacas, de modo que los españoles no hacían pie. Desde sus canoas, los aztecas aprehendieron a los españoles que pataleaban en el agua, mataron a varios a lanzazos o mazazos, capturando a cinco con vida. Los jinetes españoles no pudieron ayudarles porque no se atrevían a meter sus caballos en el agua. Un jinete recién llegado de España intentó franquear la brecha, y no tardó en perecer con su caballo.

Esta treta de los aztecas era una de sus lentas adaptaciones destinadas a aprovechar el hecho de que luchaban dentro de una ciudad que conocían bien y que controlaban de noche. Al mismo tiempo, elaboraron una nueva táctica para luchar en el agua. Cerca de la costa clavaban estacas en el fondo lodoso del lago, para que las puntas quedaran a poca distancia de la superficie. Las disponían de un modo que permitía entrar en el laberinto pero no salir. Por la mañana enviaban canoas de señuelo, cubiertas de arbustos como si ocultaran comida o agua para la capital. Cuando avistaban esas canoas, los españoles de los bergantines las perseguían y se internaban en el canal hasta que el casco de los navíos se atascaba en las estacas. Dos bergantines cayeron en la trampa y fueron atacados por docenas de canoas que aguardaban entre los juncos. Uno de ellos se perdió; el otro fue rescatado por Juan Jaramillo, capitán de otro navío, quien se aproximó y sacó la nave a rastras. Pero los aztecas aprehendieron con vida a muchos españoles de las naves atascadas, y perecieron varios capitanes de los bergantines, entre ellos Pedro Barba.

Cortés había adoptado la norma de no penetrar en Tenochtitlán a menos que hubiera rellenado los canales que debía atravesar para retirarse. Se encolerizó al enterarse de la derrota de Alvarado. Esa victoria azteca alentaría a Guatémoc y prolongaría la resistencia; incluso podía poner a los aztecas nuevamente a la ofensiva. Escoltado por algunos caballeros, Cortés fue por tierra hasta el nuevo campamento de Alvarado, que se hallaba en una plaza defendible dentro de Tenochtitlán, cerca de la calzada de Tacuba.

Sin embargo, como de costumbre ocurría con Alvarado, Cortés se aplacó al ver que su camarada extremeño había penetrado tanto en la capital y al tener noticias de sus proezas, de los dificultosos canales que había cruzado, las murallas que había derribado, peleando en gran desventaja. Tanto Cortés como Alvarado rondaban los treinta y cinco años, y ya no eran mozos luchando con todo el brío de la juventud. Además, Cortés tuvo que comprender la presión que ejercían los soldados de Alvarado, pues a él le sucedía lo mismo con sus hombres.

Cuando regresó a su fortaleza –y recorrer la costa del lago con un puñado de jinetes no carecía de riesgos–, Cortés se topó nuevamente con la misma exigencia: sus hombres ansiaban penetrar en la capital y ser los primeros en echar mano del botín que debía haber en el mercado. El principal exponente de esta agresiva actitud era Alderete, el tesorero real, que después de unos meses en México se consideraba un veterano y estaba impaciente por obtener oro. Como Cortés veía ese entusiasmo como un mero exceso del espíritu español, soportó los argumentos de Alderete y sus partidarios. Pero no quería ordenar a las tres columnas que avanzaran y sentaran sus fortalezas dentro de la capital, pues era posible que los españoles fueran cercados, como había ocurrido anteriormente. Alderete argumentaba que los aztecas cederían si aumentaban la presión. Arengó a los hombres del campamento y obtuvo un respaldo general. Cortés, por su parte, pensaba que después de la derrota de Alvarado era conveniente tomar la ofensiva antes que los envalentonados aztecas. Acordó lanzar un ataque coordinado para capturar el mercado.

El plan de Cortés requería que Sandoval dejara una fuerza mínima en la calzada de Tepeyac y se sumara a la columna de Alvarado. Luego, con el respaldo de seis bergantines, Sandoval y Alvarado, con sus aliados indios, avanzarían hacia Tlatelolco, y lo primero que harían sería reparar la calzada interior donde Alvarado y sus hombres habían caído en esa trampa. Luego avanzarían sobre el mercado, que estaba a poca distancia, pero no correrían ningún riesgo que pudiera causar su derrota. Cortés parecía confiar en que Sandoval, a pesar de ser mucho más joven, funcionaría como freno para la impetuosidad de Alvarado.

Cortés tenía que recorrer mayor distancia dentro de la capital, y precedió su ataque con el envío de los bergantines. En su carta al rey informa que contaba con un total de trece navíos, lo cual significaba que había recobrado el bergantín que se había atascado en las estacas aztecas. De hecho, los españoles que tripulaban los bergantines pronto inventaron una táctica para frustrar las artimañas de los aztecas. Los españoles identificaban un lugar donde había estacas, aguardaban un viento fuerte y remaban para acelerar y estrellarse contra las estacas, con lo cual las desprendían del fondo blando y lodoso. Así desbarataron muchas trampas que habían construido los aztecas. En auxilio de los bergantines, Cortés envió tres mil canoas con aliados indios.

Luego dividió su columna terrestre en tres partes, cada cual respaldada por miles de aliados indios; cada contingente debía avanzar por las tres arterias principales que conducían al mercado. Puso a Alderete al mando de un grupo, con la misión de avanzar por el camino más ancho, rellenar los canales y derribar las barricadas. Le entregó varios hombres con picas para demoler casas y contar con escombros para la tarea. Puso a dos capitanes al mando del segundo grupo, con la misión de avanzar por una calle más angosta, y les entregó dos grandes cañones. El mismo se puso al mando del tercer grupo, para avanzar por el camino más angosto, que estaba plagado de barricadas, y llevó piezas de artillería ligera para derribarlas.

Al principio este triple ataque dio resultado. Los aztecas retrocedían y los tlaxcaltecas los expulsaban de las azoteas. Cortés y sus hombres procuraban desbaratar las emboscadas de los aztecas que se ocultaban en calles laterales. Los hombres de Alderete fueron los que avanzaron con mayor rapidez y, al oír los disparos de los hombres de Alvarado y Sandoval, cerca del mercado, echaron a correr hasta encontrarse con una brecha de doce pasos de anchura en una calzada interior donde el agua tenía tres metros de profundidad. Recogieron juncos y los arrojaron al agua hasta que el lecho de juncos tuvo resistencia para sostenerlos, y luego iniciaron el cruce, un hombre cada vez. Entonces los aztecas los atacaron con tal saña y en tal número que Alderete y sus hombres retrocedieron aterrados. En ese momento Cortés se aproximó para verificar su avance.

Mientras los españoles de Alderete retrocedían saltando sobre los juncos, que estaban empapados y reblandecidos, los hombres se hundían en el agua. Cortés desmontó e intentó detener la fuga, pero los españoles que estaban en la margen opuesta, perseguidos por los aztecas, empujaban al agua a los que estaban en la orilla. Cortés sólo pudo rescatar a los españoles que se tendieron en la orilla vomitando lodo y sangre. Cuando los aztecas llegaron poco después, ebrios de victoria, se lanzaron al agua, donde superaban en número a sus enemigos. Desde los canales cercanos se aproximaban canoas para capturar a más españoles.

Era peor que la derrota de Alvarado, pues había más españoles en peligro. Cuando los pocos que lograron cruzar a nado llegaron al lado de Cortés, la mayoría habían perdido las armas y no tenían con qué defenderse. Los aztecas también cruzaban el canal y desembarcaban de sus canoas, y Cortés luchaba a pie con su espada. La calle estaba abarrotada de españoles y aztecas trabados en lucha. Cortés mismo fue aprehendido por los aztecas pero, al igual que en Xochimilco, su asistente Olea luchó para liberarlo, sólo que esta vez Olea pereció. Luchando con espadas y rodelas y algunas armas arrebatadas a los aztecas, Cortés y unos quince españoles procuraron retirarse. Los jinetes que Cortés había apostado como retaguardia no podían atacar en medio de esa muchedumbre, ni siquiera podían entrar en la calle. Trataron de enviar una montura para Cortés, que había perdido su caballo, pero el jinete recibió un lanzazo en el gaznate. La calle estaba resbaladiza por el lodo, el agua y la sangre, y dos caballeros montados en yeguas se metieron en el canal, donde un jinete y su yegua pronto murieron, mientras los españoles de la otra orilla rescataban al otro. Otro asistente que intentó llevar un caballo a Cortés también pereció. Los españoles no intentaban salvar a Cortés por mero sentimentalismo sino porque sabían que la marea de la conquista se invertiría si los aztecas lograban ultimar a su capitán general.

Cortés al fin logró encaramarse a un caballo. No podía luchar y apenas podía moverse en esa multitud, pero a caballo dirigió la retirada española hacia la calzada. (En una carta al rey comentó que era la calzada de Tacuba, pero quizás estuviera errado. Cortés y sus hombres debían haberse replegado a su base de la calzada de Iztapalapa, pues cuando el segundo envió jinetes en busca de Alvarado, los jinetes tuvieron que rodear el lago por vía de Coyoacán y Tacuba.) En medio de la confusión Alderete luchó para salvar su vida y rescató a algunos supervivientes. Los aztecas, en el frenesí de la victoria, decapitaron a varios españoles y arrojaron las cabezas a los que se retiraban. Cortés pudo apostar una fila de jinetes, cañones y arcabuceros en la calzada, y así contuvo a los aztecas. Aún era por la mañana.

Habían sufrido muchas bajas. Más de sesenta españoles habían resultado muertos o capturados; se habían perdido siete u ocho caballos, junto con varios cañones, piezas de campaña y muchas armas de mano. Los aliados indios de Cortés habían sido exterminados por los aztecas. Todos los españoles supervivientes estaban heridos; el maltrecho Cortés tenía una herida grave en la pierna y apenas podía tenerse en pie. Durante un rato se pensó que también habían perdido los bergantines, y que Sandoval y Alvarado estaban derrotados. Reinaba una profunda desesperación en la fortaleza de Cortés.

Entretanto, Alvarado y sus hombres (entre ellos Bernal Díaz) luchaban cerca del mercado; Sandoval y sus hombres luchaban por separado pero a poca distancia. Alvarado supo de la catástrofe que había sufrido Cortés cuando nuevas tropas aztecas, exhibiendo nuevos estandartes, se enfrentaron jubilosamente a él y exhibieron cinco cabezas de españoles con el cabello y la barba atados. Los aztecas afirmaron que habían matado a Cortés y Sandoval y exterminarían a todos los españoles. Sin saber lo que había sucedido, Alvarado frenó su avance y emprendió una ordenada retirada hacia la fortaleza que había instalado en la plaza, sobre la calzada de Tacuba. Alvarado había aprendido su lección, y había hecho rellenar todos los cortes que debía usar para retirarse. Desde su fortaleza de la plaza, hizo tronar cañones y piezas ligeras y disparar arcabuces y ballestas para mantener a raya a los aztecas.

Sandoval también fue atacado por aztecas que exhibían cabezas de españoles (todas pertenecían a hombres de Cortés) y en la refriega su gente recibió heridas mientras retrocedía hacia la calzada de Tepeyac, donde podría defenderse mejor. Pero los indios aliados, presa del pánico, aun los tlaxcaltecas, entorpecían el paso por la calzada y Sandoval tuvo que ahuyentarlos. Al fin los hombres de Sandoval, con ayuda de dos bergantines, pudieron establecer una línea defensiva.

Cortés envió a Andrés de Tapia con un escuadrón de caballeros para averiguar qué había sucedido con Alvarado. Sandoval siguió esa misma y peligrosa ruta para ver a Cortés, y al llegar vio que Cortés le hacía coléricos reproches a Alderete. Pronto se confirmó que las tres columnas habían resistido, aunque muchos españoles habían muerto y casi todos estaban heridos. Cortés sintió alivio al saber que no se habían perdido los bergantines.

Al caer el día (estaban a fines de junio de 1521), los aztecas comenzaron a anunciar su triunfo al mundo y sus dioses. (En Ciudad de México las tardes estivales son calurosas, y la oblicua y rojiza luz del sol, filtrándose por las nubes borrosas que cubren la ciudad, crea una atmósfera sugestiva.) Desde su fortaleza de la plaza de Tlatelolco, cerca de la calzada de Tacuba, Alvarado y sus hombres veían muy bien lo que sucedía. De la cima de la gran pirámide se elevaba el humo amarillo del copal ardiente, y el humo perfumado flotaba sobre el ancho valle anunciando a los aztecas y sus súbditos que se había obtenido una gran victoria por la cual se agradecía a los dioses. Se oyeron los trompetazos de una caracola de tonos profundos y el estruendo de un gran tambor ceremonial situado frente al templo que coronaba la pirámide, acompañado por campanillas, silbatos y panderos. El ruidoso tambor de los emperadores aztecas se oía en toda Tenochtitlán, convocando a todos los guerreros a luchar por la victoria definitiva que prometían los dioses.

Un grupo de sacerdotes aztecas obligó a la primera víctima a subir por la empinada escalinata. El español estaba desnudo y su tez blanca relucía en el atardecer. Después del largo y lento ascenso, los sacerdotes volvieron al español hacia la muchedumbre que miraba desde abajo, le pusieron una toca emplumada y un penacho en cada mano. El español danzó en la terraza ante los ídolos de Huitzilopochtli y su hermano Tezcatlipoca. Rígido de espanto, el español bailaba, agitaba los penachos, cabeceaba para exhibir los radiantes colores de la toca. Es dudoso que le hubieran dado setas o pulque para inducirlo a bailar. El temor habría sido suficiente.

Mientras la primera víctima bailaba, una segunda víctima subió la escalera, blanca y desnuda. Los aztecas no tenían prisa. Cuando el segundo español llegó a la cima, también le pusieron una toca emplumada y le dieron penachos, y se puso a bailar con la primera víctima.

Las antorchas encendidas iluminaban los escalones de la pirámide y el templo, de modo que la terraza estaba bañada en una luz que destacaba a los bailarines de tez blanca, avergonzados y patéticos en su desnudez. Otro español subió la escalera, y otro –los aztecas contaban con muchos prisioneros–, hasta que la terraza se cubrió de víctimas que giraban, flanqueadas por los sacerdotes.

Al cabo de una hora un sacerdote hizo una seña para poner fin a la danza, aunque el estruendo del tambor y el tintineo de campanillas y panderos continuó. Los sacerdotes arrebataron a las víctimas sus tocas y penachos, empujaron a la primera hacia la piedra del sacrificio, la acostaron de espaldas. El sumo sacerdote avanzó, alzó sobre la cabeza el cuchillo de obsidiana y lo hundió en el pecho de la víctima, cortó a través de las costillas, hundió la mano en la cavidad y arrancó el corazón palpitante. El sacerdote exhibió el corazón del español, que en sus espasmos finales arrojó sangre a la cara del sacerdote, mientras el pueblo de Tenochtitlán gritaba a coro desde las azoteas, las calles y las plazas, con un embeleso que los europeos no podían comprender.

Unos sacerdotes llevaron el corazón al templo y lo pusieron ante los ídolos, mientras otros rompían la cabeza, los brazos y piernas de la víctima y desdeñosamente arrojaban el torso abierto y lo pateaban escalera abajo. Desde la cima de la gran pirámide el cuerpo ensangrentado y mutilado rodó y rebotó, bajando los ciento catorce escalones.

Luego sacrificaron a la segunda víctima.

Y a la tercera.

Y a la cuarta.

Y cuando hubieron terminado con todos los españoles que habían bailado para placer de los dioses, se repitió el procedimiento. Más españoles desnudos subieron la escalinata, uno cada vez, hacia su humillación y su muerte. Las antorchas siguieron ardiendo y los tambores siguieron tronando toda la noche. Cortés le comentaría al rey que parecía el fin del mundo, pero no se trataba del fin sino de la explosiva fusión de dos partes diferentes del mundo.

Si en alguna medida los españoles habían logrado contener su furia, ya no quedó el menor vestigio de misericordia ni de contención entre los hombres de Alvarado (entre ellos Bernal Díaz, quien vio el espectáculo y consignó su testimonio) ni entre los hombres de Cortés y los demás españoles cuando se lo contaron. Los españoles habrían comprendido y aceptado cualquier cosa que sucediera en la lid, pero esta ceremonia formal y parsimoniosa, planeada con evidente premeditación, los endureció más que nunca.

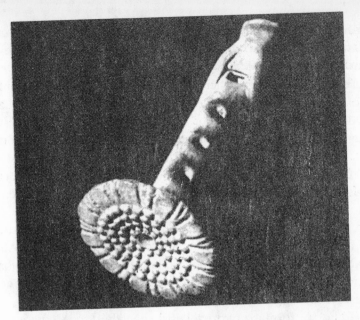

El extremo de esta flauta azteca de arcilla se abre como una flor
que originalmente estaba pintada con colores brillantes.
En este instrumento se pueden tocar cinco notas, cuatro melodiosas y
una penetrante y suave, las cuales se pueden modular para crear
extrañas y complejas tonadas. Se cree que una víctima
cuidadosamente escogida, a quien se preparaba durante un año,
tocaba varias de estas flautas y las iba rompiendo mientras subía la
escalinata para ser sacrificada al dios Tezcatlipoca.

A los pocos días casi todos los aliados indios de los españoles se marcharon. Sólo unos pocos centenares de indios de Texcoco, fieles a su rey niño cristiano y al mando de uno de los hermanos del rey, permanecieron con Cortés, y Chichimecatecle permaneció con Alvarado al mando de ochenta tlaxcaltecas. A la mañana siguiente del inicio de los sacrificios, Guatémoc emitió una proclama. Los dioses prometían que todos los españoles perecerían en ocho días. Los aztecas se aproximaron temerariamente a los campamentos españoles para anunciar estas noticias, e incluso arrojaron algunos brazos y piernas cocidos, extremidades de españoles sacrificados, y les dijeron que se los comieran si tenían hambre, pues los aztecas tenían el vientre lleno. Los aliados indios que se marcharon, sin embargo, no regresaron a sus hogares sino que aguardaron en los cerros para ver qué sucedía en esos ocho días.

Empero, tanto los españoles como sus aliados ignoraban cuán débiles estaban los aztecas en Tenochtitlán. Hacía más de cuarenta y cinco días que la capital no contaba con agua potable. La gente estaba enferma de beber agua contaminada. Aunque en esa época llueve todos los días en México, el agua de lluvia que los aztecas juntaban en cuencos de arcilla no era suficiente. La mayoría se moría de hambre, y sólo los nobles habían participado del festín de carne enemiga. Las enfermedades se propagaban. Los habitantes de Tenochtitlán estaban demacrados como sombras del Hades. Los aztecas habían agotado sus últimas energías en esa esforzada victoria.

En los campamentos españoles reinaba una adusta determinación. Las defensas resistieron contra las desganadas incursiones aztecas, donde había más griterío que combate. Ahora los españoles utilizaban el tiempo para sanar sus heridas y sepultar a sus muertos; no había un solo español que no estuviera cubierto de vendajes. Aun así, ocupaban sus plazas, de acuerdo con la estrategia de Cortés; los bergantines patrullaban el lago; y los aztecas de Tenochtitlán no recibían víveres.

El horror formaba parte del estilo de vida azteca, como una pulsación vital, y Guatémoc –mientras Cortés presionaba para obligar a los aztecas a pedir la paz– intensificó el horror en un intento de desalentar a los españoles. Entre los indios mexicanos, y dentro de la esfera de dominación azteca, había tribus que se consideraban bárbaras según las pautas de los aztecas y la mayoría de los indios. Eran tribus de antiguo origen que no se habían fusionado con las demás ni habían adoptado las prácticas que las otras compartían. Los más primitivos, despreciados y temidos de estos bárbaros eran los que vivían en el pueblo de Malinalco, a poca distancia de Cuernavaca, y otros que vivían en el pueblo de Matalcingo, cerca del territorio otomí, camino de Tlaxcala. Guatémoc ordenó a esas tribus bárbaras que atacaran a los vecinos que habían respaldado a los españoles y que acudieran a Tenochtitlán para ayudarlo si querían compartir el botín que arrebataría a los invasores. Los aztecas, bogando en sus canoas en las inmediaciones de los campamentos españoles, advertían a sus enemigos sobre los horrores que podían esperar de esos bárbaros.

En consecuencia, los caciques de Cuernavaca fueron a visitar a Cortés. Estos caciques parecían leales, y solicitaban ayuda porque los bárbaros de Malinalco los estaban atacando. Cortés mismo necesitaba ayuda, no estaba dispuesto a reducir las fuerzas de su menoscabado ejército, y muchos capitanes le aconsejaron que no lo hiciera. No obstante, Cortés sabía que todos los indios que habían sido aliados suyos estaban aguardando y mirando desde los cerros; los españoles obtenían alimento de los pueblos aliados, y a Cortés le fastidiaban las amenazas aztecas que insinuaban que debía temer a esos bárbaros. Ordenó pues a Andrés de Tapia que acompañara a los caciques de Cuernavaca con un pequeño contingente de españoles.

Fue una expedición expeditiva y triunfal. Los españoles, apoyados por miles de guerreros de la comarca, derrotaron rotundamente a los simples indios de Malinalco, que no tenían orden ni disciplina. Pero dos días después del regreso de Tapia y sus hombres, se presentaron caciques otomíes que pedían ayuda a Cortés porque sus pueblos, que estaban en las cercanías, eran atacados por bárbaros de Matalcingo. Los jefes otomíes prometían renovar su respaldo a los españoles, así que Cortés envió a Sandoval con un contingente un poco mayor de españoles; acudieron otomíes de las montañas para servir como auxiliares, y esta fuerza combinada expulsó a los bárbaros, que huyeron al ver a los españoles, sobre todo al ver los caballos.

Entonces Sandoval descubrió, como medida del nivel de primitivismo de estos indios, que en los sacos de provisiones que habían abandonado al huir había, además de mantas y maíz, cuerpos de bebés asados. Hoy nos cuesta concebir semejante cosa. El amor y el cuidado de los recién nacidos constituyen una característica muy universal de los seres humanos y de la mayoría de las formas superiores de vida animal. Pero la presencia de estos bebés asados se consignó en dos ocasiones, y los españoles se encolerizaron tanto ante el macabro descubrimiento que no hicieron más comentarios. Más aun, cuando el cacique bárbaro se rindió y ofreció su lealtad a los españoles, Sandoval aceptó el juramento, siguiendo la política de Cortés. Fieles a su palabra, los bárbaros marcharon con Sandoval para comparecer ante Cortés, quien los apostó en barricadas donde pudieran verlos los aztecas, para consternación de Guatémoc.

Los ocho días de la profecía de Guatémoc pasaron al fin, aunque en cada uno de esos ocho días, y por un total de trece, los aztecas continuaron la matanza de prisioneros españoles (alrededor de setenta) en la gran pirámide de Tlatelolco. Después del octavo día los aliados indios emprendieron el regreso a los campamentos españoles. Los tlaxcaltecas se sentían avergonzados por haberse dejado intimidar por la amenaza de un ataque azteca que jamás se había producido. Chichimecatecle, sin mediación de Alvarado ni Cortés, adoptó una táctica española y organizó a cuatrocientos flecheros tlaxcaltecas para que formaran filas y disparasen en andanadas. Luego, sin auxilio de los españoles, condujo a sus tlaxcaltecas por la calzada de Tacuba. Encabezados por los flecheros, los tlaxcaltecas libraron una fiera batalla de un día con los aztecas, retirándose al atardecer tras haber causado y sufrido grandes pérdidas.

En el curso de esta batalla entre tlaxcaltecas y aztecas hubo muchos gritos por ambas partes. Las provocaciones de ambos bandos fueron traducidas para los españoles, que ignoraban las truculentas amenazas de los aztecas. Y cuando al anochecer los tlaxcaltecas descuartizaron, cocinaron y comieron los cadáveres aztecas –mientras los aztecas comían a los tlaxcaltecas caídos– los españoles escupieron, continuaron masticando tortillas, observándoles con semblante apático y adusto. El hecho de que los tlaxcaltecas se hubieran podido enfrentar por sí solos a los aztecas revelaba la debilidad azteca y retaba a los españoles a reanudar la lucha.

Durante la tregua que sucedió a la derrota española, mientras ambos bandos estaban exhaustos, los aztecas de la calzada de Iztapalapa se acercaron a parlamentar. Malinche y Aguilar acompañaron a Cortés a su lado del primer corte en la calzada, y se entabló un diálogo. Cortés pidió nuevamente a los aztecas que se rindieran según condiciones que no serían lesivas para su dignidad; ellos estaban familiarizados con el sistema de tributos (más aun, lo habían inventado) y ahora sólo debían pagar tributo al rey de España. Los aztecas respondieron que los españoles podrían marcharse sin peligro si accedían a irse. Los tlaxcaltecas previnieron a Cortés que no les creyera una sola palabra. Cortés informó a los aztecas que no abandonaría sus fortalezas, que los bergantines continuarían impidiendo la llegada de bastimentos a la capital, y que los bárbaros que Guatémoc había convocado ahora luchaban para los españoles. Imploró a los aztecas que abandonaran su contumacia, que sólo los conduciría a la muerte. No se llegó a ningún acuerdo, y las charlas de paz se interrumpieron.

Entonces Cortés decidió arrasar la capital. Los españoles ya no sortearon edificios desde cuyas azoteas pudieran atacarlos. Los aztecas habían vuelto a abrir todos los canales que los españoles habían rellenado y a construir sus barricadas. Al reanudar la invasión de la capital, los españoles arrasarían sistemáticamente Tenochtitlán. Desmoronarían barricadas, palacios, casas, chozas, templos, y cubrirían con escombros y argamasa todos los cortes que debieran atravesar. Cortés elaboró esta estrategia a su pesar, porque sabía que condenaba esa ciudad de ensueño a la destrucción, pero sabía que él y sus españoles estaban casi tan exhaustos como los aztecas y podrían fracasar si no obtenían un triunfo rápido.

Convocó a los caciques de todas las tribus aliadas y les pidió que enviaran desde sus tierras de labranza peones con sus coas, varas puntiagudas con un travesaño donde se apoya el pie, y que se usan para cavar. A medida que los españoles y sus aliados penetraran en Tenochtitlán, los peones destruirían sistemáticamente la ciudad.

La batalla y la demolición comenzaron y continuaron día tras día. Los aztecas habían inventado algunas defensas nuevas; habían puesto rocas en las plazas y las calles más anchas para cerrar el paso a los caballos y habían construido murallas para bloquear algunas. Pero Cortés había hecho severas advertencias a sus capitanes, y los avances diarios de las columnas eran limitados. Se concedía tiempo suficiente para demoler edificios y rellenar todas las brechas. Los españoles no volverían a ser víctimas de su precipitación.

La empatía de Cortés con los indios fue tan decisiva como su estrategia. Y hablamos de empatía, no de simpatía; no simpatizaba con gente que practicaba las costumbres de esos indios, pero sentía una profunda empatía, una capacidad para percibir sus sentimientos, para intuir sus deseos y necesidades emocionales. Este era un aspecto vital de la astucia y el genio de Cortés. Había desarrollado esta empatía mientras negociaba con los emisarios indios, mientras platicaba con Moctezuma y otros nobles, tal vez en sus susurros nocturnos con Malinche, y también mientras trabajaba, combatía y huía.

Ahora, a medida que sus fuerzas se abrían paso a golpe de pica, Cortés trepaba a la cima de las altas pirámides y permanecía un rato en las terrazas, donde todos los indios –aztecas y aliados– pudieran verlo. A espaldas de Cortés, en los templos ardientes, estaban expuestas las cabezas de los españoles sacrificados, y quería que todos los indios lo vieran en medio de la capital azteca, vengando a los suyos. No se regodeaba en ello, ni procuraba presentarse como una figura aterradora, pero sabía por instinto que los indios ansiaban la personificación. Necesitaban ver a una figura que simbolizara la conquista que se estaba produciendo. La religión india no les daba la clase de inspiración divina que colmaba la mente de los cristianos. Por eso los indios endiosaban a sus reyes y sacerdotes, y por eso Cortés se exhibía intencionadamente. Sabía que los indios necesitaban ver en una persona específica y reconocible la figura que representara su destino, tratárase de una recompensa o una represalia. Cortés tenía este talento intuitivo para afectar la mente india.

Los españoles descubrieron que el pueblo privado de comida de Tenochtitlán merodeaba en busca de raíces y hierbas comestibles; de noche hundían las manos en los bajíos del lago para pescar pececillos y cualquier cosa que pudieran comer; habían arrancado maderas de las casas para usarlas como leña y cocinar los pocos alimentos que obtenían. Roían la corteza que arrancaban de los árboles, como le indicaron los tlaxcaltecas a Cortés.

Vastas muchedumbres deambulaban por la ciudad, en general mujeres y niños hambrientos. Cuando pasaban los caballeros españoles, la gente de la muchedumbre gemía; carecían de fuerzas para luchar, pero aun así se resistían a pedir piedad. Sin instrucciones de la figura de autoridad a la cual estaban habituados –su monarca, ahora Guatémoc– eran incapaces de actuar, ni siquiera para someterse. En las azoteas y pirámides de los sectores de la ciudad que aún estaban en manos aztecas había guerreros armados, pero eran incapaces de presentar una vigorosa resistencia; tenían pocas piedras, lanzas y dardos; las flechas escaseaban; poco a poco se replegaban hacia el mercado. Enjambres de aliados indios llegaban todos los días a la capital siguiendo a los españoles; Cortés estima que más de ciento cincuenta mil indios peleaban de su lado. Aun así, el avance español era lento porque había que rellenar los canales en todos los lugares donde habían alzado los puentes. La visión de esa ciudad en llamas y reducida a escombros entristeció a Cortés, que en una carta a Carlos V describe Tenochtitlán como "la más hermosa cosa del mundo".

Una mañana Cortés se extrañó al ver humo en la cima de dos pirámides próximas al mercado; humo negro, no el humo amarillo del copal, que era la señal de Guatémoc. Cortés no podía llegar al mercado, pues aún había que rellenar varios canales que los aztecas estaban defendiendo. Pero Alvarado, aprovechando la presión que ejercía Cortés, encabezó una carga de caballería y llegó al linde del mercado, incendió los templos que coronaban las dos pirámides y se retiró antes que los aztecas pudieran cortarle la retirada. Cortés elogió el coraje de su amigo cuando se enteró de esta noticia.

Mientras Cortés rellenaba el último canal que quedaba entre su columna y el mercado, Alvarado se aproximó con cuatro caballeros; se había abierto un acceso entre la vanguardia de ambas columnas, y poco después los jinetes de ambas cabalgaban por la plaza del mercado. Las azoteas de los edificios circundantes estaban abarrotadas de guerreros aztecas, pero los aztecas no se atrevían a entrar en la plaza, donde los caballeros los atacarían con lanzas, y las azoteas estaban demasiado lejos para que los proyectiles causaran daño a los españoles. Los guerreros aztecas, a pesar de su gran número, abandonaron el mercado.

Cortés subió a la gran pirámide de Tlatelolco y encontró las cabezas de muchos españoles y cientos de tlaxcaltecas. Nuevamente se plantó en la terraza, en esa terraza donde habían obligado a bailar a los cristianos, y dejó que los aztecas y sus aliados lo mirasen mientras ardía el templo. Esa vista panorámica de la ciudad –esa ciudad antaño mágica, ahora aplanada y humeante– le permitió apreciar sus avances. "E yo miré desde aquella torre lo que teníamos ganado en la ciudad, que sin duda de ocho partes teníamos ganado las siete". Miles de aztecas enfilaban por calles angostas hacia la orilla lacustre de Tlatelolco, donde todas las casas estaban construidas sobre estacas en el agua y la caballería no podría atacarlos. En ese barrio lacustre las azoteas estaban pobladas de guerreros, y más iban en camino. En medio había una laguna donde se encontraban todas las canoas aztecas que quedaban, muchos centenares de ellas. Cortés comprendió que el ejército azteca no tenía modo de mantenerse, apiñado en esas casas del lago.

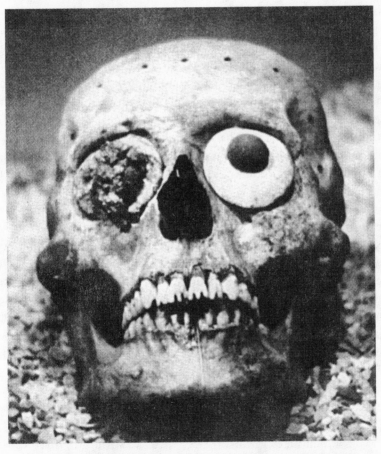

Los aztecas a menudo decoraban el cráneo de las víctimas del sacrificio, usando madreperla para el blanco de los ojos, azabache, jade o cornalina para las pupilas, y cuchillos de pedernal u obsidiana para las lenguas y narices.

Cortés envió a un prisionero azteca de regreso a su pueblo con un mensaje: les suplicaba una vez más que se rindieran. Pero los capitanes aztecas replicaron que jamás se entregarían, que morirían peleando, y que, en caso de ser atacados, arrojarían a aguas profundas todos sus objetos de valor. Cortés decidió no atacar. Como los españoles tenían poca pólvora, aceptó la sugerencia de uno de sus hombres, un carpintero sevillano, de construir una catapulta que arrojara piedras contra el distrito lacustre.

La construcción de la máquina se retrasó tres o cuatro días. La instalaron sobre una plataforma de piedra elevada, un estrado que ocupaba el centro de la plaza del mercado. Mientras ensamblaban la máquina, Cortés y sus capitanes recorrían la ciudad, espantados por los montones de cadáveres macilentos que poblaban las calles. Los aztecas, a pesar de la hambruna, no devoraban a los suyos. Pero no querían que los españoles supieran cuál era su situación, así que no arrojaban los cuerpos al lago, donde los hallarían los bergantines, ni los abandonaban en vecindarios por donde avanzaban los invasores. Los aztecas se habían llevado los cadáveres en su retirada, y sólo ahora, sin espacio ni escapatoria, habían abandonado los cuerpos en las calles. De noche los españoles regresaban a su fortaleza, no para alejarse de los aztecas sino del hedor de los muertos. Los aliados indios, en cambio, no eran tan escrupulosos y, desdeñosos de los aztecas, pernoctaban en el centro de Tenochtitlán.

Cuando se terminó la catapulta, le sujetaron los aparejos y dispararon una piedra que casi cayó en la plaza. La máquina se rompió. Los españoles, sin pólvora y sin catapulta, tuvieron que continuar con ballestas, picas y espadas. No podían llevar caballos al distrito lacustre. Cortés pidió nuevamente a los aztecas que se rindieran, aunque otra vez en vano. Alvarado atacó un flanco de la posición azteca con sus hombres a pie, mientras Cortés atacaba el otro. Los aztecas lucharon fieramente pero no lograron resistir. Los aliados indios siguieron a los españoles y mataron a los aztecas, guerreros, mujeres, niños y ancianos. Con tono contrito, Cortés informó al rey que más de doce mil personas perecieron ese día, pero sus reproches a los aliados indios sólo causaron miradas impasibles. ¿Qué pensaba que habían hecho los aztecas? ¿Cómo creía que se comportaban los aztecas en la victoria?

Por la mañana la infantería española se formó de nuevo para el ataque; los aliados indios que hasta hacía poco tiempo eran vasallos de los aztecas estaban apiñados detrás de los españoles, y los caballeros formaban una retaguardia en la plaza. Los aztecas enviaron un mensajero a Cortés, pidiendo un parlamento. Los españoles que rodeaban a Cortés querían negociar; aunque eran implacables en la batalla, estaban conmovidos por el sufrimiento de las mujeres y los niños. Los españoles –entre quienes había sacerdotes– temían por sus propias almas. Cortés mismo ansiaba que los aztecas se rindieran, pero sabía que Guatémoc y su plana mayor estaban resueltos a resistir, y sin su capitulación la gran masa de los aztecas no podía ceder. No obstante, dialogó con dos funcionarios menores que fueron a hablarle. Le rogaron que los matara a todos y pusiera fin a sus padecimientos. A su vez Cortés les suplicó que se rindieran. Pero no podían hacerlo sin órdenes de Guatémoc. Así transcurrió un día entero en medio de fútiles negociaciones, mientras cada bando repetía una y otra vez las mismas propuestas.

Durante la noche Cortés tuvo otra idea, y por la mañana mandó traer a un noble azteca de cierta eminencia a quien había capturado un pariente de don Fernando, el ahijado de Cortés, señor de Texcoco. Cortés preguntó al noble si estaba dispuesto a llevarle a Guatémoc una propuesta de paz, y el azteca accedió. Un escuadrón de españoles escoltó al azteca, que estaba gravemente herido, hasta la barricada, donde fue recibido respetuosamente. Cortés luego se enteraría de que ese hombre comunicó su mensaje a Guatémoc y el emperador ordenó sacrificarlo. La respuesta que recibieron los españoles fue un coro de alaridos de los guerreros aztecas, que les arrojaron varas, piedras y lanzas. Así pasó el segundo día de negociación.

Al día siguiente cabalgó al frente de su ejército e hizo transmitir su mensaje ante la barricada. Interpeló a señores aztecas a quienes conocía personalmente, advirtiéndoles que en una hora podía derrotarlos y asegurándoles que los aztecas podían tener paz conservando la dignidad si Guatémoc iba a hablar con él. Los señores aztecas que conocían a Cortés se adelantaron para dar a entender que habían comprendido, diciendo que lo comunicarían al emperador. Por la tarde regresaron para decir que, como caía el día, Guatémoc dialogaría con Cortés por la mañana. Así concluyó el tercer día de negociación.

A la mañana siguiente Cortés hizo instalar una improvisada mesa de banquetes en el estrado de piedra de la plaza del mercado, de donde se habían llevado los fragmentos de la catapulta rota. Apostó una guardia mínima, hizo retroceder a los hombres de Alvarado y los aliados indios, a petición de los aztecas, permanecieron en la calzada. Pero Guatémoc no se presentó. En cambio compareció una delegación de generales aztecas. Cortés les dio comida, y mientras comían y bebían famélicamente, Cortés les repitió que Guatémoc no sufriría ninguna indignidad. Señaló que no los había castigado a ellos, los generales a quienes consideraba responsables de esa guerra, pero que Guatémoc era el único que podía pactar la paz. Enfatizó que un encuentro personal entre Guatémoc y él –las figuras de autoridad rivales a ojos de los indios– era la única esperanza de evitar un horror, un crimen, un pecado. Cortés pidió a los generales aztecas que llevaran comida y bebida para Guatémoc cuando regresaran a la fortaleza azteca. Pero al cabo de dos horas ellos regresaron al mercado y, obsequiando a Cortés algunas prendas de algodón, comunicaron la respuesta de Guatémoc, quien declaraba que jamás iría a verlo. Para entonces era tarde, así que Cortés les pidió que regresaran para repetirle su mensaje a Guatémoc, lo cual prometieron hacer.

A la mañana del día siguiente los generales aztecas fueron a anunciar que Guatémoc parlamentaría con Cortés en la plaza del mercado. Cortés, con creciente suspicacia, desplegó sus fuerzas como antes, y aguardó durante horas en la plaza. Como no aparecieron ni Guatémoc ni los generales, renunció a toda esperanza, convocó a sus aliados indios y a los hombres de Alvarado, y aunque era de tarde y los aztecas podían creer que se habían ganado otro día de respiro, los españoles se lanzaron contra sus barricadas, entraron en el barrio azteca y los aliados indios se entregaron a una orgía de exterminio. Al final del día, cuando se retiraron los españoles y sus aliados, el barrio azteca estaba tan abarrotado de cadáveres que debían caminar sobre ellos; no quedaban barricadas ni canales donde los aztecas pudieran defenderse.

Durante la noche Cortés ultimó sus planes. Sandoval estaba a cargo de los bergantines, y por la mañana, a la señal de un disparo de arcabuz, debía internarse por un pasaje angosto en la laguna donde estaban reunidas las canoas aztecas. Alvarado y sus hombres aguardarían a Cortés en la plaza del mercado. Cortés llevaría la artillería pesada y, con la pólvora restante, pulverizaría todo intento azteca de afianzarse en un último baluarte. Todos debían tratar de aprehender a Guatémoc.

Por la mañana, mientras Cortés evaluaba la situación desde una azotea, habló de nuevo con nobles aztecas a quienes conocía. De nuevo fueron a hablar con Guatémoc, y un noble que era el mayor general azteca regresó con la respuesta del emperador. Era la misma: Guatémoc prefería morir donde estaba antes que comparecer ante Cortés y agachar la cabeza. Cortés hizo disparar el arcabuz.

Fue un confuso y vertiginoso final para la tensión del asedio. Todos los supervivientes de Tenochtitlán estaban hacinados en una pequeña superficie; que todos debían permanecer en pie. Salieron, se lanzaron a las angostas calles. Nudos de guerreros resistían aquí y allá, pero no tenían piedras ni flechas, ni fuerzas para empuñar sus garrotes y lanzas. En el apretujamiento, mujeres y niños cayeron al agua. Los españoles estaban más ocupados en contener a sus aliados que en luchar contra los aztecas, pero los indios que habían sido enemigos o súbditos de los aztecas no tuvieron piedad.

Sandoval condujo algunos bergantines a la laguna, y los guerreros aztecas de las canoas no tenían voluntad ni energías para resistir. Una canoa que transportaba a algunos aztecas ricamente ataviados se alejaba, y García Holguín, capitán de un bergantín, se aproximó con su navío y ordenó a sus ballesteros que apuntaran. Los aztecas de la canoa se rindieron por señas, los españoles abordaron la canoa y así capturaron a Guatémoc. Holguín reclamó el trofeo, pero Sandoval le superaba en rango, y Cortés superaba en rango a Sandoval. En definitiva fue Cortés quien obtuvo autorización para incluir a Guatémoc en su escudo de armas.

Guatémoc tenía dieciocho años. Como muchos reyes y emperadores de ambos lados del mundo, se había criado con la noción de que servía a sus dioses, no a su pueblo, y los dioses que habían traído tantas gloriosas victorias le habían fallado. Esos dioses habían perdido su poder, y también él.

Cuando Guatémoc compareció ante Cortés, expresó su voluntad con un farfullo (con la traducción de Malinche): que Cortés ordenara su muerte. Guatémoc, que sentía un temor instintivo por una agonía prolongada, señaló la daga que Cortés llevaba en el cinturón y sugirió que terminara con él de un tajo. Se sorprendió cuando Cortés, exasperado por no haber tenido la oportunidad de evitar tanta destrucción y carnicería mediante el diálogo y la astucia, le dio bruscamente la espalda y miró en dirección de los españoles e indios que arrasaban Tenochtitlán.

La cantidad de personas que perecieron durante el sitio era y sigue siendo incalculable. Según un cronista nativo educado por sacerdotes españoles en los años que sucedieron a la conquista, cuando los recuerdos aún estaban frescos, murieron 240.000 aztecas, incluida casi toda la nobleza. De los 200.000 texcocotecas que luchaban del lado de los españoles, se estimó que habían muerto más de 30.000. Gómara escribió lo que le dictó Cortés, que 100.000 aztecas habían muerto, pero entre estos no se encontraban los que fueron víctimas del hambre o la enfermedad. Y ninguna de estas cifras incluía mujeres y niños.

El cerco había durado setenta y cinco días, y Tenochtitlán cayó el 13 de agosto de 1521. Esa fecha, en el calendario azteca, era el Uno de Serpientes del año Tres de Casas. En el calendario texcocoteca, que era un poco diferente, el día se llamaba Cinco de Conejos. Según el calendario cristiano, era el día de San Hipólito. Y a San Hipólito se consagró la iglesia que se construyó en la capital.

V

La distorsión
del nacionalismo

El renacimiento mexicano

Los disturbios sociales que amenazaron los huesos de Cortés en su lugar de reposo del Hospital de Jesús Nazareno de Ciudad de México (a poca distancia de la Iglesia de San Hipólito) eran de distinta índole, pero representaban pasos en la misma dirección. El nacionalismo mexicano despertó a principios del siglo diecinueve cuando Napoleón puso a su hermano José en el trono de España. Siendo José Bonaparte rey de España, los colonos españoles de México no se creían obligados a permanecer fieles a la madre patria, así que organizaron una revolución política, similar a la que había producido la separación entre los Estados Unidos e Inglaterra y a las que estallaron en esa época en otras partes de América, y muchos símbolos de España –emblemas, ritos, los huesos de Cortés– fueron condenados. Pero se conservó la ley española; se conservó el sistema social español; se conservó el catolicismo; la independencia de México fue sólo política. La Revolución Mexicana, cien años después, fue en cambio una revolución social, y de esa revolución de la segunda década del siglo veinte nació el México moderno, que se proclama socialista, carece de religión oficial y se enorgullece de su ascendencia india. Durante esta conmoción social se buscaron afanosamente los huesos de Cortés, para profanarlos como símbolo de la supremacía racial blanca.

A menudo se pasa por alto la verdad histórica de que el legado de Cortés a México, una vez que se asentó la polvareda de la conquista, consistió en un período de notable estabilidad y paz que duró trescientos años, desde principios del siglo dieciséis hasta principios del siglo diecinueve. En esos tres siglos hubo pocos disturbios y no hubo revoluciones ni conatos revolucionarios de envergadura. ¿Por qué? Había desigualdades e injusticias, por cierto, y ellas suelen ser la causa común de las rebeliones. Pero la respuesta, curiosamente, es que Cortés impuso la vigencia de los dos factores que mantuvieron la paz: (1) el ritual católico, y (2) el derecho hispano. El rito católico satisfacía la necesidad de respuestas espirituales. El derecho hispano garantizaba el orden. (Y el orden, no la justicia social, era la meta de las Siete Partidas.)

Este notable período de paz prolongada en México y la América hispana era la Pax Hispanica. Hubo tres grandes períodos de paz relativa dentro de vastos imperios que destacan en la historia de los conflictos humanos: la Pax Romana, la Pax Hispanica y la Pax Britannica. Y sin entrar en comparaciones, es evidente que debe existir alguna virtud en sistemas que la gente soportó por tanto tiempo, bajo los cuales eran cada vez más productivas y se sentían conformes.

Pero quizás haya una explicación aun más fundamental de la Pax Hispanica. Cuando los españoles llegaron a México, ya eran un pueblo donde se fusionaban la sangre de árabes, judíos, visigodos, romanos, griegos y fenicios con la de los antiguos íberos. De manera irresistible, desbordante, compulsiva y convulsiva, según su naturaleza apasionada, los españoles se mezclaron con los indios. A pesar del esnobismo español, a pesar de su glorificación del linaje, a pesar de la estratificación social, el jadeo es la música de la siesta; el rasgueo de la guitarra es su preludio; y esa gran calma y resignación que constituía el núcleo de la naturaleza india congeniaba con afectuosa naturalidad con la impaciencia de la agresión hispánica. Cortés y Malinche no fueron los únicos en proponer esta fusión. Y, a medida que transcurrían los años, los decenios y las centurias, tampoco participaron únicamente los varones españoles. Las mujeres españolas igualan o exceden a los hombres en sus desbordes pasionales. Cada español que participaba en la conquista –con la posible excepción de Sandoval– participaba también en esta fusión. Y esta era la esperanza de los millares de indios que habían respaldado a Cortés y luchaban de su lado; era la esperanza de Mase Escasi y Xicotenga el viejo; era la intención expresa de Moctezuma. Era la esperanza de estos indios sencillos y de sexualidad desprejuiciada que ambas razas se fusionaran para combinar sus atributos.

México es un país pletórico de maravillas, bendecido con una variedad de climas favorables, y en la languidez de las planicies tropicales, en la euforia de las serranías, en las costas marítimas y aun a la sombra de la torridez del desierto (con cada faceta de la atmósfera mexicana reflejando y acentuando algún aspecto de España), españoles e indios se volvieron mexicanos. Cuando la Pax Hispanica finalizó a principios del siglo diecinueve con la guerra de la independencia, existían en México dos tercios de mestizos respecto de la cantidad total de indios puros.

Este invento mexicano –la mezcla de razas– fue el lema de la Revolución Mexicana. Durante cincuenta años, después de la Revolución, se dijo en México que el presidente debía tener el rostro moreno. Y los mexicanos eran tan tozudamente anticlericales que un presidente de rostro moreno se quedó fuera de la iglesia mientras dentro se casaba su hija.

¿Pero quién habría imaginado que la violencia de la conquista sería sucedida por uno de los períodos de paz más prolongados de la historia? ¿O que, desde el punto de vista de los muchos indios que respaldaron a Cortés, de la revuelta contra la opresión azteca surgiría al fin la fusión que sus caciques paternalistas habían previsto y deseado?

Algunas marañas de la historia tardan mucho en desovillarse.

VI

Los desvaríos de la victoria

La fusión de dos mundos

Cuando capituló Guatémoc, se produjo un fenómeno humano que reveló en qué medida el pueblo azteca había delegado en su emperador todas sus esperanzas, su fe y su capacidad para actuar. Los dioses invencibles con quienes hablaba Guatémoc, y en cuyo nombre hablaba al pueblo, estaban mudos y humillados. La resistencia azteca cesó de pronto, se desmoronó. El pueblo azteca renunció a la lucha; los guerreros supervivientes bajaron de las azoteas, desarmados, y salieron a las calles; se abandonaron todas las defensas. Hombres jóvenes y ancianos, mujeres de edad y mujeres jóvenes con bebés a la espalda, chiquillos que se aferraban de las madres, todos los aztecas abandonaron el distrito de Tlatelolco donde se habían hacinado y se desperdigaron por el mercado, muchos escabulléndose para ver qué había sido de sus hogares en otras partes de la ciudad.

Los españoles tardaron un rato en comprender que la resistencia se había derrumbado tan súbitamente. Con lo cual un solo pensamiento relampagueó como un rayo en la mente de los españoles. ¿Dónde estaba el oro, el tesoro que habían perdido en la Noche Triste, el oro que llevaban en sus cofres o alforjas y habían perdido o les habían arrebatado? Ese oro les pertenecía. Moctezuma se lo había dado; incluía su parte del tributo que había recaudado el emperador, y también el tesoro del padre de Moctezuma, y los presentes enviados a los españoles por las tribus sometidas. Los españoles lo querían de vuelta. Todo el oro, no sólo las barras y pepitas, sino las esculturas y las joyas exquisitamente labradas.

Para consternación de los españoles, todos sus aliados indios –tlaxcaltecas, texcocotecas, cholultecas, xochimilcatecas, otomíes y otros– saqueaban con entusiasmo las casas lacustres que los aztecas abandonaban. Los aliados indios cacheaban a todos los aztecas –hombres, mujeres y niños– para arrebatarles el oro o el jade ocultos. Los hombres llevaban el oro en la boca, bajo el taparrabos, insertado en el ano; las mujeres lo llevaban en esos sitios, bajo la falda y en las cavidades genitales. Los aliados indios esperaban estas tretas y obligaban a los aztecas a sacar la lengua mientras les palpaban la boca y los demás orificios. Y encontraban oro, en cantidades pequeñas pero que sumaban mucho. Al cabo de un instante de vacilación, los soldados españoles los imitaron.

Cortés y sus capitanes advirtieron que muchos aztecas, a pesar de los esfuerzos de los aliados indios y los soldados españoles, escapaban de la plaza; otros huían en canoas; aun otros, ocultándose en los juncos, escondían objetos. Además, habiendo muchos más indios que españoles que inspeccionaban a los aztecas para arrebatarles el oro, el botín español resultaría pequeño. Obviamente sería poco productivo que los oficiales españoles se sumaran a este frenético juego, pero el tiempo era esencial porque los aztecas se dispersaban precipitadamente. Los oficiales españoles no estaban en condiciones para realizar cacheos detallados, aunque lo hubieran querido. Cortés cojeaba por su herida de la pierna, que aún sangraba bajo el vendaje; Sandoval, que tenía las piernas vendadas en tres partes, había recibido una pedrada en el rostro durante los últimos combates y tenía un lado de la cara hinchado y amoratado; Alvarado estaba tan exhausto que apenas podía tenerse en pie; Cortés y sus compañeros sabían que no estaban buscando los pequeños objetos de oro que pudieran poseer los aztecas, sino el tesoro que habían perdido, y que les pertenecía. El más ávido era Alderete, el tesorero real designado por el consejo de La Española. Alderete, que apartaba su recompensa del botín adquirido para el rey, aún no había ganado nada a cambio de los riesgos que había afrontado y los terrores que había padecido, y sin embargo, como proclamaba a voz en cuello, era él quien contaba con la autorización real.

Cortés y los capitanes españoles interrogaron a Guatémoc y a un elegante general azteca del cortejo imperial. ¿Dónde estaba el tesoro? Como el emperador y su general no se dignaron responder, los españoles sujetaron al general a una estaca, juntaron desechos para encender una fogata y se dispusieron a quemarlo. El emperador azteca y su general se empecinaron en su silencio. Los españoles encendieron el fuego, que ardía despacio porque no había leña, ni siquiera ramillas, en las calles de la ciudad cercada. Varias veces el fuego se apagó, o ellos lo apagaron para repetir su pregunta, que sólo fue respondida con silencio. Los españoles volvieron a encender el fuego. Guatémoc observó impertérrito, incluso con algunos comentarios despectivos, la muerte de su general. Alderete estaba fuera de sí y amenazaba a todos con la cólera del rey si no hallaban el tesoro, y los capitanes españoles hervían de frustración. Calentaron aceite o grasa; tendieron a Guatémoc de espaldas, con los pies alzados, le quitaron las sandalias y le quemaron las plantas de los pies. El emperador no respondía, pero esta tortura era apenas un poco más dolorosa que el tratamiento que los españoles aplicaban a sus propias heridas, así que Cortés le puso fin.

Tenía en mente otra estrategia. Se proponía usar a Guatémoc como había utilizado a Moctezuma, como un símbolo de autoridad que el pueblo azteca vacilaría en desobedecer. Pero Cortés, para su aflicción, no tenía una estrategia para hallar el tesoro perdido. Cuando les llegó el rumor de que el tesoro estaba sepultado debajo del palacio de Guatémoc, él y sus capitanes montaron a caballo, fueron al palacio y ordenaron arrancar el suelo, pero no hallaron nada. Siguieron otros rumores que tuvieron a Cortés y sus capitanes corriendo airadamente por la devastada ciudad, pero no encontraron grandes riquezas, ningún tesoro. Guatémoc informó lacónicamente a Cortés que habían arrojado el tesoro al lago.

Cortés le pidió que señalara el lugar donde habían arrojado el tesoro; Guatémoc señaló un sitio, y Bernal Díaz y otros españoles que eran buenos nadadores se zambulleron para buscarlo. Aunque hallaron algunos objetos, no recuperaron nada de importancia. Empezaron los típicos rumores entre la soldadesca. Se rumoreaba que Cortés, sus capitanes, los contadores oficiales y los sacerdotes ya se habían agenciado el tesoro y montaban esta farsa para disimular.

Durante cuatro días reinó confusión entre los españoles en ocasión de la rendición azteca. Los españoles comenzaron a marcar con hierros a algunos de los vencidos, especialmente las mujeres guapas y los hombres jóvenes aptos para la lucha, pero había demasiados aztecas y los españoles los soltaron. El hedor de los cadáveres era tan espantoso que los españoles, temiendo por su salud, querían abandonar la ciudad. ¿Pero cómo podían marcharse cuando sus aliados indios aún se enriquecían con los objetos que encontraban en las casas y en los orificios de los aztecas? Algunos españoles se quedaron, y algunos que se habían ido regresaron. Comenzó a difundirse otro rumor: que los tripulantes de los bergantines –los que habían tripulado los navíos contra su voluntad– estaban hallando toda suerte de objetos de valor escondidos en los cañaverales y en el fondo del lago, y que los bergantines casi se hundían por el peso del oro. Cortés hizo encender grandes piras en las esquinas de la asolada ciudad, y autorizó a los aztecas a incinerar sus muertos para que el aire estuviera menos hediondo.

Al fin, mientras los aliados indios se marchaban de Tenochtitlán cargados de botín, Cortés ordenó a sus hombres que regresaran a sus fortalezas: Alvarado y su contingente a Tacuba, Sandoval y los suyos a Tepeyac, y Cortés con la fuerza más numerosa a Coyoacán. La capital lacustre del mayor imperio nativo de la América del Norte era una ruina donde merodeaban los hambrientos supervivientes aztecas. En Coyoacán Cortés dio floridos discursos ante las tropas de los aliados que se marchaban, dándoles las gracias y prometiéndoles favores. Los aliados indios no sólo habían acaparado oro sino objetos que los españoles desdeñaban o pasaban por alto: finas prendas de algodón, piedras preciosas y gemas, mantos de plumas, especialmente los que ostentaban las iridiscentes plumas de la cola del ave del Yucatán y América Central que llamaba quetzal (el nombre del dios, *quetzal-cóatl,* combinaba el nombre del ave de regio plumaje con el nombre de la serpiente de colmillos). Los aliados indios estaban satisfechos y ahítos, y llevaban en sus alforjas extremidades de aztecas descuartizados para ofrecer a sus familias el sabor de la venganza.

Mientras los agotados españoles descansaban en sus fortalezas, casi sorprendidos de poderse relajar, comenzaron a comportarse como si estuvieran ebrios, como sucedía siempre después de una sucesión de combates, a retozar, reñir y alardear. Las luchas que acababan de afrontar habían sido muy intensas, pero no tenían bebidas y sólo podían comer los productos de la comarca, de los cuales estaban hartos, hasta que llegó un mensajero de Villa Rica para anunciar que en el puerto había fondeado un navío de Cuba que traía un cargamento de vino y puercos vivos. Cortés envió al mensajero de vuelta a la costa con la orden de que llevaran el vino y los cerdos a la montaña sin dilación, junto con todo lo que tuvieran en la costa que sirviera para aderezar la comida, especialmente vinagre y pan verdadero, no tortillas. (Los españoles de Villa Rica, muchos de ellos tullidos e incapacitados para la lucha, obtenían pingües ganancias como comerciantes. Acaparaban las mercancías que podían obtener en los buques que llegaban, luego exigían precios muy altos, y cobraban de más a los españoles que trajinaban y luchaban en la cordillera. Martín López, mientras construía los bergantines en Tlaxcala, había debido pagar una suma exorbitante por un tonel de vinagre para mantener contentos a sus carpinteros, o al menos eso alegó cuando luego demandó a Cortés.)

Al leer a Bernal Díaz se puede tener la impresión de que la celebración de los españoles fue una reacción inmediata después de su victoria definitiva, pero se tarda mucho tiempo en arrear una piara de cerdos por las montañas, a través de esos sobrecogedores terrenos, bajo esos acechantes picos nevados, dejando atrás el volcán para internarse en el valle que era la sede del imperio. Además, cuando los españoles de la costa tuvieron noticias de la derrota azteca, muchos, mujeres incluidas, acompañaron a los cerdos y los porteadores que llevaban el vino cuesta arriba.

Cortés era un anfitrión hospitalario pero, a pesar de sus esfuerzos, el día del festín, cuando todos los españoles de Tacuba y Tepeyac se congregaron en Coyoacán, sólo había mesas para la mitad de los presentes. Pero las mujeres españolas ayudaron en la cocina, y el aroma de la comida y la fragancia de los olores familiares embriagaron a los conquistadores tanto como el vino. Los españoles estaban ebrios de emoción aun antes que comenzara el festín, y en cuanto paladearon el vino se acentuaron los desórdenes, como consigna Bernal Díaz con tono severo: "Y también por questa planta de Noé hizo a algunos hacer desatinos; y hombres hobo en él que anduvieron sobre las mesas después de haber comido, que no acertaban a salir al patio; otros decían que habían de comprar caballos con sillas de oro; y ballesteros también hobo que decían que todas las saetas y gujaderas que tuviesen en su aljava, que las habían hacer de oro de las partes que les habían de dar".

Esta fiesta parecía señalar el final de los padecimientos de un combate a brazo partido. La fiesta señalaba el comienzo de la jovialidad española en México. Pero a la mañana siguiente Cortés, a pesar o a causa de su resaca, se disculpó discretamente ante el padre Olmedo y prometió que en cuanto reinara la sobriedad se celebraría una misa solemne donde todos los españoles pedirían el perdón.

Como no se había descubierto un gran tesoro ni una gran fortuna en las ruinas de Tenochtitlán, Cortés prefirió postergar la acumulación y distribución del oro con la esperanza de que se pudiera encontrar o adquirir más. Sus levantiscos soldados, sin embargo, querían saber cuánto les tocaría, así que se hizo una evaluación inicial. Se calculó todo el oro que se había acumulado. Las rarezas se apartaron como regalos para el rey. Luego se dividió el oro: una quinta parte para el rey, una quinta parte para Cortés, tanto para cada uno de los capitanes, tanto para cada uno de los sacerdotes, incluido Melgarejo, tanto para los oficiales, y Cortés pidió un reembolso por el valor de caballos perdidos que según alegaba eran de su propiedad. Después de este reparto quedó tan poco para los demás que se produjo un gran alboroto entre los frustrados soldados de a pie (uno de los más vehementes era Bernal Díaz).

Cortés pudo aplacarles hablándoles de esa vasta comarca de donde se extraía el oro. Era muy probable que los aztecas hubieran derrochado su oro pagando a las tribus vecinas para que burlaran el cerco español y llevaran víveres a Tenochtitlán. Algunos hombres ahora tenían consigo a sus esposas; había llegado la esposa portuguesa de Olid; y la presencia de las mujeres agudizaba, si eso era posible, la codicia de los españoles. Pero Cortés les recordó que aún estaban las minas de donde habían llegado el oro y la plata, y los españoles que sabían algo sobre minería y habían visitado los filones auríferos despreciaban los métodos de extracción de los indios. Era posible aumentar el rendimiento de esas minas, y a partir de ahora el oro iría directamente a los bolsillos y cofres de los españoles. Cortés, como capitán general, comenzó a hablar de los otorgamientos que haría. Cada español sería recompensado con una porción del país como encomienda.

Cuando se presentó una delegación de indios de una provincia llamada Michoacán, que se encontraba al oeste, y juró obediencia a Cortés, el conquistador se sintió complacido porque no sólo sumaba a su territorio una zona fecunda sin tener que pelear por ella, sino que había oído que Michoacán tenía una salida al Mar del Sur. El Mar del Sur intrigaba a Cortés y se transformó en obsesión apenas cayó Tenochtitlán. Cortés no había visto ese mar, pero había oído descripciones. Vasco Núñez de Balboa lo había visto desde la costa occidental de Panamá, según había sabido Cortés mientras vivía en La Española. Ese Mar del Sur –que en realidad se encontraba al Oeste, y era el Océano Pacífico– debía de encontrarse al occidente de México. En la mente de los españoles, y no sólo en la de Cortés, despertaba nuevamente la visión de Colón, la idea de que navegando hacia el Oeste podían encontrar la China y las riquezas de las verdaderas Indias.

La noticia del triunfo español en Tenochtitlán se propagó rápidamente de Villa Rica a Cuba, La Española y las demás islas caribeñas, y el eco de la victoria llegó hasta España. En consecuencia, a fines de 1521, mientras Cortés y sus españoles descansaban en Coyoacán, preguntándose qué deberían hacer a continuación, dos navíos de La Española atracaron en el puerto de Villa Rica. A bordo del navío más suntuoso viajaba un caballero llamado Cristóbal de Tapia (al parecer no era pariente de Andrés de Tapia, un leal capitán de Cortés), y al desembarcar anunció que ahora era gobernador de Nueva España y contaba con documentos para demostrarlo.

A la sazón Pedro de Alvarado estaba en Villa Rica (porque Cortés y sus hombres eran conscientes de que los españoles del puerto los extorsionaban con sus precios) y, como capitán de rango, estaba al mando. Cuando Tapia le presentó los papeles que le daban credencial de gobernador, Alvarado, renunciando a su precipitación habitual, leyó los papeles despacio e informó a Tapia que él no podía dictaminar sobre la pertinencia de documentos de tal importancia; habría que convocar al cabildo de Villa Rica para verificar la autenticidad de los documentos y el modo de transmitir el mando. Tapia no veía razones para tantos rodeos y así lo manifestó, pero decidió esperar cuando comprendió que Alvarado pertenecía a esa clase de hombres con los que resulta peligroso discutir.

Mientras esperaba –y el gobierno de Villa Rica retrasaba la decisión (huelga decir que un jinete ya galopaba hacia Tenochtitlán)– Tapia se codeó con los españoles del puerto y buscó a los que habían ido con Narváez o tenían alguna relación con Velázquez. Los papeles de Tapia se habían preparado en España a instancias del obispo de Burgos. A cada español influyente Tapia entregó una copia de una carta del obispo Fonseca que prometía recompensas a quienes colaborasen con él y amenazaba con terribles castigos a sus opositores. Tapia tenía muchas de esas cartas, donde el obispo había estampado una florida firma. Los españoles de México tenían una noción muy vaga de lo que acontecía en España; habían oído rumores de que los asesores flamencos del rey le habían restado autoridad, y sin embargo el obispo aún parecía ser el presidente del Consejo de Indias, y por tanto controlaba el comercio con el Nuevo Mundo.

Tapia no podía viajar de inmediato a las montañas para presentar sus documentos a Cortés porque sus caballos estaban mareados por el viaje, así que le escribió una misiva, la cual Alvarado envió a la serranía, explicando que obraban en su poder ciertas cartas selladas que presentaría personalmente a Cortés en cuanto sus monturas estuvieran bien. Cortés conocía a Tapia desde que ambos vivían en La Española. Tapia había sido veedor, con la función de velar por las fundiciones de hierro de la isla para que los ingresos del gobierno no sufrieran un recorte excesivo (se esperaba que Tapia recortara una parte). Cuando Cortés recibió la misiva, Tapia había partido rumbo a la montaña, así que Cortés envió a Sandoval y otros capitanes de confianza, con fray Melgarejo, un hombre de talento quien, habiendo vendido todas sus indulgencias, estaba muy interesado en las cartas del recién llegado. Los hombres de Cortés, afable pero enérgicamente, desviaron a Tapia del camino y lo condujeron a Cempoala.

En Cempoala estos capitanes, a instancias de Melgarejo, leyeron atentamente los documentos de Tapia, con exclusión de los que estaban sellados. Los capitanes y Melgarejo, en señal de sumisión y respeto, se apoyaron en la cabeza la hoja que pretendía ser una cédula real. Pero cuestionaron las intenciones del rey en lo concerniente a Nueva España; dudaban que el obispo Fonseca hubiera explicado al rey la verdadera situación; cuestionaban los motivos del obispo, quien era conocido partidario de Velázquez; y alegaron que no podían obedecer mientras los deseos del rey no se explicaran con mayor claridad. De hecho, asustaron tanto a Tapia que el aspirante a gobernador enfermó (o quizá fue a causa de alguna comida a la que no estaba acostumbrado). Los capitanes y Melgarejo recomendaron a Cortés que enviara algunos lingotes de oro para Tapia. Cuando llegaron esos lingotes, Alvarado se los entregó a Tapia a cambio de algunos negros, sus tres caballos y el buque de carga más pequeño. Aun así, cuando llevaron a Tapia a Villa Rica para embarcarlo en la nave restante, Tapia se empecinó en presentar directamente a Cortés sus documentos sellados. Se aproximaba el fin del año, y todo el procedimiento se había prolongado tanto que algunos miembros del cabildo se inclinaban por aceptar a Tapia como gobernador. Sandoval perdió la paciencia, visitó a los vacilantes miembros del cabildo con cincuenta recios hombres y fue a ver a Tapia para decirle que abordara su buque y se marchara o lo enviarían de vuelta en canoa.

Así se frustró la jugada del obispo Fonseca. Cuando Tapia llegó a la Española, los padres jerónimos lo reprendieron severamente. Le habían advertido que no fuera, tal como habían advertido a Narváez, porque crearía rencillas entre los españoles, y en tal caso los nativos se levantarían y pondrían en jaque una conquista que prometía ser muy provechosa y gloriosa para España y la Iglesia. Pero este alboroto nunca llegó a oídos del rey porque Carlos V estaba en Alemania, y Tapia se quedó con el oro.

A principios de 1522, Cortés disfrutaba de un respiro. Malinche le había dado un hijo, y Cortés tomó ese nacimiento como señal de aprobación divina y lo bautizó Martín, en honor a su padre. Además, después de deliberar con sus capitanes, había decidido reconstruir Tenochtitlán. No era una decisión fácil porque Coyoacán, situada a orillas del lago, era un sitio más saludable para enclavar una capital; el terreno era llano y menos vulnerable, pero durante muchas generaciones Tenochtitlán había sido el centro y el ápice de esa parte del mundo, y los españoles querían lucir los atributos de la realeza azteca. Así se inició la reconstrucción de la ciudad. Pusieron a trabajar a los aztecas supervivientes, y solicitaron ayuda a los pueblos amigos, como la gente de Texcoco. Cortés trasladó su cuartel general a la isla y supervisó personalmente el trazado del nuevo municipio, en un esfuerzo por revivir la gloria de esa ciudad de fantasía que había amado y destruido. Pero, inevitablemente, el resultado de la reconstrucción fue una ciudad española, con iglesias en vez de pirámides coronadas por templos. La apariencia geométrica de Tenochtitlán no era reproducible, y la solemne atmósfera azteca que había mantenido limpias las plazas de baldosas y había regulado las actividades de la gente fue remplazada por la prisa y la algarabía españolas.

A principios de 1522 Cortés comenzó a escribir su tercera carta al rey, exponiendo sus actos desde el momento en que lo expulsaron de Tenochtitlán y halló refugio en Tlaxcala hasta el presente. Describía la ordalía que habían afrontado los españoles, pero no se detenía en su victoria, sino que llevaba su narración hasta la nueva resolución de descubrir el Mar del Sur y un enlace con el Caribe, y bogar una vez más hacia el Oeste en busca de las especias y riquezas del Oriente.

En mayo Cortés concluyó su carta al rey y la firmó. Pero Cortés y sus capitanes eran reacios a despacharla. Sabían muy poco sobre lo que acontecía en España, y nada sobre la actitud del rey. Después del episodio de Tapia, Cortés entabló muchas conversaciones confidenciales con sus hombres de confianza y sus simpatizantes más leales acerca del peligro de que otros personajes como Tapia, instigados por Velázquez y apoyados por el obispo Fonseca, intentaran obtener autorización del rey para controlar políticamente las conquistas que Cortés y otros hombres esforzados habían ganado a fuerza de sangre y coraje. Muchos capitanes hicieron insinuaciones o presentaron propuestas más tajantes: Cortés debía actuar por su cuenta, confirmar el otorgamiento de encomiendas sin aprobación del rey, tal vez declarar la independencia política de esa nueva tierra o al menos tratar de limitar el control de la metrópoli. Esto equivalía a sedición, y Cortés y sus hombres lo sabían.

Abandonando la idea de la sedición, Cortés sostuvo que el modo más seguro de granjearse los favores del rey –y liberarse de las amenazas de Velázquez, del obispo Fonseca y otros intrigantes de las islas y de España– consistiría en enviar al rey otra gran carga de tesoros para demostrar en forma contundente la valía de sus conquistas. Cortés y sus capitanes no sabían con exactitud qué había sucedido con las vastas riquezas que habían enviado, pero Cortés no se enorgullecía de los tesoros de que ahora disponía, al compararlos con lo que se había perdido en la Noche Triste. Así que postergaba la preparación de una flota que llevaría al rey sus tesoros junto con su tercera carta.

Muchos españoles llegaban en tropel a La Nueva España. En las bahías de la costa oriental echaban ancla navíos de las diversas islas y de España misma. Uno de los mejores puertos se hallaba en la desembocadura del río Pánuco (al norte de Villa Rica), pero Francisco de Garay, gobernador de Jamaica, que había intentado varias veces asentarse allí, había sido derrotado por los naturales. Cortés decidió que él mismo sometería Pánuco. Varios capitanes que se contaban entre sus veteranos más allegados intentaron disuadirlo. No querían que Cortés se arriesgara porque sabían que los indios empezaban a reverenciar su persona. Pero Cortés se impacientaba con las maquinaciones políticas, y estaba harto de preguntarse cómo debía actuar ante el rey y los rivales patrocinados por el rey. Así, a pesar de las objeciones de sus capitanes, organizó una numerosa fuerza de españoles con cuarenta mil auxiliares indios, fue a Pánuco, y tras una dificultosa campaña la sometió y retornó a la capital.

En agosto de 1522 otro navío de las islas fondeó en la costa oriental de México. Esta nave, arrastrada por la corriente de la costa del Yucatán, había buscado el primer fondeadero disponible, que se hallaba en Coatzacoalcos; la nave no continuó hasta Villa Rica. Sandoval, tras sofocar una rebelión india en Coatzacoalcos, estaba presente para observar el desembarco de ese contingente que venía a sumarse a la explotación de esas tierras. Montado en su caballo, Sandoval observó las chalupas que se aproximaban a la costa con muchos caballeros de encaje, así como damas ricamente vestidas, y montones de petates. Aún no habían descargado los valiosos caballos que Sandoval veía a bordo del navío. Entonces se adelantó con paso atrevido una de esas elegantes damas, quien se anunció como Catalina Suárez Marcaida de Cortés, esposa del capitán general. La acompañaba su hermana, igualmente vestida, y su hermano Juan. (Averiguar si la hermana que acompañaba a Catalina era la misma con quien Cortés había tenido un amorío escapa a los alcances de la investigación histórica. Si se trataba de ella, era razonable que Catalina la trajera como garantía. Por otra parte, también era razonable que una Suárez soltera fuera allí con la esperanza de casarse con un rico conquistador. El hermano Juan venía simplemente porque había sido socio de Cortés en una parcela que Velázquez les había otorgado, y de ello deducía que tenía derecho a la mitad de lo que Cortés hubiera conquistado.)

Sandoval se quedó pasmado. La llegada de la Marcaida, con o sin parentela, era inesperada. Sandoval, tratando de recordar sus modales, les aconsejó que descansaran del viaje y se acomodaran como pudiesen, mientras enviaba a un jinete a todo galope para informar a Cortés.

En la capital Cortés –que apoyaba en sus rodillas al hijo que le había dado Malinche– recibió la nueva con la calma de un comandante experimentado que había afrontado muchas sorpresas desagradables. No sabía si la llegada de la familia Suárez podía atribuirse a Velázquez, pero sospechaba que sí. No obstante, ordenó que su esposa y su comitiva fueran provistos con las comodidades que hubiera en Coatzacoalcos y que Sandoval, en cuanto pudiera organizar una escolta apropiada, los llevara a la serranía.

Así forzó Catalina –de quien su esposo dijo una vez que la amaba tanto como si fuera hija de una duquesa– esa reunión conyugal. Cuando llegó a la capital, Cortés la alojó en cómodos aposentos y programó festejos en su honor; todos los conquistadores que estaban en la capital se reunieron para observar.

La Marcaida era una mujer vocinglera que padecía de asma y pronto tuvo fricciones con muchos capitanes de Cortés. Los cronistas consignaron oportunamente estas riñas. Proclamaba sin tapujos que consideraba suyo todo lo perteneciente a Cortés, sin ninguna consideración por las partes correspondientes a los capitanes. A los cuatro o cinco días de su llegada se celebró un baile en su honor, y allí, tras mucho beber y comer, mareada por una altitud a la que no estaba acostumbrada, tuvo un furioso altercado con un capitán, al cual Cortés puso fin diciéndole que no quería nada de ella.

Después de ese altercado Cortés y su esposa se fueron al lecho y ella falleció. A esta altura de la conquista ya había médicos presentes, y llegaron a la conclusión de que Catalina había muerto de asma durante un ataque de apoplejía causado por el exceso de actividad y celebraciones en la enrarecida atmósfera de la montaña. Cuando Juan, hermano de Catalina, entabló pleito a Cortés acusándolo de homicidio, testificó que la garganta de su hermana presentaba marcas de estrangulamiento. Los médicos declararon que esas marcas eran los moretones causados por el espasmo. Como la soldadesca española disfrutaba de los chismes y del humor negro, pronto se corrió el rumor de que Cortés la había matado. Pero Bernal Díaz restaba importancia a esas habladurías, alegando razonablemente que la idea del uxoricidio jamás se le habría ocurrido a un caballero español del siglo XVI; el asunto no tuvo más repercusiones, aunque nunca faltaron comentarios sabrosos.

En octubre o noviembre Cortés decidió que ya era momento de enviar al rey su tercera carta y el tesoro. Se hizo una evaluación definitiva del oro derretido, que derivó en determinada cifra según Bernal Díaz y una cifra menor según Gómara, a quien Cortés suministró la información, pero el quinto real que sumaba veintiséis mil castellanos después de la caída de Tenochtitlán ahora llegaba a treinta y siete mil. Se informó al rey que en nombre de su majestad se tenían en México gran cantidad de esclavos y además del oro se le envió una selección de maravillas: escudos indios de mimbre revestidos con piel de puma, adornados con plumas y bordados de oro; una esmeralda del tamaño de la palma de una mano, puntiaguda como una pirámide; muchas esculturas de oro que los españoles encomendaron a los orfebres indios, representando aves, peces, antílopes, flores y frutas, y bandejas y copas de oro para la mesa del rey; y cofres llenos de argollas de oro repujado. La colección era invalorable e incluía estupendas máscaras enjoyadas e ídolos aztecas.

En diciembre cargaron estos tesoros a bordo de tres carabelas, llenando las bodegas, en la nave más grande viajaban emisarios de Cortés con su carta al rey y otra carta del cabildo de la nueva capital, donde se solicitaba la aprobación real para las encomiendas que ya se habían otorgado. Cortés se había opuesto previamente al sistema de encomiendas porque no fijaba un valor mensurable a los servicios personales que prestaban los indios, y Cortés era sensible a esta desigualdad. Juzgaba que con ese sistema los encomenderos podían abusar de sus indios en su afán de extraer las riquezas de la tierra con la mayor prisa posible, a veces causándoles muerte y en detrimento del desarrollo a largo plazo, como había sucedido en La Española y en Cuba. Pero Cortés, bajo presión de sus capitanes y sus hombres, que disponían de poco oro, al fin respaldó la encomienda porque no se le ocurría otra institución –ni existía otro sistema– que pudiera recompensar a los conquistadores, garantizarles los frutos de la tierra y al mismo tiempo prometer una semblanza de confortación cristiana para los indios. (Una vez convencido de ello, Cortés, amante de la competencia, se asignó la mayor encomienda.) También se requería al rey que enviara una persona noble y culta para que viera todas las maravillas que se habían descubierto y confirmara las proezas de los conquistadores, que enviara granjeros con semillas y ganado, y sacerdotes devotos para convertir a los indios. Se pedía al rey que no enviara a quienes pudieran sembrar más confusión y discordia: ni judíos conversos o musulmanes, que podían recaer en sus antiguas prácticas religiosas y así desconcertar a los indios y, ante todo, ningún abogado. Muchos conquistadores, entre ellos Cortés, enviaron cartas personales y oro a sus familias.

Cortés escogió como emisarios a Alonso de Avila y Antonio de Quiñones, acompañados por algunos otros del ejército español de México, entre ellos fray Melgarejo. Cortés no viajó porque pensaba que debía proteger sus conquistas, y esto significaba ahuyentar a intrusos como Tapia, evitar reyertas entre españoles y aprovechar al máximo su ascendiente personal entre los indios. Además sabía dónde estaba la verdadera valía de México, no en los tesoros que enviaba (que eran puramente simbólicos) sino en los futuros frutos de la tierra. Se despidió de sus emisarios deseándoles buena suerte, pero sus deseos no se cumplieron.

Al este de las Azores, la flota española fue atacada por filibusteros franceses que capturaron las lentas carabelas. El tesoro destinado al rey de España terminó en manos del rey de Francia. Sin embargo, un par de meses antes de la partida de la flota, Cortés había enviado otra copia de su carta al rey, en manos de un secretario y a bordo de una nave más veloz, y esa copia llegó a España. En cuanto al tesoro, Carlos V sólo pudo ver el inventario que Cortés consignaba en su tercera carta.

La cuestión de la
sumisión al rey

Los conquistadores sentían una innegable propensión a declararse independientes del rey. Cortés y sus hombres sabían que en la invasión de esas vastas tierras, habitadas por una raza salvaje y pagana, sólo podían contar con la ayuda de Dios. Ellos mismos habían tenido que financiar su aventura. Aunque en sus misivas al rey utilizaban las formas de etiqueta habituales en sus tiempos –"Muy altos y muy poderosos excelentísimos príncipes", "muy católicos y muy grandes reyes y señores", "invictísimo emperador y señor nuestro", "De vuestra cesárea majestad muy humildes siervos y vasallos, que los muy reales pies y manos de vuestra majestad besan"–, debajo de estas formalidades alentaba la tentación de no agradecer nada al rey y desembarazarse de toda obligación ante Carlos V y sus perniciosos burócratas.

Si los conquistadores enarbolaban su propio estandarte en las tierras que habían conquistado y ahora organizaban del modo que creían más pertinente, contaban con oro y plata suficiente para comprar todos los bastimentos necesarios: pólvora, armas de fuego, caballos y demás. Podían comprarlos a los mercaderes de las islas caribeñas o en España y otras partes de Europa; no faltarían proveedores ansiosos de recibir su pago en oro. Y más españoles acudirían en tropel, con o sin autorización del rey y sus delegados oficiales. Llegaban caballeros, soldados, sacerdotes, y pronto llegarían campesinos de Andalucía y otras provincias de España. Los conquistadores no tenían la menor intención de ceder el control de sus tierras. Conocían las condiciones locales y se consideraban los más capacitados para gobernar y elaborar soluciones prácticas. En cuanto al rey, sólo cumplían con una formalidad.

Y la ironía era que el rey Carlos –Charles, como se hacía llamar el rey– ni siquiera hablaba español. Nacido en Flandes en 1500, su lengua materna era el francés, y su segunda lengua el alemán. Criado por la familia austríaca de su padre en la corte de los Habsburgo, se consideraba la cabeza del Sacro Imperio Romano, y sólo los españoles lo consideraban ante todo rey de España. Lo cierto era que los Habsburgo soñaban con restaurar el imperio romano tal como había sido en sus últimos ochenta años, cuando el cristianismo era la religión oficial, y con toda deliberación habían criado al niño para que fuera antinacionalista, en crudo contraste con el ferviente y aguerrido patriotismo que cundía en España y el sentido de nación que despertaba en Francia e Inglaterra.

Los planes de los Habsburgo atentaban contra el ánimo de los conquistadores, que apenas podían comprenderlos. Ninguno de estos curtidos veteranos de México había visto al soberano, y no estaban dispuestos a soportar las coerciones del tío de Velázquez, el obispo Fonseca, ni de los empleados de Fonseca en el Consejo de Indias, por mucho que hablaran en nombre del rey. Cortés y sus hombres sabían que Fonseca había prohibido los embarques al Nuevo Mundo con el propósito de cortarles los suministros, y estaban resentidos por ello. Anhelaban desafiar esa prohibición con el tintineo de sus recién acuñadas monedas de oro.

Pero los españoles de México, como todos los españoles, eran tradicionalistas por instinto. Y aunque su rey sólo era español a medias y se rodeaba de flamencos, los conquistadores no lograban desembarazarse de la tradición de la realeza, por precaria que la historia de la realeza hubiera sido en España.

Mientras Tenochtitlán resistía, los españoles de México ni siquiera soñaban con cuestionar su colaboración con la corona española. Antes del triunfo, eran sólo un puñado de anónimos aventureros. En cambio, después de la caída de Tenochtitlán, cuando los aventureros eran conquistadores y poseían oro azteca, ese rey medio español y sus consejeros flamencos ya tenían noticias del resentimiento de esos súbditos renuentes y, como leones agazapados, estaban dispuestos a brincar ante el menor reto a la autoridad real. Los españoles que ahora llegaban sin cesar a México informaron a Cortés y sus hombres que las comunidades españolas se habían rebelado ante los exorbitantes subsidios que se les exigían para respaldar las ambiciones sacrorromanas del nuevo rey, y les refirieron cómo se había aplastado esa rebelión.

Por una parte, los hombres de México estaban imbuidos de su hispanidad, orgullosos de su ánimo, exultantes en su triunfo. No querían renegar de España ni del catolicismo que formaba parte esencial de su hispanidad. Por otra parte, eran hostigados por rivales envidiosos y, ante todo, no sabían si podían fiarse del rey, que no les había dado ninguna confirmación.

México era un barril de pólvora con una mecha, pero la mecha aún no estaba encendida.

Actuando como si contara con la aprobación del rey, Cortés envió tropas a la costa occidental para instalar astilleros y ordenó la construcción de dos carabelas; también preparó expediciones para conquistar las provincias del Sur, con la intención de que las tropas de ambas costas buscaran un pasaje que comunicara el Pacífico con el Caribe. De cuando en cuando debía aplacar reyertas indias; también los españoles tenían disputas por el oro o las encomiendas, y Cortés debía restaurar el orden dentro de los cabildos, mientras se fundaban cada vez más ciudades para legitimar la ocupación de esas tierras.

Cortés recibió noticias de que existía una isla de amazonas frente a la costa occidental. Tal vez esta ocurrencia fue estimulada por las esculturales y altas indias de Tehuantepec, que se hallaba en la costa sur de México, y tal vez la historia fue adornada por un español que había leído una continuación del *Amadís de Gaula* que se llamaba *Las Sergas de Esplandián*; en esta novela de caballerías se repetía la historia de esas robustas y dominantes mujeres guerreras, una leyenda narrada en muchas versiones en muchas partes del mundo, tal vez respondiendo a una fantasía onírica masculina. Cortés dio tanta importancia a este informe que se lo transmitió al rey. Cortés estaba obsesionado con la promesa del Pacífico.

Pero el punto débil que lo preocupaba era Pánuco. Uno de sus propósitos al sojuzgar Pánuco era ocupar la única plaza de la costa oriental donde Francisco de Garay, gobernador de Jamaica, podría tratar de establecerse con aprobación del rey. La expedición de Pánuco había dejado a Cortés sin blanca porque no había hallado oro y, al regresar a la capital, había procurado resarcirse recurriendo al quinto real que estaba acumulando. Pero los españoles responsables del quinto real, sabiendo que a la larga deberían rendir cuentas, rechazaron su petición alegando que la expedición no había respondido a la causa española sino al afán de excluir a Garay.

En el verano de 1523 Cortés supo que Garay, Velázquez y Diego Colón, el hijo del descubridor, conspiraban en Cuba aprestándose para regresar a Pánuco. Garay, que era rico, había reunido una flota de once navíos y, con ayuda de Velázquez, estaba alistando un ejército que juró no abandonarlo jamás. La flota estaba al mando del sobrino de Velázquez, Juan de Grijalva, quien aparentemente había recobrado la estima del gobernador, y el ejército incluía a ciento cincuenta jinetes y cuatrocientos o más soldados de a pie, tal vez hasta ochocientos cincuenta españoles, con gran cantidad de piezas de artillería, arcabuces y pertrechos, y muchos indios jamaiquinos. Velázquez era reacio a colaborar en esta empresa, pues la derrota de Narváez lo había dejado casi en bancarrota. No creía que Garay estuviera a la altura de esa misión y temía que fracasara, como había sucedido con Narváez y Tapia. (Mientras Tapia se encontraba en Villa Rica, había visitado a Narváez en la prisión. El tuerto Narváez le había dicho que, teniendo en cuenta la suerte de Cortés, Tapia debía marcharse de allí cuanto antes y solicitar ayuda al obispo Fonseca. Cuando Cortés se enteró de ello, mandó llevar a Narváez a la montaña. Temiendo un castigo, Narváez suplicó misericordia de rodillas, y Cortés le aseguró que reanudarían su vieja amistad, después de lo cual lo retuvo un tiempo y al fin le permitió regresar a Cuba. Narváez manifestó su gratitud eterna a Cortés, quien hasta le dio algo de dinero para regresar a Cuba, pero más tarde Narváez se querelló contra Cortés, al igual que Tapia.)

Cuando Cortés tuvo noticias sobre la flota de Garay, convalecía en cama en la capital, pues dos meses antes se había roto el brazo al caerse del caballo. Estaba irritable por falta de sueño, pues el dolor del brazo le impedía dormir. Cortés se levantó y ordenó que recogieran su ropa de cama. Llamó a Alvarado, quien se disponía a marchar sobre Guatemala con gran cantidad de efectivos, y en cambio lo envió a Pánuco. Al cabo de un tiempo Cortés siguió a Alvarado con otra fuerza numerosa.

En la medianoche de la primera jornada, mientras Cortés procuraba conciliar el sueño, llegaron dos jinetes de la capital con un escolta y guías. Hacía años que Cortés no veía a esos dos hombres; eran su primo Rodrigo de Paz y su primo o cuñado Francisco de las Casas.

317

Habían llegado a Villa Rica desde España, lo habían buscado en la capital y al fin lo habían seguido por el camino de Pánuco. Le entregaron algunos decretos que el rey había firmado en abril, confirmando a Cortés como gobernador y capitán general de Nueva España, con poder para otorgar encomiendas y prohibir que nadie, sobre todo Francisco de Garay, invadiera las tierras conquistadas.

Estos decretos constituían la primera demostración de aprobación real que veía Cortés. Sintió alivio hasta el fondo de su fatigada alma. Su maltrecho cuerpo casi se derrumbó de contento. Su alivio era tan profundo que hizo recoger nuevamente su ropa de cama (él, que solía dormir en el suelo) y, dejando que Alvarado se encargara de Garay, regresó a la capital, donde un pregonero leyó los decretos reales en la plaza pública.

Durante los cuatro años anteriores se habían sucedido en España una curiosa serie de fracasos y triunfos. Cuando el obispo Fonseca confiscó en Sevilla el primer tesoro que Cortés envió al rey (incluidos los efectos personales de los pasajeros), Puertocarrero y Montejo, sin más bienes que las monedas que llevaban en el bolsillo y las ropas que llevaban encima, regresaron a Medellín, donde se reaprovisionaron y solicitaron la ayuda del padre de Hernán Cortés, Martín Cortés de Monroy. Los tres partieron a Barcelona para ver al rey. Pero cuando llegaron a Barcelona –en enero de 1520– descubrieron que el rey se había ido a Burgos. Sin embargo, en Barcelona localizaron a un primo de Cortés que tenía experiencia en asuntos cortesanos, y pronto contaron con el apoyo de poderosos nobles, encabezados por el duque de Béjar; esos nobles españoles estaban cautivados por esas historias de oro y coraje. Montejo, Puertocarrero y Martín Cortés siguieron al rey hasta Burgos, pero el rey se había marchado de allí, y lo encontraron en Tordesillas, una pequeña localidad cercana a Valladolid, donde visitaba a su desquiciada madre, que se alojaba en un convento. En Tordesillas Carlos V otorgó al fin a Montejo y Puertocarrero una audiencia y oyó su petición, que desde luego le pareció singular: que un tal Hernán Cortés fuera confirmado como principal autoridad de una ciudad recién fundada en alguna parte del Nuevo Mundo. Hubo que traducirle la propuesta al francés, y aunque el paso del francés al español era más sencillo que la traducción del español al maya y al náhuatl, la comunicación dejaba que desear. Para embrollar aun más las cosas, el obispo Fonseca y los velazquistas que se hallaban en España no sólo cuestionaban la petición sino que recomendaban que Cortés fuera condenado por rebelde y traidor.

El joven Carlos, de temperamento empecinado pero cauto y conservador, escuchó pacientemente a ambas partes. Lo que le interesaba era el tesoro incautado que almacenaban en los depósitos sevillanos del Consejo de Indias. Los funcionarios aduaneros de Fonseca no habían podido abstenerse de mostrar algunas de esas preciosas rarezas a sus amigos de Sevilla, y el eco de su entusiasmo había resonado en la corte. Carlos ordenó que le trajeran ese tesoro para echarle un vistazo.

Cuando llegó el tesoro, Montejo y Puertocarrero verificaron el inventario y señalaron que faltaban muchas piezas. Pero el tesoro era tan espléndido que logró intrigar a Carlos, sus consejeros flamencos y los nobles españoles, tanto por el oro como por las curiosidades. En los treinta años transcurridos desde el descubrimiento del Nuevo Mundo, habían llegado a España algunas piezas de oro y plata, pero aún no existía idea de la cantidad que llegaría desde México, tan cuantiosa que financiaría el sueño Habsburgo de resucitar el imperio romano.

En mayo de 1520, antes de zarpar del puerto de La Coruña, Carlos ordenó a los magistrados del Consejo de Indias que entregaran o dieran cuenta de cada artículo del inventario del tesoro y devolvieran a Puertocarrero y Montejo todos sus efectos personales, incluidos los sacos de oro que los conquistadores, entre ellos Cortés, enviaban a sus familias. Además, Carlos desoyó el alegato de Fonseca y se negó a acusar a Cortés de rebeldía. Pero no tomó otras medidas. (Con el tiempo Bernal Díaz escuchó en México que el obispo Fonseca encarceló a Puertocarrero, quien falleció en prisión, pero esta historia es dudosa porque Fonseca no habría actuado tan drásticamente contra Puertocarrero sin molestar a Montejo, quien pronto regresó al Nuevo Mundo y conquistó gran parte del Yucatán.)

Montejo y Puertocarrero, pues, quedaron tal vez en mejor situación que antes, aunque sin garantías. El regente que gobernaba España en ausencia del rey era Adrián de Utrecht, un clérigo de increíble mal genio que luego llegaría a Papa (Adriano VI). Los partidarios de Cortés comunicaban al regente todas las noticias que pudieran complementar las cartas de Cortés al rey, y el regente al fin comprendió lo que Cortés hacía en México, a pesar de las intrigas legalistas de Velázquez y Fonseca. Adrián ordenó que no se permitiera la participación de Fonseca en el pleito que Velázquez había entablado contra Cortés.

En julio de 1522, cuando Carlos regresó a España, se mostró de acuerdo con el regente, pero con su habitual cautela designó una junta de nobles españoles para que decidieran sobre todos los asuntos concernientes a Cortés. En octubre de 1522 esta junta falló en favor de Cortés, y fue entonces cuando lo nombraron gobernador, capitán general y justicia mayor de Nueva España. Las reclamaciones de Velázquez quedaron reducidas a un mero juicio civil para recobrar la suma que el gobernador de Cuba hubiera invertido en la flota que había zarpado de la isla al mando de Cortés, pero se desatendió toda reclamación de Velázquez sobre el botín de la conquista, así como las acusaciones de traición y rebelión que esgrimía Fonseca.

Aun así, sólo en julio del siguiente año llegaron a Cortés las noticias de esta exculpación total.

Lo que sucedió con Garay fue patético. Garay, que no era un líder natural, llegó a la costa de Pánuco lleno de bríos, desembarcó y mandó decir a los indios que él y no Cortés era el gobernador español a quien debían obediencia y que castigaría a Cortés por sus fechorías. A su vez, los hombres de Garay comenzaron a asolar la campiña, hasta que se toparon con Alvarado. En una reunión Alvarado informó al capitán de Garay que Cortés había recibido autorización del rey y era gobernador real; el capitán de Garay se negaba a creerlo, pero Alvarado exigió que entregara sus armas y caballos, y el capitán de Garay tuvo la sensatez de obedecer. Sin duda los hombres de Garay se amedrentaron ante Alvarado y sus curtidos veteranos, pero además pararon mientes en el oro que Alvarado y sus hombres exhibían afablemente.

En cuanto a Garay, estaba atravesando una marisma hostigado por mosquitos y murciélagos, y su tropa se moría de hambre porque todas las aldeas indias adonde llegaban estaban abandonadas. Grijalva, con la mayor parte de la flota, había anclado en la desembocadura del río Pánuco, a veinte kilómetros del pueblo ribereño que había fundado Cortés, donde había una guarnición. El comandante de la guarnición fue a ver a Grijalva y le mostró una copia del decreto del rey; la única autorización que Grijalva pudo mostrar para la empresa de Garay era la vieja licencia del obispo Fonseca. Así, aunque Grijalva se mantuvo en sus trece, dos capitanes se dispusieron a navegar río arriba, hacia la ciudad. Grijalva amenazó con cañonearlos. Después de un tenso enfrentamiento, las tripulaciones de Garay se unieron a los hombres de Cortés y todas las naves bogaron río arriba; el comandante de Cortés arrestó a Grijalva y a otros velazquistas que eran oficiales navales.

Garay concertó un encuentro con el capitán de Cortés que disponía de una copia del decreto real que designaba gobernador a Cortés. Se reunieron en un villorrio del interior de la provincia, y Garay llegó tan enfermo que tuvieron que llevarlo en litera, y tan cabizbajo que parecía un prisionero. Los hombres de Garay, a pesar de su juramento, le habían dado la espalda. Garay sabía que Cortés, a la luz de ese decreto real, había ganado la partida. Si la gente de Cortés le ayudaba a reunir a sus hombres, zarparía con su ejército para asentarse en otra parte. El único inconveniente de esta propuesta era que sus hombres se negaban a seguirlo y no obedecían órdenes de nadie. Los jinetes habían vendido sus caballos y los soldados de a pie sus armas a cambio de oro, a los precios exorbitantes que se ofrecían en México. Cuando el comandante de Cortés envió pregoneros a leer una convocatoria para que todos los hombres de Garay se reunieran para marcharse, los hombres se ocultaron en las aldeas indias del interior. Seis navíos de Garay se habían perdido en una tormenta, los demás estaban comidos por los gusanos. Los hombres de Garay alegaban que habían cumplido su contrato y respetado su juramento al ir hasta Pánuco, pero no tenían obligación de ir a otra parte.

Garay pidió y rogó que lo llevaran ante Cortés. Había perdido todo, su fortuna, su ejército, su flota. Cortés accedió a recibirlo. Al mismo tiempo, valiéndose del poder que le brindaban los decretos reales, ordenó que Grijalva y los demás velazquistas fueran expulsados de México.

Mientras Garay viajaba a la montaña, fraguó un plan auténticamente español para resolver sus problemas. Ofreció desposar a su hijo mayor, con toda su dote, con una hija ilegítima que Cortés tenía en Cuba, una joven llamada doña Catalina Cortés o Pizarro. La madre de la muchacha, Leonor Pizarro, era una española que vivía en Cuba, y aunque debía ser una chiquilla cuando dio a luz a la hija de Cortés, el parentesco no se cuestionaba. Cortés había reconocido a su hija, y recibió con agrado la propuesta de Garay.

Los dos futuros parientes celebraron una gozosa reconciliación en el nuevo palacio que Cortés tenía en la capital de México. Pero Garay falleció. Bernal Díaz asentó que era un caso típico de "dolor de costado", una especie de pleuresía propia de la zona, que atacaba de repente y había causado muchos decesos en Texcoco y Coyoacán. Cortés había celebrado un banquete en honor de Garay en la Nochebuena de 1523, después del cual Garay vomitó toda la noche, y en Navidad ambos asistieron juntos a misa, pero después del oficio sufrió un ataque. Dos médicos lo atendieron y practicaron sangrías; Garay hizo su testamento, nombrando albacea a Cortés, y falleció a los cuatro días.

Luego de los hechos que culminaron en la muerte de Garay, los indios de la provincia de Pánuco se rebelaron contra todos los españoles. Muchos cientos de hombres de Garay que se ocultaban en las aldeas resultaron muertos y devorados, y la ciudad que había fundado Cortés fue cercada y apenas logró resistir. Cortés tuvo que enviar a Sandoval al mando de una poderosa fuerza para sofocar la rebelión, y Sandoval cumplió con su misión. Reunió a trescientos cincuenta caudillos y nobles indios y encerró en corrales a miles de indios plebeyos; luego puso en libertad a los plebeyos pero los obligó a mirar mientras quemaba a los caudillos y nobles.

Así se restauró el orden en Pánuco.

Expiación

La tardía designación de Cortés como gobernador y capitán general de Nueva España, con facultad para repartir encomiendas, originó un cambio fundamental en el funcionamiento de la maquinaria de la conquista. Mientras Cortés, con la autoridad que le otorgaba el cabildo de Villa Rica, se internaba con su gente en las profundidades de un imperio desconocido, la lealtad de los españoles de México a la Corona podía ponerse en duda. Pero una vez que el rey optó por ignorar los tecnicismos jurídicos y legitimizar sus esfuerzos, los conquistadores que habían estado a punto de renegar de la Corona se tornaron celosos servidores del monarca y la Iglesia.

Cortés, ahora munido con la autoridad real, continuó respondiendo a su impulso de explorador y conquistador y concentró sus esfuerzos en el Mar del Sur. Portugal, el gran rival de España, dominaba el Oriente, donde los portugueses llegaban navegando al sur desde Europa, rodeando el Africa y bogando al Este por el Océano Indico. Cortés, que ignoraba la vastedad del Pacífico, aspiraba a bogar al Oeste desde México para llegar al Oriente, donde España podría cuestionar el dominio portugués. (Cuando el tesoro que Cortés envió al rey de España cayó en manos de corsarios franceses y fue llevado al rey de Francia, este monarca preguntó en qué parte del testamento de Adán constaba que el resto del mundo debía repartirse entre España y Portugal.)

Además Cortés deseaba adueñarse de Guatemala y Honduras. Ignoraba que en esas regiones el oro y la plata eran escasos; las arduas expediciones a esas comarcas agotarían el vigor de los conquistadores, y los recién llegados no tenían temple para los rigores de semejantes campañas. Pocos días antes del fallecimiento de Garay, Cortés envió a Alvarado a Guatemala con sus tropas, privándose así de la presencia de un amigo enérgico que siempre lo había respaldado. Luego envió a Honduras una fuerza numerosa al mando de Olid. Alvarado viajó por tierra a Guatemala, pero Cortés compró y pagó una flota para que Olid se trasladara a Honduras. Esas expediciones eran costosas; en México las herraduras costaban más que su peso en plata y, a pesar del caudal de inmigrantes, Cortés enviaba tantas partidas de exploración que a menudo le faltaban hombres, lo cual causaba cierta preocupación en la capital. Dos veces Cortés tuvo que enviar tropas para sojuzgar a zapotecas y mixtecas.

Como representante oficial del rey, en efecto virrey de México, Cortés debía encargarse de tareas administrativas que le permitían descansar del combate pero le causaban problemas cada vez más irritantes. Antes del nombramiento oficial de Cortés, los españoles no protestaban mucho cuando les otorgaban una encomienda porque sabían que las designaciones eran tentativas. Ahora que Cortés gozaba del poder para hacer estos otorgamientos, casi todos los encomenderos protestaban; se suscitaban disputas por líneas fronterizas (siempre borrosas), por la calidad de las minas y granjas incluidas, la cantidad de indios de los pueblos, y demás. Estas disputas eran una plaga que acuciaba a los españoles, que estaban diseminados por todo México y debían mantener el control como colonos. En un momento Cortés decidió que ya no era necesario mantener Segura de la Frontera en el camino que unía Tlaxcala con la capital, y trasladó la ciudad a un puerto del Mar del Sur. Los españoles a quienes designó funcionarios de la ciudad trasplantada (ex hombres de Narváez) abandonaron el puerto e invadieron la provincia de Oaxaca, donde se adjudicaron encomiendas a su gusto. Cortés tuvo que enviar a un capitán con tropas para sofocar la insubordinación; los dos cabecillas fueron capturados y sentenciados a la horca, pero Cortés revocó la sentencia de muerte y los desterró a ambos; uno de ellos luego le entabló juicio por 2.000 ducados.

Durante la mayor parte de 1524 uno de los placeres de Cortés consistió en continuar la reconstrucción de la capital. Supervisó el majestuoso trazado de la plaza central, el "zócalo", donde nacían avenidas en cuyos cruces se erigirían monumentos; echó los cimientos del Hospital de Jesús, y adjudicó sectores separados para los indios. El palacio que se hizo construir estaba rodeado por un extenso complejo que tenía murallas altas y defendibles, y los muros de piedra del palacio eran tan gruesos que podían resistir un cañonazo. En el interior del palacio prevalecían los arcos españoles, que creaban una atmósfera conventual, a diferencia de los aposentos aztecas con su aire de reposo. Los palacios de Cortés eran semejantes a los castillos españoles, aunque no crecían hacia lo alto sino que se extendían en torno de patios llenos de árboles y arbustos en flor; en el terreno los jardineros aztecas abrieron canales de agua, de modo que por doquier se oía el rumor de una cascada. En muchos aspectos sensuales, los indios y españoles sabían entenderse. Cortés, regodeándose por el favor del rey, organizó una compleja servidumbre apropiada para su nueva posición, con maestresalas, mayordomos, guardias, lacayos, enjambres de criados, e hizo que los plateros indios le preparasen una vajilla similar a la que había enviado al rey. (En su querella contra Cortés, Narváez incluía la acusación de que Cortés había hecho talar demasiados árboles para usarlos en la construcción del palacio.)

Algunos españoles detectaron murmullos de resentimiento entre los indios que trabajaban en la capital. Pero Cortés conservaba cautivos a los tres monarcas indios que habían gozado de mayor respeto entre su gente: Guatémoc; el señor de Texcoco (el que había abandonado su ciudad para huir a Tenochtitlán y había sido remplazado por el ahijado de Cortés); y el señor de Tacuba (quien también había huido a la capital). Los españoles sospechaban que estos tres señores indios enviaban mensajes secretos a la plebe, incitando a la rebelión. Cortés comenzó a pasear por las calles con los tres cautivos, tratándolos con respeto aunque manteniéndolos bajo fuerte custodia, mostrando a los indios las cuatro figuras de autoridad –él mismo y los jefes indios– al tiempo que exhibía su primacía. Los indios continuaron trabajando en la reconstrucción.

El mismo Cortés exacerbó inadvertidamente el problema de las encomiendas al emitir una serie de normas destinadas a reducir la explotación y alentar el desarrollo a largo plazo, pero que se toparon con la acerba oposición de muchos españoles. Exigía que cada encomendero permaneciera en sus tierras durante al menos ocho años. Si un encomendero tenía esposa, debía llevarla a México en el espacio de dieciocho meses; en caso contrario, era aconsejable que se casara. (Aunque esta ordenanza concerniente al matrimonio estaba destinada a reducir la propensión de los españoles a rodearse de tantas indias, la norma resultó ridícula para muchos españoles por venir de Cortés, cuyo apetito sexual era célebre y cuya convivencia con su propia esposa había sido bastante efímera.) Cortés incluso se ofreció a traer desde España, como posibles candidatas, a mujeres jóvenes a quienes llamaban "cristianas viejas", pues no había árabes ni judíos entre sus abuelos. Esto revelaba el provincialismo de Cortés, pues algunos de los más eminentes prelados de España descendían de familias de judíos conversos, y entre los hombres de Cortés había por lo menos un judío, un herrero sesentón llamado Hernando Alonso, que había ayudado a construir los bergantines; se lo consideraba un buen sujeto, era el cuñado de Diego de Ordaz y nadie le prestaba especial atención. Además, Cortés requería que cada encomendero pagara un diezmo para respaldar al clero proselitista y la construcción de iglesias y monasterios; a fin de que la recaudación resultara práctica (lo que los españoles consideraban tal), el derecho a recaudar diezmos debía ser ofrecido al mejor postor, quien luego debía hacer la recaudación, resarcirse de los gastos y apartar su ganancia, antes de entregar el resto a la Iglesia.

En su cuarta carta al rey, Cortés pedía aprobación para estas regulaciones. Como de costumbre, rogaba al rey que le enviara granjeros con semillas y animales de tiro, y solicitaba que autorizase el libre embarque de mercancías para Nueva España, que prohibiera a los funcionarios del Consejo de Indias que impusieran limitaciones, y que ordenara a los mercaderes españoles de las islas que permitieran el embarque de yeguas de cría, pues las retenían con el propósito de mantener el precio exorbitante de los caballos en México. El cuadro económico del México posterior a la conquista presentaba una inflación galopante sumada a una desenfrenada codicia, lo cual no es extraño en la historia de tales acontecimientos colectivos.

En dos aspectos Cortés y el rey resultan comparables, aunque Cortés era quince años menor que Carlos, sabía poco acerca del rey y nunca había vivido en España durante el reinado de este monarca. Ambos sentían la fuerte atracción de "la mar del sur", como si se tratara del nuevo desafío enviado por Dios, su próxima y merecida recompensa. Además, el rey y Cortés compartían un sentir profundo, aunque muy diferente, acerca de Dios.

Cortés era español hasta la médula. Nunca puso en duda que había obtenido la victoria gracias a su fe –no su ánimo ni la fuerza de su brazo–, así como la fe había dado a España su épico triunfo. Pero Cortés conocía la vida mundana española, formaba parte de ella, de su goce sensual y su desenfreno, de su disolución y aun de su corrupción.

Conocía la situación del clero español a principios del siglo XVI; sabía que muchos sacerdotes contravenían sus votos y gastaban los bienes de la Iglesia "en pompas y otros vicios, en dejar mayorazgos a sus hijos y parientes". Sabía que muchos clérigos, tal vez la mayoría, eran tan venales como los laicos. Pero a pesar de lo que sabía, a pesar de los requerimientos de la batalla, a pesar de su propia venalidad y promiscuidad, profesaba una fe pura e inconmovible.

Cortés escribió al rey pidiéndole que enviara clérigos castos a Nueva España para que convirtieran a los indios y guiaran a los españoles en su fe. Quería sacerdotes que fueran fieles a sus votos y sus principios, no obispos que se interesaran en la pompa y la glorificación. Advertía al rey que los indios de Nueva España, por pavorosas que fueran sus prácticas, tenían órdenes de sacerdotes consagrados a la castidad y la honestidad, y el sacerdote indio que transgredía estos principios "era punido con pena de muerte". En consecuencia, los sacerdotes católicos que fueran a convertir a los indios debían ser igualmente fieles a los principios que profesaban, o la conversión fracasaría. Ni Cortés ni el rey ponían en duda que la cristianización de los indios validaba y justificaba la conquista.

Pero Carlos tenía una sensibilidad diferente de Cortés en cuanto a la religión. Carlos, imbuido con la idea de que su destino personal consistía en crear el mayor imperio cristiano que el mundo había visto, entendía que su trascendente causa estaba por encima de los sobornos, componendas y aun crueldades que requiriese la empresa. A sus ojos la inevitable naturaleza humana del clero, la nobleza y él mismo no formaban parte de un entorno natural y aceptable. Carlos no era ajeno a lo mundano; había tenido algunos amoríos extramaritales y engendró un hijo bastardo cuya existencia mantuvo en secreto durante muchos años; pero su grado de promiscuidad y sus desvíos respecto de su propio ideal eran, según las pautas de su tiempo y en su propia estima, limitados y excusables indicios de su moderada falibilidad humana. Carlos era propenso a la reclusión, a la introspección, sufría la tensión continua de su responsabilidad y sin duda temía haber heredado la tendencia de su madre a la locura. Los clérigos flamencos que lo rodearon toda su vida eran moralistas exigentes decididos a mejorar las prácticas de la iglesia en todas las naciones y tierras que dominaran. La aséptica actitud de estos clérigos había causado bastante resentimiento cuando los flamencos acompañaron a Carlos a España.

Carlos dio amplias muestras de la pureza de su piedad al final de su vida. Tras haber consagrado medio siglo al restablecimiento de una

Roma católica, y aún gozando de buena salud, abdicó en favor de su devoto hijo Felipe II y se retiró a un pequeño monasterio español en las montañas de Gredos. Era un lugar diminuto y humilde, donde no había pompa ni lujo. Allí pasó sus últimos años meditando, y escogió con cuidado su lecho de muerte cuando notó que se debilitaba. Junto a su catre hizo abrir un orificio en la pared, y por allí veía los pies desnudos de los monjes que iban al altar para orar por él. Y así falleció, mirando esa procesión de adoración que él consideraba como el lazo entre lo humano y lo divino.

En nuestra cínica era moderna tendemos a dudar de todo y a recelar de la piedad. Pero es casi imposible cuestionar la piedad de un hombre que escogió semejante punto de observación para su lecho de muerte. Personalmente, acepto que tanto Hernán Cortés como Carlos V eran creyentes sinceros hasta el fondo de su alma.

En el otoño de 1523 llegaron a México los dos primeros clérigos que el rey envió de España. Eran flamencos y franciscanos, y se llamaban Johann van den Auwera y Johann Dekkers. La elección de Dekkers representaba todo un cumplido para los conquistadores, aunque quizá no supieran apreciarlo, pues este fraile había sido confesor del rey. Incapaces de pronunciar los nombres flamencos, los españoles de México optaron por la solución fonética más fácil y los llamaron Juan de Ayora y Juan de Tecto. Cortés les dio la bienvenida en su residencia. En la primavera siguiente llegó una delegación más numerosa, consistente en diez franciscanos españoles, entre ellos Motolinía, y dos hermanos laicos; los llamaban los Doce Apóstoles. Tras observar la vehemente humildad de esos frailes, Cortés dio su aprobación y puso el ejemplo que habían de seguir todos los españoles de México: se aproximó a los monjes gorra en mano, se arrodilló y les besó el borde de las raídas sotanas. Los indios presentes quedaron azorados por semejante pleitesía, y emularon a los españoles. Esto era típico del estilo de Cortés. Pronto los franciscanos predicaban entre los indios con éxito y a gran escala.

Entre los muchos hombres y mujeres que ansiaban participar en la explotación y los clérigos devotos que deseaban infundir sustancia espiritual a la conquista, inevitablemente llegaron enemigos de Cortés, cuatro en particular: un tesorero real, un contador real, un veedor real y un factor real. Estos hombres parecían ser meros funcionarios que cumplían misiones de rutina en el proceso de integración del imperio, pero los cuatro eran agentes encubiertos del Consejo de Indias, todavía dominado por el obispo Fonseca, y uno de ellos utilizaba un código secreto para comunicar sus hallazgos al Consejo, donde existía tanta oposición a Cortés que todo lo que se hacía en México era por definición prueba de ilegalidad y deslealtad. Los cuatro recién llegados no hacían provocaciones abiertas; sigilosamente ocuparon puestos desde los cuales podrían observar. Pero su presencia incomodaba a Cortés, pues sabía que a la postre debería rendir minuciosas cuentas de cada uno de sus actos.

Corría el año de 1524, y estos magistrados observaron que Cortés estaba fortificando la capital. Construyó un gran fuerte con cobertizos defendibles sobre el agua, donde fondeaban los bergantines, y acumulaba piezas de artillería en su palacio y en el fuerte. Se había descubierto estaño cerca de Taxco, en una zona que antes sólo producía plata, así que ahora Cortés podía mezclar el estaño con el cobre para hacer bronce, y lo usaba para fabricar piezas de campaña. También se descubrió un filón de hierro; bajo el liderazgo español, la civilización indígena mexicana entró al fin en la edad de hierro, y Cortés estaba forjando cañones de hierro. Cortés estaba acumulando este poder de fuego para protegerse contra un posible levantamiento indio o, más probablemente, contra una insurrección española, pero para los magistrados esto lucía como una amenaza para el poder del rey, y así lo informaron. (Como obsequio para el rey, Cortés hizo forjar un cañón de plata pura, pero para los hombres del Consejo de Indias de España la dedicatoria tallada en el cañón dejaba muy bien parado a Cortés, así que el cañón fue fundido, y la plata convertida en monedas.)

Las dificultades administrativas de Cortés se complicaron. En España, fray Bartolomé de las Casas emprendía una nueva campaña para denunciar a los españoles del Nuevo Mundo, y el rey, a petición de Las Casas, envió a Cortés un decreto que revocaba las encomiendas. Cortés, que originalmente se había opuesto a las encomiendas y había aceptado el sistema sólo porque no tenía más remedio, tuvo que señalar al rey la imposibilidad práctica de abolirlas. El rey cedió, pero los cortesanos que habían preparado el decreto jamás perdonaron a Cortés este cambio de decisión. El rey, entretanto, había regresado a Alemania.

En el otoño de 1524, pues, Cortés estaba fastidioso e irritable, y entonces llegaron jinetes de Villa Rica para informarle que Olid se había rebelado en Honduras. Hacía ocho meses que no tenía noticias de Olid. Cortés lo había provisto con un poderoso ejército, había comprado cinco naos y un bergantín y había reclutado a cuatrocientos hombres; había enviado un representante a Cuba para comprar caballos y reclutar más hombres. Al zarpar de Villa Rica, Olid debía navegar a Cuba, cargar más hombres y caballos, rodear el cabo del Yucatán y descender a Honduras, que se encontraba hacia el Este, en la base de la península del Yucatán.

Según los mensajeros, hombres que habían estado con Olid, en Cuba Velázquez había ganado a Olid para su causa, y habían tramado una conspiración. Si Honduras tuviera un aspecto prometedor, Olid se declararía independiente de Cortés y se aliaría con Velázquez, quien continuaría enviándole pertrechos y refuerzos desde Cuba; si no fuera así, Olid no declararía su independencia y seguiría siendo un costoso apéndice para Cortés. Era un sutil plan. Y Olid, después de desembarcar en Honduras, fundó una ciudad tal como Cortés le había indicado, y nombró como funcionarios a los hombres que Cortés había recomendado. Sólo después de inspeccionar la comarca y decidir que merecía la pena, Olid abjuró de su lealtad; algunos hombres fieles a Cortés se marcharon, se apropiaron de una nave y regresaron a Villa Rica para denunciar el motín.

Además de furioso, Cortés estaba dolido. Todos respetaban a Olid. No había compañero más recio ni más bravo en la batalla; Cortés sabía que en varias ocasiones ese valiente andaluz le había salvado la vida. Pero Olid era propenso a ceder a la influencia de la gente de Velázquez, de Garay y de Narváez. Como señaló Bernal Díaz, Olid era bravo pero confiado.

Cortés envió a Francisco de las Casas (un familiar de Cortés que no guardaba ningún parentesco con el monje) con dos naves y cien hombres para arrestar a Olid en Honduras. Al enviar una fuerza tan pequeña con un oficial tan inexperto, Cortés esperaba que los hombres de Olid, al ver la orden de arresto, se pusieran de su lado. Sin embargo, después de la partida de Las Casas, Cortés cambió de parecer y decidió ir en persona. Los españoles de la capital se opusieron y le pidieron que enviara a Sandoval. Aun los magistrados que lo espiaban le suplicaron que no fuera. Pero Cortés se empecinó, alegando que sólo llegaría hasta Coatzacoalcos, camino de Honduras, aunque tenía el firme propósito de continuar. Estaba harto de las intrigas de la capital y, como más tarde le escribió al rey, pensaba que, a pesar de que su brazo aún no había sanado del todo, hacía largo tiempo que no prestaba un gran servicio personal al imperio. Muchos años después, Cortés le dijo a Gómara que temía que Olid sentara un precedente y las rebeliones proliferasen en el Nuevo Mundo. Lo más probable es que Cortés fuera a Honduras porque el rey le había prometido una doceava parte de todo lo que pudiera ganar para España en el Mar del Sur o en esas provincias meridionales. Tal vez también lo ofuscaba esa nueva intrusión de su viejo enemigo Velázquez.

Cortés designó a dos de los magistrados reales para que administraran la capital en su ausencia, y se llevó consigo a los otros dos. También llegó consigo a los tres reyes cautivos y sus cortejos. Los dos franciscanos flamencos decidieron acompañarlo para familiarizarse con la región. Según Bernal Díaz, Aguilar había fallecido, así que la única intérprete era Malinche, quien ahora dominaba el español y podía traducir del náhuatl al maya y al español. Cortés llevó a Sandoval como lugarteniente.

Cortés viajó con su nuevo estilo, escoltado por parte de su servidumbre, lo cual incluía a dos cetreros, cinco músicos, un bailarín, un malabarista y un titiritero (quería contar con tantos entretenimientos como Moctezuma). Llevaba un pequeño contingente de caballeros e infantes, y algunos miles de auxiliares indios. Lo seguía una gran piara de cerdos. Cortés no intentó comprar otra flota de buques para viajar a Honduras porque no tenía fondos y ya había tomado muchos préstamos del quinto real. Pero se puso en marcha de buen ánimo, y entonaba canciones con los dos funcionarios reales durante el viaje. Los dos magistrados, más jóvenes que Cortés, lo llamaban "tío". Cortés rondaba los treinta y nueve años.

Cortés y su gente fueron agasajados en los asentamientos españoles que atravesaron en su marcha; en los pueblos se erigían arcos de triunfo para que ellos pasaran debajo; y hubo fuegos de artificio que celebraban las victorias de los españoles sobre los árabes. (Todos los indios adoraban los fuegos de artificio y pronto adquirieron destreza para prepararlos con bambú relleno de pólvora; a ellos no les importaba la causa de la celebración.) Unos cincuenta españoles recién llegados de España, que se dirigían a la capital para hacer fortuna, se toparon inesperadamente con Cortés y se sumaron alegremente a la expedición.

Con su espíritu festivo, mientras se alojaba en un pueblo cerca de Orizaba, a poca distancia de la capital, Cortés instigó el casamiento de Malinche y Juan Jaramillo. Gómara anota que Jaramillo estaba ebrio para la boda, pero esto fue lo que le dijo Cortés. Bernal Díaz, que asistió a la boda, no señala este detalle. Y resulta increíble que se celebrara una ebria parodia del rito nupcial en presencia de los dos severos franciscanos flamencos. Es más probable que Cortés sintiera vergüenza cuando narró la boda a su secretario, y adoptara un tono de liviandad al decir que Jaramillo estaba ebrio. Jaramillo debía estar sobrio, y Malinche lo aceptó como esposo tal como aceptaba todo lo que le daba Cortés. Por su parte, aunque Malinche le había dado un hijo, Cortés ya estaba planeando su ascenso en la nobleza española. En México los españoles que alardeaban de algunas gotas de sangre noble desposaban a princesas indias y se ufanaban del linaje de sus esposas, pues el concepto de jerarquía social estaba muy arraigado en la mentalidad hispánica, pero se sabía que Malinche había sido entregada como esclava a los españoles y había pertenecido a Puertocarrero antes de Cortés. Sin duda Cortés pensaba en la posibilidad de una boda más distinguida, así que cedió la Malinche a Jaramillo, quien había sido un osado capitán de bergantín durante el sitio de Tenochtitlán. Jaramillo era más joven que Cortés y tal vez le gustaba Malinche, quien poseía un temperamento dulce además de una mente brillante. Y no hay motivos para suponer que a Malinche no le gustaba Jaramillo; tal vez apreciara su carácter, más moderado que el de Cortés. Lo importante para ella, de todos modos, era que Cortés deseaba ese matrimonio, así que accedió y continuó haciendo un excelente trabajo en sus servicios como intérprete.

Nada salió bien. Y la expedición fue totalmente innecesaria. Francisco de las Casas recorrió la costa este del Yucatán hasta hallar a Olid en un pueblo del Golfo de Honduras. Bogando hacia la desembocadura del río donde estaban fondeados los buques de Olid, Las Casas hizo enarbolar una bandera de paz, pero Olid, comprendiendo que Cortés enviaba esas naves, disparó contra Las Casas, quien respondió al fuego. Las Casas quería llegar a la costa para leer en voz alta la orden de arresto y ver qué efecto surtía en la gente de Olid, pero Olid le impidió el desembarco (sus naves estaban ancladas en el río). Durante ese tenso enfrentamiento se desencadenó una repentina tormenta, y el viento arrastró las naves de Las Casas haciéndolas encallar en la costa. Durante varios días Las Casas y sus hombres se ocultaron, empapados y hambrientos, hasta que Olid los capturó. El capitán rebelde tenía otros prisioneros españoles. Una expedición terrestre había viajado hacia el Norte desde la colonia española del Panamá, en busca de un estrecho que uniera ambos mares. Olid, tras desarmar a la avanzada de esta expedición, procedió a capturar al resto, incluido el jefe, Gil

González, en un pueblo del interior llamado Naco. Olid mantuvo presos en Naco a Las Casas y González; confiadamente les permitía cenar con él a su mesa, pues él estaba armado y ellos no. Una noche, cuando se retiraron los manteles, mientras los guardias y criados cenaban en otra parte, Las Casas y González atacaron a Olid con cuchillos de mesa. Olid escapó al bosque con cortes en la cara, la garganta y las manos; cuando acudieron sus guardias y criados, Las Casas los exhortó a permanecer fieles a Cortés y al rey, y fue obedecido. Olid fue apresado, y Las Casas y González lo hicieron decapitar en el lodoso terreno que hacía las veces de plaza mayor de ese pueblo de la jungla.

(Los españoles eran relativamente rutinarios en sus métodos de ejecución. Ahorcaban, quemaban o decapitaban. Pero cuando los ingleses ejecutaron a sir Walter Raleigh por ser sospechoso de deslealtad –a un siglo de progreso humanitario desde la conquista española–, necesitaron verdugos que actuaran con celeridad. Raleigh fue colgado, pero el nudo no estaba destinado a ahorcarlo sino a sofocarlo para vencer toda resistencia; luego lo destriparon mientras estaba vivo y consciente; lo abrieron rápidamente de la garganta a la ingle, le arrancaron el corazón y las entrañas mientras le cortaban los genitales, arrojando el pene y el escroto al fuego mientras Raleigh aún veía por los ojos abiertos. Sólo entonces le cortaron la cabeza y desmembraron el cuerpo. Para los aztecas, que enmascaraban el sacrificio humano y el canibalismo con ritos religiosos, todos los métodos europeos de ejecución pueden haber parecido, con cierta justificación, inexcusablemente bárbaros.)

Durante la ejecución de Olid, Cortés estaba en el otro lado de la península de Yucatán, en la costa sur del Golfo de México, en la provincia de Coatzacoalcos, y no sabía que el motín sería sofocado. Sabía en cambio, por los informes que había recibido sobre la marcha, que la administración que había dejado en la capital dejaba mucho que desear. En cuanto Cortés se perdió de vista, los dos magistrados empezaron a reñir. Tanto los españoles como los indios estaban preocupados, así que Cortés envió a los dos funcionarios que lo acompañaban, autorizándolos para ejercer el control si era necesario. Cortés también le escribió a su primo, Rodrigo de Paz, a quien había dejado a cargo de su casa y sus asuntos personales, para pedirle dinero, al menos cinco o seis mil pesos de oro, pues quería pagar en efectivo por los víveres de Villa Rica. También escribió para pedir otro préstamo tomado del quinto real.

Después de la partida de los magistrados, Cortés pasó tardía revista a la fuerzas con que contaba: unos doscientos cincuenta españoles en total, noventa y tres caballeros, con ciento cincuenta caballos que incluían remontas, y unos tres mil indios montañeses bien armados. Un buque de bastimentos de Villa Rica estaba anclado en la costa, y Cortés puso a bordo gran parte de su artillería y su equipo y ordenó al capitán que navegara a lo largo de la costa y lo encontrara en el próximo puerto, que estaba en Tabasco. Los caciques de Tabasco, que habían ido a recibir a Cortés en Coatzacoalcos, le prepararon un mapa, dibujado sobre tela, de la ruta terrestre a Honduras. Ninguno de esos caciques había estado en Honduras, pero sí sus mercaderes, y el mapa se basaba en los informes de estos mercaderes. En respuesta a las preguntas de Cortés, los caciques confirmaron que habían oído hablar de la presencia de españoles (supuestamente Olid y su gente) en el otro lado de la península de Yucatán, y sabían que esos españoles habían despojado a los mercaderes indios de sus mercancías y así habían desbaratado un viejo lazo comercial que ahora estaba interrumpido.

Con esta información, Cortés marchó con sus españoles e indios en la travesía más desastrosa de su vida. La parte de la provincia de Tabasco que atravesaron era como un delta, y tuvieron que cruzar más de cincuenta ríos. Había pocos puentes, así que debieron talar árboles para construir puentes o balsas, y los indios lugareños desaparecían en el bosque cuando había que trabajar. Los caballos cruzaban a nado los ríos, que estaban crecidos a causa de las lluvias; navegando en canoas, los españoles guiaban los caballos por las bridas. Cuando se volcó una balsa que transportaba preciosas herramientas de hierro, no pudieron recuperarlas y los hombres tuvieron que trepar rápidamente a la costa porque los caimanes de las orillas se metían en el agua. La expedición no pudo contactar con la nave de aprovisionamiento en la costa, porque se interponía un gran pantano; sólo algunas provisiones se transportaron desde el barco en canoa.

Mientras Cortés continuaba empecinadamente hacia el Este siguiendo su mapa, enviaba adelante un escuadrón de españoles para alertar a los naturales, y los hombres llevaban y mostraban a los reyes aztecas. En varias ocasiones esto dio resultado y los impresionados lugareños les llevaron alimentos y a veces canoas. Pero pronto los indios de las honduras del Yucatán, que no reconocían a los españoles ni a los aztecas, se dieron a la fuga, sin dejar provisiones en sus aldeas.

Cortés y su gente caminaban penosamente por la brumosa selva tropical. A medida que se alejaban del mar, el efecto embriagador de la jungla se agudizaba. (Aún hoy es dificultoso atravesar la base del

Yucatán con un vehículo todo terreno. La lluvia barre continuamente los puentes y los caminos de tierra. A menudo hay que conducir por la grava de los cauces de los ríos, cuando se ha secado el agua, soportando demoledores vaivenes.) Cortés no halló senderos en esa impenetrable tierra llana, y los pocos indios que encontró, cuando lograba capturarlos antes de que huyeran, le dijeron que todos los habitantes de la región viajaban en canoa. Los lugareños no entendían cómo los hombres podían trasladarse de un punto a otro llevando caballos y acarreando pertrechos, por mucho que les señalaran el mapa de Cortés. En los pantanos los caballos se hundían hasta el vientre y en los ríos a menudo caían en fosas donde el agua les llegaba a las orejas, y quedaban tan agotados que no podían tenerse en pie. Fue un milagro, señala Gómara, que sobrevivieran los cerdos, y este sacerdote laico no usaba esa palabra a la ligera. (Los cerdos de montaña del Yucatán de hoy descienden casi con seguridad de los cerdos de Cortés. Estos animales musculosos y enérgicos, de cabeza grande y colmillos afilados, se cuentan entre los cerdos más resistentes del mundo.)

Los españoles estaban tan desorientados que no sabían en qué dirección estaba el mar. Cortés extrajo una brújula marina de su equipaje para poder mantener el rumbo al Este en los días nublados. Los españoles y sus auxiliares indios se debilitaron por falta de alimentos; sólo tenían maíz seco y en ocasiones un cerdo para comer; empezaron a sentir sed porque el agua de pantano no era potable y el agua de lluvia desaparecía pronto en la porosa piedra caliza. Esta lenta marcha se prolongó durante meses, mientras los taciturnos reyes aztecas eran testigos del fiasco. Guatémoc y los señores de Texcoco y Tacuba miraban estoicamente a sus muertos de hambre y tambaleantes conquistadores españoles, que se deslomaban construyendo puentes mientras sus caballos se resistían a vadear los ríos.

En una aldea donde los españoles aprehendieron algunos indios y encontraron mandioca, maíz fresco y pimientos, Cortés sorprendió a uno de sus indios comiendo el cadáver de un lugareño que había matado. Cortés pidió al padre Dekkers que dijera un sermón ante todos los indios reunidos –un sermón que Malinche tradujo detalladamente al náhuatl y al maya– para explicarles que era pecado comer a un semejante, un tema sobre el cual el escrupuloso franciscano nunca había predicado. Luego Cortés hizo quemar al culpable en la hoguera para demostrar a los lugareños que los cristianos prohibían el canibalismo. Pero esta lección, que parecía clara para Cortés y sus hombres, confundió a los indios de la jungla, que dedujeron que esos hombres blancos asaban a un semejante pero no lo comían.

A fines de febrero de 1525 Cortés y su partida llegaron a un pueblo de indios amigables que les dieron comida y algunos presentes de oro. Los españoles y sus auxiliares indios descansaron por un tiempo. Ya era Cuaresma, y los frailes franciscanos celebraron los oficios religiosos.

Pero por la noche un indio montañés –a quien habían bautizado Cristóbal– fue a ver a Cortés para decirle que Guatémoc y los señores de Tacuba y Texcoco planeaban matar a Cortés y exhortaban a los auxiliares indios a atacar a todos los españoles de la expedición, mientras ellos incitaban a los indios lugareños a matar a todos los españoles que hubiera en la región (como Olid y sus hombres); los señores aztecas pensaban regresar a Tenochtitlán y pedir a su gente que exterminara a los españoles de la capital. La confabulación azteca abarcaba incluso los puertos de la costa este, donde se apostarían guarniciones indias para matar a los españoles que llegaran en barcos. Cuando Cortés recibió esta información, él y sus hombres apenas tenían energías para controlar a los indios de las montañas.

Cortés se comportó como en ocasiones anteriores cuando se hallaba en peligro mortal: actuó en forma contundente para inspirar miedo. Interrogó a los tres caudillos aztecas, confirmó que tramaban una conspiración y los hizo colgar. (Hay variaciones sobre esta historia, pero los elementos esenciales son siempre los mismos. Aunque Bernal Díaz simpatizaba con Guatémoc, como había simpatizado con Moctezuma, y lloró a Guatémoc como un monarca que había conocido la grandeza, no pudo negar la existencia de una conspiración, pues los señores aztecas lo confirmaron, aunque negaban estar de acuerdo con ella. Desde el punto de vista azteca, era un momento oportuno para atacar, pues los españoles tenían poca capacidad para resistir. Si los caudillos aztecas u otros conspiradores indios hubieran esperado un poco más, o hubieran guardado mejor su secreto, habrían tenido mejor suerte.)

Las ejecuciones sirvieron como escarmiento. Había sido una situación sumamente peligrosa. Sólo doscientos españoles sobrevivientes enfrentaban a dos mil quinientos indios armados, sin mencionar a los lugareños. El aura personal de Cortés fue decisiva para impedir el levantamiento de los montañeses. Después de la ejecución se aplacaron los ánimos levantiscos, y la firmeza de Cortés impresionó a los lugareños, que siguieron apoyándolo.

Pero Cortés reaccionó ante la muerte de los señores aztecas como si hubiera vuelto a demoler Tenochtitlán. No podía dormir de noche; cada tanto padecía de insomnio y ambulaba por el campamento. Los sacerdotes indios locales le habían hecho prometer que no destruiría sus ídolos. Una noche Cortés fue al templo donde guardaban los ídolos, y en la oscuridad patinó por un barranco y se lastimó. Nunca reveló su propósito, que tal vez era el de tumbar los ídolos con sus propias manos, a pesar de su promesa y a pesar del riesgo; el despropósito de esa situación y la notoria ausencia de aprobación divina lo deprimían.

Los españoles siguieron trajinando en los lodazales, y luego atravesaron accidentadas montañas (las montañas bajas de la costa). En Pascua –esta agonía había durado medio año– capturaron a un mercader indio que les informó que había españoles en el pueblo de Nito, a diez dificultosas jornadas de distancia. Este mercader había sido víctima de la rapiña de los españoles, así que al fin se supo con cierta certeza que había españoles en las cercanías. Pero esos españoles no resultaron ser los de Olid sino los de Gil González, sesenta hombres y veinte mujeres muertas de hambre que vivían en un pueblo indio abandonado, la mayoría enfermos de fiebre amarilla y disentería, sin caballos y con pocas armas. Los debilitados españoles acogieron a Cortés como un salvador y le informaron acerca de la ejecución de Olid y el regreso de Las Casas y González a México. Abrumaron a Cortés con sus problemas, cuando Cortés necesitaba ayuda desesperadamente.

Le refirieron que González y Las Casas, uniendo fuerzas con los hombres de Olid, habían solicitado voluntarios para asentarse en Honduras, donde se les otorgarían extensas encomiendas. Los capitanes habían equipado a los colonos como mejor podían y luego habían partido por tierra a Guatemala con rumbo a México, donde se encargarían de enviar más gente y bastimentos a Honduras. Como consecuencia de muchos infortunios, los diversos grupos de colonos habían perdido el equipo y la mayor parte de sus armas; sus caballos habían muerto; aún no habían llegado refuerzos; temían alejarse de sus aldeas, y estaban abatidos.

En Nito, a orillas del río, había una carabela averiada, un bergantín destrozado y los restos de otras naves que habían quedado para uso de los colonos. Cortés puso a sus hombres a reparar y reconstruir las naves. La presión del hambre era más apremiante que nunca porque había más bocas para alimentar, así que Cortés envió partidas hacia todas partes para buscar aldeas donde pudiera haber comida o plantíos que se pudieran cosechar. Cortés mismo contrajo una dolencia que tal vez fuera fiebre amarilla, a causa de los enjambres de mosquitos. Y la lluvia torrencial caía con una intensidad que Cortés y sus hombres desconocían. La estación húmeda de América Central, en las vecindades del Río Dulce, era diferente de la estación húmeda de la serranía mexicana, e incluso de la costa mexicana. Las riberas eran bajas y, apenas comenzaban las lluvias, los tibios y caudalosos ríos se desbordaban formando encrespadas lagunas. (Los animales selváticos enferman: los monos araña negra de los imponentes árboles contraen fiebre amarilla; los felinos de los achaparrados bosques adquieren rabia. Pero cuando cesa la lluvia, todo es encantador, un paraíso tropical, especialmente en el ocaso, cuando el lánguido río se convierte en una pátina de luz que zigzaguea sensualmente por la tierra oscura y perfumada.) Cortés, abatido por la fiebre, se habituó a andar sin casco; mientras regresaba en una balsa con maíz tierno, unas piedras que le arrojaron unos indios desde la orilla le golpearon la cabeza (lo cual parece explicar otra fisura en el cráneo de Cortés).

Brilló un rayo de aprobación divina cuando una nave de Cuba se adentró en el Golfo de Honduras y dio con los desesperados españoles de Nito. El capitán de la nave, sabiendo que Cortés se dirigía a Honduras, procuraba vender sus mercancías al mejor precio, y Cortés le pagó cuatro mil pesos de oro por la nave y todo su cargamento, el cual incluía trece caballos, treinta soldados que querían sumarse a la expedición, tripulantes, setenta cerdos, doce toneles de carne salada, treinta fardos de tortillas. Al parecer Cortés había logrado conservar sus cofres a pesar de tantas peripecias, lo cual no es difícil de creer porque los españoles también tenían en su posesión algunos cañones, además de algunos cerdos.

Había otros grupos de colonos en Naco, en el interior, y en un paraje del Norte, en Bahía de la Ascensión, todos en estado lamentable, y por ellos supo Cortés que se habían realizado varios intentos de establecer bases en la América Central; no sólo el gobernador de Panamá, ansioso de expandir sus dominios, había enviado a Gil González hacia el Norte, sino que un despiadado abogado había llegado en una nao bien armada y bien pertrechada desde La Española y se había negado a ayudar a los colonos. Estos avances desde el Panamá y La Española suponían intrusiones indeseables, y Cortés quería extender su influencia a todas las comarcas del sur de México, hasta ese pasaje interoceánico con el cual soñaba. Cortés nunca se cansaba de soñar.

Cuando cuatro naves estuvieron preparadas, Cortés las envió a México, Cuba, Jamaica y La Española para anunciar su paradero y obtener víveres, pero ninguna de las cuatro llegó a destino y anduvieron a la deriva entre las islas. La peor tragedia acaeció a la nave que se dirigía a México, donde viajaban los dos frailes flamencos, que naufragó en una isla próxima a la punta occidental de Cuba. Los ascéticos franciscanos se ahogaron, muriendo como mártires en su cruzada para cristianizar a los indios. El buque que iba a Cuba se extravió, y los que iban a Jamaica y La Española debieron buscar refugio en la costa meridional de Cuba. En Cuba se supo que reinaba el caos en México, sobre todo en la capital; los dos funcionarios que había enviado Cortés habían remplazado a los dos anteriores, pero eran aun más despóticos; se habían instalado con gran pompa, habían corrido la voz de que Cortés había muerto, habían saqueado el palacio de Cortés en busca de tesoros y habían torturado y colgado a Rodrigo de Paz, el primo de Cortés, cuando él se negó a mostrarles el escondrijo. Se redactó una carta con esta información y se despachó en una nave veloz para entregarla a Cortés en Honduras.

Al recibir la noticia, Cortés quiso regresar a México. El mal tiempo frustró varias veces este propósito, pero al fin partió el 25 de abril de 1526, casi un año después de salir hacia Honduras en lo que resultó ser una expedición agobiante, costosa y vana.

Regreso de los muertos

Cortés se dirigía al puerto recién fundado al norte de San Juan de Ulúa, llamado Medellín en honor de su ciudad natal, pero su nave hacía agua y tuvo que fondear en Cuba, donde tal vez temía un enfrentamiento con Velázquez. Sin embargo, su viejo enemigo había fallecido, tal vez por desesperación, como señala Bernal Díaz. Por su parte, el obispo Juan de Fonseca, que tantos obstáculos había sembrado en el camino de Cortés y de todos los valientes que habían abierto el Nuevo Mundo, había fallecido en España, tras haber perdido la presidencia del Consejo de Indias. Pero Cortés, si bien había sobrevivido a sus antiguos rivales, era un hombre enjuto y demacrado que resultaba irreconocible para muchos que lo habían conocido en Cuba. Se sentía tan cerca de la muerte que por un tiempo había llevado consigo una sotana marrón de franciscano donde quería que amortajaran su cadáver.

Cortés permaneció en Cuba diez días. Su nave no estaba en condiciones de hacerse a la mar, así que tuvo que comprar otra. Luego viajó a la costa mexicana –a la tierra que con orgullo él llamaba Nueva España del Mar Océano– y llegó al atardecer. Hizo bajar un bote para ir a la costa con Sandoval y un puñado de hombres. Debieron caminar cinco kilómetros desde la playa hasta la ciudad, donde el maltrecho y agotado Cortés, pasando inadvertido, fue a la iglesia para hincarse humildemente de rodillas ante Dios.

A medianoche los pobladores lo encontraron en la iglesia. Encendieron velas; pregoneros con antorchas recorrieron las calles. Una gran emoción embargó a los españoles de México, que festejaban su regreso como si el cielo nocturno se hubiera iluminado. Se despacharon mensajeros a todas partes para anunciar que Cortés había regresado y estaba con vida. Le llevaron comida para él y sus hombres. Acudieron indios de varios kilómetros a la redonda, llevándole presentes. Cortés descansó allí un par de semanas y luego comenzó el lento ascenso hacia la montaña. Durante ese trayecto lo agasajaron tal como en el viaje de ida. Una vez más los españoles de los pueblos del camino hicieron construir arcos y festejaron con fuegos artificiales. Gran cantidad de indios lo recibieron cubriendo el camino de pétalos de flores, renovando su juramento de lealtad, venerándolo como la única figura de autoridad que les quedaba, y quejándose en susurros de las desgracias que habían sucedido mientras él estaba ausente. Cortés y su comitiva tardaron dos semanas en llegar al valle de México.

A esa altura Cortés estaba bien informado. En la capital se producía un enconado enfrentamiento entre facciones. Muchos oportunistas –entre ellos los cuatro espías– habían querido sacar partido de la conquista, y un gran caudal de españoles que desconocía los rigores de la batalla había engrosado la población de la capital. Los funcionarios reales, al mando de sendas facciones, habían anunciado reiteradamente la muerte de Cortés. Habían ordenado azotar en las calles a una campesina –una típica, robusta y apasionada española llamada Juana de Mansilla, cuyo esposo acompañaba a Cortés– porque se había rehusado a creer que era viuda. Cuando Las Casas y González llegaron a la capital, los arrestaron por el asesinato de Olid y habrían sido ejecutados de no mediar la enérgica oposición de los veteranos que formaban parte del cabildo, de modo que se los mandó encadenados a España, junto con un cargamento de oro que los funcionarios enviaron al rey. Ahora, temiendo la llegada de Cortés, el magistrado que estaba a cargo de la capital ocupó el palacio del gobernador con doscientos hombres y desplegó toda la artillería. Dentro de la capital las cohortes de Cortés se reagruparon, y los hombres del palacio no tardaron en capitular.

Cuando Cortés hizo su entrada triunfal en la capital, ovacionado por la muchedumbre, frenó su montura y tendió la mano a Juana de Mansilla. Un paje de la comitiva de Cortés la ayudó a montar, y ella, haciendo ondear la falda y mostrando las blancas piernas, calzadas con plebeyas y polvorientas alpargatas, cabalgó en ancas del caballo del conquistador.

Mientras Cortés se alojaba con Motolinía en el monasterio de San Francisco y se confesaba, un mensajero de la costa trajo noticias sobre un golpe totalmente inesperado. Un oidor que portaba una cédula real había llegado para evaluar la gestión de Cortés como gobernador. Se trataba de una "residencia", el equivalente medieval español de una auditoría fiscal, aunque más estricta porque el funcionario pertinente, llamado "juez de residencia", se hacía cargo de todas las funciones públicas y privadas de la persona en cuestión, percibía todos sus ingresos, pagaba sus deudas justas, examinaba todos sus contratos, y al cabo de muchos meses (a veces años) presentaba un informe al rey. Si no había malversaciones, regresaba todas las sumas y funciones a la persona investigada. Las personas designadas para realizar residencias eran irreprochables, y tal era el caso de Luis Ponce de León, un pariente de Juan Ponce de León, el noble que había perecido mientras buscaba la Fuente de Juvencia para fortalecer su virilidad.

Cuando Cortés oyó esta noticia, se sintió tan abatido que hubiera pedido la extremaunción, tan inesperado resultaba este ataque y tan pocas fuerzas tenía para afrontarlo. Mientras Cortés estaba en Honduras, Pánfilo de Narváez lo había denunciado ante el Consejo de Indias en España. Cortés fue defendido por fray Melgarejo y por el duque de Béjar, el noble que lo respaldaba desde hacía tiempo. Al fin el pleito se expuso ante el rey, y Carlos actuó con su acostumbrada cautela; los funcionarios reales le habían enviado muchos informes críticos, así como una considerable cantidad de oro; su componenda fue esta residencia, que consistiría en una exhaustiva verificación de datos.

El joven Luis Ponce llegó a México influido por los partidarios de Fonseca que aún dominaban el Consejo de Indias. En consecuencia, actuó con prudencia, recelo y altanería, resuelto a no cometer errores. Lo acompañaban gran cantidad de frailes dominicanos, los cuales, alertados por fray Bartolomé de las Casas, envidiaban la posición de que gozaban los franciscanos en México. Cortés le escribió a Ponce ofreciéndole alojamiento y asistencia, pero Ponce rechazó toda ayuda y replicó que permanecería en la costa para descansar un tiempo. Sin embargo, partió de inmediato para la capital; alguien le previno que lo asesinarían en el camino, así que deliberadamente emprendió el viaje sin avisar. Dos caminos principales conducían a las montañas, y Cortés, sin saber por cuál vendría Ponce, envió partidas por ambos para darle la bienvenida. Una de esas partidas interceptó a Ponce a setenta kilómetros de México, pero Ponce rechazó la escolta. Declaró que se aproximaría a la capital al día siguiente; Cortés no debía enviarle una comitiva; y él entraría en la capital después del almuerzo del día siguiente. Más tarde Ponce apresuró la marcha y entró en la capital inesperadamente.

Ante el cabildo, Ponce presentó sus credenciales. Cortés y los miembros del cabildo besaron los papeles y los pusieron sobre sus cabezas en señal de sumisión. Luego los papeles se leyeron públicamente en la plaza mayor. Los hombres del cabildo entregaron a Ponce sus varas de autoridad, y él devolvió todas excepto la de Cortés, siguiendo el protocolo de la residencia. Ponce se negó a alojarse en el palacio del gobernador o en cualquier otro sitio designado por Cortés, y no comía nada que le enviara Cortés. Había llevado sus propios cocineros, dos hermanos que le preparaban todos los alimentos.

Era una época de festejos en México, pues se celebraba el regreso de Cortés, que para los ciudadanos auguraba paz y seguridad, y la llegada del juez de residencia no pudo aguar la fiesta. Se sucedían los banquetes y los fuegos artificiales, y hubo osadas exhibiciones donde se montaban toros de cuerno largo; Ponce y sus allegados fueron invitados a todas estas celebraciones. Pero a bordo de su nave habían brotado enfermedades, y algunos miembros de su comitiva habían enfermado camino a la montaña. Después de un festín presidido por Cortés en Iztapalapa, muchos de los recién llegados comenzaron a vomitar convulsivamente y luego sufrieron diarrea y fiebre alta. Al cabo de diez días Ponce y otros treinta, entre ellos dos dominicanos, habían fallecido.

Circularon los rumores. Algunos culparon al flan y la tarta por la enfermedad, pero Ponce no los había probado. Otros culparon al agua fría, la altitud y la gula. Un facultativo que atendía a los enfermos dijo al principio que todos habían muerto de fiebre, pero cuando los dominicanos lo amenazaron con la excomunión cambió su testimonio y declaró que algunos habían sido envenenados. Abundaron, como era de esperar, las bromas soeces y los chistes macabros. Pero la muerte repentina no era infrecuente en México a principios del siglo XVI; hombres y caballos mordisqueaban una planta que parecía comestible y se desplomaban sin vida; en un lugar se encontraron seis caballos muertos. A pesar de todos los rumores, Cortés nunca fue acusado de la muerte de Ponce; no había pruebas incriminatorias, sólo circunstancias sospechosas. El poder de Ponce quedó delegado en su lugarteniente Marcos de Aguilar (no existía ningún parentesco con el intérprete y sacerdote). El viejo y achacoso Aguilar debía de estar bastante asustado. Sólo bebía leche de cabra, y cuando se agotó la provisión de leche de cabra, según cuenta Bernal Díaz, el hospitalario Cortés encontró a una nodriza castellana para amamantar al anciano.

Dada la incompetencia de Aguilar, los miembros del cabildo de Ciudad de México deseaban que Cortés recuperara el pleno control del gobierno, pero Cortés tuvo que negarse. Como capitán general tenía el control militar, para alivio de todos, pero conocía las leyes y sabía que no podía actuar como gobernador mientras se lo sometiera a una residencia. Los enfrentamientos entre facciones recrudecieron.

En esa época llegaron de Guatemala Alvarado y sus hombres. Cortés quedó muy conmovido al notar que el galante Alvarado cojeaba y tenía una pierna más corta que la otra. En Guatemala le habían atravesado esa pierna a flechazos. A continuación, se prepararon peticiones de encomiendas para los veteranos de Guatemala, pero en Ciudad de México nadie estaba autorizado para aprobarlas. Alvarado partió a España para solicitar al rey el gobierno de Guatemala.

El orden civil degeneraba. Cuando Aguilar murió de sífilis, no quedó claro quién heredaba sus facultades de juez de residencia, y los cuatro magistrados reales, que habían sido enjaulados y luego encarcelados, lograron salir en libertad y reunir a sus partidarios. Los hombres lucharon a muerte en calles y tabernas. Cuando la facción de los advenedizos capturó a Hernando Alonso, el judío a quien Cortés había entregado una generosa encomienda, lo quemó en la hoguera por hereje.

Era irónico que Cortés, que al principio de la conquista se había valido tan hábilmente de los legalismos españoles, ahora estuviera atrapado por el sistema jurídico español. No podía valerse de todo el peso de su poder mientras durase el juicio de residencia. Los funcionarios reales habían hecho pública la acusación de que había birlado 60.000 pesos de oro del erario (luego se probó que el erario debía a Cortés 150.000 pesos de oro por las flotas y ejércitos que había equipado y despachado), y como de costumbre Cortés carecía de fondos en efectivo. Pero cuando trató de recuperar muchas de sus propiedades, descubrió que las habían rematado cuando lo presumían muerto.

La lucha de facciones llegó a un extremo cuando un partidario de Cortés mató a uno de sus rivales en una pendencia; en ese momento dominaban el cabildo los enemigos de Cortés, quienes decidieron castigar a ese hombre haciéndole cortar la mano derecha. Luego, temiendo que el gobernador regresara hecho una furia, desterraron a Cortés de Ciudad de México. Y Cortés optó por respetar la decisión del cabildo. Pudo haber apelado, pudo haber desobedecido, y muchos de sus viejos camaradas así se lo pidieron. Pero Cortés no veía ninguna manera legal de aplacar los disturbios a menos que contase con una resolución real en su favor. Al igual que Alvarado, decidió regresar a España para exponer su caso ante el rey.

Desde Coyoacán, en las afueras de Ciudad de México, Cortés intentó organizar sus asuntos personales. Poseía vastas fincas y gran cantidad de indios, y debía sistematizar la recaudación de tributos. Envió a la costa este un agente para que comprara, equipara y aprovisionara dos buques, invitando a todos los veteranos que desearan acompañarlo a España a viajar a su costa. Reunió una gran comitiva, apropiada para el conquistador de México. Lo escoltaban Sandoval, Andrés de Tapia y una veintena de célebres conquistadores, y llevaba una delegación de nobles indios. Cargó los buques de oro, plata, joyas, plumería, toda suerte de artefactos indios, y llevó animales enjaulados que se desconocían en Europa, como armadillos, albatros, pumas, jaguares, zarigüeyas. Llevó indios albinos y enanos, acróbatas, bailarines y trapecistas. Con ese cargamento de riquezas y maravillas, Cortés zarpó para España en el otoño de 1528.

VII

El caleidoscopio
del México moderno

Dos mundos

El Hospital de Jesús Nazareno, fundado por Cortés en 1524, es el hospital más antiguo del mundo occidental y aún hoy funciona admirablemente, al servicio de la humanidad y del pueblo mexicano. Se encuentra en el corazón de Ciudad de México, en el centro de la ciudad vieja, en medio del bullicio, el ajetreo y el hacinamiento. En ambos lados de la angosta calle donde está situado el hospital hay unas tiendas destartaladas donde venden desde alpargatas hasta souvenirs. Se ingresa en el hospital por una corta galería, como si se entrase en un edificio de oficinas, y del lado de la calle la entrada sólo está indicada por un letrero con letras *art deco* que evoca los años 20. Este breve pasaje conduce al antiguo hospital, que ocupa la manzana entera. Allí, dentro de la corteza de humildes tiendas, hay estructuras del siglo XVI: anchas escaleras de piedra gastada, amplios pasillos de techo abovedado, arcos españoles que revelan jardines destinados a la meditación. En esa atmósfera de seductora antigüedad, desfilan enfermeros de andar presuroso y gorra blanca, camillas con pacientes y médicos de guardapolvo blanco, muchos de ellos con rostro moreno acentuado por el cabello cano.

La existencia ininterrumpida del Hospital de Jesús –que se extiende desde 1524 hasta el presente– parece un eco de la desbordante vida de Cortés. En 1920, después de la revolución social de México, los adalides de la nobleza de los antepasados indios condenaron a Cortés, símbolo de la España imperial, aun con más fervor del que habían demostrado en la centuria anterior los colonos españoles que proclamaron la independencia de México, inspirados por un flamante nacionalismo. Pero ahora, en este hospital, los dos mundos se manifiestan en ceremonias y discursos: el singular y majestuoso mundo de los antiguos indios y la civilización de la España de fines de la Edad Media y principios de la Era Moderna. Se suele admitir que México es un híbrido cuyos vicios y virtudes, cuya gracia y vitalidad, proceden de esos dos mundos que lo han engendrado, pero es una admisión que se hace a regañadientes, en susurros, nunca en voz alta.

Cerca del altar de la pequeña iglesia contigua al hospital, los huesos de Cortés descansan dentro de una gruesa pared de argamasa donde hay una pequeña placa. En el fondo, en una parte abovedada del techo, bajo una capa de suciedad, hay un mural de José Clemente Orozco, que era famoso por su nacionalismo (las contradicciones nunca terminan en México). Pero esta iglesia ha tenido sus interrupciones. Tras sufrir un saqueo durante la revolución, fue un depósito de chatarra. Luego la gente del vecindario presionó para recobrarla, pues prefería ese templo humilde a la catedral que se encuentra a pocas calles. Tal vez la gente asociaba esa iglesia, que consideraba propia, con el hospital contiguo, que nunca dejó de estar a su servicio.

Un sacerdote con sus hábitos, en la iglesia del Hospital de Jesús, dice con tono confidencial: "Aún no se comprende que la misión de Cortés era acercar Cristo a la gente y la gente a Cristo". Es verdad, y es preciso tener en cuenta la religiosidad del siglo XVI español para comprender el México moderno. Sólo ahora, poco a poco, se desovillan algunas marañas de la historia.

En 1978, a pocas calles del Hospital de Jesús –a lo largo de la plaza central de la ciudad– los obreros que excavaban para prolongar el tren subterráneo se toparon con la base de la gran pirámide de Tenochtitlán. Los conquistadores se habían vuelto expertos en la táctica de reducir a escombros las estructuras aztecas para rellenar canales, y la base de la pirámide, con una altura de seis metros, estaba tan tapada y escondida que nunca la habían exhumado ni restaurado. Desde 1978, pues, los arqueólogos mexicanos han trabajado para revelar objetos aztecas jamás vistos: el pavimento de losas, las gruesas paredes que constituían la base de la pirámide, un chac-mool (una estilizada estatuilla de vientre achatado para recibir ofrendas) que conservaba su pintura, máscaras escalofriantes y una pared de cráneos humanos. Pero los arqueólogos que trabajaban en este emplazamiento, llamado el templo mayor, se encontraron en conflicto con los arqueólogos mexicanos que los habían precedido. La actual generación deseaba exponer Tenochtitlán tal como era cuando la vio Cortés, tal como la habían visto los españoles. Este no había sido el propósito de la arqueología mexicana desde 1920. Los principales artefactos que se habían hallado en México se habían enviado al maravilloso Museo de Antropología de la ciudad de México (en el parque de Chapultepec, en el próspero vecindario de Polanco, lejos de los huesos de Cortés), donde las exhibiciones acentuaban la nobleza de las culturas indias y restaban importancia a muchas realidades. Los arqueólogos mexicanos del templo mayor se atrevieron a dejar la pared de cráneos a la vista, con los huesos blanqueándose al sol, tal como la había visto la gente de Tenochtitlán, símbolo del poder aterrador de los dioses aztecas. El resultado ha sido la creación de un nuevo museo cerca de las excavaciones del templo mayor, un museo donde los artefactos no se exhiben con el propósito de ensalzar la cultura india, sino de presentar una visión más imparcial.

Pero lo más sorprendente y prodigioso es que frente al nuevo museo hay enormes placas con citas de la segunda carta de Cortés al rey, de Bernal Díaz y de Motolinía. Nunca antes se habían oído estas voces en la historia mexicana contemporánea. Y ahora se exhiben para que veamos Tenochtitlán tal como era, presentando tanto a aztecas como españoles bajo una luz más verdadera.

En una pared del Hospital de Jesús cuelga uno de los pocos retratos de Cortés que se pintaron con su modelo original, realizado en 1530 por un anónimo artista toledano, cuando el conquistador regresó a España. Es un retrato formalista de un caballero de armadura donde Cortés parece mayor de lo que era y desde luego no captura su espíritu. Sin embargo, este retrato está relegado a un rincón oscuro, una cámara interior sin ventanas donde poca gente puede verlo, tan arraigado está en México el resentimiento de una orgullosa nación mestiza contra Cortés. Aunque haya perdido ímpetu, aún persiste la influencia de la leyenda negra y las sucesivas oleadas de nacionalismo.

Una parte del piso del templo mayor, recientemente excavado en
Ciudad de México, que muestra el pavimento de losas,
el pie de dos escaleras que conducían a los templos que coronaban la
pirámide; una cabeza de águila adorna la escalera más próxima.

Esta pared de cráneos se erguía –y hoy se yergue una vez más–
en la base del templo mayor, la gran pirámide azteca del centro de
Ciudad de México, que se hallaba en el centro oficial de Tenochtitlán
(el centro no estaba en el mercado de Tlatelolco).
Los cráneos de las víctimas estaban cubiertos por una delgada capa de
estuco que los unía a la pared, símbolo elocuente del escalofriante
poder de los dioses aztecas.

El Paseo de la Reforma, el suntuoso bulevar que rivaliza con los Champs Elysées de París, expone claramente la vieja mentalidad mexicana. Hay monumentos a lo largo de las veredas, en general bustos de autoridades de semblante severo, algunas imágenes de pie, algunas estatuas ecuestres. Se rinde el debido homenaje a los presidentes y generales que gobernaron durante el primer siglo de la independencia mexicana. Los héroes de la revolución social mexicana gozan de un lugar de privilegio. Cerca de la Reforma hay incluso una estatua de Cristóbal Colón. Pero en ninguna parte de México –ni en la ajetreada capital ni en las localidades de provincias– existe una sola escultura de Cortés. El espíritu del gran conquistador sólo se vislumbra, en todo caso, en las manchas de luz que derraman las lámparas de estaño perforado de las sombrías tabernas, o tal vez en el granuloso fulgor del atardecer mexicano.

Después de la conquista de México, la primera tarea que se encomendó a los indios fue la construcción de iglesias, y se ha consignado creíblemente que los indios incrustaban en los pedestales de la cruz los fragmentos de los ídolos despedazados por los españoles. Cuando los indios –con aprobación de los españoles– pasaban ante la cruz y gesticulaban con devoción, sabían que presentaban sus respetos tanto a los dioses viejos como a los nuevos. En el Paseo de la Reforma, a medio camino entre el templo mayor y el Museo de Antropología, existe una plazuela en cuyo herboso centro se yergue un monumento a Cuauhtémoc (los mexicanos prefieren esta transcripción fonética de Guatémoc), y circula el rumor de que en la hierba alguien ha enterrado una estatuilla de Cortés. No sería difícil cometer esta pequeña infracción a las ordenanzas municipales –escarbar, sepultar la estatuilla, taparla– a las cinco de la mañana, cuando mengua el tráfico y ha pasado el policía de ronda. Y si la historia es cierta, en el centro de ese ajetreo, en el aire enrarecido por el escape de los automóviles, hoy se rinde homenaje tanto al indómito emperador indio que se constituyó en epítome de los aborígenes de América como a Hernán Cortés, quien hizo más que nadie por fusionar los dos mundos.

VIII

Las recompensas de la vida

La vuelta al hogar

Cortés y sus camaradas tuvieron una fácil travesía marítima de sólo cuarenta y dos días. Los pasajeros de las naves no consumieron todos los manjares que habían embarcado; aun cuando el mar estaba en calma, los españoles no tenían mucho apetito cuando navegaban. Pero cuando las naos fondearon al fin en el puerto de Palos, Cortés, Sandoval y muchos otros estaban gravemente enfermos, no por el viaje, sino por todas las fiebres y dolencias que llevaban acumuladas en la sangre. Al desembarcar, los hombres que habían conquistado México, munidos con barras de oro azteca como dinero de bolsillo, buscaron dando tumbos un alojamiento apropiado. Cortés y su comitiva se dirigieron al monasterio franciscano de La Rábida. Sandoval estaba tan enfermo que en el puerto de Palos hubo que llevarlo a casa de un cordelero, y allí falleció ese juvenil, leal e intrépido conquistador. Es probable que el cordelero desplumara al moribundo Sandoval, pues cuando Cortés fue a averiguar qué había sucedido, tanto el cordelero como el oro de Sandoval se habían esfumado.

El apesadumbrado Cortés ansiaba ir en persecución del cordelero, que había huido a Portugal. Sandoval tenía menos de treinta años cuando falleció, y a tal punto consagró la vida al coraje y la conquista que no dejó esposa ni concubina ni hijos ilegítimos. Cortés, que tomó nota de los últimos deseos de Sandoval, consignó como beneficiaria de la herencia a una hermana de Sandoval que vivía en Medellín y que el finado no había visto en muchos años; más tarde, con su dote, ella se casó con un hijo bastardo del conde de Medellín. Los veteranos de México lamentaron tener que reunirse para las exequias de Sandoval cuando acababan de llegar a España. Estaban nerviosos e inquietos, como ocurre con hombres que tras afrontar tensiones y peligros regresan a una patria complaciente y apacible que apenas tiene noticias de ese otro mundo. En el monasterio de las afueras de Palos, Cortés, desgarrado y abatido por esa muerte prematura y por la ausencia de su padre, que había fallecido poco tiempo atrás, sufrió otro arrebato de fiebre y no pudo viajar.

Mientras Cortés estaba postrado, se difundió la noticia de su presencia. Su llegada no estaba anunciada y tal vez sus detractores del Consejo de Indias habían procurado ocultarla. Pero la voz pronto se corrió de Palos a Sevilla y por todo el sudoeste de España, llegando a la corte, que entonces se encontraba en Toledo. Por doquier la gente hablaba de las rarezas que Cortés había traído del Nuevo Mundo, de las grandes riquezas que había ganado para el imperio; lo llamaban el "gran conquistador".

Cortés y sus hombres ignoraban cómo los recibirían en España después de las difamaciones del Consejo de Indias y los funcionarios españoles que habían ido a México, así que se sorprendieron ante esas joviales habladurías. España, como nación, estaba de ánimos para agasajar a un héroe; el momento era propicio, pues las bendiciones llovían a granel: primero, el triunfo de España sobre los árabes, ahora la promesa de un flujo continuo de oro y plata desde el Nuevo Mundo.

Aunque Cortés había regresado con toda la pompa que pudo costearse, él y sus veteranos conservaban su vieja amistad de camaradas de armas. En México le habían sugerido que inventase algún apelativo honorífico para su persona, pero sus hombres siempre lo llamaban "Cortés", y todos sus capitanes conservaban esa informalidad. "No le he nombrado ni nombro Don Hernando Cortés, ni otros títulos de marqués ni capitán, salvo Cortés a boca llena –escribe Bernal Díaz–; la causa dello es porquél mismo se preciaba de que le llamasen solamente Cortés."

Desde La Rábida Cortés despachó una carta al rey, informándole sobre la trágica muerte de Sandoval y sobre su propio malestar. El rey ordenó que todas las ciudades que se hallaban en el trayecto de Cortés hacia Toledo construyeran arcos de triunfo y preparasen las pertinentes ceremonias de bienvenida. Carlos estaba exultante, pues pronto lo coronarían emperador del Sacro Imperio, y se alegraba de renunciar a su cautela habitual para sumarse a las aclamaciones populares. Si Cortés deseaba elevarse en la jerarquía española, para el rey resultaba fácil otorgar este tipo de recompensa a un conquistador.

Retrato de Cortés, obra de un artista anónimo (1530);
se encuentra en el Hospital de Jesús de Ciudad de México.

Retrato de Carlos V, pintado en 1548 por el Tiziano.

Alentado por estos indicios de simpatía, Cortés se levantó del lecho, organizó su procesión, una verdadera caravana de tesoros, y avanzó de ciudad en ciudad hasta Toledo, a lo largo de un camino bordeado por gente que le aclamaba. Había transcurrido casi un cuarto de siglo desde que había dejado España, y la cercanía de sus compatriotas lo revivió: chiquillos que correteaban por las calles tal como él lo había hecho, señoritas en los balcones, alegría, flores, algarabía, música y bailes, olor a comida y vino español. Cuando Cortés llegó a Toledo, lo alojaron en los aposentos que el rey había designado. Tuvo una recaída de fiebre, y el rey en persona, acompañado por nobles de las familias de más rancio abolengo, fue a saludarlo.

Cuando Cortés estuvo en condiciones de comparecer en la corte, el rey lo colmó sin dilación de generosos favores: lo nombró marqués del Valle de Oaxaca (un título que no se limitaba a la provincia de Oaxaca, pues Cortés poseía la mayor encomienda de México); lo confirmó como capitán general de Nueva España y de las provincias que lindaban con el Mar del Sur; le otorgó ingentes ingresos de esos territorios. Sólo en dos aspectos se excedió Cortés en sus peticiones. El rey le ofreció ser caballero de Santiago, aunque Cortés deseaba ser comendador de la orden, lo cual no se cumplió. Además, Cortés pidió que lo nombraran gobernador de Nueva España, pero el cauteloso monarca prefirió poner coto a su generosidad, pues no quería inflar las expectativas de los futuros conquistadores ni que Cortés regresara a México y recuperara su dominio. Cortés recibió magníficas recompensas, obtuvo una posición encumbrada en la nobleza y se aseguró una gran fortuna. (En México, con el correr de los años, a medida que se prolongaba el juicio de residencia, los auditores comprobaron que Cortés se había otorgado un quinto, al igual que el rey, y lo castigaron reduciendo su parte; también redujeron las partes que se había otorgado como "señor natural" e introdujeron otros cambios, pero Cortés siguió siendo uno de los nobles más acaudalados del imperio.)

En sus contactos personales con Cortés, el rey demostró gran interés en las noticias sobre el Mar del Sur. El rey sabía que la flota de Magallanes, tras pasar de Este a Oeste por el estrecho que hoy lleva ese nombre en el extremo meridional de Sudamérica, había cruzado el Pacífico con rumbo a las islas de las especias; todas las naves se habían perdido excepto una, la cual había seguido viaje para regresar a España cargada de especias. Así se confirmó que era posible llegar a las islas de las especias navegando hacia el

Oeste, y el rey también sabía que los portugueses habían encarcelado a muchos hombres de Magallanes en las islas. Ahora se proponía continuar con sus exploraciones y adquisiciones, y vengarse de los portugueses. Cortés refirió al rey que las tres naves que había ordenado construir en Zihuatanejo, a orillas del Mar del Sur, después del incendio de los primeros buques construidos en Zacatula, estaban terminadas. De su propio peculio, Cortés había aprovisionado las naves con armas y bastimentos, y había puesto a los tripulantes al mando de un pariente suyo; la flota se había hecho a la mar, y Cortés aseguraba que podría defenderse tanto de los salvajes como de los portugueses. El rey quedó muy satisfecho.

(Zihuatanejo se encuentra en una cerrada bahía de la costa oeste de México, rodeada de riscos y cerros; es como una versión en pequeño de Acapulco, y aun más segura como refugio contra las tormentas porque se comunica con el mar por medio de un sinuoso canal, con lo cual está bien guarecida de las borrascas. En medio del angosto canal hay una roca negra que dificulta la navegación nocturna, aunque esta es posible si se cuenta con un buen mapa y uno se guía por un faro que sirve como referencia fija. Al amparo de la bahía, los vendavales a veces impulsan un potente oleaje, y entonces puede ser peligroso desembarcar en bote. Como astillero los españoles usaron primero Zacatula, en la desembocadura del Río Balsas, pero luego se desplazaron setenta kilómetros al Sur, a Zihuatanejo, que les pareció preferible porque contaba con mayor protección. Era natural que Cortés fuera optimista acerca de una flota que zarpaba de esa grata caleta tropical. Pero lo cierto es que su flota se internó en la vastedad del Océano Pacífico y debía recorrer más de ocho mil kilómetros para llegar a las islas de las especias. Todas las naves de Cortés se perdieron, y los pocos españoles que sobrevivieron en barquichuelos y llegaron a las Indias Orientales fueron capturados y encarcelados por los portugueses; algunos desdichados fueron llevados por los filipinos a la China, donde los vendieron como esclavos. Esta empresa, organizada y financiada por Cortés, terminó en un resonante fracaso, aunque nada de esto se sabía cuando él habló con el rey.)

Tan entusiasmado estaba Cortés con las adulaciones que recibía en España que pronto afloró un aspecto de su personalidad que casi se había atrofiado por falta de uso. En Sevilla y otras escalas de su viaje a Toledo, Cortés visitaba a las duquesas de las inmediaciones. Se presentaba en los salones de esas nobles mujeres, escoltado por su comitiva de gallardos capitanes, y aportaba generosamente a las causas por las cuales esas damas celebraban misas solemnes. A esas duquesas y amigas Cortés dio presentes ricos y exóticos: abanicos de plumas verdes con mangos de oro, oro con incrustaciones de esmeralda. Celebró fiestas a las cuales invitaba a las damas, y hacía actuar a sus acróbatas indios. Cortés descubrió con satisfacción que no había perdido el don de la galantería, y tal vez lo había mejorado, teniendo en cuenta sus nuevos recursos. Las duquesas comenzaron a presentarle a sus parientes solteras. Aunque Cortés estaba demacrado por la fiebre, y tenía el cuerpo plagado de cicatrices y cardenales –que en general no estaban a la vista–, un viudo cuarentón con sus características era un partido sumamente apetecible. La nobilísima esposa de don Francisco de los Cobos escribió a su esposo que estaba cautivada por la galanura y generosidad del conquistador, añadiendo que la fama de Cortés y sus proezas no estaban a la altura de la opinión que se formaban de él quienes tenían la ventura de conocerlo. Doña María tenía en mente a su hermana soltera.

Todo lo cual coincidía con lo que tenía en mente Cortés. Habiendo alcanzado una posición encumbrada, se proponía fundar un linaje legítimo, y desde Cuba había aspirado a poseer a una bonita duquesa desnuda. (Este sueño tal vez sea universal entre los españoles. Todo español quiere una bonita duquesa desnuda. Goya pintó a su duquesa dos veces, tanto desnuda como rica e íntimamente vestida. En los bares madrileños que rodean El Prado, el gran museo donde se exhiben tantos retratos de duquesas, muchos artistas y estudiantes de arte lamentan que hoy día no haya tantas duquesas disponibles.)

La vencedora fue la sobrina del duque de Béjar. El duque, don Alvaro de Zuñiga, había defendido a Cortés durante años, y en tres ocasiones había puesto su vida como garantía. Tal vez el duque, al comprometerse de ese modo, tenía en cuenta el futuro de su sobrina favorita. La muchacha, doña Juana Ramírez de Arellano y Zuñiga (hija de don Carlos Arellano, conde de Aguilar), estaba prevenida sobre ese posible destino, el cual consideraba afortunado. Poco después de la partida del rey a Italia, donde un ejército español combatía con los franceses por el dominio de Milán, Cortés desposó a doña Juana, que era agraciada, simpática y fértil.

En ese entonces España y todo el mundo adoraban desvergonzadamente las joyas –al igual que los indios de México y América Central– y Cortés había llevado a España cinco esmeraldas que dieron que hablar a todo el mundo. Gómara describe detalladamente esas joyas, que ya no existen y eran esmeraldas enormes de excepcional claridad: una tallada con forma de rosa, otra con forma de cornucopia, otra con forma de escamoso·pez de ojos de oro; otra con forma de campana, con incrustaciones de oro y una perla perfecta como badajo. La esmeralda de mayor fineza y tamaño tenía forma de copa con pie de oro y pico de oro; cuatro cadenas la unían a una perla oblonga, y en el oro estaba tallada esta inscripción en latín: "Entre los nacidos de mujer, nadie hubo más grande". Aun hoy, los españoles no sienten inhibiciones cuando se trata de investigar el valor de algo. Se convocó a expertos en joyería, que formaron fila con sus lentes de diamante para analizar las gemas. Unos mercaderes genoveses de La Rábida ofrecieron a Cortés cuarenta mil ducados por la campana, con la intención de revenderla al sultán de Turquía, pero Cortés rechazó la oferta con gesto señorial. A juzgar por la descripción de Gómara, esas joyas parecen obra de orfebres mixtecas o zapotecas, pues las finas tallas y un exquisito trabajo en miniatura caracterizan las joyas que se hallaron en una tumba cerca de Oaxaca, el llamado tesoro de Monte Albán, pero sin duda las joyas se confeccionaron siguiendo instrucciones españolas y las tallas se copiaron de ejemplos españoles.

Se cuenta que la reina –que era infanta de Portugal y, al desposarse con Carlos, había puesto a Portugal bajo la égida de los Habsburgo– sugirió que le agradaría que Cortés le obsequiara esas joyas. Sin embargo, Cortés envió a la reina magníficos regalos pero no esas cinco rarezas, las cuales obsequió a su prometida, doña Juana.

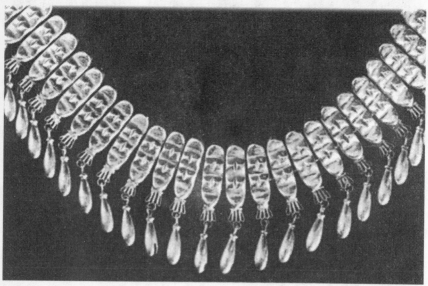

Cortés regaló objetos de exquisita factura similares a estos, hechos de oro con incrustaciones de esmeraldas y perlas, a damas españolas que los recibieron con sumo agrado.

La apuesta al Mar del Sur

Cortés lo pasó muy bien en España pero al cabo de más de un año ya estaba harto y deseaba mostrar a doña Juana las tierras que había conquistado. A mediados de 1531, acompañado por una numerosa escolta, y con su esposa y su madre viuda, zarpó nuevamente hacia el Nuevo Mundo (cabe señalar que Cortés y muchos conquistadores fueron muy bondadosos con sus padres).

En México, mientras Cortés estaba ausente, la burocracia había recuperado el poder. Como medida normal en la prolongación del aparato administrativo español, el Consejo de Indias había instalado una Audiencia en México, la cual incluía a un presidente y cuatro oidores que oficiaban de jueces, con el propósito de regularizar la tramitación de querellas legales y la administración imparcial de justicia, lo cual incluía el juicio de residencia de Cortés y la gestión de gobierno. Dos magistrados de la audiencia habían fallecido de pleuresía a poco de llegar a México, ante lo cual comenta ácidamente Bernal Díaz: "y si allí estuviera Cortés, según hay maliciosos, también lo informaran y dijeran quél los había muerto". El primer presidente de la Audiencia era un partidario de Narváez que actuó sin el menor freno y fue despedido por el rey. Una nueva Audiencia integrada sólo por cuatro oidores (durante un año no hubo presidente) asumió el control y en cierta medida restauró una administración sensata en la capital. Pero los indios de México estaban al borde de la revuelta.

Así estaban las cosas cuando Cortés llegó a Veracruz, y la situación era similar a la que había hallado al regresar de Honduras. Cuando Cortés se ausentaba, los indios echaban de menos su empatía, y los españoles echaban de menos su liderazgo natural. En la costa recibieron a Cortés más de mil españoles y muchos indios que se quejaban de los malos tratos infligidos por la Audiencia, sobre todo cuando la encabezaba el partidario de Narváez. Pero los actuales oidores se alarmaron ante el ascendiente de Cortés, ordenaron a todos los habitantes de la capital que regresaran de inmediato, y amenazaron con ordenar a Cortés que se marchara de México por alterar la paz. No era la recepción que Cortés había mencionado a doña Juana. Cortés, cuyas fuerzas sumaban varios cientos de hombres bien armados con muchos caballos, se puso a la cabeza de los españoles y los indios que habían ido a recibirlo, hizo que un pregonero anunciara que el rey lo había designado capitán general de la Nueva España, y envió una copia del documento a la capital. Luego inició una marcha forzada hacia las montañas. La Audiencia le ordenó que hiciera un alto en Texcoco, pero cambió de parecer cuando estalló una rebelión india. Los caciques de varias tribus habían planeado cuidadosamente esa rebelión para sacar ventaja del disenso reinante entre los españoles. Los indios capturaron y mataron más de doscientos españoles en los caminos y en pueblos apartados. La Audiencia suplicó a Cortés que entrara en la capital y asumiera el mando militar. Así lo hizo Cortés, y doña Juana tuvo el placer de ver la acogida que los asustados ciudadanos daban a su esposo. Cortés se instaló en su fortaleza, organizó y equipó tropas para enviar expediciones punitivas al mando de sus capitanes veteranos, y sofocó el levantamiento con prontitud y contundencia.

Al restaurarse la seguridad y el orden, las relaciones entre Cortés y la Audiencia eran menos tirantes, y Cortés decidió ir a la costa oeste para visitar sus astilleros de Zihuatanejo, Acapulco y Tehuantepec, para continuar desde estos puertos la exploración del Mar del Sur, de acuerdo con lo pactado con el rey. Cortés deseaba desligarse de las intrigas políticas de la capital, y la Audiencia temía que su presencia pusiera en jaque el sistema de regulaciones que los oidores intentaban imponer a los individualistas colonos españoles. Por otra parte, Cortés sabía que el clima de la costa occidental de México era paradisíaco en otoño, invierno y primavera: flores por doquier, la sombra de las palmeras en la costa. Quería que su joven esposa viera y disfrutara ese paraíso.

Cortés instaló a doña Juana en Acapulco, donde pronto quedó encinta por tercera vez. Ya le había dado dos hijos, un varón y una niña, pero ambos murieron pronto, y este tercer hijo, que nació en Cuernavaca, era varón; después le dio tres hijas mujeres. Con el niño se creó un pequeño contratiempo, pues doña Juana quería llamarlo Martín, por su abuelo paterno. El problema era que ya existía un niño llamado Martín Cortés, un travieso chiquillo moreno que Cortés había tenido con Malinche, aunque tal vez doña Juana ignorase su existencia. El otro Martín vivía con su madre en Coatzacoalcos; Cortés había entregado a Malinche varios pueblos que pagaban buen tributo. Cortés analizó el problema y dio con una simple solución: que hubiera dos niños con el mismo nombre. A esas alturas le resultaban fáciles los juicios salomónicos.

Viajando de un astillero al otro, Cortés supervisó la construcción de los buques. Las naves oceánicas tenían que ser más resistentes que los bergantines construidos para navegar en lagos. De hecho, estas naves, armadas a mano, reforzadas con clavos y espigas, eran muy fuertes, una vez que el agua hinchaba la madera. Pero los avíos y pertrechos eran difíciles de obtener y a veces se transportaban desde España hasta la costa oriental de México, desde donde viajaban por tierra hasta la costa occidental, con lo cual los avances eran lentos.

A mediados de 1532 había dos naves listas en Acapulco, y más tarde se terminaron otras dos en Zihuatanejo y Tehuantepec. Cortés las envió costa arriba y costa abajo y también mar adentro, en busca de un estrecho que conectara el Pacífico con el Caribe y en busca de una ruta marítima hacia las Indias. No se tenían noticias de la flota que había enviado al Oeste antes de regresar a España. Y estos viajes no tuvieron resultados importantes, así que Cortés decidió participar personalmente.

Enviando una bien equipada flota de tres navíos desde Tehuantepec a un punto de encuentro en una bahía de la costa de Jalisco, condujo una fuerza por tierra hasta Jalisco, donde recobró el casco de una de sus naves (que le había costado quince mil ducados). Cuando llegó la flota de Tehuantepec, hizo embarcar hombres, caballos y armas y navegó con rumbo Norte hasta la Baja California. Pero la Baja California era un desierto; los indios de la región ni siquiera sembraban maíz, sino que eran cazadores y recolectores, y se alimentaban con bayas, animales salvajes y pescado. Los españoles pronto empezaron a sufrir hambre. Cortés regresó por las aguas que separaban la península de Baja California de la tierra firme de México –de Cabo San Lucas a Puerto Vallarta, que no es una travesía dificultosa– en busca de provisiones. En la bahía de Puerto Vallarta encontró otra de sus naves pero encalló en su intento de alcanzarla, y tuvo que carenar su buque. Algunos colonos españoles acudieron del interior para venderle cerdos, ovejas y maíz a precios exorbitantes. Cuando se hicieron a la vela, un penol cayó y mató al piloto, quien dormía al pie del mástil. Oficiando de piloto, Cortés enfiló hacia el Norte y luego hacia el Sur a lo largo de la costa, encontrando otras naves suyas y relevando a algunos de sus hombres, que padecían hambre y sed en la costa. Al fin condujo sus naves recuperadas de vuelta a Acapulco, pero sus desventurados intentos de exploración marítima se habían topado con un sinfín de problemas. En Acapulco fue recibido por su hijo don Martín y por doña Juana, quien se alegraba de tenerlo de vuelta.

En 1539 despachó una nueva flota, que bogó con rumbo Norte hasta el extremo del golfo donde desemboca el río Colorado, y Cortés bautizó a ese golfo Mar de Cortés, lo cual era poca recompensa por sus esfuerzos. Cortés gastó un total de doscientos a trescientos mil ducados, una suma enorme, en esas exploraciones.

Poco a poco, en Ciudad de México, se asentaba la influencia conservadora y estabilizadora de la tradicionalista España; el sistema de leyes y hábitos que duraría trescientos años comenzaba a echar raíces. El presidente de la Audiencia, un obispo, trabajaba con empeño y honestidad. De España habían enviado a un virrey para que gobernara México. Se trataba de don Antonio de Mendoza, un distinguido noble a quien Cortés quería y respetaba. No obstante, cuando Cortés regresó a la capital, tuvo altercados con don Antonio por la compensación que el erario le debía por sus exploraciones. Cortés basaba sus reclamaciones en los riesgos que había corrido, financieros y de los otros. Una vez más había estado a punto de morir de hambre o sed y de naufragar, por no mencionar la amenaza constante de indios hostiles. Pero el virrey quiso saber qué ganancias había para la Corona, y no eran demasiadas. Cortés y don Antonio riñeron y, a pesar de su mutua simpatía, se distanciaron.

Por naturaleza, Cortés era amable con hombres y mujeres, pero esto no siempre obraba en su favor. En su casa Cortés insistía en que se tratara a doña Juana con sumo respeto, y así se hacía, pero Cortés era muy informal con las esposas y mujeres de otros hombres. Esto encolerizó tanto a uno de los capitanes que tildó a Cortés de "putañero".

Se trataba de una típica rencilla española coronada por un agravio, pero Cortés jamás respondía a esas provocaciones. Con sus hombres siempre mantenía una familiaridad de cuartel. Ellos se sentían libres de insultarlo, y así lo hacían; él también se sentía libre de insultarlos, y así lo hacía; y Cortés, a menos que la disciplina estuviera en juego, siempre respondía a los insultos con una carcajada.

La rencilla entre Cortés y el virrey desembocó en un litigio. Un auditor que había trabajado durante años en el juicio de residencia de Cortés revocó algunos de sus privilegios. El virrey ordenó que se hiciera un recuento de los vasallos de Cortés, una medida que el conquistador no consideró justificada, así que le entabló un pleito. Y como el tribunal de última apelación de un noble de alcurnia era el rey, Cortés regresó a España en 1540, llevando consigo a su hijo.

Reflexiones
de un conquistador

Una vez más Cortés regresó a España con gran pompa, pero sin la efervescencia de su retorno anterior. Doña Juana no lo acompañó. Prefería quedarse con sus hijas en México; no le agradaba la idea de hacerse a la mar, y Cortés sabía que su familia estaría a salvo en México, bajo el gobierno de don Antonio. Cortés tenía a la sazón cincuenta y cinco años, y los ocho o nueve años de rigores en la costa oeste de México –años que sólo habían dado fruto en el ámbito familiar– lo habían envejecido. Aunque en su expedición había sufrido hambre, le había crecido el vientre, cuando siempre había sido ágil y esbelto. Y descubrió que en España ya no se hablaba de México, sino del Perú.

Una vez que Cortés fijo el patrón de la conquista en México, los españoles de todo el Nuevo Mundo trataron de emular su éxito al norte y al sur del Ecuador. Pero, por denodados que fueran sus esfuerzos, para obtener un triunfo de la misma magnitud era preciso encontrar otro filón de oro y plata. Perú era el único lugar de las Américas donde existía ese filón. A Cortés jamás se le había ocurrido explorar al sur de Panamá por la costa oeste de Sudamérica, y nunca había estado cerca de esa región. En una oportunidad había conocido al hirsuto y casi analfabeto soldado y aventurero Francisco Pizarro, que en 1533 conquistó el Perú. Cuando Cortés visitó La Rábida en 1528, Pizarro estaba allí, y tal vez se hubieran cruzado luego en la corte; Pizarro buscaba la ayuda y la aprobación del rey, pero no se distinguía de otros españoles esperanzados que tenían planes similares, y Cortés no lo recordaba. Hasta es posible que Pizarro fuera un pariente lejano, pues el nombre de soltera de la madre de Cortés era Pizarro, aunque ese apellido era común (Francisco Pizarro era natural de Trujillo, Extremadura). Años después. mientras Cortés estaba en Acapulco, recibió una carta que Pizarro despachó desde el Perú a todos los gobernadores, pidiendo ayuda, y Cortés intentó enviar un embarque de armas. Luego del descubrimiento del Perú, México era historia antigua.

En España Cortés tropezó con el mismo problema que habían tenido Montejo y Puertocarrero muchos años antes. No podía alcanzar al rey, quien se mudaba continuamente. Carlos, con un contingente de invencibles infantes españoles, había partido de España para Francia, con rumbo a Flandes, para sofocar una rebelión en Gantes, su ciudad natal. Los ciudadanos de Gantes protestaban contra los impuestos, pero su revuelta fue aplastada sin piedad. Cuando el rey emperador regresó a España en 1541, no tenía tiempo para escuchar los pormenores de una rencilla en México porque se proponía atacar el bastión musulmán de Africa del Norte. Los proyectos de los Habsburgo no habían dado los frutos esperados. Adrián de Utrecht había fallecido poco después de ascender al trono pontificio; las relaciones de Carlos con los sucesivos papas habían sido poco armoniosas. Ahora, para identificarse como indiscutido paladín de la cristiandad, Carlos iría a Africa del Norte para intensificar el sitio de Argel y capturar ese baluarte árabe.

Cortés pagó de su propio bolsillo un grupo de caballeros y junto con otros nobles españoles, cada cual al mando de sendos contingentes, siguió al rey a la costa, donde todos abordaron una enorme flota que transportaba tropas y pertrechos. La flota efectuó el corto viaje por el Mediterráneo y llegó a la bahía de Argel, donde la sorprendió una tormenta que hizo encallar casi todos los navíos en la rocosa costa. Una vez más Cortés estuvo a punto de perecer. Su nave se partió en las rocas y el agua arremolinada lo arrastró a la orilla, medio ahogado. (Un nadador queda a merced de las aguas cuando su nave encalla; las borrascosas olas se encrespan y rompen en el lecho marino; el nadador, por fuerte que sea, es arrojado como un leño a la playa o succionado por el lodo submarino, todo depende de la suerte.) Cortés cayó en la arena, escupiendo agua. Cuando llegó a un lugar donde podía sentarse, siempre azotado por el viento y la lluvia, se dio cuenta de lo peor. En un morral de cuero, sujeto al cuello, llevaba las cinco grandes gemas, esas cinco esmeraldas tan valoradas por doña Juana, y las había perdido. Bajo el salobre oleaje africano, entre las plantas que se agitaban en el lecho marino, la arena cubría las joyas más raras de la América indiana.

Retrato de Cortés; está expuesto en el Museo Naval de Madrid
y es obra de un artista anónimo. A juzgar por la barba blanquecina,
tal vez se realizó durante los últimos años de Cortés en España.
Cuando uno posaba para un retrato debía mostrar dignidad,
así que Cortés no podía sonreír ni guiñar el ojo. Según Bernal Díaz,
Cortés era todo un guiñador.

Empapados, habiendo perdido la mayor parte de los víveres y los caballos, los supervivientes se reunieron en la costa. (Los españoles tenían pésima suerte en el mar. La Gran Armada de Felipe II fue desbaratada por una tormenta cuando se dirigía a Inglaterra. Los ingleses, en cambio, tuvieron una gran suerte. Cuando un contingente español apostado en el Estrecho de Magallanes aguardaba a Francis Drake, el viento impulsó al corsario inglés y sus naves al Sur, hacia el Cabo de Hornos, con lo cual eludió la emboscada, mientras los efectivos españoles padecían hambre.) El rey emperador sobrevivió, así como el hijo de Cortés. Los empapados españoles fueron recibidos por miembros de la fuerza cristiana combinada que había puesto sitio a Argel.

El problema táctico era que no había suficientes cristianos –españoles, italianos, alemanes– para rodear por completo la ciudadela árabe. Los recién llegados llevaban refuerzos, pero la mayoría se habían ahogado. Mientras los vapuleados supervivientes se reunían con los sitiadores al amparo de las tiendas, se llegó a la conclusión de que era preciso abandonar el asedio. Cortés se opuso. Suplicó a los capitanes, se paseó entre las tropas tratando de entusiasmarlas, urgiéndolas a no aceptar la derrota. Si lo seguían por una semana, él juraba tomar esa ciudad infiel. No se sabe si Carlos V oyó estas exhortaciones. Y los comandantes más jóvenes, sobre todo los que habían aguardado un tiempo en las afueras de Argel, estaban hartos de esa contienda y deseaban regresar a casa al no contar con refuerzos. Celebraron un consejo de guerra al cual no invitaron a Cortés, y votaron.

Luego todos emprendieron el regreso, los cristianos resignados a la derrota, y Cortés sin sus joyas, con lo cual sólo secundaba al rey en la escala de los más perjudicados económicamente por la expedición. Lo único bueno que resultó de esto fue que Cortés conoció a Gómara y lo contrató como secretario.

De vuelta en España, Cortés y Gómara revisaron los papeles del conquistador. Cortés se enfrentaba a gran cantidad de juicios, y todos los puntos en litigio eran complicados. En el caso del recuento de sus vasallos, por ejemplo, el cuestionamiento se centraba en la palabra "vecino". Los vasallos de Cortés se limitaban a tantos vecinos. La cuestión era la siguiente: ¿"vecinos" se refería a los terratenientes que podían pagar tributo (así lo creía Cortés) o a todos los que vivían en las fincas, criados, labradores y demás (como sostenía el virrey)? Cortés afrontaba antiguas querellas instigadas por gente como Narváez (los herederos de Narváez continuaron el pleito aun después de la desaparición de Narváez, presuntamente ahogado; los herederos de Velázquez, en cambio, nunca reclamaron nada a Cortés).

Durante años siguió empecinadamente a la corte. Lo acompañaba un numeroso séquito, como cuadraba a su rango, y se alojaba cómodamente en monasterios y castillos, a veces en posadas. Pero echaba de menos a Sandoval. Alvarado había perecido en un combate con los indios de Jalisco. Al regresar con una flota desde Guatemala, Alvarado se propuso explorar el Mar del Sur como Cortés; lo habían llamado desde la costa para ayudar en una escaramuza con unos indios, y el caballo de un español resbaló en una cuesta pedregosa; jinete y montura cayeron sobre Alvarado y ambos hombres y caballos rodaron por la ladera. Cortés echaba de menos a sus viejos capitanes.

Cortés no pudo obtener la atención del rey emperador, y Carlos tampoco designó un tribunal que entendiera en las causas del conquistador. Los pleitos que involucraban a nobles eminentes siempre se relacionaban con cuantiosas sumas de dinero, así que esos casos no se podían tomar a la ligera, y las consecuencias sin duda defraudarían a una u otra parte. Carlos V pensaba que había hecho más que suficiente para recompensar y consagrar a Cortés, y lo trataba con la mayor frialdad. El austero, introvertido y melancólico rey emperador tenía sus propias preocupaciones, y a veces ni siquiera reconocía a Cortés, quien con más de sesenta años ya no tenía porte de conquistador y cuya conquista ya no era tan recordada. Se cuenta que una vez el rey Carlos atravesaba una muchedumbre donde estaba Cortés, y preguntó al cochero quién era ese individuo que iba junto a la puerta del carruaje. Cortés gritó a través de la ventanilla: "Soy el que os dio más reinos que ciudades teníais".

Cortés tenía otros problemas además de los litigios. Sus hijos, tanto legítimos como ilegítimos, estaban creciendo, y a la usanza de esos tiempos él procuraba arreglarles matrimonios convenientes. Logró comprometer a su mayor hija legítima, doña María, con el primogénito del marqués de Astorga, prometiendo una dote de cien mil ducados y un elegante guardarropa. Pero el compromiso se rompió, pues algunos hijos de Cortés eran tan obcecados como el padre.

Al fin, el hastiado Cortés, poniendo freno a la tozudez que lo caracterizaba, decidió cejar en su persecución del rey y se dispuso a volver a México, donde, a pesar de las querellas y el juicio de residencia, sus ingresos nunca se habían reducido sobremanera. En Sevilla, sin embargo, cayó enfermo con otro ataque de fiebre, pleuresía, disentería. Presintiendo el final, Cortés legalizó el testamento que había confeccionado con Gómara, varias versiones del cual ya estaban registradas. Firmó testamento en Sevilla el 11 de octubre de 1547. Luego su estado empeoró. Cortés tenía sesenta y tres años y estaba consumido por sus zozobras, así que lo alejaron de la congestionada ciudad, donde su presencia atraía a muchos simpatizantes y visitantes, para llevarlo al palacio de la familia de Medina-Sidonia, en lo que se consideraba la atmósfera más saludable de la cercana localidad de Castilleja de la Cuesta. Allí, tras confesar sus pecados y recibir la extremaunción, falleció el 2 de diciembre de 1547.

En su testamento, tras proveer al bienestar de su esposa, Cortés legaba la mayor parte de su propiedad a su heredero legítimo don Martín, que lo acompañaba y entonces tenía quince años, con derecho a recibir la plenitud de sus ingresos al cumplir los veinte años y el pleno control a los veinticinco. Cortés recomendó a su hijo los representantes que le habían prestado buenos servicios. A sus otros hijos, incluidos los ilegítimos, legó ingentes sumas, con dotes para todas las mujeres, y especificó generosas asignaciones para los integrantes de su servidumbre. Dejó fondos para tres instituciones: el Hospital de Jesús Nazareno de Ciudad de México, como lugar de descanso de sus restos mortales, una escuela de idiomas de Coyoacán para los misioneros que trabajarían en la conversión de los indios (y donde muchos indios cristianos aprendieron a trabajar con su propia gente) y un convento de Coyoacán.

Al designar a los albaceas que obrarían en España, Cortés depositó su confianza en la nobleza y nombró a tres distinguidos señores, entre ellos el marqués de Astorga, quien, junto a Cortés, había intentado en vano pactar el matrimonio de los hijos de ambos. Como albaceas en México, Cortés nombró a tres prelados –los hombres más honestos que conocía– y a su esposa.

En su testamento, Cortés expresó las preocupaciones que lo obsesionaban. Insistía en que los indios de quienes era responsable, los indios incluidos en la encomienda que legaba a su hijo, no debían pagar más tributo del que antes pagaban a sus soberanos indios. Si don Martín descubría que los indios pagaban más de lo que antes pagaban a sus monarcas, debía reintegrarles la diferencia.

Además, Cortés cuestionaba que los servicios personales, como el trabajo en las minas, se pudieran considerar tributo. Advirtió a su heredero que supiera valorar justamente el trabajo personal, y que supiera recompensarlo.

Por último, Cortés expresó sus dudas sobre un tema que lo inquietaba, preguntándose si, "en buena conciencia", era posible considerar esclavos a los indios. Era una pregunta que España intentaba responder desde hacía años, desde que los portugueses habían comenzado a importar esclavos negros africanos en Europa. Cortés sabía que los indios americanos practicaban la esclavitud antes de la llegada de los españoles, y la consideraban legítima. Asimismo, la esclavitud estaba afianzada y aceptada entre los negros africanos, al igual que entre los árabes. Pero el hecho de que la esclavitud tuviera precedentes en sociedades paganas no aliviaba la perplejidad de Cortés. Había apologistas cristianos para ambas posturas: filósofos que partían de la premisa aristotélica de que existían diferencias naturales entre las personas que volvían inevitable y pertinente la esclavitud, y apasionados clérigos, tanto dominicanos como franciscanos, que argüían que cada ser humano, y en particularmente cada inocente indio, tenía un alma preciosa e invalorable que nadie podía poseer, en todo caso destinada al limbo. Las potencias marítimas en ascenso –Inglaterra, Francia, Holanda, Dinamarca– aceptaban y practicaban con entusiasmo la esclavitud. Pero Cortés se aferraba a sus dudas. No podía resolver este enigma por su cuenta; a lo sumo podía legar el problema a su hijo.

Estos eran los pensamientos que acompañaban al conquistador de México a un paso de su tránsito hacia la eternidad: no el recuerdo de las privaciones o recompensas de su espectacular carrera, sino la preocupación por sus hijos y la reflexión sobre la corrección de su conducta ante los ojos de Dios.

Bibliografía

Esta bibliografía no pretende ser exhaustiva, y la presente obra se basa en gran cantidad de fuentes que incluyen muchas investigaciones personales del autor, pero los libros enumerados se cuentan entre las fuentes escritas más autorizadas.

BANCROFT, Hubert Howe: *History of Mexico*. Vols. 1 y 2 (de 6). San Francisco: A. L. Bancroft & Co., 1883-1888.

BANDELIER, A. F.: *Art of Warfare and Mode of Warfare of the Ancient Mexicans*. Págs. 95-161. Informes del Peabody Museum of American Archaeology and Ethnology, 1877.

BOURNE, Edward Gaylord: *Spain in America 1450-1580*. Nueva York: Barnes & Noble, 1962.

BUTTERFIELD, Marvin E.: *Jeronimo de Aguilar, Conquistador*. University of Alabama Press, 1955.

CASAS, Bartolomé de las: *Apologética historia sumaria*, México: UNAM, 1967.
– *A Relation of the First Voyages and Discoveries Made by the Spaniards in America, with an Account of their Unparallel'd Cruelties on the Indians in the Destruction of Above Forty Millions of People*. Printed for Daniel Brown and Andrew Bell, Londres, 1699.
– *Historia de las Indias*. México: Fondo de Cultura Económica, 1951.
– *Tratados*, México: Fondo de Cultura Económica, 1965.

CERVANTES DE SALAZAR, Francisco: *Life in the Imperial and Royal City of Mexico in New Spain*. Traducción inglesa: Lee Barrett Shepard. Comp.: Carlos Eduardo Castaneda. Edición facsimilar. Austin: University of Texas Press, 1953.

CÓDICE CHILMALPOPOCA: *Anales de Cuauhtitlan y Leyenda de los soles*, México: Imprenta Universitaria, 1945.

CONWAY, George Robert Graham: "Hernando Alonso, A Jewish Conquistador with Cortés in Mexico". *Publications of the American Jewish Historical Society* XXXI (1928): 9-31.

— *Last Will and Testament of Cortés, Marqués del Valle.* México, 1939.

CORTÉS, Hernán: *Cartas de relación de la conquista de Méjico,* Buenos Aires: Espasa-Calpe, 1945.

— *Cartas y documentos,* México: Porrúa, 1963.

— *Ordenanzas de buen gobierno dadas por Hernando Cortés para los vecinos y moradores de la Nueva España,* 1524, Madrid: Jose Porrúa Turanzas, 1960.

CROW, John A.: *Spain: The Root and the Flower.* Nueva York: Harper & Row, 1963.

DÍAZ DEL CASTILLO, Bernal: *Historia verdadera de la conquista de la Nueva España,* México: Espasa-Calpe, 1950.

— *La conquista de Nueva España,* París-Buenos Aires: Sociedad de Ediciones Louis Michaud.

DURÁN, Fray Diego: *Historia de las Indias de Nueva España e Islas de Tierra Firme,* México: Editora Nacional, 1951.

ELLIOTT, John Huxtable: *The Mental World of Hernán Cortés.* Transactions of the Royal Historical Society. 5th series (1967): 41-58.

GARDINEr, C. Harvey: *The Constant Captain: Gonzalo de Sandoval.* Carbondale: Southern Illinois University Press, 1961.

— *Martín López: Conquistador Citizen of Mexico.* Lexington: University of Kentucky Press, 1958.

— *Naval Power in the Conquest of Mexico.* Nueva York: Greenwood Press, 1956.

GLASS, J.: *Lienzo de Tlaxcala.* México: Museo de Antropología, inédito.

GÓMARA, Francisco López de: *Historia general de las Indias,* Barcelona: Iberia, 1954.

GURRÍA LACROIX, Jorge: *Itinerary of Hernán Cortés.* Traducción de Paul Cannady con comentarios de Shiela Prieto. México: Ediciones EuroAmericanas, 1973.

HANKE, Lewis: "Conquest and the Cross" y "Art as Propaganda: The Black Legend". *American Heritage,* Febrero 1963: 4-19, 107-111.

— *The Spanish Struggle for Justice in the Conquest of America.* Filadelfia: University of Pennsylvania Press, 1949.

HERRERA Y TORDESILLAS, Antonio de: *Historia General de los Hechos de los Castellanos en las Islas y Tierra Firme del Mar Océano.* España, 1728-1730.

KEHOE, Alice B.: *North American Indians.* Nueva Jersey: Prentice-Hall, 1981.

KELLY, John Eoghan: *Pedro de Alvarado, Conquistador.* Princeton University Press, 1932.

LÓPEZ, Enrique Hank: "Mexico". *American Heritage,* Abril 1969: 4-37.

MACNUTT, Francis Augustus: *The Sepulture of Fernando Cortés.* Carta a Mrs. Zelia Nuttall, edición del autor. Nueva York, 1910.

— *Fernando Cortés and the Conquest of Mexico.* Nueva York y Londres: G. P. Putnam's Sons, 1909.

— *Bartolomé de las Casas: His Life, His Apostate, and His Writings.* Putnam's Sons, 1909.

— *De Orbe Novo: the Eight Decades of Peter Martyr D'Anghera.* Nueva York y Londres: G. P. Putnam's Sons, 1912.

MADARIAGA, Salvador de: *Hernan Cortés.* México-Buenos Aires: Hermes, 1955.

MÁRTIR DE ANGLERÍA, Pedro: *Décadas del Nuevo Mundo,* México José Porrúa e Hijos, 1964.

MOTOLINÍA (Fray Toribio de Benavente): *Historia de los indios de la Nueva España,* Barcelona: Herederos de Juan Gili, 1914.

PADDEN, R C.: *The Hummingbird and the Hawk: Conquest and Sovereignty in the Valley of Mexico,* 1503-1541. Nueva York: Harper & Row, 1970.

PEREYRA, Carlos: *Hernán Cortés.* Buenos Aires: Espasa-Calpe, 1942.

PRESCOTT, William Hickling: *History of the Conquest of México.* Nueva York: Harper Bros., 1843.

SAHAGÚN, Fray Bernardino de: *Historia general de las cosas de la Nueva España,* México, Editorial Nueva España, 1946.

SEDGWICK, Henry Dwight: *Cortés, the Conqueror.* Indianapolis: Bobbs-Merrill Co., 1926.

SMITH, Bradley: *Mexico: A History in Art.* Garden City, New York: Doubleday & Co.,1968.

— *Spain: A History in Art.* Garden City, New York: Doubleday & Co., 1966.

SOLÍS, Antonio de: *Historia de la conquista de México,* México: Porrúa, 1968.

SOUSTELLE, Jacques: *Daily Life of the Aztecs.* Nueva York: MacMillan, 1962.

TANNENBAUM, Frank: *Slave and Citizen.* Nueva York: Alfred A. Knopf, 1947.

TORO, Alfonso: *Un crimen de Hernán Cortés.* México, 1922.

TORQUEMADA, Fray Juan de: *Monarquía Indiana.* Madrid: Chávez Hayhoe, 1723; ed. facs., México, 1944.

VAILLANT, George C.: *Aztecs of Mexico.* Nueva York: Doubleday, Doran, 1941.

VÁZQUEZ DE TAPIA, Bernardino: *Relación del conquistador Bernardino Vázquez de Tapia.* Comp. Manuel Romero de Terreros. México, 1939.

WAGNER, Henry R,: *The Rise of Fernando Cortés.* Berkeley y Los Angeles: Cortés Society, 1944.

WAUCHOPE, R. (comp.): *Handbook of Middle American Indians.* Austin: University of Texas Press, 1967.

ZURITA, Alonso: "Breve relación de los señores de la Nueva España", en *Relaciones de Texcoco y de la Nueva España,* México: Salvador Chávez Hayhoe, 1941.

Ilustraciones

Castillo de Medellín. *Fotografía del autor*

Teatro romano de Mérida. *Fotografía del autor*

Templete de Campeche. *Fotografía del autor*

Códice Florentino, primera página del Libro III, capítulo 4, tomada de Bernardino de Sahagún, *The Florentine Codex: General History of the Things of New Spain*, traducción inglesa de Charles E. Dibble y Arthur J. O Anderson; 2a. ed. Santa Fe y Salt Lake City: School of American Research and the University of Utah, 1978.

Idolos indios. *Gentileza INAH-CNCA-MEX.*

Tapiz de Tlaxcala. *Gentileza INAH-CNCA-MEX.*

Aro de una cancha azteca. *Gentileza INAH-CNCA-MEX.*

Pirámide de Cempoal. *Fotografía del autor*

Pintura india sobre corteza. *De la colección personal del autor*

Instrumento azteca. *De la colección de Bernard Jaffe y señora*

Flauta ceremonial azteca. *De la colección de Bernard Jaffe y señora*

Cráneo de una víctima del sacrificio. *Gentileza INAH-CNCA-MEX. Antropología e historia*

Parte del templo mayor. *Fotografía del autor*

Pared de cráneos. *Fotografía del autor*

Retrato de Cortés (detalle), Hospital de Jesús. Provenance of Art/Laurie Platt Winfrey, Inc. *Gentileza Hospital de Jesús*

Retrato de Carlos Quinto (detalle), Tiziano. Reproducido a partir de *The Paintings of Titian* de Harold E. Wethey, Vol. II, *The Portraits,* 1971, Phaidon Press Ltd., Londres. *Gentileza Bayerische Stadts-Gemaldesammlung,* Munich

Ejemplos de orfebrería indígena. *Gentileza INAH-CNCA-MEX.*

Retrato de Cortés, Museo Naval. Provenance of Art/Lauri Platt Winfrey, Inc. *Gentileza Museo Naval de Madrid.*

MAPAS: La ruta de Cortés / Tenochtitlán

381

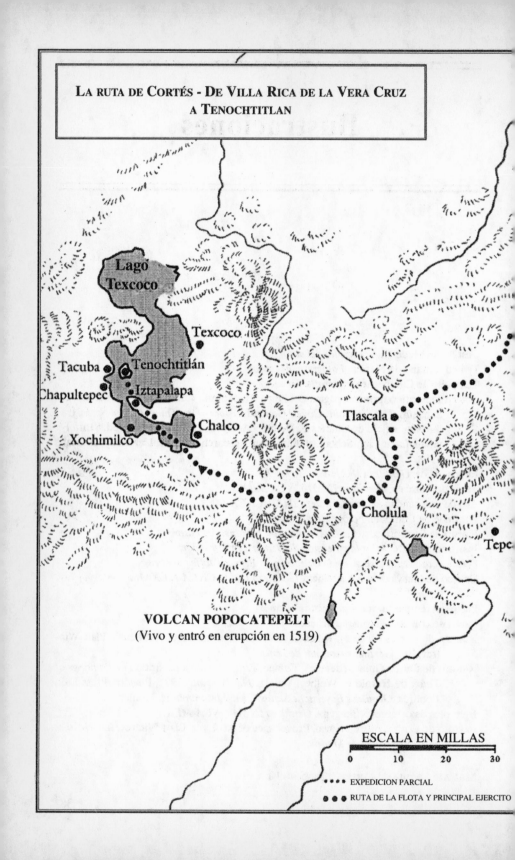

LA RUTA DE CORTÉS - DE VILLA RICA DE LA VERA CRUZ
A TENOCHTITLAN

Lago Texcoco

Texcoco

Tacuba

Tenochtitlán

Chapultepec

Iztapalapa

Chalco

Xochimilco

Tlascala

Cholula

Tepe

VOLCAN POPOCATEPELT
(Vivo y entró en erupción en 1519)

ESCALA EN MILLAS

0   10   20   30

•••• EXPEDICION PARCIAL

●●● RUTA DE LA FLOTA Y PRINCIPAL EJERCITO

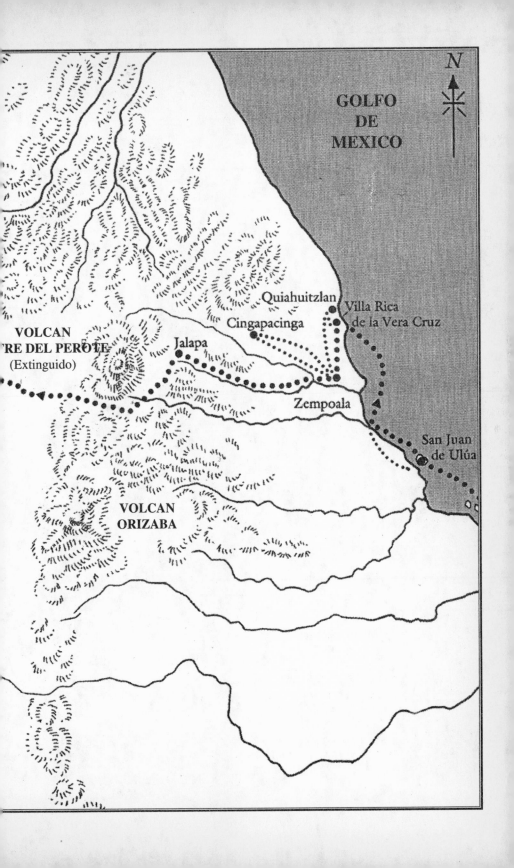